黃永武撰

許慎之經學（上）

中華書局印行

許愼之經學

敍

范史有言：五經無雙許叔重。是許君擅美經學，獨映當時，群士慕習，推爲大師。夫經學以漢代爲極盛，漢人稱許君爲無雙，故許君經學之崇論偉箸、絕唱高蹤，理當奉圭於儒林、嗣響於無窮。惜日月遯濺，人事倥偬，蠹粉胡灰，青編零落；陵遷谷貿，名山難藏。若許君之五經異義，旣澌滅鮮存；卽通行之說文解字，亦躋駁時有，卮言日出，眞解幾亡，先哲所執守精專者，流爲碎義巧說；淹通浩博者，歸於龐襍蕪穢。異義之家法不明，通學之風槩莫覩；說文之條例旣隱，經師之雅訓難洽。古義荒翳，誠後學之憂也。永武初入上庠，適高師仲華歸自香江，諭以許愼之經學亟待梳理，予研習之方針始定；旋林師景伊又歸自星島，敎以古今家法首貴別擇，予撰述之要領乃得。於是自忘荒汨，與於洪業，憤悱未啓，起坐盤桓，疑似偶析，歡忭無極，時屆五稔，稿乃殺青，總計全書之綱領凡八：

一曰輯異義之佚文： 五經異義一書，隋唐經籍志尙箸錄，逮宋已亡。鄭君駁五經異義十卷，，亦幷散佚。清人學重許鄭，葺逸多彥，廣采於舊疏類書所引，得百餘條，訂墜拾遺，略存崖略。孫星衍氏在史館校中秘書，覩不知何時人所集錄之五經異義幷駁義一卷，王復武億二氏互加考校，又多所增補，藝海珠塵絲集（錄四卷）、問經堂叢書鄭氏遺書（錄二卷）、及後知不足齋叢書鄭氏遺書（錄二卷）、清芬堂叢書經部、食舊堂叢書（錄二卷）、反約篇、榕園叢書甲集（第十六冊）並收此書，商務叢書集成初編總類又據問經堂本影印。至陳壽祺撰五經異義疏證時，諸家攟拾殘叢者，又有陽湖莊葆琛本、嘉定錢大昕本、曲阜孔廣林本（通德遺書所見錄刊爲十卷）。而黃奭黃氏逸書考輯通德堂經解，即據孔廣林本迻錄。迨皮錫瑞氏箸駁五經異義疏證時，袁鈞輯本已佚，袁氏四世諸孫袁堯年氏本袁鈞之序例（見觀稼樓文集），爲之重輯，依五經分次，共爲十卷（刊在鄭氏佚書第九冊），皮氏卽據袁氏之輯本，述陳案之原文，徵文甚博，數典亦詳，諸家之中，允稱賅備。唯袁本分爲十卷，不能盡愜人意，皮氏專崇今文，每喜褒鄭黜許，亦未能發揮古訓。故今雖廣搜博采於諸家之本，復一一以原書對勘，重以五經分隸諸條，務作竅實之辨。又前人輯佚，限於蒐采許論鄭駁之原文，於舊疏節引約舉許鄭之文處，未能備錄前後文義，以識引者之意，故茲編將經注原文及引者之詞意，擇要摘錄，期使端緒並在，既便循究，亦可資討源。

二曰別許鄭之同異：　許君於建初四年與會白虎觀，備聞諸儒講議五經同異，退而撰寫五經異義，故每舉一隅，各具家法，鄭君撰駁五經異義，相與辯詰，亦自有依據。孫星衍氏謂古人解經之例有三：一曰守師說，二曰以經解經，三曰以字解經。考諸許鄭二家，亦不外乎是，許釋珽爲挺直無屈，釋罍字从畾，取象於雲雷博施，此以字解經者也。舉尚書昊天爲總敕四時，左傳夏四月亦稱旻天，以證古尚書說天號乃各用所宜稱之者，此以經解經者也。其餘謹案云云，咸守師說。而鄭君以祠兵爲治兵之誤，以一豆當爲一斗，此亦以字解經之法，又舉周禮四馬爲乘、尚書顧命諸侯布乘黃朱，以證毛詩說天子至大夫同乘四，此亦以經解經者也。其餘所駁所議，並義據通深，尊彼所聞。唯祭酒司農，皆一代通儒，權衡在心，不涉偏執，皮錫瑞氏謂許案該洽，略似說文；鄭駁宏通，亦同箋注，不得拘古今之殊旨，強許鄭以分門者是也。如許論國滅君死，諸侯無去國之義，則從今文家說；論諸侯是天子蕃衛故是純臣，則從古文家說。而鄭君論鸛鵒來巢居中國，從古文家說；論躋僖公逆祀爲小惡，則從今文家說。乃知許鄭二氏，從今從古，不尚偏解，多聞多見，務擇正理。至於鄭君不駁、明與許同者，亦所在多有，足見前儒服善之美；又有許鄭同從古文家說，而解義小差者，可識前儒精微之意。故茲編於甄別許鄭同異之處，釐析特詳。

三曰論諸家之得失：清儒既重康成叔重之學，於異義鄭駁所言五經臧否之不同，留心者衆，惠棟氏曾鈔撮之而書未成，袁鈞氏輯本僅存序例，孔廣林本釐爲十卷，偶加按語，頗能鉤深探賾，至陳壽祺氏五經異義疏證出，每條佚文錄其尤詳者，若文多差互，並兩載之，不以意刪補。又取諸史志傳、群經義疏及夫清儒箸述與許鄭所論相發者，用資稽覈，釐爲上中下三卷，當時金壇段氏覩之，詫爲異書。唯陳書每有直錄文句，不加證明，失之於漏略者；亦有左驗不切，肯綮未中，失之於疏濶者，迨皮錫瑞氏作駁五經異義疏證，據袁堯年氏分卷之篇第，廣採諸家所論，又自抒一己心得，其詳贍倍蓰於陳書，實已極盡扶微廣異之心矣。唯皮書之治許鄭，名爲折衷六籍，實則尊尙今文，故彼徵文數典，不免偏陷，古文之美，每擯而不與，有失博學知服之義。故今抒徵諸家，一本大公，詳贍又倍蓰於皮書，非衒多聞，庶遠攘善之嫌；欲期創獲，先極歧異之辨。引文之下，悉標書名，以便循省。末加己見，不妄立異，不敢苟同，是非違失，務詣正論。凡理有難知，則愼付闕如。

四曰辨五經之家法：　五經家法，淪胥以亡於漢末，通學之風旣熾，兼治之儒尤多，故言經學源流者，慣爲西漢經學之授受作圖，鮮能董理東漢之儒林宗派。若宋章如愚山堂考索，嘗溯諸經授受而爲之圖，明朱睦㮮又就章氏圖而廣之，成授經圖四卷，清初萬斯同又有儒林宗派，畢沅有傳經表，洪亮吉有授經表、通經表，蔣曰豫有兩漢傳經表，唐晏有兩漢三國學案，皆據史志所載之資料，條分諸經源流，故述東漢者皆甚疏略。及朱彝尊作經義考、馬國翰爲輯佚各書作小序，已能取諸家殘文以辨其脈絡，較前述各書爲詳碻。然猶未能就零璣碎璧逐條分析歸納，故於東漢之經學師承，尙難裁斷至當。即皮錫瑞作經學歷史、甘鵬雲作經學源流考、馬宗霍作中國經學史、錢基博作經學通志，一承舊說，於東漢經學，獨推鄭玄爲集大成，若許愼之㝵絕儒林，並皆闕而不及，不知漢時許鄭二家，講論六藝，天下慕響，今宗鄭學而舍許學，不能闚東漢經學源流之全貌。故茲編於許君之經學，旁搜博稽，既溯其源以明其師承，復衍其流以證其同派。如許君晚年撰說文，於易稱孟氏，故取京房施讎說可明其師法，復可取虞翻馬融鄭玄荀爽陸績崔憬諸家以證其脈絡相通。說文於禮稱周官，故可取杜子春鄭興鄭衆賈逵諸家，以明其家法，復可取後鄭禮注以證其脈絡相通。至於許君詩書春秋之學，亦加詳繹，許君之師承既明，東漢之經學源流益彰箸，兩漢經師之遺說乃可得而致詳；此又茲編著重之一端也。

五曰徵古禮之故實：　群經之鍵鈐在禮，凡許論鄭駁，不論其屬詩學書學，或春秋學易學，禮制之紛爭構訟，實居泰半。今欲決彼嫌疑，明其是非，亦於禮制爲最難。諸家於此議有得失、論有純駁，故茲編欲辨古禮之故實，雖廣輯衆說，亦不敢繁穢無裁，每即援引以成斷制，亦發己見以袪疑滯。迄殷人甲骨卜辭出乎泉壤，而古時禮典之早經毀泐銷亡者，又得復挹於斯，此清儒所不及見者也。若論躋僖公之事，自服虔以還，無慮百十家，皆以閔公在穆，而升僖公于昭，謂之躋僖，所逆在昭穆之次。然今卜辭明載每世祇祀一王，凡兄弟相代，其後不有天下者，不入祀典，殷周禮制相沿，足以推知終春秋之世，閔公實未嘗立廟，閔公但祔於其祖桓公之廟，所謂逆祀者，即在大廟合祭之時，位次升僖退閔，因年齒之長幼淩駕立君之先後耳。此則前人所已證，今可取以徵古禮之故實。又若論盟詛不及三王之事，爲公羊家所主，左氏家則謂周禮有司盟之官，於禮得盟。諸家辯難者或謂周禮作於周初，不得爲三王有盟詛之證，或謂周禮成於戰國之世，尤不得爲左氏作證。然今見卜辭已有盟字，下連戍牡、一牛、三羊之文，明是殷人用牲作盟之證，據是則左氏周禮之說古禮，實有徵驗矣。

六曰發引經之條例： 考證說文引經者，自清及今，凡十餘家，大抵諟正文字，講明通假而已。諟正文字，馬宗霍說文解字引經考，已賅博精備；講明通假，王忠林說文引經通假字考，已能運用古音之學，證其相通之理，二子之述造並軼清儒之所爲，所惜未嘗深探說文引經之條例，以識許君之微恉也。考其故，前脩皆分條考訂，不曾會萃綜覈，故精邃如段玉裁者，誤以說文引經有說假借者、有說會意者、有說聲中之義者、有證字形者，牽繚繞細故，未能綜核大體。予今博稽全書，創發通例，融會數四，甫得要言，乃知說文引經，皆證本字本義，彼於据采之間，自有體例，凡易稱孟氏、書稱孔氏、詩稱毛氏、禮稱周官、春秋稱左氏，非僅所引經文依據上述各家，即所解字義，亦本上述各家，此全書引經之大要也。唯說文一書，特重本字本義，故若毛詩爲假借字，許則兼用三家；周官爲假借字，許亦兼用今禮家文。然字形雖用今文，訓義猶本古文。偶有古文家訓義又非本義，則說文有字義皆從今文之例，然此例絕少。又若說文列今文古文之異體字爲重文者，則不分正借字，引經雖擧今文，亦不以古文爲假借，此又許書引經之通例也。又若今文古文俱非假借，則許書又有一經兩引之例，以兼存之者，前人或未識其故，以爲譌誤。至於說文因竄改敓奪而失原貌者，亦所在多有，今得以引經之條例校之，若擧繩墨以追曲，持規榘以改錯，條貫具在，鮮有支蔓焉。

七曰訂說文之羨奪： 說文之衍羨譌敓不諟正，引經之通例自紊亂難明；而引經之通例不詳悉，諸家之校改亦是非莫辨，此相爲依輔者也。今考得說文衍奪譌改之故不一：有遭刪節，故使釋義與古訓不協者如襘字，有因抄寫敓落正篆，使彼釋義誤聯上文者如爟字，有因句字偶脫，文義難通，後人遂加肊改者如泐字，有將小徐案語抄入正文，以爲是許書引經者如縈字，有因今本經文與說文引經不合，校者依今本經文改許書，使說文通例瀆亂者如玠字，有因後人囿於所知，妄以後世之制改許書，使古義不彰者如郡字，有因許書原有一曰以存別義，今一曰之義奪失，遂與古訓不合者如論字，又有許君引經本爲讀若，用以取證字音，故不嚴正字借字之分，後世脫去讀若，直以爲是引經者如暥字，又有許君引經原爲讀若以取證字音，經字與本篆異字同音，後代脫去讀若二字，校者直以爲是引經，遂改經文音同之字與本篆相同，後人不識，又以爲經文有異本者如晤字，又有許書本分引兩書，兼存兩義，校者誤合爲一書，遂若一經兩引而又於許例不合者如忨字。凡此下及魚魯豕亥之細，上至全書通例之寬，必待詳考牴牾訛謬之故，乃能抉其眞釁，故今訂說文之羨奪，首先蒐羅說文之善本，旁證以玉篇零卷及切韵殘卷、廣韵、類篇等書所引，參稽以清儒之校勘，釐正以引經之條例，錯脫旣斠，乃秩然有理，此亦考許君經學之要務也。

八曰正前脩之譌誤：前列各項，前脩有未密者，如蒐輯異義之佚文時，有誤以孔穎達正義爲異義文者；又有以譙周案語輯入異義，誤以爲許君之語，且斷定許君亦不從古尙書說者；有本屬異義之文，注疏家約擧之，而後人失輯者；又排比佚文時，若陳壽祺以毛詩旱麓正義所引異義三公一命衮條，與追錫死者條相幷，頗失以類相從之義，不知三公一命衮之條，當與九賜九命條合。又若袁堯年以許論公冠有樂一條，輯入禮類，亦失以經分次之序，不知公冠有樂之條，許主左氏說，當屬春秋類。今幷重加考校，據其所主爲何經，分隸五經，此正前脩譌誤之一事也。又若區別許鄭之異同，諸家多以鄭君駁文未見者，即斷爲許鄭同義，或僅據鄭君有駁文，即謂許鄭所主非一家之學，此未察引文有詳略，鄭駁未具，未必與許同義。而許書更有兼擧衆說，未加謹案之例，鄭君駁之，未必與許異說。又許君謹案或有不完，諸家考校者，每喜引說文以補許說；鄭君駁文未具，諸家鉤稽者，亦喜引禮注以申鄭義，然異義與說文，鄭駁與禮注，作非一時，說采多家，況學有新知，論多改定，故假說文爲許案，牽禮注爲鄭駁，恐亦不能盡合，此正前脩譌誤之又一事也。至於申述異義鄭駁之文，散見於各書，諸家或語焉而不詳，或費辭而轉癸，則固當論其得失；而於說文引經之師法，若易稱孟氏，諸家有謂孟氏乃費氏之誤者，有謂孟氏亦古文者，有謂孟氏易有今文古文二種者，皆非正論，自當糾彼違失。再者運用契文以辨古禮之故實，綜合歸納以明說文引經之條例，反覆求證以訂說文之羨奪，亦所以證前脩之譌誤也。

綱領略具，詳确未能，搦管布臆，慮多訛漏。昔人有云：黃金滿籯，不如一經。又云：鑽厲求學，一經不治。尊經之譬既若彼，通經之難又如此，況非卓礫之才，欲闚聖賢之牆，幸賴師教，勉力成藁，而當世大雅孔多，必能於日暮教之也。

許愼之經學目錄

許慎之經學

黃永武學

許氏易學第一

許慎爲通儒，學旣兼晐古今，識能臧否同異，其說易義，立言惟求其當，本不墨守一家。

案劉師培曰：「若五經異義，于博士之經，冠以今字，以別古文，故有今易孟京說，有今尙書夏侯歐陽說，有今詩魯齊韓說，有今春秋公羊穀梁說，有今戴禮說，有今孝經、今論語說。今學而外，有古周禮說，古尙書說，古毛詩、古左氏、古孝經說，所言今說古說，猶言今文說古文說耳。」（左盦集卷三古今文考）許氏五經異義，旣匯集古今師說，而區分異同；又權衡各家是非，而獨求眞解。馬宗霍曰：「許愼專以古學名者也。……愼之五經異義，其說九族，則不從古尙書說，而從今禮戴尙書歐陽說，其論諸侯無去國之義，則不從左傳說，而從公羊說。」（中國經學史第六篇）則是許氏雖以古學名世，而未嘗專輒固執，遷就彌縫，觀其五經異義一書，或從今，或從古，實已破古今之界，而揚通學之風。其說易義自不墨守方隅，亦可考徵而知。如易孟京說天子爲爵號，而古周禮說天子無爵，同號於天，何爵之有。許氏不從孟京說，而謂天子非爵稱（見禮記曲禮正義引）；又如易孟京說天子駕六，古毛詩說天子至大夫同駕四。許氏則從孟京說，以爲天子駕六見毛詩干旄正義引。或乖孟京，或從孟京，指歸有準，依違無定，惟求的當而已。

今存許氏異義論易之條凡三：其論天子駕數：孟氏京氏說天子駕六，與毛詩天子駕四之說不同，許從孟京說。今考駕六之制，雖起自漢前，然亦不得早於戰國。

案許愼論天子駕數之文，散見於羣經注疏中者凡五，續漢書輿服志劉昭志、通典卷六十四嘉禮九五輅下引各一見，其文詳略參互，今選輯之：如毛詩干旄孔疏云：「又異義：天子駕數：易孟京、春秋公羊說：天子駕六。毛詩說：天子至大夫同駕四，士駕二。詩云：四牡彭彭，武王所乘。龍旂承祀，六轡耳耳，魯僖所乘。四牡騑騑，周道委遲，大夫所乘。謹案：禮王度記曰：天子駕六，諸侯與卿同駕四，大夫駕三，士駕二，庶人駕一。說與易春秋同。玄之聞也閩本明監本毛本玄作互阮元引浦鏜云玄誤互是也，周禮校人掌王馬之政，凡頒良馬而養乘之，乘馬一師四圉，四馬爲乘，此一圉者，養一馬而一師監之也。尚書顧命案袁堯年曰諸侯入應門云云，今在康王之誥，而鄭稱爲顧命，蓋馬鄭王本自高祖寡命以上，內以顧命之篇王若曰以下始爲康王之誥，見尚書顧命正義諸侯入應門，皆布乘黃朱，言獻四馬朱鬣也。旣實周天子駕六，校人則何不以馬與圉以六爲數？顧命諸侯何不獻六馬？王度記曰：大夫駕三，經傳無所言，是自古無駕三之制也。」見良馬五之句下，又見尚書五子之歌懍乎若朽索之馭六馬句下正義引亦同。禮記檀弓上小子行之句下亦引王度記及古毛詩說。續漢書輿服志注，通典嘉禮九引意幷同，凡諸書所引詳略不一者，舉其最詳者，下皆例此又公羊傳隱公元年疏，除引古毛詩說外，又引鄭駁云：「易經時乘六龍者，謂陰陽六爻上下耳，豈故爲禮制？王度記云『今天子駕六』者，自是漢法，與古異，大夫駕三者，於經無以言之。」（并見以乘馬束帛句下）又儀禮既夕禮疏云：「故鄭駁異義云：天子駕駟，尙書康王之誥，康王始卽位，云諸侯皆布乘黃朱。詩云：駟騵彭彭，武王所乘。魯頌云：六轡耳耳，僖公所乘。小雅云：駟牡騑騑，大夫所乘。是大夫以上駕駟之文也。」（公賵玄纁束馬句下）許鄭論天子駕數，大略備此。許氏五經異義據易孟氏京氏、禮王度記、春秋公羊說，以爲天子駕六。鄭康成以此諸文爲皆起於秦漢以來，非三代常制，不足以取證經典，而尙書顧命、毛詩、周禮，天子諸侯皆駕四馬，故不從今文家及許氏說。今考六馬之說，亦散見於各書，臧琳嘗舉古文尙書五子之歌、史記秦始皇本記、漢書禮樂志、續漢書輿服志及劉昭注、逸禮王度記、蔡邕獨斷、荀子勸學篇及楊倞注、白虎通、文選西京賦東京賦甘泉賦及李善注引春秋命歷序、逸周書、石鼓文，並謂：「然則六馬之文，經史子集皆有之。」（見經義雜記天子駕六馬條）而皮錫瑞亦舉莊子逸篇、荀子議兵篇，史記李斯傳等，證古有六馬之義，並曰：「此等書並出自漢前，非引用漢制，許君所據王度記，乃齊稷下生所作，亦在秦漢以前。史記萬石君傳：上問車中幾馬，慶以策數馬畢，舉手曰六馬。此漢天子駕六之明證。然漢駕六，亦必沿用古義。漢立學官皆今文說：孟京易、公羊春秋，正漢制之所從出也。漢法駕駕六、安車駕四，疑古制亦有駕六駕四兩法，今古文說，各據其一言之，則二說皆可通，鄭君專據古周禮說，以駕六爲漢制，似猶未覈。」（駁五經異義卷十）臧氏皮氏，並申今學，今就二氏所擧諸證，一一考較之：如所擧古文尙書五子之歌曰：「予臨兆民，懍乎若朽索之馭六馬。」僞孔傳曰：「腐索馭六馬，言危懼甚。」孔穎達正義曰：「腐索馭六馬，索絕馬驚，馬驚則逸，言危懼甚也。經傳之文，惟此言六馬。漢世此經不傳，餘書多言駕四者。春秋公羊說天子駕六，毛詩說天子至大夫皆駕四。許愼案王度記云：天子駕六。鄭玄以周禮校人：養馬乘馬，一師四圉，四馬曰乘。康王之誥云：皆布乘黃朱，以爲天子駕四。漢世天子駕六，非常法也。然則此言馬多懼深，故擧六以言之。」（尙書注疏卷七）孔疏之意，亦不以駕六爲常法，以爲此文乃是假馬多懼深以設喩耳。今考五子之歌，本爲夏書，記太康失邦、昆弟作歌之事，唯今傳是篇，乃東晉晚出之僞書，孔傳亦屬僞託，已無待論。僞傳雖采摭豐富，或有根依，然謬葛難憭，未可遽從。又如所擧史記秦始皇本記：「衣服、旄、旌、節、旗皆上黑，數以六爲紀。符、法皆六寸。而輿六尺，六尺爲步，乘六馬，更名河曰德水，以爲水德之始。」集解引瓚曰：「水數六，故以六爲名。」蓋始皇推終始五德之傳，以爲周得火德，秦代周，德從所不勝，故以水數六爲制。又史記李斯傳：「二世曰：夫人生居世間也，譬猶騁六驥過決隙也。」按據此雖可爲漢前已有六馬之證，唯五德終始之說，盛於戰國，此尙不得證六馬爲三代之常制也。又如所擧漢書禮樂志：「吾知所樂，獨樂六龍，六龍之調，使我心若。」（郊祀歌日出入九）應劭曰：「易曰時乘六龍以御天，武帝願乘六龍，仙而升天。」（集注引）

王先謙曰：「謂日御以六龍行速爲樂也。…應說未是，廣雅日御謂之羲和，魏曹植與吳質書：『思欲抑六龍之首，頓羲和之轡』，本志文而反用之。」（漢書補注禮樂志二）臧氏又擧漢書曰：「乾六車，坤六馬。」（按荀子勸學篇楊倞注引同）按若此所擧，皆漢人之說耳，未足以證。又如所擧晉司馬彪續漢書輿服志上，有「駕六馬」「太僕御駕六布施馬」「所御駕六，餘皆駕四」（後漢書卷二十九）劉昭注亦引逸禮王度記、許氏異義及鄭駮。徐廣曰：「駕六黑馬，施十二鑾；駕四馬，施八鑾。」（王先謙集解引）是車服然此亦漢人之制。司馬彪云：「漢承秦制，御爲乘輿，所謂孔子乘殷之路者也。」（輿服志上）輿馬之制，代有沿革，漢人駕六之制，本得沿用漢前古義，然戰國嬴秦，亦爲漢前，此亦不足證六馬爲三代之常制也。又如所擧蔡邕獨斷：「法駕：上所乘曰金根車，駕六馬，有五色安車、五色六車各一，皆駕四馬，是爲五時副車。」（卷之下）所言金根之車，駕六馬，是漢沿用秦制者也。考唐杜佑通典卷六十四曰：「秦平九國，蕩滅典籍，舊制多亡，因金根車用金爲飾，謂金根車，而爲帝軫。玄旗皂斿，以從水德，復法水數，駕馬以六。」又曰：「後漢光武平公孫述，始獲葆車輿輦，而因舊制金根車，擬周之玉輅，最尊者也。…畫日月升龍，駕六馬。」自注云：「其駕玄馬六，因秦不改。」（幷見嘉禮九、五輅條）據此則漢時駕六乃沿用秦時金根車之制也。又如所擧荀子勸學篇：「伯牙鼓琴而六馬仰秣。」唐楊倞注：「六馬，天子路車之馬也。」又議兵篇：「六馬不和，則造父不能以致遠。」又脩身篇：「一進一退，一左一右，六驥不致。」據荀子之文，則漢前固有駕六馬之制，然謂駕六之制早於戰國則猶無确證。臧氏又擧白虎通，其文見於荀子楊倞注所引：「天子之馬六者，示有事於天地四方也。」宋朱翌猗覺寮雜記下，謂「今之白虎通無此言」，是宋本已缺此條。劉師培氏以此條補入闕文車旂天子升龍諸侯降龍後。（見白虎通義闕文補訂頁五及莊述祖白虎通闕文車旂條）今考古毛詩說天子駕四爲有四方之事；公羊何休解詁謂乘四馬所以通四方。而白虎通謂有事於天地四方，天地四方則上下六合，宜其駕六以象之也。臧氏又擧張衡西京賦：「六駿駮。」薛綜曰：「天子駕六馬。」東京賦：「六玄虯之奕奕。」薛綜注曰：「六、六馬也，天子駕六馬。」揚雄甘泉賦：「駟蒼螭兮六素虯。」李善注引春秋命歷序曰：「皇伯駕六龍。」（按路史前紀卷六引及文選木玄虛海賦注引春秋命歷序作皇伯登出搏桑日之陽駕六龍而上下）又司馬相如上林賦：「六玉虯。」張揖曰：「六玉虯謂駕六馬。」郭璞引韓子曰：「黃帝駕象車，六蛟龍。」楊雄羽獵賦：「六白虎。」李善注引杜業奏事曰：「輬車駕白虎，白虎馬名。」若此除郭璞注引韓子條爲漢前之說外，春秋命歷序言五運相替，白虎通及文選諸賦，要皆漢人之說也。臧氏又擧逸周書王會，謂成王時書，彼云：「其西天子車立馬乘六。」（逸周書第五十九）朱右曾亦據此及王度記以證天子駕六之說，朱氏蓋謂此書成於秦漢之前（見周書集訓校釋卷七及序文），唯四庫全書總目提要則謂此書春秋時已有之，特戰國以後，輾轉附益，故其言駁雜（卷五十別史類），提要之說爲得實，是周書所言六馬之說，亦戰國秦漢人所附益者也。臧氏又擧石鼓文：「趍趍六馬。」謂爲宣王時詩，且曰：「他書未可深信，而此實爲姬周遺文，則周已有六馬之制矣。」經義雜記 然石鼓刻石之時代，說極糾紛，宋時鄭樵著石鼓文考三卷書已佚 已主石鼓爲秦代刻石之說見馬衡氏引寶刻叢編載鄭樵石鼓音序所說，民初馬衡氏更斷定其爲秦時刻石，並曰：「清武億據古文苑釋文『赿赿六馬』之文，以爲漢制天子駕六，其實第四鼓文作『趍趍口馬』，『赿』乃『趍』之誤，『馬』上一字今闕，雖薛尚功所釋『趍趍六馬』亦有六字，然天一閣宋拓本所存殘畫，與『六』字決不相類，此等單文孤證之說，尤不足取。」國學季刊一卷一號石鼓爲秦刻石考 又據近人那心如石鼓通考以爲秦襄公八年作「北園」，而此所勒之詩，與小雅車攻之句法相類，又合以出土之地理，知石鼓之作殆在秦襄公作北園以後，當在襄公十年前後，非宣王時事也。況且「六馬」之「六」字，考諸泐迹，形亦不類，金石萃編引張燕昌語云：「此字今闕。自宋以來，模本俱作『六』字，玩家藏宋拓本，剝蝕中似作『[illegible]』，與第九鼓𨔵下一字作[illegible]相同，乃知作『六馬』者，皆非也。況上文既曰四馬其寫，又曰六轡□□，則此處斷無『六馬』之文，天一閣本依古文苑釋文，於別本割一『六』字補入，其割裂之跡可按也。」金石萃編引石鼓釋存 據張說則天一閣本六字本後人剜補，今以石鼓唐拓本均已澌滅，而宋人所藏搨者，此字亦剝泐殘缺，下半从艸，尚可辨認，知非六字也。據此則石鼓之文亦不足以證駕六之制矣。

此外皮氏所舉莊子逸篇云：「金鐵蒙以大縲，載六驥之上，則致千里。」此見於御覽卷八百十三珍寶部所引，今謂莊子一書，漢志著錄五十二篇，今本三十三篇，爲郭象所編次，其間容有散佚者，然莊子本書，或謂其間乃總集戰國秦漢間論道之作（如古史辨第一册所說），而屈萬里先生亦以爲非一人一時所作（見古籍導讀），若是，則據此逸文以證駕六爲姬周之常制，亦不可信。總考臧皮二氏所舉諸證，凡言駕六者，最早不得早於戰國之世。今復論易經乾彖傳：「時乘六龍以御天」，孟京易據之以爲天子駕六，稱馬爲龍，古所恒有，如周禮曰馬八尺以上爲龍。大戴禮五帝德六十二曰：春夏乘龍，秋冬乘馬。孔廣森補注曰：龍亦謂馬也。於易說卦乾爲馬，虞翻逸象則乾亦爲龍，是乘六龍卽乘六馬。周易集解於乾彖下引侯果曰：「六位、天地四時也。六爻效彼而作也。……乾乘六氣而陶冶變化，運四時而統御天地，故曰時乘六龍以御天。」（卷一）謂六位爲天地四時，以釋乘六之義，與白虎通以天地四方釋乘六之義相近，唯象傳著成之時代，屈萬里先生謂泰否二卦象以陰陽說爻義，疑當著成於戰國之世（見古籍導讀下編），故知據易象所言，縱爲漢前禮制，亦不得早於戰國也。今再論詩鄘風干旄：「良馬四之」「良馬五之」「良馬六之」，毛傳唯曰：「御四馬」，釋良馬五之爲「驂馬五轡」，釋六之爲「四馬六轡」。然驂馬五轡之說，與鄭玄「古無駕三之制」不合，而與許氏引王度記「大夫駕三」之說正合，是毛氏有駕三之說也。陳奐曰：「異義大夫駕三，本逸禮王度記，鄭駮不從其說，王肅同異義（正義引王肅云：古者一轅之車，駕三馬則五轡）。而孔晁王基皆不從其說，異義引毛詩說，大夫同駕四，相傳古毛詩家說。然此傳云：『驂馬五轡』則古又不廢是說矣。大夫乘四，其常乘也。驂非常乘。禮記：孔子之衞，遇舊館人之喪，說驂而時之，或孔子在路，偶亦用驂歟？服馬四轡，驂馬二轡，驂外轡納於服之靳環，其驂內轡，與服四轡，總持在御者之手，所謂驂馬五轡也。說文：驂、駕三馬也。」（詩毛氏傳疏卷四）段玉裁亦曰：「顧王度記曰：大夫駕三，故訓傳亦言驂馬五轡，則是古有其說，故許釋驂爲駕三。」（說文解字注驂篆下）依此則鄭氏謂駕三之制「經傳無所言」者，猶有可疑也。或謂干旄所言良馬四五六之數，乃聘賢者用馬爲禮數，會數而禮勤，轉益以庶多，本非轡數與駕數也。如孔廣森即主此說，彼云：「詩詠大夫所乘，皆通言四驪四牡，雖王度記有大夫駕三之文，似非周法也。四之、五之、六之，不當以轡爲解，乃謂聘賢者用馬爲禮，三章轉益其多庶。…春秋曰王賜虢公晉侯馬三匹，楚棄疾遺鄭子皮馬六匹，是庭實以馬者，不必成乘，故或五或六矣。」（經學危言卷三）又曰：「詩有駟驪、四驪、四黃、四牡，無駕六之文，干旄良馬六之，言聘賢者以馬爲儀，亦非駕數。」（大戴禮記補注卷七）孔氏所說，頗爲覈實，然鄭氏之意亦不取乎此，鄭箋謂「又識其乘善馬，四之者，見之數也。」不以四之爲良馬之數，而謂爲會見之數也。故五之爲五見之，六之爲六見之，與良馬二字分釋，故謂駕三爲經文無據也。毛鄭孔各自成理，然今謂許案鄭駁，原非就干旄一詩而論駁者也，後儒據干旄一詩，以論駕三爲古制，雖與毛許之說合，亦不足以難鄭君矣。至於駕六之說，除臧皮二氏所舉證者外，又如說苑修文篇：「天子乘馬六匹，諸侯四匹，大夫三匹，元士二匹，下士一匹。」晏子春秋內篇諫上曰：「梁丘據乘六馬而來。」說苑雖同王度記，當爲漢人之說，晏子春秋之著成年代，梁任公謂不在戰國而在漢初，故總括以上所論證，天子駕六之說，固起自漢前，唯若謂早於戰國之世，於今尙無確證耳。

又引孟京易說，稱天子爲爵號，謂天子有爵，古周禮說謂天子同號於天，何爵之有？許同古周禮義，而不從孟京易說。

案凡許氏從古周禮說，不從孟京說者，例皆於許氏之禮學中證述，於此不舉。又如許氏既從孟京易說，又從公羊說者，其可入春秋類，可入易類，今則以經傳文字有明徵者爲主。如前條易孟京及春秋公羊並說天子駕六，然公羊古義，文無明徵（何休公羊解詁反謂禮大夫以上至天子皆乘四馬），故歸入許氏易學類。下皆例此，今特舉此條發凡以明之。

又嘗引京氏說曰：「臣動養君，其義理也。必望利下，弗養道，厥妖國有被髮於野祭者。」然許氏臧否，既成闕略；鄭君同異，又無明文，前儒於此，考釋頗略，今考此條，當爲京氏井卦之章句。

案宋本太平御覽禮儀部祭禮中：「五經異義又曰：今易京說，臣動養君，其義理也，必望利下，弗養道，厥妖國有被髮於野祭者。」（卷五百二十五）孔廣林曰：「此條許案鄭駁俱無文，攷鄭君他注說中，亦無可參證。」又於必下注：「當作辟。」道下注：「似衍。」（通德遺書所見錄卷六十二）黃奭於必下亦注云：「當作辟，聲之譌耳。辟、君也。」（黃氏逸書考九十六册）陳壽祺疏證本注文與黃奭並同，然引以為「孔廣林曰」見五經異義疏證卷三 皮錫瑞亦同壽祺本，彼疏證云：「孔廣林曰：必當作辟，聲之譌耳。辟、君也。錫瑞案：孔說近鑿，易京說久佚不可考，張惠言易義別錄，未引此文，以義推之，蓋謂臣之養君，惟以義理，必望利及下民，若弗養之以道，則其咎徵先見，厥妖國有被髮於野祭者，被髮野祭，見左氏僖二十二年傳。曰：初、平王之東遷也，辛有適伊川，見被髮而祭於野者，曰不及百年，此其戎乎！其禮先亡矣！杜氏集解曰：被髮而祭，有象夷狄。錫瑞謂非特被髮為夷禮，即野祭亦非古禮也。左氏定十年傳：孔子曰：犧象不出門，嘉樂不野合，據此則祭是吉禮，當行於廟，不當行於野，故古者無祭墓之禮，後世祭墓，是祭於野。古文左氏說，今文易京說，皆不以野祭為合禮也。」駁五經異義疏證卷一 ，皮氏雖破前人改字解經之鑿，又能闡其義蘊，頗稱允當，然猶未能推其訓義，以究其篇次，終為憾事。京氏易說雖佚，而吉光片羽，絲迹尚存，今考王應麟困學紀聞引泰六五帝乙歸妹京氏章句云：「陰之從陽，女之順夫，本天地之義也，往事爾夫，必以禮義。」禮者理也，禮義通作義理，皮錫瑞謂「鮑刻御覽，其義理也，理作禮。」是異義所引京易與困學記聞所引義可互證。「臣動養君，其義理也」一句，臣為陰，君為陽，臣動養君，即陰動從陽，見養於陽，以其義理。然泰卦不言養，頤井等卦則言養，姚信注頤卦曰：「以陽養陰。」周易集解卷六 而井卦為泰初之五，亦言養。井象曰：「井養而不窮也。」象曰：「君子以勞民勸相。」虞翻曰：「君子，謂泰乾也。坤為民。初上成坎，為勸，故勞民勸相。相、助也。謂以陽助坤矣。」（周易集解卷十）李道平曰：「君子取法乎井，以恒產勞民，使之勸勉相助，以君養民，即以陽養陰之義也。」（周易集解纂疏卷六）是井卦亦爲以陽養陰之卦。且井卦九三井渫不食，文選注十一引鄭玄曰：「謂已浚渫也，猶臣修正其身以事君也。」（李氏易解賸義卷二）皆與「臣動養君，其義理也」之義闇合。又鄭玄論井卦曰：「井以汲人，水无空竭，猶人君以政教養天下，惠澤无窮也。」正與「必以利下」及「養道」同義。養道者，養天下以道也，若弗養之以道，則咎徵先見，其國有被髮野祭而入于戎者矣。被髮野祭之事，干寶於易繫上亦嘗提及，謂「辛有見被髮而祭，則知爲戎狄之居。凡若此類，可謂知幾也，皆稱君子。」（周易集解卷十五）史稱寶好陰陽術數，留心京房之傳，故其注易，盡用京氏占候之法，而援史事比附。（參見張惠言易義別錄，唯張氏謂干寶非京氏易，則蓋就其一端言之也，今考佚文所存，每相同符。馬國翰氏已不從張說。）故干氏注易，每存京氏舊說，今考井卦下干注，亦可與京氏此條相印證，如上六井勿（經典釋文曰干本勿作网）幕下干寶注曰：「處井上位，在瓶之水也，故曰井收幕覆也，井以養生，政以養德，无覆水泉而不惠民，无蘊典禮而不興教，故曰井收网幕。」（周易集解卷十）所言无覆水泉而不惠民，正與「必以利下」合；无蘊典禮而不興教，正與「勿養道，厥妖國有被髮於野祭者」合。蓋井道既窮，爲王室比屋之時，其穢政不足以養民，故亂俗之咎徵可見矣。據此則異義所引此條，當爲京氏井卦之章句可知。至於鄭玄、虞翻、干寶與京易源流之關係，待詳於後說，今不贅述。

至於說文引易之例，則祖述孟氏，說文自序言其依據甚明。

案說文解字敍曰：「厥誼不昭，爰明以諭：其稱易孟氏、書孔氏、詩毛氏、禮周官、春秋左氏，論語孝經，皆古文也。」此許氏自述引經證字之依據，其師承各別，於易則引孟氏本。徐鍇注曰：「謂注中多引詩書爲證也。漢書易有施、孟、梁丘三家，又有周氏（王孫）、服氏（漢志但言服生，顏師古藝文志注引劉向別錄云號服光）、揚氏（當即楊何）、韓氏（嬰）、王氏（當即王同）、丁氏（寬）之說，今愼取孟氏爲證。」說文解字繫傳是小徐之時，尚不以許愼之易學遠紹孟氏今文易，爲可疑也。

蓋引易當言明以何家爲主，與五經異義之體例自不相同。且二書所作，亦不同時，立意亦不必一致。

案許氏作五經異義，與說文稱經之體例各別，如說文稱經則於易稱孟氏、於詩稱毛氏、於禮稱周官等，而異義則或從周禮違孟說，或依孟說違毛氏，商略異同，折衷一是，故二書體例本自殊科。後漢書載「愼以五經說臧否不同，於是撰爲五經異義」儒林列傳下是其旨趣在擇善而從，與引經證字、以字證經之誼不同。再則二書之作，年月相距久遠，陶方琦疑許君五經異義作於與聞諸儒白虎觀講議五經同異方罷之時見許君年表考，段玉裁謂說文爲許君晚年之作見說文鑾篆下注，其時又從逵受古學，二書所作，既不同時，而師有異讀，學有新知，故二書撰述之意向不同，自不足異也。

說文所引孟氏易爲今文，後人因牽合敘中「皆古文也」一語，與孟易今文不類，遂啟疑端。

案朱彝尊經義考曰：「許氏說文解字序言易稱孟氏，則所引皆孟氏易也。」卷五 馬宗霍曰：「許君引易，主於孟氏。……後人以許君稱經皆曰古文，疑孟易今文爲不類。」說文解字引易考敘例 今考孟喜易於宣帝時立於學官，見於漢書藝文志：「易迄於宣元，有施孟梁邱京氏立於學官。」又見漢書劉歆傳及儒林傳贊。今王國維氏亦考定「易施孟二博士，宣帝所立」觀堂集林卷四漢魏博士考。又漢書藝文志載孟氏有周易章句二篇 梁七錄載十卷、隋書八卷、釋文序錄十卷、新舊唐書志同 ，錢穆氏謂「治章句者爲今學，此即博士立官各家有師說之學也。」兩漢經學今古文平議之二兩漢博士家法考 孟喜之易，既於西漢立諸博士，又治章句，故爲今文。唯諸家牽合許敘「皆古文也」一語，滋生疑惑，如清成瓘曰：「外間所傳，止費氏一本是古文，如施孟梁邱，則非古文也，然許叔重說文敘言易稱孟氏，與詩毛氏、書孔氏同爲古文，則費氏外，又一古文矣。」篛園日札古文易考 成氏以爲「皆古文也」一語，亦指孟易而言，遂紐結難理，而曲說生焉。

有以許君稱經之「古文」爲合於倉頡史籀古文大篆，其說固非。

案段玉裁曰：「(許書)云皆古文者，謂其中所說字形、字音、字義，皆合倉頡史籀，非謂皆用壁中古本明矣。」又曰：「所謂萬物兼載，爰明以諭者，皆合於倉頡古文，不謬於史籀大篆，不言大篆著，言古文以該大篆也。所說之義，皆古文大篆之義；所說之形，皆古文大篆之形；所說之音，皆古文大篆之音，故曰皆古文也。然則所稱六藝，皆以言古文大篆，即六藝之外，所稱載籍，如老子、淮南王、伊尹、韓非、司馬法之類，六藝孟氏、孔氏、毛氏、左氏外所稱諸家：如韓詩、魯詩、公羊春秋之類，亦皆以言古文大篆也。且逐字說之，不必有所稱者，無非以言古文大篆之字形字音字義也。上文萬物咸覩、靡不兼載、厥誼不昭，爰明以諭，正謂全書皆發揮古文。言其稱易孟氏、書孔氏、詩毛氏、禮周官、春秋左氏、論語孝經，謂全書中明諭厥誼，往往取證於諸經，非謂稱引諸經皆壁中古文本也。易孟氏之非壁中明矣。古書之言古文者有二：一謂壁中經籍，一謂倉頡所製文字。雖命名本相因，而學士當區別。」並見說文敘注 段氏謂許書此「古文」二字是指「倉頡所製文字」，與「史籀大篆」不謬，實則許氏但見戰國古文，於殷周古文未嘗多見，更無論倉頡之文字，王國維曰：「許叔重說文解字敘言古文者凡十，皆指漢時所存先秦文字言之。其一曰：周宣王太史籀著大篆十五篇，與古文或異，此古文似指蒼頡以來迄五帝三王之世改易殊體之文字，即余前所謂『殷周古文』，以別於『戰國古文』者，實則不然，叔重但見戰國古文，未嘗多見殷周古文。……其所謂籀文與古文或異者，非謂史籀大篆與史籀以前之古文或異，而實謂許君所見史籀九篇，與其所見壁中書時或不同，以其所見史籀篇爲周宣王時書，所見壁中古文爲殷周古文，乃許君一時之疏失也。其二曰：至孔子書六經，左邱明述春秋，皆以古文，此亦似謂殷周古文，然無論壁中所出與張蒼所獻，未必爲孔子及邱明手書，卽其文字亦當爲戰國文字，而非孔子及邱明時之文字，何則？許君此語實根據所見壁中諸經及春秋左氏傳言之，彼見其與史籀篇文字不類，遂以爲卽殷周古文，不知壁中書與史籀篇文字之殊，乃戰國時東西二土文字之殊，許君既以壁中書爲孔子所書，又以爲卽用殷周古文，蓋兩失之。」（觀堂集林卷七說文所謂古文說）依王氏所說，謂說文敍所謂古文，不當爲殷周之古文，更非倉頡所造之文，況此稱經所云「皆古文也」一語，與說文敍中其餘稱「古文」之涵義截然有別。段氏曲洵前後文義爲說，故馬宗霍氏評其立論函胡也。

而直以孟易爲古文者，據證不足，猶非核實之談。

案宋翔鳳有易孟氏爲古文之說，其言曰：「曩讀說文解字序，以易孟氏爲古文，嘗疑其誤，今攷之，而知其非誤矣。」又曰：「孟氏易學最博，得陰陽災變以授焦延壽，得古文以授費直。⋯⋯後漢書儒林傳云：費氏學本以古字號古文易，又云陳元、鄭衆皆傳費氏易，荀爽又作易傳，可證荀爽之易，出於費氏古文。⋯⋯荀氏亦注古文，輾轉上推，知古文易出於孟氏也。」（過庭錄卷一）馬宗霍氏駁之曰：「宋氏謂孟於陰陽災變書外，別有古文之得也，其語無據。又費直之易，史不言其所出，宋謂受之孟氏，亦臆說也。」（說文引易考敍例）今考費氏之易源出孟氏，於史無徵，唯晉書郭璞傳，謂璞「抄京費諸家要撮，更撰新林十篇」，而紀磊遂曰：「璞抄京費諸家要撮，更撰新林十篇，是知費之與京，亦異流同源也。費雖專以篆象十篇傳受生徒，而所著易林、神筮等書，與京無少殊，亦神明于卜筮者。」（漢儒傳易源流郭璞條）又崇文總目序云：「以篆象文言雜入卦中，自費氏始，而京氏巳然。」宋翔鳳據之，乃謂「費氏之經，出於京氏。」（過庭錄卷一）今謂費氏之易義，縱與京氏所說相近且同源，然仍不能遽定費直之易，出於孟喜，況費易史明言亡章句（見漢書儒林傳），孟易史明言有章句（見漢志），七錄雖云：「費直易章句四卷殘缺」（釋文序錄引），張惠言已考之，曰：「蓋僞託，不足信。傳之者前漢王璜，後漢陳元、鄭衆，皆無著書，有書自馬融始。……或者費氏本無訓說，諸儒斟酌各家以通之。」（易義別錄馬氏）是費易本無章句，而馬氏等斟酌各家以通之者，既若是，則費易與孟京相似，亦宜然矣，豈得據之以定費易出於孟喜乎？更豈得謂孟氏易亦爲古文耶？

楊樹達氏則謂易止有古文，故孟氏亦爲古文，雖似持之有故，究非通論。

案楊樹達曰：「許君自敍舉易孟氏爲古文，前儒皆以孟氏易不出壁中，頗以爲疑，段君倘恍其辭，殊無确見，……以余考之，五經中書詩禮春秋皆兼有今古文，而易則止有古文無今文也，何以言之，蓋所謂古文者，經文之以古文字書之者也。今文則隸定之本，猶宋以來治鐘鼎款識者之有釋文也。秦人焚書，至漢文景間，老師宿儒，凋零殆盡，諸經乍出，文字訓故皆失其傳，故其時儒者必以識其字通其讀爲先務，孔氏有古文尚書，孔安國以今文字讀之，是其一例也。以今文字讀之者，以隸字釋而寫之也。此今文經之所由起也。至如易者，不在秦焚之列，藝文志云：秦燔書，易爲卜筮之書，傳者不絕。是其證也。其時易本經具在，文字訓詁，諸師皆能言之，不必待如孔安國之於尙書者爲之隸定，故易無今文，既無今文，則皆古文也。此據當時情事推論，知其當爾者也。聞者疑吾言乎？請以漢書證之，藝文志於書家記尙書古文經四十六卷，又記大小夏侯二家經二十九卷。於詩家記齊魯韓三家詩經二十八卷，又記毛詩二十九卷。於禮家記禮古經五十六卷，又記后氏戴氏經七十篇。於春秋家記春秋十二篇，又記公羊穀梁二家經十一卷。此四經者，皆古文經今文經並載，而易家止記施孟梁丘三家易經十二篇，別無對立之今文經。其標目第云易經，不復如書禮之明箸古經者，古經之名，緣今文經而起，易既無今文經，自不必特記爲古也，此一說也。志又云：劉向以中古文易經校施孟梁丘經，或脫去无咎悔亡，唯費氏經與古文同。然則施孟梁丘經同是古文，故劉向得取中古文以相讎校，向令一爲古文，一爲今文，向何從得而校之哉，此又一說也。」（說文解字引經考序）於是更推斷之曰：「然則施、孟、梁丘三家易之爲古文，考之於事理，證之於傳記，豪無可疑，許君稱易孟氏爲古文，信而有徵，決非妄語也。」（同上）楊氏謂施孟梁丘之易，別無對立之今文經，故斷定易爲古文，今考易雖無「對立之今文經」，但有「以古字號古文易」之古文經（見後漢書儒林傳）稱古文易者止費直，是楊氏之說不足爲據，此其一也。又謂若孟氏等爲今文，費氏爲古文，則劉向何從得而校之。則所說尤爲錯眩，劉氏校書，必備衆本，取三家之易書與費氏古文，與夫中秘所藏中古文本相校，古文本原無說義之章句，文字脫闕稍少而已，易辭本文，何必盡異，故既取今文本，並取古文本，未嘗有礙，此楊氏說不足爲據，又其二也。至於謂易本經具在，無須隸定爲今文，故易書皆爲古文，此言似持之有故，而實不然也。高師仲華嘗論駁之曰：「今按漢志云：『劉向以中古文易經校施孟梁丘經，或脫去无咎悔亡，唯費氏經與古文同。』則施孟梁丘經皆非中古文甚明，『易爲卜筮之書，傳者不絕』，此但可證明其闕脫者少，不可證明其未經隸定成今文也。且或正因未經燔焚，而隸定之本流傳尤廣，遂無藏於山崖屋壁之古文矣。偶見者卽如藏於中秘、劉向據以校定之中古文本而已。西漢經學立學官者，皆今文，施孟梁丘應無例外，其爲今文殆無可疑。」（說文研究講稿第三講）高師之說是也，據是則楊說舛牾難信，此又其三也。

陶方琦氏謂說文用孟氏古文之易，馬宗霍氏更推定古文孟易爲孟氏之別學，亦不足釋人疑滯。

案馬宗霍曰：「陶方琦漢孳室文鈔有許氏說文用孟氏古文易說，列舉說文所引與今易不同之字，以爲此出於孟氏古文之易者不少，又謂釋文所引孟氏易異文甚尟，其云說文作某者，皆說文用孟氏古文之易也。惟孟氏之易何以知爲古文，則陶說未之及。」（說文引易考敍例．按陶氏之文載於紹興先正遺書第四集，今臺員偏訪）

陶氏訓說文用孟氏古文易說，殆謂孟喜易學有二種，一明章句，一言陰陽，漢書儒林傳（其書無着）謂孟氏之易與施讎梁丘賀同受之於田王孫，後得立於學官者，博士之易也；其得易家候陰陽災變書，詐言師田生且死時枕喜厀，獨傳喜者，乃易之別學也。博士易即明章句者，言陰陽災變者，即易之別學。陶氏謂說文所引，乃古文孟易也。馬宗霍氏以爲所謂古文孟易，即指易之別學而言，故推衍其說而證成之曰：「秦時燔書，易爲筮卜之事，傳者不絕，無須壁藏，其初本無今古文之異，自漢立學官，博士傳習章句大誼，率爲隸書，而今文之說乃起。章句之學既爲今文，則筮卜之術不用章句者，自仍保持原本，當爲古文。據漢書藝文志，劉向校書所見有中古文易經，蓋即原本經文之藏於秘府者，而民間有費高二家之說，費直之易與中古文同。又據儒林傳，稱費直治易，長於卦筮，亡章句，徒以彖象系辭十篇文言解說上下經，高相治易，與費公同時，其學亦亡章句，專說陰陽災異，自言出於丁將軍。案丁寬傳，寬嘗從田何受易，復從雒陽周王孫受古義，此所謂古義，蓋別於章句今義而言，疑即陰陽災異之義。藝文志以費高二家並舉，費氏經既爲古文，則高自言出於丁者，當得丁古義之傳，所執之本，亦必爲古文，故與費俱亡章句也。夫費氏以卦筮見長，高氏以陰陽災異爲說，正與孟氏候陰陽災變之書合，二家皆古文，則孟所得書，要亦爲古文無疑。且孟之本師田王孫，學本受之丁寬，自亦得見古義，是孟書淵源又自可溯，其言雖詐，其書固不誣也。然則許君稱孟易爲古文，蓋指其別學而言，持之有據，絕非牽率矣。」說文引易考敍例　馬氏之說，楊樹達氏即未置信，高師仲華更駁論之曰：「馬氏以孟喜別學說陰陽災變者爲古文，亦係臆斷。費直之易，與中古文同，言其辭句相同耳，其文字則未必相同。如其文字爲中古文，則當云：『費直之易爲中古文』，不當云『與中古文同』。『受古義』未必即『陰陽災變』之義，藝文志以費高二家並舉者，以其皆不立於學官，非以其皆爲古文也。孟氏與二家縱有相合之處，亦未必即爲古文。」說文研究講稿第三講　今案高師之說是也，後漢書儒林傳雖明言「費氏學本以古字號古文易」，然此「古字」是否即中秘所藏之「中古文」，尚難臆測，蓋王國維氏嘗謂戰國時東西二土文字不同，而漢初所存之文字，亦頗駁雜故也。且「本以古字號古文易」，則東漢之時是否已隸定爲通行之文，亦難确言。況孟氏陰陽災變之義，是否即丁寬受之於周王孫之「古義」，已屬可疑，而周王孫之「古義」，是否即許氏稱經之所謂「古文」，更無根實可稽，馬氏之論，恐不免架空立說之譏。

王國維氏雖言古文二字，乃以學派言之，然於許稱孟易今文之故，但謂牽率書之，未能探其源委。

案王國維曰：「…惟敍末云：其稱易孟氏、書孔氏、詩毛氏、禮周官、春秋左氏、論語孝經，皆古文也。此古文二字，乃以學派言之，而不以文字言之，與漢書地理志所用古文二字同意，謂說解中所稱多用孟孔毛左諸家說，皆古文學家而非今文學家也。」下自注云：「易孟氏非古文學家，特牽率書之。」觀堂集林卷七．說文所謂古文說　王氏之說，實已補正段氏「皆古文」爲「皆合倉頡史籀」之誤，然但謂許氏「皆古文也」一語，與孟氏今文爲「牽率書之」之故，猶非留精用心之說也。

劉師培氏則謂「古文」猶言古本，並逕改「孟氏」爲「費氏」，不無憑臆斷制之嫌。

案劉師培氏曰：「說文序云：其稱易費氏，書孔氏、詩毛氏、禮周官、春秋左氏、論語、孝經，皆古文也。夫古文猶言古本，乃經之書以古字者，即魯共所得，張蒼所獻之書。」又於費氏下自注云：「舊作孟，誤。」左盦集卷三．古今文考　劉氏以孟氏班志既言立於學官，當爲今文，而費氏爲古文，遂逕改孟氏作費氏，然費氏古文，非魯恭所得，乃流行民間之本，劉氏釋此「古文」爲「古本」，尚自成理，然遽改許敍孟氏爲費氏，究嫌率爾，古今學者奮其私智，逞臆牽合者多矣，是豈考求故實之所宜哉？

高師仲華先生謂「皆古文也」一語，但承論語、孝經言之，與孟易今文何嘗剌繆乎。片言達旨，向所疑滯，渙然冰釋矣。

案高師曰：「說文敍中所言『皆古文也』，但承論語孝經而言，以兩書未言其家數故也。其他經書稱家數者，則今古文顯然，又不必言『皆古文也』矣。」說文研究講稿第三講　高師謂許君之學，兼通今古文，故易稱孟氏爲今文，書孔氏、詩毛氏、禮周官、春秋左氏爲古文，家數顯然，而獨論語孝經，家數未明，故言「皆古文也」。余考說文敍及漢書藝文志、河間獻王傳，並謂古文尚書、禮記、論語、孝經，出於孔壁，而孔安國所獻者獨尚書一種而已。尚書古文爲許氏所宗，故稱書孔氏，禮記非許氏所宗，而孔壁之論語孝經，又許氏所主，故稱「皆古文也」。許氏於孝經主古文之意，見於許沖所上之表：「愼又學孝經孔氏古文說，古文孝經者，孝昭帝時魯國三老所獻，給事中議郎衛宏所校，皆口傳，官無其說，謹撰具一篇幷上。」此是許氏學宗古文孝經之實據。又考何晏論語集解序，謂「古論語唯博士孔安國爲之訓解，而世不傳。」據此，可見古文孝經與古文論語，皆孔氏所訓，而傳世未廣，許君特爲標明之者，所以彰明古義也。今復考漢官儀所載博士舉狀，於五經外，必兼孝經論語，故漢人傳論語孝經者，皆他經大師，無以此二書專門名家者（可參見觀堂集林卷四．漢魏博士考），故許君不得言其家數，而特爲注明「皆古文也」。「皆古文也」既係指稱論語孝經，故與易孟氏之今文，未嘗乖戾也。

今復按說文全書稱易諸條，雖或兼存異本，出於孟氏者實多，孟氏之書雖佚，然諸家傳授之脈絡隱然，猶復可辨。

案馬宗霍氏曰：「孟氏之易，今已不傳，散見於陸德明經典釋文、孔穎達周易正義、李鼎祚周易集解者，皆零文碎字，其大義絕不可見。說文之例，雖引經證字，取足明字義而止，不詳引經說，然其字義卽是經義，故凡稱易曰者，固亦博攬衆家，不必盡出於孟，而孟氏之義，則往往而在。」（說文引易考敍例）馬氏謂許書中孟氏之義往往而在，其說是也。許君引易，雖或兼採異本，如說文㮇下引易重門擊㮇，櫜下又引易重門擊櫜；吝下引易以往吝，遴下又引易以往遴；的下引易的顙，馰下又引易馰顙，明所引非一本也。蓋孟易至東京時，間爲異本所亂，如釋文所見京本吝作遴；而虞翻本遴作吝，京虞皆傳孟氏易者也。虞本已爲異本所雜厠，而訓義則猶不遠，此蓋溯其源則師法未改；沿其流則家法各殊，許君見二字俱非假借之異文，每兼采之，以博存異本，若詩之並存三家，而義仍本毛恉（參見詩學第三），禮之兼擧今文，而詁訓與周官不悖（參見禮學第四）。唯此例甚少，故許君雖有兼存異文之例，而孟氏之義往往而在者，師法未泯之故也。

說文引易，與京房同字同義者，有禔、遴、需、扐、棨諸條，京氏易蓋源出孟氏。

案說文示部：「禔、安福也。从示、是聲。易曰：禔既平。（市支切）」所引爲坎九五爻辭文，與今本作祗既平不同。（按今本者，阮元氏謂閩監毛注疏本作祗，石經本岳珂單注本作祇，字亦不一，故下凡稱今本，依阮氏校刻之注疏本爲準。如用周易集解，則依盧氏雅雨堂校補本，並以中央圖書館所藏明萬曆重刊宋計用章本校定之，下皆倣此）陸德明經典釋文曰：「京作禔，說文同。音支、又止支反，安也。」是說文所引與京氏本同。而所訓爲安，與今本說文作「安福也」略殊。然考昭明文選司馬相如難蜀父老及陸士衡弔魏武帝文，李善注並引說文：「禔、安也。」疑今本說文衍福字，沈濤說文古本考以爲福字乃後人所增者是也。又周易集解坎九五坎不盈禔既平无咎下引虞翻注曰

：「盈、溢也。艮爲止，謂水流而不盈，坎爲平，禔、安也。艮止坤安，故禔既平，得位正中，故无咎。」是集解本猶作禔，而虞翻亦訓禔爲安，與京氏正同。又陸績云：「禔、安也。」易復卦釋文引 倉頡篇亦云：「禔、安也。」顏氏家訓書證篇引 而玉篇訓禔爲「福也，安也」，廣韻訓「福也，亦安也」，是安福爲二義，且說文自禮篆以下至祺篆，皆福吉之義，若禔本訓爲安福，則當厠於祺下，方與許書體例不悖，今厠祇下，是說文本訓禔爲安也。又且虞注之意，蓋謂坎之爲卦，爲乾二五之坤而成，三至五又互艮，說卦艮爲止，坤卦辭安貞吉，虞翻曰：坤道至靜，故安。乾五入坤，得位正中，故有不盈而禔之象。虞氏就爻之及互體爲說，訓禔爲安，又與許京相合。朱士端曰：「說文及京氏易皆作禔，安也。士端謂京房受易焦延壽，延壽嘗從孟喜問易，許稱孟氏，蓋孟氏本作禔。」說文校定本 承培元氏亦曰：「京虞皆治孟氏易，故與許同。」說文引經證例 朱承二氏之說並是也。

又案說文辵部：「遴、行難也。从辵粦聲。易曰：以往遴。良刃切」所引爲蒙初六爻辭文，與今本作以往吝不同。吳雲蒸曰：「京房作遴。」說文引經異字 雷浚曰：「今易作吝，本書口部吝篆下引亦作吝。虞翻曰：『歷險故以往吝。』浚案：據義似以作遴爲長，此經師相傳異本，說卦傳爲吝嗇，陸釋文曰：『吝、京作遴。』正與此同。」說文引經例辨 今考蒙之爲卦，坎下艮上，艮爲山，坎爲險，象曰：「山下有險，險而止。」坎險在前，而艮以止之，則窮而未通，行難之象也。

唯集解蒙初六下引虞翻曰：「之應歷險，故以往吝。吝、小疵也。」凡爻之外稱往 屯卦辭虞注 ，初四相應，初欲之四，必歷坎險，故曰之應歷險也，是往吝當作行難之遴。又考屯卦六三，亦有「往吝」之辭，象辭則曰：「往吝窮也。」虞翻曰：「吝、疵也。三應于上，之應歷險，不可以往，動如失位，故不如舍之，往必吝窮。」凡此吝窮連文，若訓吝爲疵，於義均不安順，故孫星衍曰：「遴、行難也。凡易內往吝、往見吝，以往吝，皆當從此，非悔吝之字也。說文又引作以往吝者，意後人所加。」 孫氏周易集解卷二 今考孫氏謂往吝之吝，當從說文訓行難者爲本字，字當作遴，其說是也。唯謂別引作「以往吝」一條爲後人所加，則恐非是，蓋許愼時所見傳孟易者，其本已有作遴作吝之異，虞氏世傳孟氏易，其文作吝。釋文屯六三「往吝」，引馬融訓吝爲恨，是馬融本亦作吝。馬虞雖在許後，然許所見傳孟氏易已有羼雜異文之本矣。而作吝字，如馬虞所解，亦非假借爲他字者，故並載異文，以兼存兩說，凡異文並錄者，皆多此類，蓋同源異派之故，非必後人所增也。虞氏以家傳本作吝，乃訓吝爲疵，然所言「之應歷險、往必吝窮」等語，又與「行難」之遴相合。故馬宗霍曰：「此由虞所據本作吝，而吝之本義，又與歷險不貫，故但用繫辭『悔吝言乎小疵』之語，以釋此吝。許君引證遴之本義，疑孟易亦作遴不作吝也。」 說文引易考 孟氏書不存，無由得見其作遴作吝，然今以說卦「坤爲吝嗇」釋文引京氏本曰：「吝、京作遴。」則是京本吝字作遴，而許君作遴謂爲孟氏易者，猶得藉京氏之殘珪片玉，以證其一隅者也。

又案說文雨部：「需、頦也。遇雨不進，止頦也。从雨、而聲。易曰：雲上於天、需。（相俞切）」所引爲需象傳文。許訓需爲頦，而立部又訓頦爲待。是需之訓頦，取義於待。京氏易傳曰：「需，雲上於天，凝於陰而待於陽，故曰需，需者待也。」（卷中）京氏以待釋需，正與許同。荀爽注、九家易、干寶、宋衷之注，其意亦同。集解引荀爽曰：「雲須時欲降。」（需九五注）引九家易亦曰：「雲欲升天，須時當降。」（六四象注）引干寶曰：「雲深在天而雨未降，翱翔東西，須之象也。」（序卦傳下引）引宋衷曰：「雲上於天，須時而降也。」（需象下引）須卽頦之省借字，其義爲待，並與許合。荀氏之注，每多孟京舊說（詳見後證），而九家易宗於荀注，宋衷注亦出入於荀氏（見張惠言易義別錄），干寶亦傳京氏易者（見紀磊漢儒傳易源流），故諸家得與京合，亦並足證成許說者也。又諸家但謂雲雨須待而降，許則謂「遇雨不進」，殆已兼指雨降而言矣。今考「不進」之文，見於雜卦，彼云：需、不進也。爲許說所本。而「遇雨」之文，則自上六言之者，集解引荀爽注上六「入於穴」云：「須道已終，雲當下入穴也。雲上升極，則降而爲雨。」（卷二）是上六爲已雨，荀注與許說又合。（按凡有一字得以數家之說證其義者，則取其說在前者，或取其傳授師承明確可考者爲依歸。故如此字，京氏荀氏等並有可證者，京氏在前，且與孟易源流明確可考，故條系於此，全文通例如此。）

又案說文手部：「扐、易筮再扐而後卦。从手、力聲。（盧則切）」所引爲繫辭上文，與今本作再扐而後掛不同。釋文云：「後掛，京作卦，云再扐而後布卦。」京房傳孟氏易者，許所引同京，則孟易也。易緯乾鑿度下：「故再扐而後卦，以應律歷之數。」鄭注亦無異說。唯虞翻則字作掛，段玉裁曰：「虞則字作掛者，謂再爲分二掛一，或作卦者，謂於此起卦爻，皆可通也。」說文注扐下 今考段氏並通之說非是，彼虞注云：「成一變，則布掛之一爻，謂已二扐，又加一爲三，並重合前二扐爲五歲，故五歲再閏，再扐而後掛。」與京氏「再扐而後布卦」之說本同，作掛者，疑涉下注文：「謂已一扐，復分掛」而誤，掛篆文本作挂，王筠曰「卦，今本作掛，案掛字誤也。繫辭先云掛一以象三，掛者，掛于小指間也，在再扐之前。若再扐之後，則虞翻所云成一變，則布卦之一爻者也，安得復掛乎。」說文句讀扐下 王說是也，一扐可稱掛，再扐則當布卦，不得稱掛矣。故李道平亦云：「虞注布掛之一爻，以及再扐後掛，尋其文義，亦當作卦，作掛者，皆傳抄之誤也。」周易集解纂疏卷八 李說是也，虞本作掛，乃傳抄之誤，非異讀之類也，不然許書當兩引之矣。

又案說文糸部：「䋈、絜緼也。一曰敝絮宋本說文作絮玉篇零卷引作絮，从糸、奴聲。易曰：需有衣䋈。」女余切」所引爲既濟六四爻辭文，與今本作繻有衣袽不同。今知作「衣䋈」與京本同者，釋文云：「說文作絮，云緼也。廣雅云：絮、塞也。京作絮。」是說文與京氏同，唯今說文引在䋈下，字當作䋈，而今本廣雅字正作䋈，云：䋈、塞也。故知釋文所云京作絮、說文廣雅作絮者，並䋈字之誤，絮䋈音同義同而形似，故易譌也。盧文弨氏已爲之改正見經典釋文考證。又考玉篇零卷䋈下引「說文：絮、緼也。一曰弊絮也。易曰濡有衣絮是也。廣雅絮、塞也。或爲袽字，在衣部。」由是知唐人絮絮二字已混誤，而其所引說文稱易，需又作濡，濡字水旁又草書相聯，與糸旁草書相近，疑說文引易之需字本作繻，玉篇所引亦作繻，故說文繻下讀若易繻有衣，正作糸旁。又且釋文但云「京作絮」，未言繻字有異文，疑京本原亦作繻也。又就玉篇零卷所載，袽即絮後起之重文異體，說文不錄袽字，或袽字許所未及見，或許不以爲正字也。今考集解引虞注曰：「乾爲衣，故稱繻，袽、敗衣也。乾二之五，衣象裂壞，故繻有衣袽。」卷十二是虞氏義與許合，而字與今注疏本同。虞氏本亦孟氏易，字亦作繻，不作需。其絮字則作袽，與許引不同，然說文既不錄袽字，故稱經不兩引異文。

京氏章句多與孟氏章句相同，有漢熹平石經殘字可證。

案京氏受易於焦延壽，焦氏受諸孟喜，其師承載在漢書儒林傳，今不贅述。其書相同，自在意中。唯京氏章句與孟氏章句，今並亡佚，欲窺全豹，幽眇難期矣。今僅存漢熹平石經殘石背文，猶可略見端倪：屈萬里先生漢石經周易殘字集證，即載張溥泉藏石，反正兩面，正面爲經文蒙卦至比卦之殘字，背面則爲校記，其式爲：

□施京氏□

四童牛之告

革・孟施京氏

盈諸滿皆言盈

養・孟施京氏

屈先生曰：「寥寥二十四字中，『孟施京氏』語凡三見，其首行施京兩字上雖殘缺，然可斷其必孟字無疑。」卷一 並謂漢石經經文以梁丘氏本爲主，而列他家異同於後爲校記。今謂此校記之文，孟京每每並稱，亦卽孟京本多相同符之證。且漢志言「孟氏京房十一篇」，孟京亦合稱，皆其證也。

說文引易，與施讎易訓相合者，有⿰夲允字。孟施京氏之學，猶多同者。

案說文本部：「⿰夲允、進也。从本、从屮、允聲。易曰：⿰夲允升大吉。余準切」所引爲升初六爻辭文，與今本易辭作允升不同。朱震漢上易傳引施氏易：「施讎曰：⿰夲允、進也。」與說文引易正同。施讎與孟喜、梁丘賀並受易於田王孫，宣帝時詔拜博士，有章句二篇，見於漢志。熹平中，蔡邕奉詔書石經，易用三家經本，今考說文引孟氏易作⿰夲允，而施氏易亦作⿰夲允，今新出漢熹平石經，屈萬里先生謂石經經文以梁丘氏本爲主。所錄升初六爻辭則作允，與今本同，唯屈先生於漢石經尚書殘字集證中，已證方藥雨所藏拓文爲贋品，故梁丘氏本是否作允，尚難斷言。唯擧施氏本作⿰夲允之證，卽知作⿰夲允爲今文之本，許書作⿰夲允，卽同今文本，故馬宗霍氏所謂孟易有今文古文二本，石經爲孟易今文，許稱爲孟易古文，故有紞允不同之說，則不攻而自破矣。又觀前所引石經背文（此非方氏所出者），孟與施京氏每多並稱，是施氏章句與孟氏章句，每多同者，舉此施氏之作紞，以證許氏之作紞爲孟氏易，非爲無據也。且紞升之義，較允升爲長。惠棟曰：「紞升、進升也。俗訓爲信，不通。從本從屮，上進之象。」（惠氏讀說文記）惠說是也，許君易說本當如是。

虞翻易注與說文引易相應者，有屯、菑、葬、牝、犕、告、遄、鞶、劓、翯、旳、宇、寷、窞、网、壼、㐬、闃、畬、隕、隍、諸條，虞氏亦世傳孟氏易。

案說文屮部：「屯，難也。象艸木之初生，屯然而難，从屮貫一、一，地也。尾曲。易曰：屯、剛柔始交而難生。（陟倫切）」所引爲屯彖傳文。集解引虞注曰：「乾剛坤柔，坎二交初，故始交，確乎難拔，故難生也。」（卷二）張惠言曰：「拔、拔出地也，微陽專確，盈而後發，故曰難生。」（周易虞氏義）是虞注之義，與說文貫地尾曲、屯然而難生之訓相應。又按集解引崔憬曰：「十二月，陽始浸長，而交於陰，故曰剛柔始交，萬物萌芽，生於地中，有寒冰之難，故言難生。」與許氏之訓尤合，崔氏之師承及著述，唐志不載，馬國翰謂其「於荀虞馬鄭之學，有所窺見。」（玉函山房輯佚書周易探玄序）今考惠棟謂六十卦用事之月，十二月屯睽升臨，爲孟長卿之易，亦引崔說及說文爲證。（見易漢學卷二）是崔氏此說蓋宗孟氏也。

又案說文艸部：「菑，不耕田也。从艸甾，易曰不菑畬。（側詞切）」所引爲无妄六二爻辭文。徐鍇曰

：「田不耕則草塞之，故從艸。」（說文繫傳）王筠亦曰：「許君收菑於艸部，以艸爲主，田而有艸，是不耕也。」（說文釋例）皆說明許訓「不耕田」之故，然孫星衍、陳鱣皆謂「不當爲才，才耕田謂始耕田也。」（見徐承慶段注匡謬引）孫陳改字之故，蓋以爾雅釋地「田一歲曰菑」疏引孫炎云：「菑、始災殺其草木也。」及詩小雅大田：「俶載南畝」鄭箋讀俶載爲熾菑。然「始災殺草木」「田一歲曰菑」與許訓本相成，固不必改字也。段玉裁氏又謂：「不當爲反字之誤也。」改不爲反，蓋以韓詩及董遇易章句皆曰：「菑、反草也。」（釋文）然「反草」「始災殺草木」與許訓亦相成，亦不必改字也。王筠曰：「釋地曰：田一歲曰菑，是此地向來荒蕪，初耕治之，則向之彌望皆艸者，既耕則反其艸而入地中，故韓詩曰反艸，然依以改說文爲反耕田也，則詞不可通。」（說文釋例），案王說是也。唐寫本切韻殘卷，廣韻七之菑字下引說文並作不耕田也，是舊本作不之證。黃以周亦曰：「說文菑，不耕田也，畬、二歲治田也，以治釋畬，明菑爲田之未治，故曰不耕田，不耕田者，明一歲田祗殺艸，尚未耕治也，故其字與艸盛之蘨，除艸之薙相次，注說文者不達其意，乃改不耕田爲才耕田，或改爲反耕田，皆誤。」（釋菑），黃王二氏之說，既證改字爲訓者之誤，又說明「不耕田」與「一歲曰菑」，義本相應，而釋文引馬融云：「菑，田一歲也。」小雅釆芑孔疏引鄭玄易注，及坊記鄭注並謂「田一歲曰菑。」今集解无妄六二下引虞翻易注曰：「田在初，一歲曰菑；在二，二歲曰畬，初爻非坤，故不菑而畬也。」（卷六）今考无妄之爲卦，震下乾上，四未變，无坤田，初爻亦非坤，故曰不菑，不菑畬者，不殺草以闢不耕之田，而期其爲熟田而收穫之，故曰无望。李道平曰：「无望、馬鄭皆訓无所希望，史記直作无望，謂无所期望而有得。」（周易集解纂疏卷四）是其義也。許說與馬、鄭、虞並同，今歸爲與虞注相應者，以集解引虞注在「不菑畬」下，且虞注之訓菑訓畬，與許君並同，馬鄭訓畬則與許異也。

又案說文茻部：「葬、藏也，从死在茻中，一其中所以薦之，易曰：古之葬者厚衣之以薪。（則浪切）」所引爲繫辭下文。曰：「古之葬者厚衣之以薪，葬之中野，不封不樹，喪期无數，後世聖人易之以棺椁，蓋取諸大過。」虞翻注曰：「中孚上下易象也。…中孚：艮爲山丘，巽木在裏，棺藏山陵椁之象也。故取諸大過。」虞氏以上下兩象易說繫辭之義，謂兌下巽上爲中孚，互易之，則巽下兌上爲大過，以棺椁易古葬者衣之以薪，是爲過厚，故取諸大過。而鄭玄以爻辰上下皆巽木說大過（見禮記疏六），荀爽以兩巽對合說中孚（見漢上叢說），孰同許氏，今不可考，唯虞注以藏爲葬意，獨存於集解，與許訓相應，禮記檀弓曰：「葬也者藏也，藏也者，欲人之不得見也。」呂氏春秋節喪篇：「葬也者藏也。葬不可不藏也。」白虎通曰：「葬之爲言下藏也。」論衡識日篇：「夫葬、藏尸也。」諸說並在許前，與許訓相合。

又案說文牛部：「牝、畜母也，从牛匕聲，易曰：畜牝牛吉。（毗忍切）」所引爲離卦辭文。段玉裁氏云：「牝爲凡畜母之稱，而牝牛取吉，故其字從牛也。」今考殷契文字，牝母字或从羊，从家，从犬，从馬、犯犯犯馲諸字皆廢，而牝麀僅存，以牝爲凡畜母之稱，與吉義無涉。（參見商承祚殷虛文字類編）故知段說非是。集解引虞翻注曰：「畜、養也，坤爲牝牛，乾二五之坤成坎，體頤、養象。故畜牝牛吉，俗說皆以離爲牝牛，失之矣。」（卷四），虞氏斥離爲牝牛爲俗說，則孟氏當以坤爲牝牛，許訓牝爲畜母，並引易畜牝牛者，坤爲母，坤爲子母牛（並見說卦），許說當同虞氏。說卦坤爲子母牛，集解引九家易曰：「土能生育，牛亦含養，故爲子母牛也。」（卷十）李道平釋之曰：「離、坤之子也，坤離皆牛，故爲子母牛。」（集解纂疏）考九家易注，但以生育含養爲訓，於此未嘗以離坤爲子母，推其義，則子者茲也（見淮南天文篇、史記三代世表、易明夷箕子劉向讀爲荄茲。）、子者孳也（見大戴禮本命篇、白虎通五行篇、釋名釋親屬）、子者滋也（見說文子字訓、史記律書），疑子者蓄育孕養之義，不必取離爲坤子之訓，但取坤母之義已足。戴侗曰：「牝、字牛也。」說頗近之。

又案說文牛部：「犕、易曰犕牛乘馬。从牛𤰈聲。（平祕切）」所引爲繫辭下文，與今本作服牛乘馬不同。許君於此但稱易，別無義訓，諸家以爲有脫文是也。段玉裁注曰：「此蓋與革部之鞁同義，鞁、車駕具也。故玉篇云：犕、服也，以鞍裝馬也。繫辭今作服，古音𠬝聲𤰈聲同在第一部，故服犕皆扶逼反，以車駕牛馬之字當作犕，作服者假借耳。」（二篇上）段說近是，犕之本義，當與稱易犕牛」之義相同，唯今考元建安鄭氏本玉篇，並無「犕、服也」三字，但訓：「以鞍裝馬也。又牛六歲。」是梁時犕字至少已有二義，而「以鞍裝馬」之義，近於說文。虞翻注服牛乘馬曰：「否上之初也、否乾爲馬、爲遠、坤爲牛、爲重，坤初之上爲引重，乾上之初爲致遠，艮爲背、巽爲股，在馬上，故乘馬。巽爲繩、繩束縛物，在牛背上，故服牛。出否之隨，引重致遠，以利天下，故取諸隨。虞氏就卦象立說，是否同於許氏，今不可考，然訓「服牛」爲「繩束縛物在牛背上」，正說犕義，可見「服」爲「犕」之假借，其義與許說相應，錢坫說文解字斠詮曰：「今西北人裝馬猶曰犕馬。」猶古時遺語也。

又案說文告部：「告、牛觸人，角著橫木，所以告人也。从口从牛，易曰僮牛之告。古奧切」所引爲大畜六四爻辭文、與王弼本作童牛之牿不同。集解引侯果注亦作牿，許訓牿爲「牛馬牢」，與告字義別，周禮疏引鄭玄說作梏，與許偁經不同。而集解引虞翻作童牛之告，釋文引九家亦作告，與許告字同。虞氏以旁通說大畜，夫大畜之卦，乾下艮上，萃卦坤下兌上，相對而旁通。故注曰：「艮爲童，萃坤爲牛，告謂以木楅其角。大畜，畜物之家，惡其觸害，艮爲手，爲小木，巽爲繩、繩縛小木橫著牛角，故曰童牛之告。」卷六所訓告義，與說文正同。集解引侯果注作牿，然其注曰：「牿、楅也，以木爲之，橫施于角，止其觝之威也。……封人職曰：「設其楅衡。注云：楅設于角，衡設于鼻，止其觝觸也。」卷六侯說與許義亦相應，而字已改作矣。至於鄭玄作梏，訓爲施梏見周禮疏四、又三十四、左傳疏十、訓牿作角見釋文，則別有師授，與許義不同。至於僮字作童，吳玉搢云：「按說文：僮、未冠也。童，男有辠也，僮牛、幼小之稱。韵會云：今以僮幼字作童，童僕字作僮，相承失也。」（說文引經考）王鳴盛亦云：「僮爲僮子，童則童僕，從世乃互易之，此正當爲僮牛。」（蛾術編說字）虞氏以艮爲少男說童，卽幼小之稱，與許亦合，而許作僮牛爲本字。

又案說文辵部：「遄、往來數也，从辵耑聲，易曰㠯事遄往。（市緣切）」所引爲損初六爻辭文，與今王弼本作已事遄往，虞翻本作祀事遄往不同。損之爲卦，兌下艮上，集解引虞注云：「遄、速。二失正，初利二速往合志于五，得正无咎。已得之應，故遄往无咎。…祀、舊作已也。」（卷八）虞氏訓遄爲速，與許訓往來數義相合，祭義：「其行也趨趨以數。」鄭注云：「趨讀如促數之數，言速也。」而考工記弓人鄭注又云：「故書速或作數。」是速讀桑谷切之音，卽通作速也。許言「往來」者，蓋就字形从辵言之，稱經則但取數速之義，虞義與之相應。而虞本㠯作祀者，虞已明言「祀、舊作已也。」承培元云：「虞翻作祀，云舊作已，與孟易異。」（說文引經證例）是虞氏所見孟氏舊本不作祀也。孟氏舊本，當同說文。今本作已者，釋文云：「已本亦作以。」是㠯本從反巳、二字古實通用也。

又案說文革部：「鞶、大帶也。易曰：或錫之鞶帶。男子帶鞶，婦人帶絲，从革、般聲。（薄官切）」所引爲訟上九爻辭文。釋文引馬融云：「鞶、大也。」蓋就「鞶帶」二字連文作訓，故訓鞶爲大，鞶帶亦卽大帶也。而史徵周易口訣義引馬融注：「鞶帶、大帶衣也。」尤見釋文所引訓鞶爲大，與大帶無異。唯虞注則與許說全同，彼云：「鞶帶、大帶、男子鞶革。」（卷三）言男子鞶革者，即本禮記內則：「男鞶革、女鞶絲」之文，許作「男子帶鞶，婦人帶絲」者，亦取內則之意，鞶革者，就其質言之。帶鞶者，就其物言之，本無異也。又左傳桓二年云：「鞶厲游纓」，杜預注云：「鞶、紳帶也，一名大帶。」孔穎達疏曰：「賈服等說鞶皆與杜同。」是賈逵亦以大帶釋鞶，許氏所訓，蓋受之於侍中也。

又案說文刀部：「㓷、刑鼻也。从刀臬聲，易曰：天且㓷。劓、臬或从鼻。（魚器切）」所引為睽六三爻辭文，重文作劓，與今本「其人天且劓」合。劓甲骨或作𠛱（見鐵雲藏龜第二百五十葉）是作劓為會意，作㓷為形聲，聲義全同，故為重文，許訓「刑鼻也」者，乃大徐本之字誤。鈕樹玉曰：「繫傳作刖劓也，劓字譌，集韻、類篇、韻會引作刖鼻也，當不誤。」（說文解字校錄）丁福保氏亦云：「刑顯係刖字形近之誤」（說文解字詁林）是大徐作刑鼻，非許氏之原文。集解引虞翻注云：「割鼻為劓」（卷八）馬宗霍氏曰：「說文刖下云：『絕也。』集解引虞翻曰：『割鼻為劓』，案廣雅釋詁云：『割、斷也、截也。』斷截與絕義近，是虞許義合。」（引易考卷一）按馬說雖可通，唯慧琳一切經音義卷十三頁十八，刖注引說文「絕也，截手足也。从刀月聲。」古本如此，今本奪「截手足也」四字（參見丁福保氏按語），疑刖為斷手足之專名。故周禮：「刖者使守囿」，「刖罪五百」，皆為斷足，割鼻不宜用刖字。又困卦九五集解引虞翻注曰：「割鼻曰劓、斷足曰刖。」始與許訓劓刖二字之義全合。故知小徐本說文㓷訓刖鼻，刖字或亦未確，沈濤曰：「一切經音義卷十五、卷十九、卷二十一，皆引作決鼻也。蓋古本如是，決鼻猶言缺鼻。…小徐本作刖鼻，與決鼻相近，大徐作刑鼻，則誤矣。卷二十一又有割也二字。」[說文古本考] 依玄應一切經音義卷二十一劓鼻下云：「古文劓同、魚器反、說文：劓、決鼻也、割也。謂割去其鼻也。」疑說文本訓劓爲決鼻也割也。言其事謂之割鼻、狀其貌謂之決鼻也。

又案說文角部：「觢、一角仰也，从角、㓞聲。易曰：其牛觢。[尺制切]」所引爲睽六三爻辭文，與今王弼本作掣不同。集解本則作觢。釋文掣下云：「鄭（玄）作㸷，云牛角皆踊曰㸷，說文作觢，之世反、云角一俯一仰，子夏作契，傳云：一角仰也。荀作觭，劉（表）本從說文，解依鄭。」是唐時說文訓觢爲「角一俯一仰」也。集解引虞翻注：「牛角一低一仰、故稱觢[古經解本作觢]離上而坎下，故其牛觢也。」[卷八] 與古本說文之訓正合。夫睽之爲卦兌下離上，離在上，三至五互坎，離上爲仰，坎下爲俯，故其牛觢[參見李道平纂疏] 依睽卦取象，當以一俯一仰爲長[徐灝注箋已主此說]，今本說文作一角仰也者，疑是以陸氏別引子夏傳之解，以改許氏之書者也[沈濤說文古本考主此說]。然牛角非直豎者，一角仰者，蓋謂一角偏戾，一角仰則一角俯，其義已見，故盧文弨氏謂兩訓「意亦無異」[經典釋文考證]。盧說是也。子夏作契者，徐鉉所謂觢「當从契省乃得聲」，是契觢古同聲，觢爲本字，契爲通假字。荀爽本作觭，釋文雖不言何訓，依釋文之義視之，當與子夏傳同訓爲「一角仰」，觭从奇聲，凡从奇得聲之字多有偏傾之義，故樊光云：傾角曰觭。而今說文作「角一俛一仰」者，尤可證一俛一仰即一角仰之義。沈濤謂說文觭下二解，後人互易之者，其說近是，蓋二字字異而義同者。

又案說文日部：「的、明也、从日勺聲、易曰：爲的顙。都歷切」所引爲說卦文，說卦震爲的顙。集解引虞義云：「的、白顙額也、震體頭在口上，白、故的顙。詩云：有馬白顛是也。」卷十七許訓的爲明，而虞訓的爲白，段玉裁曰：「的者，白之明也，故俗字作的。」是許虞兩訓實同。且說文馰訓馬白頟，亦引易曰爲馰顙，是許書之的顙，亦即白額也。虞引詩秦風：有馬白顛、毛傳曰：白顛、的顙也。與許虞之義皆同。李道平曰：「博雅：的、白也、玉篇：顙、額也。震反生，以初爲顙，乾爲首，兌爲口，震乾初在兌上，故體頭在口上，初爲白，故爲的顙。」纂疏卷十虞氏以震反生，及震兌旁通爲說，李氏疏之已詳。說文的馰二篆下兩引易者，諸家或以爲誤，然虞氏及諸家本皆作的，是許所見孟氏傳本其時已有的馰之異文，皆非假借，馰或爲孟易原文，的或因毛傳而改，諸本雜廁，故並存之，如遴下引以往遴，吝下引以往吝，此許書之通例如此，非自創其例也。

又案說文宀部：「宇、屋邊也。从宀、于聲。易曰：上棟下宇。寓、籀文宇从禹。王榘切」所引爲易繫辭下文。其辭曰：「上棟下宇，以待風雨，蓋取諸大壯。」集解引虞翻注曰：「无妄兩象易也。…乾爲高，巽爲長木，反在上爲棟，震陽動起爲上棟，宇謂屋邊也，兌澤動下爲下宇，无妄之大壯，巽風不見，兌雨隔震，與乾絕體，故上棟下宇，以待風雨，蓋取諸大壯者也。」卷十五李道平纂疏曰：「震下乾上爲无妄，乾下震上爲大壯，故云兩象易也。……說卦巽爲高，虞彼注云：乾陽在上，長故高。又詩曰：謂天蓋高，故爲高，巽爲長木，大壯外象震，震反巽也，故反在上爲棟。震、起也。无妄震陽在下動起，成大壯，故爲上棟。宇、屋邊也，說文文。大壯互兌，兌澤動而下，故爲下宇。」卷九許氏是否亦以兩象易爲說，今不可考，唯虞訓宇爲屋邊，與許正同。唯玄應一切經音義卷七引說文：「宇、屋邊檐也。」卷二十五引又作「屋邊簷也。」故沈濤謂「古本有檐字，今奪。」說文古本考而王筠亦謂當有檐字，且謂「先以屋邊指其處，再以檐廣其名。」說文句讀今考文選注引倉頡篇：「宇、邊也。」見孫氏所輯倉頡篇卷中與說文正合、是今本未必奪檐字。且說文木部云：「櫋、屋櫋聯也。從邊省聲」，是屋邊之邊，實爲櫋之假借，而釋名釋宮室謂「梠或謂之櫋」，說文又謂「㮰、梠也」、「檐、㮰也」，是櫋、邊、梠、㮰、檐、簷俗體，字雖異體，實爲一物，故言屋邊卽屋檐也。淮南子覽冥篇注云：「宇，屋檐也。」是屋檐卽說文屋邊之證。

又案說文宀部：「寷、大屋也、从宀，豐聲、易曰：『寷其屋，』敷戎切」所引爲豐上六爻辭文，與今易作豐者不同。唯小徐本作豐，與今易同。考豐卦全文豐其蔀、豐其沛數見，咸不作大屋解，而字又並作豐，不作寷、以是衡之，此豐其屋亦當作豐，不當作寷。說文引在宀部寷字下者，蓋以「豐其屋」三字之義解寷義，此引經以解字義，非兼證字形也。且集解於此上六下嘗引孟喜章句，解本爻之象，亦未特爲寷字作解，京氏易傳卷上亦作豐其屋，獨宋本盧本釋文云：「說文作寷，云大屋。」見阮元校勘記 字與大徐同。然寷既爲大屋，寷其屋三字，於義亦不順，故疑說文所引易，當依小徐本作豐也，豐之爲卦，離下震上，䷶，上六云：豐其屋，蔀其家。集解引虞翻曰：「豐大蔀小也，三至上，體大壯，屋象，故豐其屋。謂四五已變，上動成家人，大屋見則家人壞，故蔀其家。」卷十一 虞氏謂「大屋見則家人壞」，正以「豐其屋」爲大屋，與許書正合。

又案說文穴部：「窞、坎中小坎也，从穴、从臽、臽亦聲、易曰：入于坎窞，一曰旁入也。」徒感切 」所引爲坎初六爻辭文。集解引虞注曰：「坎爲入，坎中小穴稱窞。」卷六 與許訓坎中小坎同。李道平纂疏曰：「兩坎之下，是坎中之窞，初在下，是入于坎窞之象。」卷四 是虞許並以易象如此爲訓，唯易釋文窞下云：「說文云：坎中更有坎，字林云：坎中小坎，一曰旁入。」嚴可均謂「今本（說文）依字林改補」說文校議，段玉裁則逕依釋文改許書，並謂「今文爲後人以呂改許明矣」段注 而盧文弨亦疑「陸所見說文不與今同。」經典釋文考證 唯文選馬融長笛賦：「峪窞巖㝩」下李善注引說文，亦作「窞、坎中小坎也」，是唐人所見說文與今本同，陸氏所引說文字林互譌耳，徐承慶引李賡芸曰：「此陸氏誤以說文爲字林，以字林爲說文，元朗引書，時有疏謬也，唐時以說文字林試士，故記憶互譌耳。」說文解字注匡謬 鈕樹玉氏亦曰：「此陸氏誤以字林爲說文，呂氏申許說，故云坎中更有坎也，字義先後可知。」段氏說文注訂 李鈕二氏之說是也。集解又引干寶注曰：「窞、坎之深者也，江河淮濟、百川之流，行乎地中，水之正也、及其爲災，則泛溢平地，而入于坎窞，是水失其道也。」卷六，段玉裁曰：「干寶釋易正用旁入之義。」段注 考干氏泛溢之說，與說文旁入之訓相近，許氏引易，證字每兼證義，馬宗霍云：「知許偁一曰，亦易家古義之別說。」引易考 然干氏亦傳京氏易者見紀磊漢儒傳易源流，許偁一曰、蓋亦孟京舊說之岐出者歟？

又案說文㒳部：「㒳、再也、从冂、闕。易曰、參天㒳地。」良獎切 所引爲說卦文，與今本作參天兩地不同。今考集解及易疏引諸家說，釋參天㒳地之義並不同，唯集解引虞注曰：「參、天也，謂分天象爲三才，以地兩之，立六畫之數，故倚數也。」又於說卦「兼三才而兩之，故易六畫而成卦」下引虞注曰：「謂參天兩地、乾坤各三爻，而成六畫之數也。」卷十七 是虞氏分天象爲三才，而以地再之，故立六畫之數，與許訓㒳爲再之義正合，唯字則作兩。考說文兩字：「二十四銖爲一兩，从一㒳，㒳、平分也。」此訓㒳爲平分，本篆下則訓爲再，再與平分，義可互通。㒳爲平分，蓋本字形爲說，本篆下以字形訓解既闕，故從孟易義訓，訓爲再也。玉篇云：「㒳、今作兩，」廣韻三十六養云：「㒳、今通作兩，」是㒳兩混淆，兩行而㒳廢久矣，固不知虞古本作㒳抑或作兩，今又考屈萬里先生漢石經周易殘字集證，載方藥雨舊雨樓藏殘石，「

分而爲二以象兩」（上繫第七）、此兩實取「平分」之義，而字不作㒳作兩。又漢石經尚書殘字集證，載方氏藏本作「有弁兩刑」，亦作兩，唯屈先生已辨方氏所藏殆爲贋品，猶不足以證漢時㒳已作兩。唯洪适隸續所錄魏三體石經尚書殘碑呂刑篇「有弁兩刑」，其古文兩作㒳，是古經字之遺也，與許書合。

又案說文壺部：「壹、壹壺也、从凶、从壺、不得泄、凶也。易曰：天地壹壺。（於云切）」所引爲繫辭下文，與今王弼本注疏本作絪縕不同。與釋文所引：「絪、本又作氤，縕、本又作氳」者亦不同。邵瑛曰：「今易繫辭傳作絪縕，釋文本又作氤氳，正字當作壹壺，復古編（張有）云：壹從壺吉、壺從壺凶、吉凶在壺中不得泄也。別作氤氳，又作絪縕，並非。」（說文解字羣經正字）是壹壺爲本字，其他皆俗字也（段玉裁已如是說）。今古經解彙函本周易集解仍作壹壺，與許書同。引虞注曰：「謂泰上也，先說否，否反成泰，故不說泰，天地交，萬物通，故化醇。」（卷十六）是虞注明言壹壺者否象也，否之爲卦，坤下乾上，其象曰：「天地不交。」天地不交即閉塞之義，與許書「不得泄，凶也」之訓正合。故承培元曰：「此引易證字也。吉凶在壺中，元氣渾然，故曰不得泄，虞翻謂絪縕是否之閉塞，其義與不得泄同，蓋孟氏易說如此。」（說文引經證例）承氏之說是也。今又考繫辭「八卦定吉凶」下虞注曰：「陽生則吉，陰生則凶，謂方以類聚，物以羣分，吉凶生矣。」（卷十四）是吉凶即陰陽之義，吉凶既分，陽陰既交，則「方以類聚，物以羣分」矣。陰陽渾然不泄，吉凶在壺中，由否而泰，其象爲壹壺。故知「天地壹壺，萬物化醇」，與繫辭上文「天尊地卑，乾坤定矣，卑高以陳，貴賤位矣，動靜有常，剛柔變矣，方以類聚，物以羣分，吉凶生矣。」同義，集解引荀爽注天尊地卑「謂否卦也」，注卑高以陳「謂泰卦也」。與虞注壹壺爲「否反成泰」正同。成泰故萬物化醇，就否爲說，故說文謂不得泄凶也。

又案說文川部：「巟、水廣也，从川亡聲，易曰：包巟用馮河。呼光切」所引爲泰九二爻辭文，與今本作荒不同。與釋文云：「荒、本亦作巟」相應，是陸氏所見異本正同許書，集解引虞翻曰：「在中稱包，荒、大川也、馮河、涉河。……失位、變得正，體坎，坎爲大川、爲河。」卷四 柳榮宗謂虞注曰：「此卽巟之本義爲訓，與許說合，是虞本亦作巟也。」說文引經考異 而李道平集解本則逕作包巟，並疏曰：「二陽失位，變陰得正，其體爲坎，坎爲水，故爲大川而稱巟也。」大川之訓與水廣之訓相合，是虞注本作巟，與說文同。易辭云巟，又云河，巟與河皆水廣之義。惠棟曰：「包巟利憑河，水廣曰巟，水之廣者，莫如河也，詩曰：誰謂河廣。」惠氏讀說文記 惠氏引申許義，亦足見虞許之訓相同。

又案說文門部：「闡、開也。从門、單聲。易曰：闡幽。易善切」所引爲繫辭下文，繫辭曰：「夫易章往而察來，而微顯闡幽，開而當名。」集解引虞翻曰：「微者顯之，謂從復成乾，是察來也。闡者幽之，謂從姤之坤，是章往也。陽息出初，故開而當名。」卷十六 虞注繫辭之意，以微與顯、闡與幽對文，由微而顯謂明察者正來，由闡而幽，謂章明者正往，是闡卽章明之義，章明爲開義之引申。虞注又謂陽息出初，爲開而當名，張惠言曰：「乾元出坤，其動也闢，故開。」（周易虞氏義）是虞意謂陽息者，乃使隱者爲開明，卽微顯之義，陽消者，乃使開明者爲幽隱，卽闡幽之義。虞注釋陽息出初爲開，則陰息出初，有否閉之象，闡幽者，使開者爲閉也。虞注與許訓闡爲開相合。又文選馬融長笛賦：「從容闡緩」，李善注引蒼頡篇曰：「闡、開也。」說文正同蒼頡篇。

又案說文田部：「畬、三歲治田也，易曰不菑畬田，从田，余聲。（以諸切）」所引爲无妄六二爻辭文，小徐本引易作不菑畬，無田字，與今易同。禮記坊記引易作「不菑畬凶」，段玉裁、桂馥、惠棟皆謂田當作凶，是也。今本說文許訓畬爲三歲治田，唯易无妄釋文引說文云：二歲治田也。是古本說文三當作二也。嚴可均曰：「畬三當作二，无妄釋文畬引馬融云：田三歲也，復引說文云：二歲治田也，是六朝舊本作二歲，今云三歲者，校者據釋地、采芑、保介傳改耳。其實許君必有所承，與爾雅無妨偶異，坊記注：田一歲曰菑，二歲曰畬，三歲曰新田，則鄭與許合也。」（說文校議）今案釋文既引馬融曰田三歲爲畬，又別引說文，則古本說文必不作三歲，釋文謂說文作二歲是也。鄭注坊記亦謂二歲曰畬，唯詩疏十之二，爾雅疏六下引鄭注又謂三歲曰畬，與爾雅、毛傳、馬注合，與坊記異，疑漢時已有二說，而孟主二歲之訓，故許氏引易則用二歲治田之訓，不妨與爾雅毛傳偶異，段玉裁所謂「許全書多宗毛公，而意有未安者則不從，此其一也。」（說文畬下注）所謂意有未安者，非以私臆其間，以定從違，蓋引經則各守家法耳。集解引虞翻注曰：「田在初，一歲曰菑，在二，二歲曰畬，初爻非坤，故不菑而畬也。」（卷六）按坤有田象，若初爻是坤，則初爲菑，二爲畬，今初爻非坤，是不于菑而期畬也，故曰凶。凶者无所希望也。无妄馬鄭皆訓无所希望，史記直作无望是也，就易象觀之，无妄六二稱畬，畬作二歲治田解爲是，許訓與虞注正合，自易義言之，尤爲有據。

又案說文𨸏部：「隕，從高下也，从𨸏員聲，易曰：有隕自天。（于敏切）」所引爲姤九五爻辭文，許訓隕從高下也，卽從高而下也。玄應一切經音義卷二十二引作從高而下也，王筠、沈濤、俱據以增「而」字，唯玉篇零卷引說文「從高下也」，不必而字，文義已完。爾雅釋詁云：「隕、下落也。」莊七年穀梁傳曰：「著于下不見于上、謂之隕。」並與許訓相應，集解引虞翻曰：「隕、落也，乾爲天，謂四隕之初，初上承五，故有隕自天矣。」（卷九）考姤之爲卦，巽下乾上，四體乾，四隕之初，故有隕自天，虞注以體乾爲釋。與許訓從高而下之義，尤爲切合。

又案說文𨸏部：「隍、城池也，有水曰池，無水曰隍，从𨸏皇聲，易曰城復于隍。（乎光切）」所引爲泰上六爻辭文，易疏引子夏傳曰：隍是城下池也。與許訓義近，唯釋文謂子夏本隍作堭，說文則無堭字。玄應一切經音義八引蒼頡篇：隍、城下坑，無水曰隍也。又古今注：隍者，城池之無水者也，並與許合。集解引虞翻注曰：「否艮爲城，故稱城，坤爲積土，隍城下溝無水稱隍，有水稱池。今泰反否，乾壞爲土、艮城不見，而體復象，故城復于隍也。」（卷四）虞氏謂泰者，反否之卦也。泰反爲否，則乾壞爲坤，艮象不見，艮本爲城，壞則成復體半形，下積坤土，故曰城復于隍。許氏是否以反卦、互卦、半象說易，今不可考，然虞注「隍、城下溝無水稱隍，有水稱池。」與玉篇零卷引說文：「城池有水曰池，无水曰隍，」城池下無「也」字，其句法義訓全同。

虞氏易注，多本孟氏，非僅史傳所載而已，今驗諸前文所證、釋文所載、及夫先賢所考，確然可信。

案三國志注引翻別傳曰：「翻初立易注，奏上曰：『…臣高祖父、故零陵太守光，少治孟氏易，曾祖父故平輿令成，纘述其業，至臣祖父鳳，爲之最密，臣先考故日南太守歆，受本於鳳，最有舊書，世傳其業，至臣五世，前人通講，多玩章句，雖有秘說，於經疏闊，臣生遇世亂，長於軍旅，習經於枹鼓之間，講論於戎馬之上，蒙先師之說，依經立注。…所覽諸家解，不離流俗，義有不當實，輒悉改定，以就其正。』」（卷五十七）是虞氏自言易注之所本，本諸孟氏，前所考說文屯萅等二十一篆下所引易，並可舉虞注爲證，所訓解每相同符，是皆孟氏古訓之所存也。今又考易中孚九二：「吾與爾靡之」，釋文引「韓傳云：共也。孟同。」是孟訓靡爲共，而集解引虞注：「靡、共也。」卷十二 又繫辭下：「象也者像也。」釋文云：「衆本並云：像、擬也。孟、京、虞、董、姚，還作象。」又考雜卦釋文云：「孟云：雜、亂也。」而周易正義引虞氏云：「雜卦者，雜六十四卦以爲義，其於序卦之外別言之。」是虞氏以雜糅無序之義釋雜卦，與孟說雜亂相合。凡此皆是虞注本自孟氏之證。馬國翰氏輯孟氏章句佚文，取虞本之與今易異者，並定爲孟氏之佚說，雖近牽合，亦非無據之論也。又考王應麟曰：「虞翻注說卦云：乾坤五貴三賤，故定位；艮兌同氣相求，故通氣，震巽同聲相應，故相薄，坎戊離己，月三十日一會於壬，故不相符，坤消從午至亥，故順，乾息從子至巳，故逆，蓋用納甲卦氣之說。」經義考卷十引 而紀磊曰：「納甲卦氣之說，出於京氏，京出于焦，焦自謂出于孟，當時翟白之徒，爭以爲非，然由虞氏觀之，孟與京焦，亦不甚相遠也。」漢儒傳易源流 按紀說是也，惠棟氏著易漢學，已詳述孟氏卦氣之義，每引仲翔易經爲證，虞注之用卦氣爲說，非僅一端，惠氏述之詳矣。而唐書歷志第十七上一行卦議，明引孟氏章句，余蕭客古經解鈎沈考定爲習坎之章句，中言四正之卦、及用事之月頗備，是孟氏本有卦氣之說，而孟喜注中孚六四月幾望，謂十六日也，惠棟謂此則孟長卿亦用納甲見易漢學卷三。凡此皆可證虞氏易學，淵源于孟。故張惠言曰：「夫學者求孟氏之義，則惟虞氏注說，其大較也。」易義別錄 說頗可信。

馬融易傳與說文引易相合者，則有啞、吝、鞏、眈、奎、刲、虩、鼎、殷、驙、黔、扟、嫥、鉉、輹等字，馬氏所作易傳，係斟酌古今各家而成，易家古義，亦往往而在，其與許書相應者，焉知非孟氏之舊說。

案說文口部：「啞、笑也，从口、亞聲，易曰：笑言啞啞。（於革切）」所引爲震卦辭文，釋文云：「啞啞、馬云笑聲。鄭云樂也。」馬融笑聲之訓正同許說，鄭玄訓爲樂，樂然後笑，義亦相近。集解引虞翻注曰：「啞啞、笑且言。」（卷十）亦以啞啞狀笑，李道平曰：「鄭氏云啞啞、樂也，震陽出于地，萬物和樂，故爲笑。故馬氏又云啞啞笑聲。震善鳴爲言，故云啞啞笑且言。」（周易集解纂疏六）是三者所訓，義可互足，今考隋書謂馬氏爲費氏之學作傳，以授鄭玄，玄又作易注，似馬鄭皆爲費氏易，然費氏之易，本無章句（已見前述），有訓解自馬融始，而馬鄭之傳注，又皆係斟酌各家以會通者，非費氏之本學（說見張惠言易義別錄），故後漢書儒林傳雖謂馬融鄭玄荀爽並傳費氏易，而經典釋文序錄則謂永嘉亂後，費氏易無人傳者，唯鄭康成、王輔嗣所注行于世。是陸氏已明言鄭注非費氏之本學矣，鄭注非費氏本學，馬傳又焉得爲費氏本學，而鄭與馬雖相授受，亦不相同。故如啞啞之訓，鄭與馬亦非盡同，其他鄭不從馬者多矣（詳見易義別錄），可見其采擇之不一，此訓馬說與許虞相應合，當爲易家之古義。

又案說文口部：「吝、恨惜也、从口文聲，易曰：以往吝、⿰口彣、古文吝从彣。（良刃切）」所引爲蒙初六爻辭文，許訓吝爲恨惜，徐鍇曰：「恨惜形於言，故从口」，段玉裁曰：凡恨惜者多文之以口。」張文虎曰：「从口文，蓋取文過之義，玉篇引論語：改過不吝案今子張篇有小人之過也必文句，凡吝於改過者，必文飾之也。」舒藝室隨筆三家說吝之本義，義均相近。孫星衍謂凡易內「往吝」「往見吝」「以往吝」，皆當從遴，遴、行難也，非悔吝之字。且疑說文此條引易，爲後人所增見孫氏周易集解惠棟讀說文札記、嚴可均說文校議咸並疑之。今案說文遴下既引「以往遴」，此又引「以往吝」者，是孟氏傳本至許時已有異文也，許兼存異本，故並錄之說詳遴字條下。說文吝訓爲恨惜者、廣韻、五經文字俱訓作恨也、惜也。方言十廣雅釋詁四，皆訓作恨也，丁福保曰：「慧琳音義七卷十二頁：吝注引說文：恨也，二徐本作恨惜也。據音義則知古本有二義，即恨也，惜也，今本爲後人刪去也字。」詁林吝下丁說是也，說文恨惜二字本分訓，後人合并之，今屯六三爻辭「往吝」下釋文引馬融云：「吝、恨也。」與說文同，正用吝之本義爲易「往吝」之傳訓，是易家古義如此，許廣備孟氏異本，故兩引之。知作吝亦爲孟氏之傳本者，蓋虞翻所據之本，亦作吝也。京房本則作遴，皆孟氏易也。說詳遴下

又案說文革部：「鞏、以韋束也。易曰：鞏用黃牛之革。从革、巩聲。居竦切」所引爲革初九爻辭文，爾雅釋詁：「鞏、固也。」邢昺疏引說文云：「鞏、以革有所束也。」與今本說文作以韋束不同，然以韋束、以革束，並謂鞏固之義、釋文引馬融曰：「鞏、固也。」與集解引干寶注、爾雅釋詁、詩大雅瞻卬毛傳、王弼易注並同。承培元曰：「鞏、固也。此通解。許以字从革

、故云以韋束（可作以韋束）、言韋束則固義見矣。」（說文引經證例）馬宗霍亦云：「許訓以韋束也者，束之使固，義亦相成。」（說文引易考）是馬注與許說相成。

又案說文目部：「眈、視近而志遠。从目冘聲、易曰：虎視眈眈。（丁含切）」所引爲頤六四爻辭文，辭曰：「虎視眈眈、其欲逐逐。」今本或誤眈爲耽、字當从目也。字林亦作「視近而（志）遠也」與說文正同，亦當从目。漢書敍傳引作「六世耽耽，其欲浟浟」應劭曰：「耽、近也；悠、遠也。」就應注可知：眈就外貌言之，爲視近之皃；就心志而言，乃有遠逐欲利之義。釋文引馬融注：「眈眈、虎下視皃。」與虞注「眈眈、下眽貌」相同、下視皃與視近之義正合。虎之視下則志意深沈，是眈字本有志遠之義，易辭謂「其欲逐逐」者，特申明其心煩之狀耳。釋文又引逐逐字，謂「子夏作攸攸、荀爽作悠悠、劉（表）作跾跾云『遠也』」與漢書應注皆合。並可證許書志遠之義。又皮錫瑞漢碑引經考引竹邑侯相張壽碑：「䚃䚃虎視。」且案曰：「眈與䚃音義並同，錢氏（大昕）潛研堂答問云：䚃卽虎視眈眈之眈是也。」（卷一）今考說文、玉篇、並釋䚃爲內視，內視段玉裁謂卽視近，內視之訓與馬氏虞氏下視之訓正相合。

又案說文肉部：「䏿，食所遺也。从肉仕聲。易曰：噬乾䏿。胏、揚雄說䏿从𠂔。（阻史切）」所引爲噬嗑九四爻辭文，與今文作胏不同。釋文云：「馬云：有骨謂之胏，鄭云簀也，字林云：含食所遺也。一曰脯也。子夏作脯。」集解引陸績曰：「肉有骨謂之胏，離爲乾肉。」（卷五）初學記卷二十六，太平御覽八百六十二引王肅曰：「四體離陰卦，骨之象，骨在乾肉脯之象。」綜合諸家所訓，除子夏以離爲乾肉，故訓作脯，鄭以胏爲第之假借（參見段注），訓爲簀外，陸績、王肅並同馬融，謂胏者肉之有骨者也。肉之有骨，桂馥謂食脯者吐其骨，故云食所遺也，其義相通。是馬注與許訓本相應。唯肉之有骨，當以胏爲正篆、𦙶爲假借，从𠂔聲有骨義，从仕聲則無所取義，鄭文焯曰：「此从𠂔，聲兼意也，𠂔从束省，說文篆作𠂔，偏旁有之，束讀若刺，木芒也。肉中有骨，亦象束，故謂之胏。馬融陸績皆訓胏爲肉有骨是也。」（說文引羣說故）鄭氏所說聲兼意者是也，唯謂𠂔从束省，則非許意，𠂔聲在段氏十五部，黃先生灰部；骨聲亦在段氏十五部，入聲；黃先生沒部。灰部沒部爲陰入對轉，胏從𠂔聲，當爲骨聲之假借，字從肉部，而取骨聲、蓋義爲肉之有骨者亦明矣。說文引易作𦙶者，段玉裁所謂蓋孟本孟說也。

又案說文刀部：「刲，刺也，从刀圭聲，易曰：士刲羊。（苦圭切）」所引爲歸妹上六爻辭文，釋文曰：「刲、馬云刺也。」是馬融易傳與許訓正同。集解引虞翻曰：「刲、刺也。震爲士，兌爲羊、離爲刀，故士刲羊。」（卷十一）歸妹之爲卦，兌下震上，虞氏以互卦說之，然亦訓刲爲刺，虞注作㓨者，即刺字之異體也。馬宗霍曰：「新出魏正始三體石經春秋殘碑僖公經，「刺之」古文刺作𠚧，是㓨蓋𠚧之隸寫省略者，隸釋所載漢熹平石經魯詩殘碑刺字作㓨，則又㓨之變也，廣韻五寘以㓨爲刺之俗體。」（引易考）是虞注亦與許訓合，故段玉裁於說文刲刺也下注曰：「馬虞說易同。」

是也。

又案說文虎部：「虩，易履虎尾虩虩，恐懼，一曰蠅虎也，从虎㕯聲。許隙切」所引爲履九四爻辭文，今易虩虩作愬愬。釋文云：「愬愬、子夏傳云：『恐懼貌』。馬本作虩虩，云『恐懼也』。說文同。」是許訓正同馬氏。又震之初九震來虩虩，釋文云：「虩虩、馬云恐懼皃、鄭同。荀作愬愬。」是古本周易已有虩虩、愬愬之異文，虩愬同在段氏古音五部，黃季剛先生古韵鐸部，疊韵通假。許本作虩訓爲恐懼正同馬氏。而集解引虞翻曰：「四多懼，故愬愬。」又引侯果曰：「愬愬、恐懼也。」卷三 侯果之師承無考，馬國翰謂其「大旨論升降旁通，不失荀虞之舊法。」玉函山房輯佚書侯氏易注序 是侯氏所見即荀虞舊本，故亦作愬愬。虞氏世傳孟氏易，亦作愬愬者，蓋孟本至東京時已有異文也，凡許見孟易有異文，多兩引其說，以存異本，愬下不復重引者，蓋許書以愬𧦅並爲訴之重文，明愬爲假借，故不引耳。

又案說文鼎部：「鼏、以木橫貫鼎耳而舉之，从鼎冂聲，周禮廟門容大鼏七箇，即易玉鉉大吉也。」所引易爲鼎上九爻辭文，考說文金部鉉下曰：「所以舉鼎也，易謂之鉉，禮謂之鼏。莫狄切」是鼏鉉異字而同義也，易辭作鉉不作鼏，釋文引馬融曰：「鉉，扛鼎而舉之也。」與許訓正同。集解鼎六五引干寶曰：「凡舉鼎者鉉也。」卷十 與許訓鉉篆亦同，干氏亦傳京易者也見紀磊漢儒傳易源流 集解鼎六五「黃耳金鉉」下又引虞翻曰：「離爲黃，三變坎爲耳，故鼎黃耳，鉉謂三，貫鼎兩耳，乾爲金，故金鉉。」卷十 考鼎之爲卦，巽下離上。䷱，三變成兩坎，坎爲耳，而三在兩耳之間，故鉉謂三貫鼎兩耳。虞氏以爻變互體說易，然其所釋與說文「橫貫鼎耳」之訓正合。

又案說文㐆部：「殷，作樂之盛稱殷，从㐆从殳，易曰：殷薦之上帝。」於身切 所引爲豫卦象傳文。豫象曰：「先王以作樂崇德，殷薦之上帝，以配祖考。」釋文引馬融傳云：「馬云盛也，說文云：作樂之盛稱殷。」是明言馬與說文相合。而集解引鄭玄注云：「崇、充也，殷、盛也，薦、進也。上帝、天帝也。王者功成作樂，以文得之者作籥舞；以武得之者作萬舞，各充其德而爲制。」卷四 鄭氏亦訓殷爲盛，李道平纂疏曰：「鄭彼注云：薦亦進也，此殷薦者，謂薦盛樂，非薦羞也。」卷三 是鄭氏所訓之盛，正謂作樂之盛，與許訓全同。

又案說文馬部：「驙，駗驙也，从馬亶聲，易曰：乘馬驙如。」張連切 所引爲屯六二爻辭文，今易作屯如邅如，乘馬班如。文句似有不同。今考周易正義曰：「乘馬班如者，子夏傳云：『班如者，謂相牽不進也。』按亦見釋文 馬季長云：『班、班旋不進也。』言二欲乘馬往適於五，正道未通，故班旋而不進也。」卷一 就正義所引，得知子夏及馬融之本，皆作乘馬班如，不作乘馬驙如。又考集解引虞翻曰：「屯邅盤桓，謂初也，震爲馬作足，二乘初，故乘馬，班、躓也，馬不進，故班如也。」卷二 是虞氏家傳孟喜本，亦應作「乘馬班如」也，本可據說文以爲孟易有異辭。惠棟周易述從說文作「乘馬驙如」，蓋不知說文引經有省合之例，如說文昌篆下引詩齊風「東方明矣，朝既昌矣，」作「東方昌矣」，并二句爲一句，段玉裁以爲當由轉寫筆誤者是也（昌篆下注）。乘馬驙如，亦并「屯如邅如，乘馬班如」爲一句耳。說文訓驙云：「駗驙也。」訓駗云：「馬載重難也。」今考敦煌唐寫本切韵殘卷二仙云：「驙、馬載重行難」，則是駗驙二字爲同義聯綿字，釋文邅如下引馬云：「難行不進之皃。」與許訓駗驙之義正合。許作驙，陸氏所見馬氏本作邅者，蓋許書無邅字，邅或爲後起字也。臧琳曰：「邅如字當作驙，說文載重難行之義，與馬融難行不進之貌正合，則馬氏亦當作驙。」（經義雜記）臧說是也。

又案說文黑部：「黔、黎也、从黑、今聲。秦謂民爲黔首，謂黑色也，周謂之黎民，易曰爲黔喙（巨淹切）。」所引易爲說卦文，艮爲黔喙。大徐本訓黔爲黎，丁福保曰：「慧琳音義八十九卷五頁黔注引說文：『黑黎也』，今大徐本奪黑字，宜據補。」（詁林黔下）丁說近是，蓋說文黎訓履黏也，黎聲語根有黑義，黎字無黑義，廣雅曰：「黎、黑也、」取其聲以爲假借耳。史記秦始皇本紀二十六年，更名民曰黔首。裴駰集解引應劭曰：「黔亦黎黑也。」與慧琳所引正合。又史記李斯列傳：「面目黎黑」，黎黑漢人多連語，而說文隹部雞下亦有「楚雀其色黎黑而黃」句，亦黎黑連文。小徐本訓「黧也。…臣鍇曰：黧黑，淺黑帶黃。」（說文繫傳）王筠曰：「小徐作黧也，字林：黔、黧黑也。蓋以字林改說文也。」（說文句讀）王說是也。唯字林及鍇曰，仍將黧黑連文，說文無黨字，疑說文本訓作「黎黑也」三字，慧琳音義引說文有黑字，是其證也。然則黎聲者，黑色而有文理之狀也，黎聲屬來紐，來紐之字如从力聲、侖聲，多有條理之義，而麗聲之驪鱺，豊聲之鱧，利聲之黧鵹犁，𠩺聲之犛，盧聲之驢鱸鸕盧（黑犬），來聲之騋，里聲之貍狸鯉，皆以黑色條文命名者也（參見拙作形聲多兼會意考）。黎聲之義為黑色之條文，故書禹貢「青黎」、孔傳謂「色青黑」，徐鍇繫傳以為「淺黑帶黃」，宋本釋文引鄭玄本作黚喙，說文黚為淺黃黑也，黎本為黑文，故或閒青或閒黃，不相矛盾也。周易集解引馬融曰：「黚喙，肉食之獸，謂豺狼之屬。黚、黑也、陽玄在前也。」（卷十七）黚黑之訓，與說文合。李道平曰：「說文：黚、黎也，謂黑色也。乾陽在上其色玄，故云陽玄在前也。」（卷十）今據考工記天謂之玄，地謂之黃，艮卦乾陽在上，故云陽玄在前。考工記北方之黑、與天之玄，孔穎達所謂「大同而小異」，未能詳言其故。而說卦乾為駁馬下，集解引宋衷曰：「天有五行之色，故為駁馬」（卷十七）李道平曰：「玄與黑同而異也，五方之色單，而天之玄乃全乎五方之色，其色不純，故為駁馬。」（卷十）是謂玄者，黑色而雜有他色，斑駁成文者也。與黎為黑色文理之義正合。

又案說文手部：「抍、上舉也。从手、升聲。易曰：抍馬壯、吉。撜、抍或从登。（蒸上聲）」所引為明夷六二，渙初六爻辭文，與今易作拯馬壯不同。大徐本說文抍下曰：「臣鉉等曰：今俗別作拯，非是。」是大徐已明言作拯為俗本，起於後世、漢時當作抍也。今考漢博陵太守孔彪碑云

：「抍馬𩋾害。」皮錫瑞曰：「漢時所傳如此，而今作拯者，唐開成以後所定也。」漢碑引經考卷一王筠說文句讀亦主此說。皮說是也，漢時但作抍，唐時始改作拯字，俗本依開成石經改作者多矣，故陸德明經典釋文所見本已多作拯，釋文云：「用拯，拯救之拯。說文云：舉也。鄭云：承也。子貢作抍。字林云：抍、上舉，音承。」明夷釋文又曰：「用拯，拯救之拯，馬云：舉也。王肅云：拔也。子夏作抍，抍、取也。」渙卦釋文唯子夏本猶作抍，訓為取，今案釋文所引說文云「舉也」，無「上」字，疑今本說文，係後人據字林而改，本當訓為「舉也」，與釋文所引馬融注正同王筠已主此說。廣雅亦云：「抍、舉也。」是其證。且「舉」字之義，从手與聲，取與之義相成，舉本可作取解，如呂覽樂成、下賢篇：「莫之舉」，高誘注皆云：「舉、取也。」故子夏傳訓抍為取，義與訓舉實不異。而今本艮卦六二：「不拯其隨」，集解引虞翻注曰：「拯、取也。」卷十此拯亦抍字之遭改竄者，故漢熹平石經本作抍見屈萬里先生漢石經周易殘字集證卷一頁廿九、又卷二頁十呂祖謙古易音訓引晁以道云：「案：孟京王陸績皆作承，一行作抍。」若晁氏書本不誤張惠言易義別錄序謂晁書呂書時有譌謬，則孟易艮六二抍字，用假借字作承，故許書不引艮六二，而引明夷及渙之文、凡孟易一書之內，有用假借者，有用本字者，許必不引假借之字，如離九三孟本稱日𡈼，豐象辭亦云日𡈼，孟本作日稷、許書引易用離卦，不用豐卦，正同此例也。今考釋文艮卦「不拯」亦作不承，與鄭氏訓抍為承相同；又引馬融云：「舉也。」是馬融所訓之舉，即虞翻所訓之取；可見許書訓抍為舉，亦卽子夏訓扟爲取也。擧又有拔義，如國策齊策「三十日而擧燕國」，高誘註曰：「擧、拔也。」方言亦云：扟、拔也。故王肅又訓扟爲拔，義與孟易訓擧者引申可通。由是亦知說文本訓扟爲擧，「上」字爲後人所增。

又案說文女部：「媾、重婚也。从女、冓聲，易曰：匪寇婚媾。古候切」所引爲屯六二爻辭文。釋文媾下引「馬云：重婚。」周易正義引：「馬季長云：重婚曰媾。」與許訓全同。一切經音義四，引國語：「今將婚媾」，賈逵注曰：「重婚曰媾。」是許說亦本之於侍中也。段玉裁曰：「重婚者，重疊交互爲婚姻也，按字从冓者，謂若交積材也。」是重婚之字，當以媾爲正篆。

又案說文金部：「鉉，擧鼎也，易謂之鉉，禮謂之鼏，从金玄聲、胡犬切」所引鉉字，見於鼎卦六五及上九爻辭，六五曰：「鼎黃耳金鉉利貞。」上九曰：「鼎玉鉉大吉。」釋文引馬融曰：「鉉、扛鼎而擧之也。」與許訓擧鼎相合。集解引干寶及虞翻注，亦與說文相應，已詳鼏字條下，於此不贅。

又案說文車部：「輹，車軸縛也。从車复聲，易曰：輿脫輹。芳六切」今易小畜九三作輿說輻，大畜九二作輿說輹。集解引虞翻本小畜作車說輹，大畜作輿說腹。虞氏又注腹下曰：「腹或作輹也。」是孟氏舊本當作輹。釋文小畜輻下云：「本亦作輹，音服。馬云：車下縛也。」釋文大畜輹下云：「一云車旁作复，音服，車下縛也。」大畜所引亦當是馬傳，與說文車軸縛之訓正合。周易正義小畜上九下正義引鄭玄注：「謂輿下縛木，與軸相連，鉤心之木是也。」鄭氏但自伏菟之木言之，伏菟之木，圓其中以含軸，如縛之者然（見王筠說文釋例），與許君釋輹爲車軸縛亦合。唯正義本已誤作輻，阮元曰：「作輹是也，輹者伏兎也，可言脫，軸貫於牙轂，不可言脫。」（周易注疏校勘記卷三）阮說是也，然唐時所見本已有作輻者矣。左傳僖公十五年：「車說其輹」，彼孔疏引子夏易傳云：「輹、車下伏兎也。」與釋文引鄭玄注正同。說文別有轐字，云：「車伏兎也」。玉篇零卷引鄭衆說正同說文；說文又有䡅字，云：「車伏兎下革也，」轐䡅輹三字同指一事，自其名詞言之，謂之轐䡅，自其作用言之，則謂之輹。廣雅曰：「輹、束也。」即但就其作用言之矣。故知諸家訓釋雖多與許訓相應，然馬融所釋，尤切近於許。至於說文引易「說」作「脫」者，段玉裁曰：「說各本作脫，許書必當用說。」並逕改許書作「說」。鈕樹玉訂正段注曰：「按易釋文：說、吐活反，引說文云：解也。則本是捝字，後人因經文轉改爲說耳。」（段氏說文注訂）按鈕說是也，今玉篇零卷輹下引說文，作「車捝輹」。脫猶作捝，而輿亦作車，與虞本小畜九三正同。玉篇零卷所錄，乃最近說文原本之面目者也。

鄭玄易注與說文引易相合者，有晦、刑、邑、檷、朁、昆、契、𠫓諸字，後漢書本傳載玄先始通京氏易，儒林傳謂馬融嘗傳費氏易，鄭玄受易于馬融，而作易注，然馬融易傳非費氏之本學，已詳前述，而鄭又不盡同於馬，則自不得謂鄭注爲費氏之本學，馬鄭於今古文家學無常師，又皆不囿一端，故號爲大儒，其與許稱孟易相應者，蓋孟京舊說之所存，并足以證成許說，非相鑿枘也。

案說文肉部：「脢、背肉也。从肉、每聲。易曰：咸其脢。（苦栝切）」所引爲咸九五爻辭文，釋文脢下曰：「鄭云：背脊肉也。說文同。」是陸氏所見說文作背脊肉，與鄭玄易注正同。然孔穎達周易正義引諸家異詁曰：「脢者心之上口之下者，子夏易傳曰：在脊曰脢。馬融云：脢、背也。鄭玄云：脢、脊肉也。王肅云：脢在背而夾脊。說文云：脢、背肉也。雖諸說不同，大體皆在心上。」（卷四咸卦）諸家所訓，小有不同，唯所引說文，與今本同，而較釋文所載少一「脊」字；所引鄭注，較釋文所載少一「背」字，是唐時說文早有異文，故御覽三百七十五人事部引亦無脊字。說文：「背、脊也。」後人或以背脊同義，故於許書刪一脊字，於鄭注省一背字歟？今列學鄭注之與許說相應者，以證成許稱孟易之旨，蓋以鄭康成先始通京氏易，甘鵬雲謂鄭康成亦嘗傳京氏易（見經學源流考卷一），後漢書儒林傳雖稱「陳元、鄭衆皆傳費氏易，其後馬融亦爲其傳，融授鄭玄，玄又作易注，荀爽又作易傳，自是費氏興而孟氏京氏遂衰。」（據何焯校本增孟氏二字）似鄭玄所注爲費氏易，然費氏之易，漢書謂本無章句，經典釋文序錄先據漢書謂亡章句，後又據七錄載費直章句四卷，張惠言已辨其爲僞託，且言費氏章句之成書，實始自馬融，而馬鄭荀皆各自名家、非費氏之本學（見易義別錄），馬鄭斟酌各家以成注，本不囿於一端，故釋文序錄謂「永嘉之亂、施氏梁丘之易亡，孟京費之易，人無傳者，唯鄭康成、王輔嗣所注行于世。」足證鄭注雖非傳京氏易者，亦非傳費氏易者也，其說實兼采諸氏，而自名家，范曄謂「鄭玄括囊大典，網羅衆家，刪裁繁誣，刊改漏失，自是學者略知所歸」，正謂其所學，非如守文之徒，滯固其所受者也。間有與許說相應者，謂爲易家古義之所存，理有固然，非恢奇空談之比也。而蔣湘南氏又別有說，謂費氏易學家法本出于京氏，彼言曰：「漢書儒林傳不言直爲何時人，惟高相傳有與費直同時之語，考高相乃平帝時人也，似費氏亦生當平帝時，焦氏易林載費直所論六十四卦變占一篇中有王莽時云云，王莽秉政在平帝元始元年，此費氏生當平帝時之證也。……特漢代言易諸家，皆以田何爲鼻祖，而本之施孟梁邱京四家，費氏之學，班史未言其所出，後儒遂謂費氏無師傳，非也。費氏蓋源于京房也。京房傳曰：房授東海殷嘉、河東姚平、河南乘宏，皆爲郎博士，由是易有京氏之學。下接費直傳曰：費直字長翁，東萊人也，治易爲郎，此正承上文京氏學而言，治易者，即治京氏易也。爲郎者，猶殷嘉諸人之爲郎博士也。下文高相傳言其與費公同時，學無章句，此明其與費氏同，又言出于丁將軍，此明其與費氏異，而費氏不云所出，其爲承上文京氏學無疑也。京氏書存于今者，有積算易傳三卷，世應飛伏六位十甲五星四氣等，皆參入卦氣中，蓋本孟氏六日七分之法而更密之，費氏周易之分野亦闡明京氏之卦氣而已矣。注費氏易者，始自馬融，融注天命不右，明夷于左股及易有太極，皆以天行次舍證易，與費氏分野之說合，與京氏卦氣之說亦合，費氏非源于京氏乎？鄭康成受費氏易于馬融而專言爻辰，後漢書鄭康成傳不言其通費氏易，但言其通京氏易，費氏非源于京氏乎？荀爽注範圍天地而不過云：乾坤消息法周天地而不過于十二辰，是明明據費氏之分野而言，注坤卦云：坤在于亥，下有伏龍，注屯卦云：十二月雷伏地中，是明明據京氏之飛伏而言，費氏非源于京氏乎？」七經樓文鈔卷一據蔣氏所說，則費氏亦源出京氏，沿波討源，即馬鄭與許並出一本矣。

又案說文井部：「刑、罰辠也。从井从刀，易曰：井、法也。井亦聲。戶經切」今易無井法也之文。唯釋文井卦下引鄭玄云：「井、法也。」鄭與許同。而司馬彪續漢書五行志一引易曰：「井者法也。」玄應一切經音義卷二十分別業報略集宮刑下，亦引易曰：「刑、法也，井爲刑法也。」並稱易曰，殊爲可疑，疑許鄭所釋、蓋易家古注，而司馬玄應之書，又引說文之訓歟？又考徐堅初學記刑罰第九曰：「春秋元命包曰：「刑者侀也。說文曰：刀守井也，飲之人入井，陷於川，刀守之，割其情也。」所引說文，與今本不同，而玄應一切經音義卷二十云：「春秋元命包曰：刑字從刀從井，井以飲人，人入井爭水、陷於泉，以刀守之，割其情欲，人畏慎以全命也，故字從刀從井。」所引春秋元命包與初學記引說文相合，徐書所引，每多訛誤，所引說文，恐不足爲據也。王筠曰：「徐堅所引說文之前，固先引元命包，則說文曰三字，或徐氏誤記，或傳寫誤增也。」說文釋例案王說是也，許君所訓，平正通達，緯書始多穿鑿，刑之從井者，或謂其法井然不亂見王筠說文句讀或猶法之從水，取其平耳見章太炎文始。然井之訓法，初學記引風俗通、越絕書記地傳並同，今又考集解引干寶曰：「自震化行，至於五世，改殷紂比屋之亂俗，而不易成湯昭假之法度也，故曰：改邑不改井。」審察干注，正以王室比屋之亂俗喻邑，以法度喻井也。又曰：「此託殷之公侯，時有賢者，獨守成湯之法度，而不見任，謂微箕之倫也，故曰井渫不食。」卷十細審干意，亦以法度訓井，干氏者，留心京易者也。惠棟易漢學卷四，以干寶之說，推明京易，如上注以井爲震宮五世卦，與京房震宮五世變井正合，由是得證干氏釋法度爲井，亦當爲孟京之舊訓，鄭君此注及許書所引，亦皆孟京之舊訓也。

又案說文鬯部：「鬯，以秬釀，鬱艸芬芳，攸服以降神也。从凵，凵、器也、中象米，匕、所以扱之，易曰：不喪匕鬯。凡鬯之屬皆从鬯。丑諒切」所引爲震卦辭文。集解引鄭玄注曰：「人君于祭之禮，匕牲體薦鬯而已，其餘不親也。升牢于俎，君匕之，臣載之，鬯、秬酒，芬芳條鬯，因名焉。」卷十又周易正義引云：「鬯者、鄭玄之義則爲秬黍之酒，其氣調暢，故謂之鬯：鄭玄云：人君於祭祀之禮，尙牲薦鬯而已，其餘不足觀也。」鄭注秬酒之義，芬芳條鬯之釋，與許說正合。段玉裁、王筠等以爲鄭注有「芬芳條鬯」之文，謂許書之「芬芳攸服」，攸服二字當作條暢。今案段王之說，恐係誤讀許書之句，致有此說，考周禮鬱人云：「凡祭祀賓客之祼事，和鬱鬯以實彝而陳之。」鄭玄注云：「築鬱金煮之，以和鬯酒。」是鬱鬯爲二物，鄭玄又注鬱爲鬱金香草，宜以和鬯；鬯爲釀秬爲酒、芬香條暢於上下也。（並見春官序鬱人鬯人下）與許書鬯訓「以秬釀」，鬱訓「芳艸也」（慧琳音義引有鬱金香也之訓）分別之義全同。故許書此訓當斷句爲：「鬯、以秬釀、鬱艸芬芳、攸服以降神也。」鬯以秬釀、鬱艸芬芳，分說二物，當以芬芳下斷句，攸服者有事也，如周禮鬱人所謂「祭祀賓客之祼事」之類，有事則和鬱鬯以降神也，不必改爲條暢。易曰不喪匕鬯者，鄭玄謂象諸侯能守其宗廟社稷，而爲祭主，不亡匕與鬯也（集解引）。匕者，橈鼎之器（周易正義引陸績注文陸績曾注京氏易）。鬯者秬酒也。許君稱易之意，當同此說。

又案說文木部：「欜、夜行所擊者，从木、橐聲。易曰：重門擊欜。（他各切）」所引爲繫辭下文，彼云：「重門擊柝、以待暴客，蓋取諸豫。」今易作柝，柝者㯷之隸變也，說文木部㯷下亦引易此文，蓋許氏所見傳孟易者已有異本，㯷或爲孟易原文，欜或因周禮而改，皆非假借，故兩引之，猶詩之采三家，禮之存今文也。許訓欜爲夜行所擊者，周禮秋官修閭氏：「掌比國中宿互欜者」，先鄭云：「宿謂宿衞也，巨當爲互、謂行馬，所以障互禁止人也，欜謂行夜擊欜。」（卷三十七）先鄭所訓與許同。又周禮疏、左傳疏並引鄭玄易注云：「豫坤下震上，九四體震，又互體有艮，艮爲門，震、日所出，亦爲門，重門象。艮又爲手，初、巽爻也。應在四，皆木也，手持二木也。手持二木以相敲，是爲擊欜，擊欜爲守備警戒也。」（周禮疏三、左傳疏五十八）鄭氏所訓，與許義合。先鄭後鄭並與許同。今此條歸之於鄭玄者，蓋玄所注爲易書之故。集解引九家易曰：「下有艮象、從外示之，震復爲艮，兩艮對合，重門之象也。欜者，兩木相擊以行夜也。艮爲手，爲小木，又爲持，震爲足，又爲木，爲行，坤爲夜，即手持二木夜行擊欜之象也。」（卷十五）按豫之爲卦，坤下震上，九家以兩艮對合爲重門，與鄭注亦同，荀九家亦間存孟義者也。

又案說文日部：「暜，進也。日出萬物進，从日从臸，易曰：明出地上暜。（即刃切）」所引爲晉卦象傳文，今本並作晉字者，隸省也（見魏三體石經）。許訓暜爲進，蓋晉卦象傳云：晉、進也。序卦亦云：晉者進也。許義本之以立訓。唯釋文晉下云：「象云：進也，孟作齊。齊、子西反，義同。」細察釋文所云，實指卦名有異文耳。晉、即刃切，精母字，古韻在段氏十二部、黃季剛先生先部，齊音子西反，則亦爲精母字，古韻在段氏十三部，黃先生痕魂部，聲既雙聲，韻部又旁轉最近，爲音近通假。晉象傳又云：「明出地上，順而麗乎大明，柔進而上行。」言日從地出而升天之義甚明，故許君於日部暜字下稱易，且引易「明出地上暜」五字，既說从日之義，又表明暜卦之本字當作暜，承培元曰：「許稱孟易，此不從者，用古本以釋暜从日之義也。」（說文引經證例）馬宗霍曰：「許君此不從孟者，蓋齊爲假借字，晉爲本字也。」（說文引易考）兩說並得許恉。且夫釋文既云作齊與晉同義，又音子西反、讀作晉音，其爲假借較然可知。許君不必兩引之者，此非兼存異本之例也。集解引虞翻注，訓晉爲進者兩見，已逕作晉字矣。晉進之訓既見於象傳，諸易家訓義自同，固無論矣。然許訓「日出萬物進」一句，與集解引鄭玄曰：「地雖生萬物，日出于上，其功乃著。」卷七含義正合。

又案說文匕部：「皀、很也、从匕目、匕目猶目相匕，不相下也。易曰：皀其限。匕目爲皀，匕目爲眞也。古恨切」所引爲艮九三爻辭文。釋文於艮卦名之下引鄭玄云：「艮之言很也。」以很訓艮，與許訓正合。很字說文有行難之意，與彖傳曰：「艮止也」之意可通。艮其限者，集解引虞翻曰：「限、要帶處也。坎爲要，(觀)五來之三，故艮其限。」釋文云：「馬融曰：限、要也。鄭、荀、虞同。」是鄭玄亦訓限爲腰，與虞翻等同，王弼亦云：「限、身之中也。」諸家皆無異義，是古易之義本如此。

又案說文大部：「契、大約也，从大，从㓞、易曰：後世聖人易之以書契。苦計切」所引爲繫辭下文，繫辭曰：「上古結繩而治，後世聖人易之以書契。」謂造書契以代結繩之政，事有大小，則繩結隨之大小，尙書序孔疏引鄭注云：「爲約事大，大其繩；事小，小其繩。」書疏一 周易正義亦引鄭注云：「事大，大結其繩；事小，小結其繩。」鄭注之「爲約事大」，即說文之「大約也」。約本爲纏束之義，大約卽爲大結，後引申爲約誓之義，王肅所謂「結繩識其政事」是也書疏一引 集解引九家易曰：「古者无文字，其有約誓之事，事大大其繩，事小小其繩，結之多少，隨物衆寡，各執以相考，亦足以相治也。」卷十五 亦謂大結爲大約，後世事大則以書契約其事。尙書序釋文云：「書者文字，契者，刻木而書其側，故曰書契也。一云：以書契約其事也。」

」且引鄭注曰：「以書書木邊，言其事，刻其木，謂之書契也。」書疏卷一 釋文書疏又引鄭注曰：「書之於木，刻其側爲契，各持其一，後以相考合。」書疏一 書契於木，以相考合，於事爲大，與許訓大約之義相合。說文㓞部云：「契、刻也。」九家易曰：「契、刻也。」栔刻木故說文訓爲刻，契从大故說文訓爲大約，契本兼有刻義也。今尋周禮秋官司約云：「大約劑，書於宗彝，小約劑，書於丹圖。」鄭玄注云：「劑謂券書也。…大約劑、邦國約也。書於宗廟之六彝，欲神監焉；小約劑、萬民約也，丹圖未聞，或有彫器簠簋之屬，有圖象者與？」周禮疏三十六 按事之大小，實相對而成，若周禮之所謂大約小約，咸並書契者，其約豈有小事也哉？與許訓契爲大約之義固不相悖也。

又案說文𠫓部：「𠫓，不順忽出也，从到子，易曰：突如其來如。不孝子突出，不容於內也。凡𠫓之屬皆从𠫓，㐬，或从到古文子。他骨切」所引爲離九四爻辭文，九四爻辭曰：「突如其來如、焚如、死如、棄如。」考周禮秋官掌戮曰：「凡殺其親者焚之。」鄭注曰：「焚、燒也。易曰：焚如死如棄如」。鄭引易曰以證焚如爲殺其親者之刑，與許書引易謂「不孝子突出」之義正合。而賈公彥疏周禮此條，又引離卦九四鄭注云：「震爲長子，爻失正，又互體兌，兌爲附決，注疑當作長子居明法之家而無正，何以自斷，其君父不志疑當作忍按馬宗霍曰：一本作忍。近是。張惠言曰：志、識也。雖爲之子，不得識別而不刑之。近鑿。也。突如、震之失正，不知其所如，又爲巽，巽爲進退不知所從，不孝之罪，五刑莫大焉。得用議貴之辟刑之，若如所犯之罪，焚如：殺其親之刑；死如：殺人之刑；棄如：流宥之刑。」周禮疏三十六鄭注亦以不孝子釋此爻，與許訓正同。而所謂「棄如、流宥之刑」，與許訓「不孝子突出，不容於內也」相應，鄭注所謂「得用議貴之辟刑之」者，張惠言曰：「言不誅之，廢之而已。」則亦指不孝子不容於內之意。且說文棄字從㐬，㐬、逆子也。㐬即𠫓之重文，逆子即不順忽出、不容於內之義。離九四象曰：「突如其來如、无所容也。」與許鄭之說皆同，是易家之古義也。然離之爲卦，離下離上䷝，鄭於九四注「震爲長子，爻失正」者，考鄭玄注離九三謂「艮爻也」見詩疏七之一及爾雅疏四引倘非以半象說易，則是以旁通說之者也，離旁通坎，坎四互體震，坎三互體艮，故云然也。九四以陽居陰，又非正位，故云爻失位。長子失位，故突出而不容於內也。

荀爽易傳及九家注與說文引易相應者，有遳、𠑹、鼎、狩、壬諸字，九家者，六朝人旁引他家以指釋荀注者也。

按說文辵部：遳，踰也，从辵、戉聲。易曰：雜而不遳王伐切」所引爲繫辭下文，與今易作越字不同。繫辭下曰：「其稱名也，雜而不越。」集解引九家易曰：「陰陽雜也，名謂卦名，陰陽雖錯，而卦象各有次序，不相踰越。」卷十六九家訓雜爲「陰陽雖錯」，而荀爽注「恒雜而不厭」下曰：「夫婦雖錯居」，是九家同於荀注，而虞翻注「六爻相雜」下曰：「陰陽錯居稱雜。」

則荀爽與虞翻又相契合也。九家訓越爲踰越，說文越訓爲度，逑訓爲踰，然踰又訓爲越，是說文逑踰越本遞相爲訓，九家所注，與許意實同。九家者，荀之後學，其有兼採百家之意，而歸宗於荀氏者也。惠棟曰：「九家易，魏晉以後人所撰，其說以荀爽爲宗。」（易漢學九家逸象條）張惠言氏亦云：「九家，或云即淮南九師，或云荀爽集古易家凡九，皆非也。惠徵士云：六朝人說荀氏易者，爲得其實。」（周易荀氏九家義）又云：「德明稱九家集解，序有荀爽、京房、馬融、鄭玄、宋衷、虞翻、陸績、姚信、翟子玄，若以當九家者。然李鼎祚既引九家，又別引翟元，則九家非此九人。元朗亦云：其注又有張氏朱氏，則不以九人爲九家，亦可知也。或又謂九家者，淮南之九師，荀爽爲之集解。今以李氏所引九家之文，往往指釋荀注，則九家解荀、非荀解九家又明，要之，九家所以述荀，而旁引他家以證成之。」（易義別錄翟氏條）按惠張二氏之說是也，九家所述，與荀注每相同符，乃淵源之所自者也。

又案說文日部：「𣅳、日在西方時，側也。從日仄聲、易曰：日𣅳之離，（阻力切）」所引爲離九三爻辭文，今易日𣅳作日昃，釋文本作日昊。徐鉉曰：「今俗別作昊、非是。」小徐本則矢部又收昊字，亦訓「日西也。」馬宗霍曰：「小徐本矢部之昊，疑出校者所加，使許書原有，大徐必不以爲俗也。」（說文引易考）馬說是也，𣅳昃昊本一字，隸變不同，非有異義，韻會十三職云：「昃、本作𣅳、或作昊。」是其證也。許訓𣅳爲日在西方時，集解引荀爽注離九三曰：「初爲日出，二爲日中，三爲日昃、以喻君道衰也。」（卷六）離之爲卦，下離上離，九三居下卦之終，二爲日中、三則過日中而將沒，與許訓日在西方時正合。且初學記、太平御覽引說文日字，並有「日、君象也」之文、則與荀注以日𣅡喻君道衰又合。再則如集解引九家易曰：「日昊當降，何可久長」（卷六）「日降」與「在西方時」義亦同。又豐卦彖辭曰：「日中則昊。」集解引荀爽曰：「豐者至盛，日中，下居四，日昃之象也。」（卷十一）張惠言曰：「君宜居五，下居四，日昊之象。則亦五降四，四升五也。」（周易荀氏九家義）按豐之爲卦離下震上，䷶，張氏謂「君宜居五，下居四」者，君居五則成既濟，既濟三至五互離，居五爲中，有日中之象，故爲豐盛。下居四則三至五互兌，兌爲西方，則有日降在西之象，荀氏此注，亦與許訓義合。釋文於豐彖引孟本異文，云昊作稷，稷者昃之假借字，定十五年公羊傳：「日下昃」，何休注：「昃、日西也。」穀梁則作：「戊午日下稷。」范寧注曰：「稷、昃也。」是稷爲昃之假借，又藝文類聚卷九十八引尚書中侯考河命：「舜沈璧于河，至于下稷。」宋均注：「稷、側也。」稷之訓側，亦與許書昃之訓側相應，孟易於豐卦用假借字，故許不引，離卦釋文不言孟本有異文，𣅡字形聲義相應，故許引之。

又案說文鼎部：「鼎、三足兩耳，和五味之寶器也，昔禹收九牧之金，鑄鼎荆山之下，入山林川澤，螭魅蝄蜽，莫能逢之，以協承天休，易卦巽木於下者爲鼎，象析木以炊也。籀文以鼎爲貞字。（都挺切）」許不言易曰，而謂「易卦巽木於下者爲鼎」者，約擧彖象之辭也，鼎卦象曰：「鼎、象也，以木巽火，亨飪也。」象辭曰：「木上有火、鼎。」集解引荀爽曰：「木火相因，金在其間，調和五味，所以養人，鼎之象也。」與許義正合。夫鼎之爲卦，巽下離上，巽木在下，離火在上，故其象爲鼎，而鼎之爲字，鼎文作，卣文作，父己鼎作，皆如說文所說，畫三足兩耳之形。然毛公鼎則作，大祝禽鼎作，已不作三足之形，而下已似析木之形矣，與說文亦合，說文引易以證鼎字下從析木之形也。又王國維曰：「卜辭貞鼎二字有別，然貞鼎同音，故鼎字或从貞作。」（見容庚金文編引）則說文謂籀文以鼎爲貞字，亦淵源有自，良可徵信也。又考周易口訣義引何妥曰：「古者鑄金爲此器，能調五味，變故取新，以成烹飪之用，以供宗廟，次養聖賢，天子以天下爲鼎，諸侯以國爲鼎，變故成新，尤須當理。」（卷五）何氏爲北周時太學博士，嘗撰周易講疏，已佚。其師承頗難深考，就其散見於集解正義所引者，言進退、同志、卦主等，頗近王弼之說，而論先甲三日用辛，後甲三日用丁，又同鄭玄之義，是亦綜理諸家者歟？口訣義引何氏此條釋鼎爲調和五味之器，與說文同。天子以天下爲鼎，尤須當理云云，與說文禹鑄鼎以協承天休之義亦相應。

又案說文犬部：「狩、犬田也。从犬、守聲。易曰：明夷于南狩。（書究切）」所引爲明夷九三爻辭文，韵會二十六宥引說文則作「火田也」，故段、嚴、王諸家並依之訂爲火田，是也。爾雅釋天云：「火田爲狩」，又云：「冬獵爲狩」，火田卽冬獵，蓋王制曰：「昆蟲未蟄，不必火田」

故也。集解引九家易曰：「歲終田獵名曰狩也。」與許意合。而李鼎祚曰：「案冬獵曰狩也，三互離坎，離南坎北，北主于冬，故曰南狩。」卷七考明夷之爲卦，離下坤上，李氏以互體釋冬狩之義，與許稱火田之義亦同。

又如說文壬部：「壬、位北方也。陰極陽生，故易曰龍戰於野，戰者接也，象人褢妊之形，承亥壬以子，生之敍也。與巫同意，壬承辛，象人脛，脛、壬體也，凡壬之屬皆从壬。如林切」所引爲坤上六爻辭文，坤上六爻辭曰：「龍戰于野，其血玄黃。」文言曰：「陰疑於陽必戰，爲其兼于陽也，故稱龍焉。猶未離其類也，故稱血焉。夫玄黃者，天地之雜也。」文言所釋，當爲孔門之敎，惜所釋猶未詳明，集解於文言陰疑句下引孟喜曰：「陰乃上薄，疑似于陽，必與陽戰也。」卷二孟釋疑爲疑似，即匹擬之意。故李道平疏之曰：「陰不與陽同盛，不能受化也。」卷二依李氏之意、以「受化」釋孟氏之戰，正同說文釋戰爲接，接者交接受化也。惠棟曰：「訓戰爲接，眞古訓也，王弼謂與陽戰而傷，朱子謂兩敗俱傷。亂經者弼，而朱子誤從之。陰陽消息，何傷之有？」見王鳴盛蛾術篇說字引夫以戰爲戰伐，以其血玄黃爲戰傷之象，乃王弼一家之說，許愼以接訓戰，而於亥下云：「十月微陽起接盛陰」，此接與戰之義相應。而集解引荀爽注曰：「實本坤卦，故曰未離其類，血以喻陰順陽也。」又曰：「陰陽相和，故曰天地雜也。」卷二荀氏以「陰順陽」故有血，是亦以戰爲交接也。九家又申明荀注曰：「實本坤體，未離其類，故稱血焉，血以喩陰也。玄黃、天地之雜，言乾坤合居也。」又曰：「陰陽合居，故曰兼陽。」合居者交接之象，非戰伐之象，是荀注及九家並與許說相應。此外如崔憬曰：「乾坤交會。」干寶曰：「陰陽色雜，故曰玄黃。言陰陽離則異氣，合則同功，君臣夫妻，其義一也。」（並集解所引）亦與許說相應，陰陽交接，故可褱妊，許書引易，以證陰極陽生之義，坤卦上六，爲坤之盡，自方位言之：亥在西北，壬承亥後、以至於北，子居正北，而一陽生矣。故許書云：「承亥壬以子，生之敍也。」是以方位釋干支也。釋名云：「壬、妊也。陰陽交，物褱妊，至子而萌也。」與許書之意亦合。是方位之說，蓋盛行於漢代矣，其說實爲漢人說易所本。今考卦氣之說，出於孟喜，而十二月卦，亦出於孟氏章句，孟氏說易本於氣（見新唐書一行十二議第六卦議）其說以坎離震兌爲四正卦（依據說卦：震東、離南、兌西、坎北）分値以二十四氣，孟氏曰：「坎、離、震、兌，二十四氣，次主一爻。其初、則二至二分也（按易緯是類謀曰：冬至、日在坎，春分、日在震，夏至、日在離，秋分、日在兌，四正之卦卦有六爻，爻主一氣）坎以陰包陽，故自北正，微陰動於下，升而未達，極於二月，凝涸之氣消，坎運終焉。春分出于震，始據萬物之元，爲主於內，則羣陰化而從之。極于南正，而豐大之變窮，震功究焉。離以陽包陰，故自南正，微陰生於地下，積而未章。至於八月，文明之質衰，離運終焉。仲秋陰形于兌，始循萬物之末，爲主於內，羣陽降而承之。極于北正，而天澤之施窮，兌功究焉。」（見新唐書一行十二議第六卦議引）此則以四正卦爲二十四氣。孟氏又以消息卦配十二月，除四正卦外，將六十卦配每月五卦，其十月爲艮、既濟、噬嗑、大過、坤。（見魏書正光術所載惠棟據之定孟氏六十卦用事之月）若但以十二消息卦配十二月，則坤、復、臨配冬（集解引虞翻繫辭上注），坤爲十月。干寶氏亦曰：「陰在上六，十月之時也。」（坤上六注）謂消息及乎坤之上六，爲純陰之月，故十月爲陰極而陽生之時也。至乎京房，又倡爻辰之說，以乾坤十二爻，配十二辰，鄭康成小變其說，用以說易（詳見屈萬里先生先秦漢魏易例述評卷下）。今考鄭注復卦七日來復下曰：「建戌之月，以陽氣既盡，建亥之月，純陰用事，至建子之月，陽氣始出。」卽以坤上六爻辰在亥。而荀爽注坤文言曰：「消息之卦，坤位在亥，下有伏乾，陰陽相和，故曰天地之雜也。」荀爽、鄭氏並以爻辰說易，謂坤位在亥，而荀氏又以飛伏說此爻，飛伏之說，亦倡於京房，而許氏易稱孟氏，而於壬下忽引龍戰於野之語，與「伏乾」之說正合，戰接之訓，又與陰陽相和之詁同，豈爻辰、飛伏亦孟氏所得易家候陰陽災變之書歟？然坤上六位既在亥，而許君不繫之於亥下，而獨繫之於壬下，諸家頗以爲疑，或以亥壬同位（壬位北方亥位西北），玄壬合德（同爲水德），言壬卽可以見亥，舉幹卽可以晐支爲說，於許君所說「承亥壬以子，生之敍也。」一語，猶多未詳。今考許君此語，殆以二十四方位爲釋者也，二十四方位者，八卦惟用四隅乾艮巽坤，而不用四正震離兌坎，以四正卦正當地支子午卯酉之位，故不用卦而用支，用支卽用卦也。八卦既定四正，則以八干輔之，甲乙夾震，丙丁夾離，庚辛夾兌，壬癸夾坎。四隅則以八支輔之，戌亥夾乾，丑寅夾艮，辰巳夾巽，未申夾坤，合四維八干十二支，共二十四，天干不用戊己者，戊己爲中央土，無定位也。李道平氏嘗列圖說明，並云：「二十四方位，即陰陽家二十四山也，其實漢人言易，多用此法，其義最古。」（並見周易集解纂疏凡例）今考道藏靈圖類所載俯察地理圖（大易象數鉤深圖卷上第二十一）即列二十四方位，又六通圖（修眞歷驗鈔圖第六），言陰陽六候之昇降者，及八卦司化圖（周易圖第二十三）亦並取二十四方位爲說，其方位以亥後爲壬，壬後復爲子，乾於九月爲剝，消入坤，亥爲十月，壬亦爲十月，亥壬並爲純陰坤卦，坤上六係之壬者，以二十四方位壬在亥後也。至十一月爲復，其位在子，與許書曰：「承亥壬以子，生之敍也。」說正相合。李氏所謂其義最古，漢人言易，多用此法者，其言殆可信歟？

荀爽之易，范書雖稱源乎費氏，然考其所論互體卦變，每多參用孟京之舊說者。

案范曄後漢書本傳云爽字慈明，一名諝，耽思經書，著禮易傳等。而儒林列傳始言：「范升傳孟氏（錢大昕云當爲梁丘易）易，以授楊政，而陳元鄭衆皆傳費氏易，其後馬融亦爲其傳，融授鄭玄，玄作易注，荀爽又作易傳，自是費氏興而京氏遂衰。」謂馬鄭荀等作易傳注後，費氏之學大興，經典釋文敍錄據此，遂謂馬融、鄭玄、荀爽並傳費氏易者，今細審范書之意，但將馬、鄭、荀等歸入費氏學派，並未謂馬鄭荀皆爲費氏之本學。費氏本無章句，而馬鄭並爲通儒，參用諸家，古今之界限遂泯，范書所云費氏興者，當爲馬鄭荀爽之學通行耳。荀悅漢紀曰：「臣悅叔父，故司徒爽，著易傳，據爻象承應，陰陽變化之義，以十篇之文，解說經意，由是兗豫之言易者，咸傳荀氏學。」正謂荀易盛行於當時，荀悅未明言爽傳費氏易，且「以翼解經」之法，自非費氏所專，釋文繫辭說卦等，每引京氏訓釋，而京荀同字者，亦所在多有，如「洗心」，京荀虞作先心，「爲瘠馬」，京荀作柴，云多筋幹，是荀於孟京舊說，每多參用之者。紀磊嘗學例說明之曰：「按後漢書謂荀氏之易，亦出費氏，然荀氏注隨大亨貞无咎，謂隨者，震之歸魂。又注雷雨作而百果草木皆甲坼，謂解者震世，則京氏說也。又謙三勞謙君子，謂體坎爲勞，則用互體矣。蒙亨，以亨行時中也。謂此本艮卦也，案二進三，三降居二，剛柔得中，故能通發蒙時，令得時中矣。則用卦變矣。費易已不可考，豈費亦同于京，而互體卦變，皆所不廢與？」（漢儒傳易源流）案紀氏說荀氏易傳，每同京說，其言甚是。而疑費易亦同于京氏，其說則非。費氏本無章句，其同于京者，乃荀爽兼採京說耳。前儒沿釋文敍錄之誤，以爲荀氏所注皆費氏易者，皆未能審諦荀氏易義之故也。今考三國志載虞翻別傳云：「自漢初以來，海內英才，其讀易者，解之率少，至孝靈之際，潁川荀諝，號爲知易，臣得其注，有愈俗儒。…又南郡太守馬融，名有俊才，其所解釋，復不及諝。」（集解卷五十七）以虞氏世傳孟易，於荀氏推獎如此，是荀氏易傳，蓋已集當時通儒之大成矣。故張惠言嘗言虞氏實與荀氏同源（見周易鄭荀義小序），又言翟子玄所注易義，皆與荀氏相近，而子玄之易蓋孟氏，非費氏。（見易義別錄翟氏條）又謂釋文載有荀爽九家集注十卷，李鼎祚集解所引九家之文，往往指釋荀注，乃六朝人說荀氏易者，所以述荀，而旁引他家以證，釋文謂該書序有荀爽、京房、馬融、鄭玄、宋衷、虞翻、陸績、姚信、翟子玄，皆九家所引以證荀氏書者（見翟氏條及荀氏九家義條），凡此皆張氏深入易義，研究所得。荀氏所解，每得與孟京舊說相印證者，至此益為可信矣。至馬國翰氏，遍輯佚書，更明證荀易參用孟氏，其說曰：「惠氏棟易漢學，列荀慈明一家，而佚文不具載，張氏惠言輯荀氏九家，佚文具載，而雜入九家中，今特別出為三卷。鄒湛曰：『易箕子之明夷，荀爽訓箕為荄，詁子為滋，漫衍無經，不可致詰。』：不知箕子之義，取蜀趙賓傳孟喜之說也。荀傳費學，參用孟氏，正其篤古之深，非有所失。」（周易荀氏注序）又宋翔鳳過庭錄一，亦謂荀氏注易，遠合趙賓，賓以陰陽氣言，即是孟喜候陰陽之學，是荀注之參用孟易，得與許稱孟易相證者，覽張氏馬氏宋氏之說，信而有徵矣。

陸績易注與說文引易相應者，有𩰫、𡍮、禔諸字，陸氏之易學，蓋出入於孟京之間，亦足以證成許說。

案說文丮部：「𩰫、食飪也。从丮、𦎫聲。易曰：𩰫飪。（殊六切）」今易無熟飪之交，唯鼎彖辭曰：「鼎、象也、以木巽火，亨飪也。」熟飪今作亨飪。錢坫曰：「今易作亨飪，亨飪者，應為𦎫飪字之譌也。」（說文解字斠詮）柳榮宗曰：「𩰫、隸作孰。俗因加火作熟。𦎫、孰也，上从亯，小篆亯作亯，隸因作享，凡从𦎫之字，皆以享為之。易曰孰飪，今彖傳孰作亨，亨孰義同，許書無亨字，釋文云：亨本又作亯，同普庚反，蓋經典本以亯為之，隸作享，又作亨耳，俗以亨為元亨字，因加火作烹。」（說文引經考異）案錢氏謂今易亨字爲亯字之譌，恐亦不然，蓋觀集解引荀爽曰：「巽入離下，中有乾象，木火在外，金在其內，鼎鑊亨飪之象也。」（十卷）則是荀爽所見，已作烹飪之義，漢時此文已有異本，明矣。集解又引鄭玄曰：「鼎，象也，卦有木火之用，互體乾兌，乾爲金，兌爲澤，澤鍾金而含水，爨以木火，鼎亨孰物之象。鼎亨孰以養人。……」（十卷）鄭與荀注相同，然已兼採孰飪之義，而集解所引九家易注，亦與鄭同。謂「鼎能孰物養人。……亨飪、煮肉，上離陰爻爲肉也。」（十卷）與釋文訓亨爲煮之義同，然亦兼採孰飪之義。是鄭氏及九家所釋，已幷亯孰二義爲一，蓋亯、享、亨、烹，先始本爲一字，亯下之⊖，又象進孰物之形，柳氏所謂義本可通者是也。然許愼於孰字下引易作孰飪，必所據易家古本作孰字，不作亨字。今考陸績注京氏易傳云：「木見火中發，火木相資，象鼎之兆。下穴爲足，中虛見納，飪熟之義明矣。凡飪熟享祀爲先，故曰供祭明矣。」（中卷）陸氏注文作飪熟，與許君熟飪之文正同，陸氏注京氏易傳，亦傳孟京之學者也。

又案說文示部禔下引易禔既平，訓爲安福也。說文肉部𩞁字下引易噬乾𩞁，訓爲食所遺，重文作胏，與陸績易注，亦能應合。禔訓與京氏亦合，盦訓與馬氏亦合，說在京房、馬融條下，可參閱。

陸績既注京氏易傳，而所言六爻發揮、旁通、卦爻之變，多存孟氏之古義。

案陸績、字公紀，吳人。隋志載陸氏周易注十五卷，釋文序錄作周易述十三卷已佚。又嘗與虞翻同撰周易日月變例六卷，亦佚。則陸虞所見略同矣，而所注京氏易傳三卷，今存。張惠言曰：「公紀注京氏易傳，則其易京氏也。…至言六爻發揮旁通、卦爻之變，有與孟氏相出入者，京氏自言其易即孟氏學，公紀儻得之邪？京氏章句既亡，存于唐人所引者，僅文字之末，不足以見義，由公紀之說，京氏之大指，庶幾見之。」易義別錄陸氏條張氏詳輯陸氏佚文，爲之條辨，以爲陸氏乃傳京氏易者，而論旁通、爻變，又出於孟氏，今以陸注殘文，與許引孟易相印證，時有應合者，是張氏所說殆可信也。

崔憬易義，與說文引易之義相應者，有暵、黷、洌、壬諸字，崔氏於荀虞馬鄭之學，亦有所窺見。

案說文日部：「暵、乾也。耕暴田曰暵，从日、堇聲。易曰：燥萬物者莫暵于離。呼旰切」所引爲說卦文，今易說卦曰：「燥萬物者莫熯乎火，…潤萬物者莫潤乎水，…故水火相逮。」暵作熯、于則作乎、離則作火，與說文不同，唯小徐本離亦作火，下並有「火離也」三字。今謂說卦文下既有「水火相逮」句，則小徐本作火是也。詩王風中谷有蓷，孔疏引說文此條云：「暵、燥也。易曰：燥萬物者莫熯乎火。」正作火字。而暵則訓燥不訓乾。集解引崔憬曰：「言火能乾燥萬物，不至潤溼，于陽物之中，莫過乎火，熯亦燥也。」卷十七與說文所訓正合，唯字已從火作熯、馬宗霍曰：「許熯作暵者，二字同從𦰩聲，又同訓乾，故通用。釋文引徐邈本亦作暵，音漢，云『熱暵也』，正與說文同。耕槀田曰暵，乃暵引申之義，僞易當在乾也下」馬說頗爲當理。

又案說文黑部：「黷、握持垢也。从黑，賣聲，易曰：再三黷。(徒谷切)」所引爲蒙卦辭文。與今本易作再三瀆不同。文選注引倉頡篇：「黷、垢也。」又：「垢、黷也。」許義與其相近，易曰再三黷者，集解引荀爽曰：「再三謂三與四也，皆乘陽不敬，故曰瀆。」則與賈逵國語注：「黷、媟也」(文選石崇思歸引序李善注引)之義爲近。與鄭玄注：「瀆、褻也」(釋文引)之義亦近。瀆褻、嬻媟與不敬義、持垢義引申並可通。集解又引崔憬曰：「初筮謂六五求決于九二，二則告之，再三瀆，謂三應于上，四隔于三，與二爲瀆，故二不告也。瀆，古黷字也。」(卷二)蒙之爲卦，坎下艮上，崔憬所注，亦以「再三」爲六三與六四，與荀注合。崔氏雖未釋瀆字之義，然謂黷瀆古字通用，是古本作黷，可與許書稱易相證。

又案說文水部：「洌、水清也。从水，列聲。易曰：「井洌寒泉食。(良辥切)」所引爲井九五爻辭文。許訓洌爲水清，集解引崔憬曰：「洌，清潔也。居中得正而比于上，則是井渫水清，既寒且絜，汲上可食于人者也。」(卷十)清絜與水清同義。又井九三井渫不食，集解引荀爽注曰：「渫、去穢濁清絜之意也。」與崔氏所云：「井渫水清，既寒且絜」之義亦同。渫釋文注息列反、又食列反；洌、釋文音列，王肅音例。是渫與洌疊韵而義亦相近也。崔憬嘗著周易探玄，已佚。朱彝尊曰：「崔憬時代莫考，李鼎祚集解引用最多，稱為新義，中援孔疏，其為唐人無疑矣。」（經義考卷十四周易探玄序）馬國翰氏輯其佚文而考之，謂「其人不墨守輔嗣之注，而於荀虞馬鄭之學有所窺見。」今案崔氏所注，如龍戰于野，為乾坤交會，與許荀之說每合（已見荀氏條下），是虞荀之義，往往散見其注文之間，與孟易之流衍，非無關涉也。

綜上所述，則許稱孟易之義，殆可證成，然許氏易學之絕學墜緒，得有涯涘可尋者，並見於斯矣。說文引易之中別有諸家殘文無可為證者，則本闕疑之恉，俟諸來者可也。

案說文引經證字，於經說雖不詳載，然其字義恒是經訓，孟易之大義已不可見，然東漢魏晉諸易家之殘文遺訓，凡與說文所訓應合者，考諸易家之傳授脈絡，並與孟易之淵源流衍有關，則許書所稱實為孟易，當無可駁議者矣。至於說文祝字、藋字、弒字、庸字、相字、利字、隺字、檮字、鼬字、寅字、皤字、裕字、斐字、卮字、忼字、遻字下引易，如卮下引易：「君子節飲食」，但證卮字從卪之意，與易義無涉，又如皤下引易「賁如皤如」，皤許訓為「老人白也」，則此引易，但證皤白而已，非證易義即字義也。又如顨、巽也，謂此易「顨卦為長女為風者」，此引易以證古字，非必謂孟易說卦巽字作顨也。又如弒下引易「臣弒其君」，弒許訓臣殺君也，此爲漢儒之通訓，許引此謂弑之所施事有專指而已，固不待詳考也。又如祝一曰从兌省下引易：「兌爲口爲巫」，馬宗霍氏已考明非許書原文。（見引易考）若此諸例，則又與本文所欲考明者無關，略之可也。而其餘諸文，考之於諸家殘文，每乏可證之者，文獻不足故也，足則能徵之矣。段玉裁氏於易義無可佐證者，恒以「許稱蓋孟易」一語斷之（如⿱⿰巾卷女篆下注），而馬宗霍氏亦以說文引易，字與諸家皆異，則斷之爲孟易（如⿰臬出篆下），拙文所述，則異趣乎前人，蓋本文既於後儒殘文尋繹孟義，以證成許說，於可證者謂爲孟易，於不可證者焉能又謂之爲孟易哉。循環論證，斯無取焉，故守孔氏不知蓋闕之指，以待能者可也。

許愼之經學

黃永武學

許氏書學第二

許君論經之顯箸早成，解字之鉅帙晚就。論經之作，殆在備聞白虎觀諸儒講議方罷之時，故其體倣石渠論議，先臚衆說，次定從違，凡危詞粹語，剔抉蒐討，非主一家；而解字之篇，則創自從逵問學之後，乃特崇古學。是故許君之書學，於異義則博洽多方，期於愜理；於說文則篤守古學，獨稱孔氏。唯通儒之識，本不株守方隅，故異義既今古兼蓄，即說文亦有兼存異本之例。至異義所論書義，間或與說文牴牾，此蓋書有夙成，學有進益，而論又有可並存者也。

案後漢書儒林傳曰：「初愼以五經傳說臧否不同，於是撰爲五經異義，又作說文解字十四篇，皆傳於世。」（卷六十九下）蓋已明言異義早成，說文晚就矣。陶方琦許君年表考、諸可寶許君疑年錄，並考定許君從逵受古學在建初八年，其時詔賈逵等各選高才生，受左氏、穀梁春秋、古文尚書、毛詩，許君即與其列。陶諸二氏所異者，即撰五經異義之時耳，陶氏謂在建初八年前，諸氏謂在從逵受古學之後，高師仲華曰：「許君若於建初四年與會白虎觀，講議五經同異，於建初八年從賈逵受古學，則撰五經異義，必在建初四年以後建初八年以前。一則白虎觀講議方罷，記憶猶新，撰寫異義，較易爲力；一則建初八年以後，專意古文之學，博問通人，考之於逵，作說文解字，則又不暇爲五經異義矣，以是言之，則陶說爲長。」（許愼生平行迹考）按師說是也，據儒林傳知異義先成乎說文，而異義與說文間有牴牾者，如異義稱旻天非必是秋，用古左氏義；說文則又釋旻爲秋天，用今書歐陽說；異義論天子駕六馬，從孟京說；說文則又釋四馬八轡，用毛氏義。凡此互異，非自爲支離，足證成書非一時耳。或學有新知，論多改定；或各有據證，勢難偏折，兼存兩說，所在多有，此正通儒之面目也。即若鄭君於許論三公之條無駁，似從古尚書說，而注書傳又從今尚書說，斯皆一代通儒，務求博洽，要歸於愜理耳。陳壽祺曰：「祭酒受業賈侍中，敦崇古學，故多從古文家說；司農囊括網羅，意在宏通，故兼從今文家說，此其判也。」（五經異義疏證序）然皮錫瑞以爲陳說乃據大概而言，非與全書盡合，彼云：「今觀異義親屬有服，用歐陽之書，鄭詩淫聲，取今論之說。天子駕數，不信毛詩；鸜鵒來巢，乃從二傳，足見許案該洽，略似說文；鄭駁宏通，亦同箋注，不得拘古今之殊旨，強許鄭以分門矣。」（駁五經異義疏證自序）皮說良是，許鄭輪攻壘守，大敵相當，皆備通學之風槩。然自許君尚書學而大別言之，則異義所論，不拘今古，說文所引，則獨偁孔氏耳。

今存許君異義論書之條凡十二，從古文家者十一，從今文家者一則，通學之宏綱大旨，雖不盡見，而漢師遺說，亦不絕如縷矣。

案許君異義論天號、論類祭、論四時之祭、論六宗、論魯之三望、論廟毀、論三公、論人君冠禮、論贖刑、論五服里數，皆從古文家說，論日道之文已闕，疑亦從古文家，然彼論九族，則從今尚書歐陽說。茲爲之反覆體究，以論辨於后云。

其論天號，從古尚書說，以爲天之五號，各用所宜稱之。不從今尚書歐陽說及爾雅說，彼云天號必於其時稱之者。鄭駁異義則以爲古今二說，各自成理，故和合二說以釋之。

案許論天號之條，見於周禮大宗伯「以禋祀祀昊天上帝」句下孔疏所引，又見詩黍離首章「悠悠蒼天」句下孔疏引，又見禮記月令「其帝大皞」句下孔疏、又見爾雅釋天「春爲蒼天」等句下邢疏所引，周禮疏詩疏所引較備，而文句稍有參差。禮記疏引僅八字，殆取其大意，亦非原文。爾雅疏所引，當係採自詩疏，故與黍離疏引同。彼周禮疏引異義云：「異義天號等六（袁堯年曰宗伯疏引第六譌等六。又第六天號，誤倒爲天號第六，今以周禮載師疏所引第五田稅，司尊彝疏所引第六罍制例之，則此亦當作爲第六天號。孔廣林曰：罍制第六，天號不得又爲第六也，今列爲第一。陳壽祺斥孔說爲非，且曰：兩第六，疑有一作第八者，字之誤耳，曰第五、曰第六者，其篇次也，曰田稅、曰天號，曰罍制者，其篇目也。今按袁云等六爲第六之誤，是也。孔改爲第一，陳改爲第八，皆無確據。）今尚書歐陽說曰：欽若昊天，（春曰昊天）（阮元云：欽若昊天下，脫春曰昊天四字。袁堯年從之，據詩黍離疏補此四字，陳壽祺以爲欽若昊天爲春曰昊天之誤，今從袁說。）夏曰蒼天，秋曰旻天，冬曰上天，揔爲皇天（詩疏無此四字，當爲奪文）爾雅亦然，故尚書說（詩疏故作古）云：天有五號，各用所宜稱之，尊而君之，則曰皇天；元氣廣大，則稱昊天；仁覆愍下，則稱旻天；自上監下，則稱上天；據遠視之蒼蒼然，則稱蒼天。謹案：尙書堯命羲和，欽若昊天，揔勑四時，知昊天不獨春。春秋左氏曰：夏四月己丑孔子卒，稱旻天不弔，時非秋天。（詩疏秋天作秋也卷十八）」是許君並舉尙書今古二說，今說與爾雅合，謂天之五號，四時異名；古說則謂隨事立稱，所稱不必與時節合，左氏傳載孔子卒於夏四月，而稱旻天不弔，是其證也。今謂古尙書說非獨與左氏合，與毛詩亦合，黍離毛傳釋「悠悠蒼天」云：「悠悠、遠意，蒼天，以體言之。尊而君之，則稱皇天；元氣廣大，則稱昊天；仁覆閔下，則稱旻天；自上降鑒，則稱上天；據遠視之蒼蒼然，則稱蒼天。」是毛傳亦不以天號因時異名，而主各用其宜之說，毛傳、左氏與古尙書說，並爲古學，而得通其詁訓矣，故許君亦主之。然鄭玄駁論之，鄭駁異義見於周禮大宗伯疏、詩黍離疏、尙書堯典疏、爾雅釋天疏。詩疏所引較詳：「玄之聞也：爾雅者，孔子門人所作，以釋六藝之言，蓋不誤也。春氣博施，故以廣大言之；夏氣高明，故以遠人言之；秋氣或生或殺，故以閔下言之；冬氣閉藏而清察，故以監下言之；皇天者，至尊之號也。六藝之中諸稱天者，以情所求之耳，非必於其時稱之，浩浩昊天，求天之博施；蒼天蒼天，求天之高明；旻天不弔，求天之生殺當得其宜；上天同雲，求天之所爲當順其時也。此之求天，猶人之說事，各從其主耳。若察於是，則堯命羲和，欽若昊天。孔丘卒，昊天不弔，無可怪耳。」（詩疏四之一）周禮疏則無則堯命以下二十字，別作：「若察于時，所論從四時天，各云所別。故尙書所云者，論其義也。二者相須乃足，此名非必紫微宮之正，直是人逐四時五稱之。」卷十八 鄭君之意謂爾雅釋天及今尙書說，就四時異名言之，推其異名之故，即各用所宜爲稱，故呼春爲昊天，實自春氣廣大言之，昊天浩浩，故求天之博施亦稱昊天，二者本相須乃足，非相鉾楯也。是鄭君和合古今二說，亦非主今而抑古也。詩疏既引鄭駁異義，且云：「是鄭君和合二說之事也。爾雅春爲蒼天，夏爲昊天，歐陽說春爲昊天，夏爲蒼天，鄭既言爾雅不誤，當從爾雅，而又從歐陽之說，以春昊夏蒼者，鄭爾雅與孫郭本異，故許愼既載今尙書說，即言爾雅亦云，明見爾雅與歐陽說同，雖蒼昊有春夏之殊，則未知孰是，要二物理相符合，故鄭和而釋之。」詩疏四之一 是許鄭所見爾雅，與今傳孫郭注本不同，許鄭所見舊本皆作春昊夏蒼，孫郭本則作春蒼夏昊，考其說之異，漢來即已有之，如白虎通四時篇亦主春蒼夏昊之說，而引爾雅曰：「一說春爲蒼天等是也。」是其時爾雅有二說之證，盧文弨校白虎通，謂「此文有訛」者非也。邵晉涵舉釋名釋天、呂氏春秋及高誘注，以爲春蒼夏昊爲是見爾雅正義，皮錫瑞雖以邵說爲是，猶有疑惑，彼云：「開元占經天占篇引尙書考靈曜云：東方皡天。廣雅釋天云：東方昦天。皆與許鄭引爾雅合。」駁五經異義卷二 今謂邵氏主春蒼夏昊，皮氏執二可之辭，於鄭君之微恉，皆未通貫，鄭君之意，謂爾雅所說，與異義所主，要亦不悖耳。如黍離毛傳，謂「悠悠」是遠意，據遠視之蒼蒼然，鄭箋則亦謂「遠乎蒼天，仰愬欲其察己言」，鄭君之意，與毛許同，固未以春爲蒼天，孔穎達考黍離一詩之時節曰：「詩人以黍秀時至，稷則尚苗，六月時也。未得還歸，遂至於稷之穗，七月時也；又至於稷之實，八月時也。是故三章歷道其所更見，稷則穗實改易，黍則常云離離，欲記其初至，故不變黍文，大夫役當有期而反，但事尚未周了故也。」據是則天號卽因時異名，亦不得謂春爲蒼天矣。況許君撰作說文，兼採爾雅之說，仍謂春爲昦天。陳壽祺嘗舉述之曰：「說文第七上日篇：旻，秋天也。從日文聲。虞書曰：「仁閔覆下，則稱旻天，此用爾雅與今尚書說也。所引虞書，卽異義之古尚書說也。第十下夰篇，昦，春爲昦天，元氣昦昦，從日夰，夰亦聲，此亦兼採爾雅、今尚書、古尚書說也。其曰春爲昊天，與異義同。」昦卽昊字，說文與異義所引爾雅同者，亦足證春昊夏蒼，其說有自矣。然則許君說文之釋昦天，用以釋堯命之昊天則不盡合，孫星衍乃調合之曰：「昊天既爲春天之名，此舉春以統四時耳。」（尚書今古文注疏）說雖可通，猶不若段玉裁謂「異義早成，說文後出」，著成之年代不一，師承間或有異，不必強爲牽合也。段氏曰：「許君作異義時，是毛傳，非爾雅歐陽尚書，鄭君駁之，而許造說文於昊下、旻下，皆用爾雅，參合毛傳，略同鄭說，說文解字爲定說也。」（說文昦下注）又曰：「按許作五經異義，不从爾雅，从毛詩，造說文兼載二說，而先爾雅於毛，與鄭說無不合，蓋異義早成，說文後出，不待鄭之駁正，而已權衡悉當，觀此及社下姓下，皆與異義不同，與鄭說相合，可證。」（說文旻下注）是許君說文所主，與異義差異者，非僅一端而已。

其論類祭，從古文尚書說，以爲非時祭天謂之類，言以事類告也。郊天則不得謂之類祭。

案許論類祭之條，見於禮記王制疏所引較詳，太平御覽卷五百二十七引異義今尚書說，卷五百二十五引異義古尚書說，詩皇矣疏、禮月令疏亦引今尚書說，未稱異義，史記五帝紀張守節正義引異義，節取許君之意，不及禮疏之詳，彼疏云：「類者，以事類告天，若以攝位事類告天，亦謂之爲類，若以巡守事類告天，亦謂之爲類，故異義：『今尚書夏侯歐陽說今尚書三字據御覽禮儀部郊丘引補：類，祭天名也。以事類祭之。奈何？天位在南方，就南郊祭之是也。以上據御覽引補正，禮疏僅作以類祭天者，以事類祭之。古尚書說：非時祭天，謂之類。言以事類告也。肆類于上帝，時舜告攝非常祭。言以以下三句據御覽禮儀部祭禮中補許慎謹案：「周禮郊天無言類者，知類非常祭，從古尚書說。』鄭氏無駁，與許同也。然今尚書及古尚書二說，其文雖異，其異同也。以事類告祭，則是非常，故孔注尚書亦云：以攝位事類告天，鄭又以類雖非常祭，亦比類正禮而爲之。故小宗伯注云：類者依其正禮而爲之是也。」類乎上帝句下疏是許從古尚書說，而鄭君無駁，故自孔疏以還，諸家並以爲古今兩說，文異而意同，皆調合爲說，如孔廣林曰：「凡有非常事，以事類告祭，皆曰類，故小宗伯類社稷宗廟，注云：依其正禮而爲之。肆師類造上帝，注云：依郊祀而爲之。鄭注甚明，與許義同。尚書古今二說，本不相錯，彼主說尚書，依經文類于上帝，故據祭天發義，所謂就南郊祭者，卽是依正禮而爲之也，固不主謂大報天之祭矣。」通德遺書所見錄卷五四 黃奭氏亦依孔說 見黃氏逸書考 ，江聲氏則以爲古今兩說雖可通，唯許君不從者，乃祭地在南郊耳。江氏於書堯典：「肆類于上帝」下注云：「禷，以事類祭天也。說文示部文。案詩皇矣正義引尚書夏侯歐陽說：以事類祭之，在南方，就南郊祭之。……許君謹案云云，是从古尚書說，而說文仍云以事類祭天者，蓋許君但不从夏侯歐陽就南郊之說爾，若以事類祭，卽是非常祭，其說本通，未爲非也。」尚書集注音疏卷一 然王鳴盛氏則篤信孔疏古今二家文異意同之說，以爲古今兩說，非僅事同，而祭地亦同，其於堯典「肆類於上帝」下先集古注：鄭曰：禮祭上帝于圜丘 史記五帝本紀集解 。馬曰：上帝太一神，在紫微宮，天之最尊者 釋文 。謂所祭卽天皇大帝，乃北極耀魄寶，祭地卽在南郊。彼云：「鄭馬云云者，國有非常之事，行告祭之禮，謂之類。類者，其禮類正祭也。小宗伯：凡天地之大烖，類社稷宗廟，則爲位禱祈之類也。王制云：天子將出，類乎上帝，巡守之類也。王制又云：天子將出征，類乎上帝。大雅文王云：是類是禡。釋天云：禷、師祭也。行師之類也。肆師：類造上帝。戰勝之類也。此經所言，攝位之類也。五者事各不同，而其爲非常則同。……其祭之地，則月令疏引今文尚書夏侯說云：類祭天奈何？天位在南方，就南郊祭之之事也。又詩毛傳云：于內曰類，于外曰禡。疏以爲類祭在郊，而言于內曰類者，對禡而言，禡于所征之地，則是國境之外，類雖在郊，猶是境內，故分內外也。又考肆師注云：爲兆以類禮祭上帝，依郊祀而爲之。賈公彥云：若依國四郊，則自有尋常兆域，今戰訖而祭，故須新爲壇兆，知依郊祀而爲之者，此直是告祭非常，非是禱祈之祭，故知依正禮郊祀而爲之，謂四時迎氣于四郊也。據諸說考之，則禱祈行師與攝位皆在南郊，巡狩亦當同。」（尚書後案卷一）皮錫瑞氏頗信王說，以爲王氏所說爲兼通今古文家，實則王說析鄭義或頗精要，於許君所說未必切合，若古今兩說皆爲非常告天之祭，而祭地亦並謂在南郊，則許君何爲舍今從古哉？許君實不从夏侯歐陽類祭就南郊之說，謂祭天可言類，郊天不可言類耳，江聲之說近是，孔廣林引肆師注「依郊祀而爲之」，以爲鄭與許同；陳壽祺亦引肆師注，以爲鄭同許君說文義，亦用今尚書說。今考說文示部禷、以事類祭天。豈用今文說哉？（孫星衍曰：「說文引此經文類作禷者，俱孔壁古文。」段玉裁曰：「說文亦從古尚書說。」孫段之說近是。）就類祭爲各以事類而祭言，今古兩說固不相悟，然許君異義不從今說者，實因祭地之故，說文禷下未言祭地，不得謂說文從今文說，鄭注肆師兼採今文說，與許君所主實不相同，孔疏以鄭君無駁，即謂鄭與許同，諸家本之，多未識同中有異也。

其論四時之祭，從古尚書說，以爲春祭脾、夏祭肺、季夏祭心、秋祭肝、冬祭腎，此五行所主，與今文尚書不合，鄭君駁之。

案許論四時之祭（此標題據王謨輯本立），見於禮記月令孟春「祭先脾」句下孔疏所引，彼疏云：「異義云：今文尚書夏侯歐陽說：肝、木也。心、火也。脾、土也。肺、金也。腎、水也。古尚書說：脾、木也。肺、火也。心、土也。肝、金也。腎、水也。許愼謹案（阮元云惠棟校宋本按上有謹字今據補）：禮記月令春祭脾、夏祭肺、季夏祭心、秋祭肝、冬祭腎，與古尙書同，皆五時（袁堯年作行）自相得，則古尙書說是也。」（禮記疏卷十四。其中「夏侯」、「禮記」、「皆五時自相得」、「則古尙書說是也」等十七字，據陳壽祺引日本所傳蕭吉五行大義引許愼異義補）是許君主古尙書說，與禮記月令合。然鄭君以爲許說與醫疾之法、五行之氣不合，故從今文說，鄭駁亦見月令疏所引，疏云：「鄭駁之云：『此文異事乖，未察其本意，月令五祭，以四時之位，及其五藏之上下次之耳（以上三句據陳壽祺說改）。冬位在後，而腎在下，夏位在前，而肺在上，春位小前，故祭先脾，秋位小却，故祭先肝，腎也脾也，俱在鬲下，肺也心也肝也，俱在鬲上，祭者必三，故有先後焉，不得同五行之氣，今醫疾之法，以肝爲木，心爲火，脾爲土，肺爲金，腎爲水，則有瘳也，若反其術，不死爲劇。』」如鄭此言，五行所主，則從今文尙書之說，不同許愼之義。」（禮記疏卷十四。其中此文異事乖二句據五行大義補）鄭君以藏之上下爲次說四時之祭，又見於月令注文，彼注月令孟春祭先脾曰：祀之先祭脾者，春爲陽中，於藏直脾，脾爲尊。注孟夏祭先肺曰：祀之先祭肺者，陽位在上，肺亦在上，肺爲尊也。注季夏祭先心曰：「祀之先祭心者，五藏之次，心次肺，至此心爲尊也。注孟秋祭先肝曰：祀之先祭肝者，秋爲陰中，於藏直肝，肝爲尊也。注孟冬祭先腎曰：祀之先祭腎者，陰位在下，腎亦在下，腎爲尊也。孔穎達依之作疏曰：「所以春位當脾者，牲立南首，肺祭在前而當夏也。腎最在後而當冬也。從冬稍前而當春，從腎稍前而當脾，故春位當脾；從肺稍却而當心，故中央主心；從心稍却而當肝，故秋位主肝，此等直據牲之五藏所在，而當春夏秋冬之位耳。」禮記疏卷十四 以牲之五藏所在說四時之祭，不如以五行所主五藏說月令爲切合，故王引之氏嘗駁鄭以申許，彼云：「如鄭說以藏之上下爲次，則肺最在上，心次之，脾又次之，經何以不言春祭先肺，夏祭先心，中央祭先脾乎？如謂牲位南首，肺最在前而當夏，腎最在後而當冬，則脾未嘗在左而當春，肝未嘗在右而當秋，何以春祭先脾而秋祭先肝乎？從腎稍前而當脾，亦未嘗不當肝，何以春祭不先肝？從心稍却而當肝，亦未嘗不當脾，何以秋祭不先脾乎？反復求之，鄭說殆未允當，以許氏五經異義之說爲長，異義云云，蓋自古以五行說五藏者，惟腎水藏無異詞，而脾肺心肝，則皆有兩說，今古文尚書雖未知孰是，而月令之五藏，則非古文尚書之說，不足以釋之，脾木藏，故春祭先之，肺火藏，故夏祭先之，心土藏，故中央祭先之，肝金藏，故秋祭先之，腎水藏，故冬祭先之也。」經義述聞卷第十四 王說至爲明剴，釋月令之五藏，當依準許說，然今本說文肺訓金藏，脾訓木藏，肝訓木藏，皆與今文尚書說同。腎訓水藏，乃今尚書古尚書同者。而心下云土藏也，在身之中，博士說以爲火藏，則又兼採今古文尚書說。論者或謂許君晚年已從今說，與鄭君不異，段玉裁則以爲說文雖兼用今古尚書說，而先古後今，意仍從古，而兼載今說，與鄭君不同，並考定肺、脾、肝三篆所訓並有脫誤，非許君原文，彼注肺金藏也下云：「按各本不完，當云：『火藏也，博士說以爲金藏。』」下文脾下當云：『木藏也，博士說以爲土藏，』肝下當云：『金藏也，博士說以爲木藏』乃與心字下土藏也，博士說以爲火藏一例，玄應書兩引『說文：肺、火藏也』，其所據當是完本，但未引一曰金藏耳。」卷八 王引之氏亦據玄應衆經音義卷四卷二十兩引肺火藏也，以爲今本火作金，木作土，金作木，並後人改之也見經義述聞卷十四。據段王之說，則許君晚年之說，猶主古文說，而鄭君注周禮天官疾醫曰：「肺氣熱，心氣次之，肝氣涼，脾氣溫，腎氣寒。」王引之曰：「蓋肺火藏，故氣熱；心土藏，土者火之所生，故氣熱次之，肝金藏，故氣涼，脾木藏，故氣溫，腎水藏，故氣寒也。又鄭君注大司寇曰：「肺石，赤石也。」王引之曰：「孔疏曰：『陰陽療疾法：肺屬南方火，火色赤，肺亦赤，故知名肺石是赤石也。』則醫病之法，亦非一說，何必是此而非彼乎？」據是則鄭君雖駁異義，而未嘗不從古尚書說也。又考白虎通情性篇謂肝者木之精、肝者金之精、心者火之精、腎者水之精、脾者土之精，而春秋元命苞亦有肝木肺金心火腎水脾土之說，是許君所引博士說及鄭君所駁者，並出於緯書。古尚書說則與禮記月令合，與太玄經數篇謂「三八爲木爲東方爲春……藏脾、四九爲金爲西方爲秋……藏肝、二七爲火爲南方爲夏……藏肺、一六爲水爲北方爲冬……藏腎、五五爲土爲中央……藏心」亦合，古尚書說合乎月令，較今尚書之合於緯書者爲可信矣，然古今兩說，漢末竟並峙匹敵，故漢末高誘注呂覽孟春紀「祭先脾」云：「脾屬土，陳俎豆，脾在前，故曰祭先脾，春木勝土，先食所勝也。一說脾屬木，自用其藏也。」實兼采兩說，而不加軒輊，凌曙曰：「高誘前一說，本今文尚書歐陽說脾土，與白虎通合；後一說，乃古文尚書脾木也，與白虎通異。」（呂氏春秋集釋引羣書答問）然自今考之，自用其藏爲是，用其所勝爲非，王引之氏辨之詳矣，王氏云：「案自用其藏之說是也，用其所勝之說非也，木火土金水，既各有所主之藏，何反不用其所主，而用其所勝乎？春夏秋之祭，如用所勝之藏，則中央之祭，當用土所勝之水而先腎，冬之祭當用水所勝之火而先心，今中央祭先心，冬祭先腎，則非用其所勝可知，由冬祭先腎推之，則木火土金，皆自用其藏可知，故曰自用其藏之說是也，用其所勝之說非也。」（經義述聞卷十四）王氏之說，義有畫一，語非鑿空，洵可信從矣。

其論六宗，從古尚書說，即以日、月、星、河、海、岱當之是也，所主蓋本諸賈侍中。鄭玄則以爲六宗是星、辰、司中、司命、風師、雨師，與許說既異，而亦不同於今文。漢世言六宗者多矣，衆釋互起，竟無全通，亦難偏折，並存其說可也。

案許論六宗之條，見於禮記祭法疏、禮記月令疏、太平御覽卷五百二十八禮儀部六宗條、及周禮大宗伯賈疏引，尚書堯典「禋于六宗」下疏亦引今尚書說，而未言異義，大宗伯疏於「以禋祀祀昊天上帝，以實柴祀日月星辰，以槱燎祀司中、司命、飌師、雨師。」下引異義及鄭駁最詳，彼疏云：「案尚書堯典，禋于六宗，但六宗之義，有其數，無其名，故先儒各以意說，鄭君則以北（阮元云爲此之譌）星也、辰也、司中也、司命也、風師也、雨師也六者爲六宗，案異義：『今尚書歐陽夏侯說（尚書二字據禮記祭法疏及御覽補）：六宗者，上不及天，下不及地，傍不及四方（本作四時，據祭法疏及御覽改），居中央，恍惚無有（至此斷句者，魏劉劭謂六宗爲太極沖和之氣，俞正燮謂劉同實一名六之說故也。），神助陰陽變化，有益於人，故郊祭之（御覽引作郊天並祭之）。古尚書說：六宗，天地神之尊者（御覽引作六宗者天地屬神之尊者），謂天宗三，地宗三，天宗日月星辰，地宗岱山河海，日月屬陰陽宗（屬字祭法疏及御覽作爲），北辰爲星宗，岱爲山宗，河爲水宗，海爲澤宗，祀天則天文從祀，祀地則地理從祀。謹案：夏侯歐陽說云：宗實一而有六（孫星衍注文改有爲名字，按六下當增名字），名實不相應，春秋魯郊祭三望，言郊天。日月星河海山，凡六宗。魯下天子，不祭日月星，但祭其分野星，國中山川（國中本作其中，陳壽祺據穀梁僖三十一年疏引賈逵說，周禮小宗伯疏引服虔說，皆作國中山川，改其爲國，今依之），故言三望六宗，與古尚書說同。』『玄之聞也，書曰：肆類于上帝，禋于六宗，望于山川，偏于羣神，此四物之類也。禋也、望也、偏也，所祭之神各異，既六宗言禋（既字據禮記祭法疏補），山川言望，則六宗無山川明矣。周禮大宗伯曰：以禋祀祀昊天上帝，以實柴祀日月星辰，以槱燎祀司中司命，風師雨師。凡此所祭，皆天神也。禮記郊特牲曰：郊之祭也，迎長日之至也，大報天而主日也。兆于南郊，就陽位也。埽地而祭，於其質也。祭義曰：郊之祭，大報天而主日，配以月，則郊祭幷祭日月可知，其餘星也、辰也、司中、司命、風師、雨師，此之謂六宗，亦自明矣。』（周禮疏卷十八）是許主古尚書說，以日、月、星、河、海、岱爲六宗；鄭則主周禮說，以爲星、辰、司中、司命、風師、雨師爲六宗，鄭所以不從前儒之說者，將欲據周禮禋祀皆天神也，日、月、星辰、司中、司命、風師、雨師凡八，而日月並從郊，故其餘爲六宗也，以書禋于六宗，與周禮事相符，故據以爲記也。許鄭而外，言六宗者尚有多家：禮記祭法孔疏云：「案聖證論王肅六宗之說，用家語之文，以此四時也、寒暑也、日也、月也、星也、水旱也爲六宗，孔注尚書亦同之，伏生與馬融以天地四時爲六宗，劉歆孔晁以爲乾坤之子六爲六宗，賈逵云：天宗三：日月星也；地宗三：河海岱也。」（禮記疏卷四六）孔疏引此四家，而許君即同賈逵之說。賈公彥疏周禮，亦引漢人數家，而較詳其說云：「禮論：王莽時，劉歆孔昭以爲易震巽等六子之卦爲六宗。漢武即位，依虞書禋于六宗，禮用大社，至魏明帝時，詔令王肅議六宗，取家語宰我問六宗，孔子曰：所宗者六，埋少牢於大昭，祭時相近，於坎壇祭寒暑、王宮祭日、夜明祭月、幽禜祭星、雩禜祭水旱，孔安國注尚書，與此同。」（周禮疏卷十八）然六宗之論，除賈孔二疏所列舉外，聚訟者復有多家：蔣湘南氏曾就說六宗者數十家分條以析論（見七經樓文鈔卷一），而孫詒讓嘗歸納之曰：「案六宗之義，自賈所舉外，其異說見於呂氏春秋孟冬紀高注、晉書魏書禮志、續漢書祭祀志劉注、漢書郊祀志顏注、通典諸書者，復有數家：如以爲天地四時者，伏生、高誘、崔靈恩也。以爲月令之天宗者，盧植、摯虞也。以爲天宗地宗四方宗者，司馬彪也。以爲三昭三穆者，張髦也。以爲六地數，主祭大社及五地者，虞喜、劉昭也。以爲天皇大帝及五帝之神者，後魏孝文帝、杜佑也。以爲六代帝王者，張廸也。餘如王充、李郃、孟康、劉劭，則從歐陽夏侯說；賈逵則從古尙書說，顏師古則從劉歆孔光說，孟康、范寧、吳商、裴駰，則從鄭君說，王莽則兩取劉歆及尙書說，馬融則兩取書古今文說。」（周禮正義卷三十三）衆釋互起，莫衷一是，王肅引家語載孔子說，非後儒所信，孫希旦氏已謂「祭日月星辰，當燔柴不當埋牲」，並謂以王說考之，無一可通。（見禮記集解卷四十五）今謂其餘諸說，去許論鄭駁之義甚遠，略而勿論可也。而鄭君之說，賈疏實信奉之，彼云：「案月令孟冬云：祈來年於天宗。鄭云：天宗：日月星辰。若然，星辰入天宗，又入六宗，其日月入天宗，即不入六宗之數也。以其祭天主日，配以月，日月旣尊如是，故不得入宗也。」（周禮疏卷十八）此賈氏以爲鄭君六宗無日月於義爲允也。王鳴盛亦曰：「鄭義以郊之祭，大報天而主日，配以月，則日月在郊不在宗，除去日月，恰得六數，其說精矣。」（尚書後案卷一）王氏信賈疏亦以爲六宗不包日月。皮錫瑞又云：「鄭駁以爲山川言望，則六宗無山川，自是塙論。」（駁五經異義卷二）是皮氏以鄭君六宗無山川爲塙論矣。然鄭說亦未能全通，故古來駁難者甚多，如晉武帝初司馬紿統表駁之曰：「箕畢旣屬於辰，風師雨師復特爲位，玄之失也。」（續漢祭祀志劉昭注引）陳壽祺亦曰：「鄭駁異義所據乃周禮，未可以解虞書，又去日月，而取星辰，未免分裂；旣列星辰，不應更立司中司命風師雨師之位。」（五經異義疏證卷一）陳氏信司馬之說，而以鄭君六宗爲不確。至兪正燮氏，則不從司馬之說，然亦採陳說，謂虞周異制，鄭君強合之矣，彼云：「難者謂司中、司命、風師、雨師在星辰內，別出爲數，鄭之不通。不知星辰爲五星十二辰，未聞中有司中司命，至箕畢別司風雨，禮得別祭，且星辰、司中、司命、風師、雨師，周官元文分之，非鄭所名。惟鄭注月令天宗，止謂日月星辰，而以司中司命風師雨師注季冬天之神祇，蓋謂虞秦異制；大宗伯疏引鄭駁異義云云，是鄭強謂虞用周法。」（癸巳類稿一）謂鄭君之失，不在分星辰外別有風師雨師，而在以周禮強解虞書，此則與陳壽祺說相應。虞周秦制有不一，合而同之，終難全通。孫詒讓所謂討覈於禮，知周本無六宗之祭（見周禮正義卷卅三），則後儒所據禮經云云，是否即是虞書六宗之義，又有待於詳考焉耳。

其論魯之三望，當與古尚書說同，指分野之星及國中山川。鄭玄駁之，以爲魯之三望爲海岱淮，鄭說蓋據書禹貢及詩閟宮文義爲說，與今古兩說皆不同。今謂說三望之名，許鄭皆未得實，魯望固不當有分野之星，然魯望與諸侯之望亦不同，不限於境內山川，故公羊家所說，爲泰山河海，較爲近是。

案許論魯望之條，王復輯本，即以詩閟宮疏所引「公羊傳曰：三望者何？泰山河海」一條爲異義之文，袁堯年已辨其誤，唯袁氏又以爲「異義闕」，今謂周禮大宗伯疏引許論六宗之條，實已兼及三望，彼疏引許君謹案云：「春秋魯郊祭三望，言郊天。日月星河海山，凡六宗。魯下天子，不祭日月星，但祭其分野星，國中山川（國中本作其中，據陳氏五經異義疏證改），故言三望六宗，與古尚書說同。」（周禮疏卷十八）黃奭以爲末二句乃疏家省文法，許君所主與古尙書說同，謂魯之三望爲分野星及國中山川也。穀梁僖三十一年疏引賈逵說、周禮小宗伯疏引服虔說並同古尙書說，是許君此論亦師承侍中者歟？鄭君駁文，周禮大宗伯賈疏但引駁六宗說，詩魯頌閟宮孔疏則引駁三望之說，閟宮疏云：「禮祭法：諸侯之祭山川，在其地，則祭之，亡其地，則不祭，春秋僖三十一年『不郊，猶三望』者，公羊傳曰：三望者何？泰山河海。鄭駁異義云：『昔者楚昭王曰：不穀雖不德，河非所獲罪。言境內所不及，則不祭也。魯則徐州地，禹貢：海岱及淮惟徐州，以昭王之言，魯之境界，亦不及河，則所望者海也岱也淮也，是之謂三望。』又王制云：諸侯祭名山大川之在其地者。注云：魯人祭泰山，晉人祭河是也，是由魯境至於泰山，故得望而祭之。」（詩疏二十之二）又穀梁傳僖三十一年集解引鄭君曰：「望者，祭山川之名也，謂海也，岱也，淮也，非其疆界則不祭，禹貢曰：海岱及淮惟徐州，徐，魯地。」又左傳僖三十一年正義引鄭玄曰云云意幷同駁異義，王謨雖謂鄭君此駁當與六宗參考，猶謂「異義本文無考」（漢魏遺書鈔），黃奭氏始謂鄭君此駁當與周禮大宗伯疏引鄭駁合爲一節，謂「蓋許君謹案有三望云云，故鄭君幷及之也」（黃氏逸書考）是也。許君以爲三望爲分野星及國中山川，賈服並同，鄭君以爲三望爲海岱淮，孔疏從之，今謂分野星爲祀天所禮，望爲祭地之典，固不得配之。而三望之禮，爲魯所專，不得拘晉人祭河，楚人不祭河，通諸侯之望禮同於魯三望之禮，且禹貢云「海岱及淮惟徐州」及閟宮詩云

「泰山巖巖，魯邦所詹（詹至也）……至于海邦，淮夷來同。」所言海岱淮固是魯邦之所至，亦非謂此卽三望也，康成乃本之爲說，故許鄭之說三望，皆未得實，陳壽祺曰：「賈許服等亦知河非魯境，故不從公羊說，然不察三望之名爲魯所專，而欲通於諸侯之制，故以分星強配其數，左傳正義因云：天子四望，諸侯三望，失之矣。」（五經異義疏證卷一）陳氏謂賈許服以魯三望之禮通於諸侯之制，而以分星強配其數爲誤，三望爲魯禮所專，左傳正義概言之謂「諸侯三望」亦誤也，其辨甚精。皮錫瑞曰：「陳說是也，異義云云，則古春秋左氏說三望，於古尚書說六宗中取其三，今春秋公羊說亦是於古說六宗取其三，所謂地宗三河海岱也。鄭君於今古兩說皆不取，而自立一義，猶六宗於今古兩說皆不取，而自立一義也。其說三望，較六宗尤精。」（駁五經異義疏證卷十）皮氏既謂陳說爲是，又謂鄭君說三望甚精，任意調合，則非循本究末之論矣，鄭君據禹貢閟宮文義爲說（陳壽祺已明析之），執魯之疆域所及，以定三望之名，是亦通魯望爲諸侯之通制，故詳覽原委，知賈許服鄭之說，咸不明三望爲魯之專禮耳。夫望祀者，遙祀名山大川之名也，凌曙公羊禮疏引師古曰：「望謂在遠者望而祭之也。」（卷四）竹添光鴻左傳會箋亦云：「望，祭名，不至其地，遙擬其方，望而祭之也。」（卷七僖公三十一年）所釋望祀之義最確，蓋域內土地，廣運四方，名山大川，不在一處，不可一時偏及，故爲壇於郊，設表象位，遙望而祀之耳。唯望有常祀特祀之別，常祀者有常秩，諸侯不得行之，又有常期常地常事，此天子之禮也。特祀者受禪、巡守、出師、禱疾、禳災皆行望祀，無常秩、常期、常地、常事，若此則諸侯亦得行之。天子之常祀特祀，皆爲四望，故周禮司服及大司樂皆云「祀四望」；大宗伯典瑞玉人皆云：「旅四望」，四望者，四謂四方，四望言望祀四方之名山大川也。鄭玄注舞師云：「四方之祭祀，謂四望也。」大宗伯賈疏亦云：「言四望者，不可一往就祭，當四向望，而爲壇遙祭之，故云四望也。」黃以周信從鄭賈之說，謂「天子方望，無所不通，故四望。四望者，四方之望也，非限定四事，故許以日月星河海岱言之，鄭以五嶽、四鎮（四方大山）、四瀆，當以鄭說爲正。」（羣祀禮通故）而周何又舉周禮地官牧人「望祀，各以其方之色牲毛之」，謂「云各以其方，則四謂四方山川之說爲得其實」是也（見春秋吉禮考辨）。黃以周所以謂四望之說當從鄭君不從許君者，許君以日月星河海山爲天宗，秦蕙田五禮通考謂許說六宗即天子所祀之四望（卷四十六引），而周禮典瑞云「祀天旅上帝」與「祭地旅四望」對文，故黃以周謂「望祀地示，不得有日月星辰天神之屬也。」況典瑞於「旅四望」下別云「圭璧以祀日月星辰」，考工記玉人之事又云：「圭璧五寸，以祀日月星辰，兩圭五寸有邸，以旅四望，是日月星辰與四望別祀，四望之中不得又兼日月星也明矣。望爲郊後之祭，左氏傳所謂「望，郊之細也」（僖公三十一年）「望，郊之屬也」（宣公三年）故不郊而望，春秋譏之（春秋僖公三十一年），毛奇齡所謂「望以郊及，不郊何望」是也（春秋傳僖公三十一年）。成王賜魯得郊，望之常祀，遂亦附焉，故魯有郊後之望，春秋書魯「不郊，猶三望」（成公七年正月），是天子四望，魯禮降殺，故云三望也。經籍所載，但魯有三望之稱，是魯禮隆於諸侯，三望爲魯之專禮耳。四望既爲地祭，不得兼日月星辰及天神之屬，魯禮降殺，闕其一方，自不得兼有分野星也。許君從賈逵說，不辨望祀有常祀特祀之別，諸侯但有特祀之望，禱疾禳災，非其疆界則不祭，此特祀，非魯三望之常祀也。誤以魯之三望，亦非其疆界則不祭，以爲河非魯境，故以分星強配其數，謂「分野星國中山川」爲三望者，即不明三望爲魯之專禮故也。鄭君亦拘於境之及否，以淮易河，並坐此誤，鄭君曰：「諸侯之祭山川，在其地則祭之，非其地則不祭，且魯竟不及於河，禹貢海岱及淮惟徐州，徐卽魯地，三望謂淮海岱也。」（僖公三十一年疏引）既以諸侯之制論魯望，又拘禹貢地域之說，不知魯望同於天子，不必拘乎境內山川，惟闕一方爲殺禮耳。故公羊家謂「三望者何，泰山河海」（公羊僖公三十一年傳）孔廣森曰：「北望泰山，西望河，東望海，南不及淮者，闕其一方，以下天子。」（公羊通義）孔說近是，至周何則曰：「天子四望，達於四方，名山大川，無不可祀，不必確指何山何川，魯之三望當亦如是，惟闕一方以爲降殺而已，則三望所祀蓋不止泰山河海三事，公羊舉其各方之尤大者而言也。是三望之三，亦猶四望之四，不可限指其事之數也。」（春秋吉禮考辨第三章）周說尤爲閎通，三望蓋指三方之山川，不能實指其所祭山川之數也。

其論廟毀，則取貢禹說以證古文尙書，以爲宗有德則廟不毀，鄭君亦從而不駁。

案許論廟毀之條，見於詩商頌烈祖小序「烈祖、祀中宗也」句下孔疏所引，袁堯年據下文許君謹案引貢禹說以證古文尚書，故編此條入書類，今依之。小序下鄭箋曰：「中宗，殷王大戊，湯之玄孫也。有桑穀之異，懼而脩德，殷道復興，故表顯之，號爲中宗。」孔疏證其表顯立號之事，明其爲中興之主，有德而宗，當不毀其廟，故疏云：「禮王者祖有功，宗有德，不毀其廟，故異義：『詩魯說丞相匡衡以爲殷中宗、周成宣王，皆以時毀。古文尚書說：經稱中宗，明其廟宗而不毀。謹案：春秋公羊御史大夫貢禹說：王者宗有德，廟不毀，宗而復毀，非尊德之義。』鄭從而不駁，明亦以爲不毀也。」詩疏二十之三 是許鄭並以殷中宗、周成宣王之廟不以時毀，而魯詩、齊詩匡衡學齊詩 以爲皆以時毀。然陳奐曰：「鄭注王制：『殷六廟，契及湯與二昭二穆。』蓋二昭二穆四親廟，與契大祖廟爲五廟，湯受命王，其廟應毀而不毀，故殷人六廟，然則中宗應毀矣。詩篇末云：『顧予烝嘗』，烝嘗時祭及四親廟，此爲祀中宗親廟之樂歌也。」詩毛氏傳疏卷三十 陳氏所據鄭注，以爲殷僅六廟，不毀者僅契與湯，不及中宗，詩序云祀中宗者，其詩中宗尚在親廟未迭毀耳，設迭毀至於中宗，亦當毀之矣。據是，陳氏實深信小序，以爲烈祖之祀殷中宗，其詩實作於殷時，設若其詩爲周代追作，則必其廟未毀，乃得追道此祭祀之樂章也。

今又考史記宋微子世家贊云：「襄公之時，修行仁義，欲爲盟主，其大夫正考父美之，故追道契、湯、高宗，殷所以興，作商頌。」史公蓋本韓詩之說朱熹梁玉繩並謂史遷此說本韓詩，而謂此詩作於春秋時，則烈祖之祀中宗，其廟當未毀矣。司馬貞史記索隱、王應麟困學紀聞、梁玉繩史記志疑並斥史記爲誤，以爲正考父非襄公大夫，非作頌之人，非追作之也。然史記用韓說今文，與齊魯今文亦不合；陳奐守毛傳古文，與古文尚書亦不合；許愼從古文尚書，反擧公羊今文家說爲證，今古文家，於毀廟之議，似各自立說矣。故鄭君於異義不駁，注明堂位又明言世室不毀，然注王制天子七廟，又從禮緯稽命徵，以殷僅六廟，中宗當毀矣，依違莫定，滋生疑端。孔廣林曰：「明堂位注云：世室者，不毀之名，是亦以爲宗不毀矣；而注稽命徵：殷五廟，至於子孫六，則又云契爲始祖，湯爲受命王，各立其廟，與親廟四故六，似又謂殷毀中宗者。」（通德遺書所見錄卷五十四）即房鄭君無定說也。今又考貢禹之說，不見載於本傳，而漢書韋元成傳載貢禹奏言，謂「今孝惠孝景廟皆親盡宜毀」，是貢禹之意本謂親盡宜毀，唯宗有大德，乃不毀其廟，陳壽祺謂異義僅取禹說之一端，以證宗有不毀之廟，非謂禹主中宗周成宣王不毀廟之說，詳審許君謹案之意，亦同貢禹之意，皮錫瑞所謂國制所忌，不敢輕議，故許君雖擧古文尚書說，亦但謂宗有不毀之廟，而非謂中宗、周成宣王之廟不毀也。鄭君言廟制本主迭毀之說，與古文尚書說絕異，而竟從異義不駁者，蓋亦識許君時忌之意也。

其論三公，引古周禮，亦即用古尚書說，以爲三公者師保傅，非司徒司馬司空。三公是官名，而無官屬。

案許論三公之條，見於北堂書鈔摠載篇設官部二所引，彼引云：許愼五經異義曰：「今尚書夏侯歐陽說：天子三公，一曰司徒、二曰司馬、三曰司空。九卿二十七、大夫八十一、元士凡百二十，在天爲山川 王石華校云：在天句應作在天爲星辰，在地爲山川。 古周禮說：天子立三公曰太師、太傅、太保，無官屬，與王同職，故曰坐而論道，謂之三公。又立三少以爲之副，曰少傅少師少保，是謂三孤。冢宰、司徒、宗伯、司馬、司寇、司空，是爲六卿之屬，大夫、士、庶人在官者凡萬二千石 陳恭甫引無石字，袁堯年謂石字衍。 臣謹案 陳恭甫刪臣字，按臣字或連上句讀 周公爲傅，召公爲保，太公爲師，周公太公，無爲司徒司空文，知師保傅三公官名也。五帝三王不同物，此周之制也。」卷第五十 是許君以三公爲太師、太傅、太保，古尚書說與周禮合，謹案所言，乃古尚書說也。袁堯年曰：「大戴禮保傅篇云：『昔者周成王幼，在襁褓之中，召公爲太保，周公爲太傅，太公爲太師。保、保其身體；傅、傅其德義；師、導之教訓，此三公之職也。』盧（辯）注云：『今尚書說：三公：司馬司徒司空也。古文尚書及周禮說與此同。』按盧氏原注尚有「故先儒論者，多依此爲說也」句 盧氏此注，當本異義。異義引古周禮，以辨今尚書之誤，其謹案蓋即用古尚書說，知此條亦說書，非說禮也，故列入書類。」袁堯年補輯袁鈞駁五經異義卷二 陳壽祺亦謂盧辯注文，當本之於異義，盧注既明言古文尚書與周禮說同，是許君謹案以下乃古尚書說也。考諸今傳東晉晚出尚書周官篇曰：「立太師、太傅、太保，茲惟三公，論道經邦，燮理陰陽，官不必備，惟其人，少師、少傅、少保，曰三孤，貳公弘化，寅亮天地，弼予一人。」僞孔傳曰：「師、天子所師法，傅、傅相天子，保、保安天子於德義者，此惟三公之任，佐王論道，以經緯國事，和理陰陽，言有德乃堪之。三公之官，不必備員，惟其人有德乃處之。」又：「此三官名曰三孤，孤、特也，言卑於公，卑於卿，特置此三者。」書周官第廿二僞孔傳所言，與大戴禮合，亦即與古周禮說、古尚書說合盧辯注明言之，亦與禮記文王世子合，彼禮記云：「師也者，教之以事而喻諸德者也；保也者，愼其身以輔翼之而歸諸道者也。」僞書經文與說苑亦合，故彼說苑云：「伊尹云：三公者，知通于大道，應變而不窮，辯于萬物之情，通于天道者也，其言足以調陰陽，正四時，節風雨，如是者，舉以爲三公。」周官篇下文又分言六卿所掌之事，大致撮引周禮而爲之，義皆不殊書疏十八孔穎達說。是僞書僞傳，亦不憑虛而造，古文尚書之說，亦自粲然默寓其間矣，故黃季剛先生言治尚書條例曰：「今尚書除二十八篇外皆僞書，已無待論，然亦出入魏人，故就文義而論，仍有可取，且采摭豐富，語有根依，精理雅言在在皆是，故今說尚書，仍宜兼僞書。」黃侃論學雜著吾師林景伊先生亦服膺此說見尚書述略，而馬宗霍氏亦謂僞書僞傳，大抵攟拾傳記，比綴彌縫，若故有之，蓋不如是則其僞不讎也。且曰：「僞傳訓義十之八九與許說同，此由作僞者知許宗孔氏，故即襲用許說，使後人讀其書，以爲許用傳說，則益信其傳之眞出於孔也。故今凡僞傳之合於許說者，並摭出之，以爲僞傳之反證。」說文解字引書考敍例以僞傳之合於許說者，舉以爲僞傳之反證，乃馬氏之卓見，今謂僞傳非僅襲用許君說文，即許君異義間所引古文尚書說，亦必綴錄，故舉僞傳，亦可明許君謹案所言，乃從古尚書說也。古尚書說以爲三公三孤，本無職事，有官名，而無官屬，但以道義輔佐天子而已，朱子即從以爲說（見汪照大戴禮注補引），然今文家以爲三公爲司徒、司馬、司空，有官屬，古今殊說，後人或以爲太師太保太傅，此太子之三公，非天子之三公（見汪照大戴禮注補引羅喻說）。唯許君已言「五帝三王不同制」，以師保傅三公爲周制，則今文家所說，當是周前之制耳。陳喬樅嘗詳證周前三公之制云：「尚書大傳云：三年一使三公絀陟，五年親自巡狩（見公羊隱公八年傳何休解詁徐彥疏云書傳文），大傳又曰：辯秩西成傳云：天子以秋命三公將率選士厲兵，以征不義，決獄訟，斷刑罰，趣收斂，以順天道，以佐秋殺。辯在朔易傳云：天子以冬命三公，謹蓋藏、閉門閭、固封境，入山澤田獵，以順天道，以佐冬固藏也（見太平御覽時序部）。是堯之官制有三公矣。又云：舜攝時，三公九卿百執事，皆堯之官也，故使百官事舜，知舜之官制，亦如堯有三公矣。舜陟帝位後，伯禹作司空，平水土，又誓師以征有苗。墨子兼愛篇載禹誓云：禹曰：濟濟有衆，咸聽朕言，非台小子（按墨子台作惟），敢行稱亂，蠢茲有苗，用天之罰，若予既率爾羣對諸羣（按惠棟云：羣猶君也。孫詒讓墨子閒詁曰：惠說近是，封與邦古音近通用，封對形近而誤，羣封諸君言邦國諸君也。）以征有苗。與書大傳言命三公將率選士厲兵，以征不義合。是禹任司空公之事也。迨後使禹宅百揆，則實任司徒公之事，以舜登庸時試之司徒，納于百揆，百揆乃天官，知禹之宅百揆，是領太宰司徒，爲司徒公也。舜由百揆進而居攝，今使禹升居此職，亦欲使之居攝故耳。惟司馬之名，不見於經，然據論衡吉驗篇云：后稷之母，履大人跡，妊身，怪而棄之，知其神怪，乃收養之，長大，佐堯位至司馬，鄭君魯頌箋云：后稷長大，堯登用之，使居稷官，民賴其功，後雖作司馬，天下猶以后稷稱焉。又尚書中侯及刑德放皆云：稷爲大司馬，大司馬卽司馬公也。是稷在舜時，嘗爲三公矣。」（尚書歐陽夏侯遺說考）陳氏臚列諸證，足明三公之制爲周前已有，故今尚書所主，乃周前之古制，許君所主，乃周時之制。皮錫瑞氏主張亦同，彼云：「今尚書說以爲天子三公，九卿，二十七大夫，八十一元士，蓋周以前官制如是，古周禮說則周公所定之制，顧命乃同召太保奭六人爲六卿，而兼三公，可證許君以古說爲周制是也。」陳皮二氏之說，於今古兩說，引證綦富，許君從違之意，昭然大白。唯鄭君同異，猶待考定，袁鈞但曰駁闕，皮錫瑞則曰：「鄭駁異義無考，據鄭注大傳云：『自三公至元士，凡百二十，此夏時之官也。』鄭以今文說爲夏制，必以古文說爲周制，其於異義無駁可知。」（與上並見駁五經異義疏證）然孔廣森曰：「鄭君注書傳云：周禮天子六卿，與大宰司徒同職者，則謂之司徒公，與宗伯司馬同職者，則謂之司馬公，與司寇司空同職者，則謂之司空公，一公兼二卿，舉下以爲稱，是亦從今尚書說，不與許君義同矣。」（通德遺書所見錄卷五十五）皮氏以爲許鄭義同，孔氏以爲許鄭義異，皮氏未見孔書（皮氏自序未言及孔本，其書中所引孔廣林曰，皆錄自陳壽祺本，故每襲其訛），然亦疑鄭注書傳爲混淆今古文說，今考北堂書鈔引異義云：「古周禮說：天子無爵，三公無官，同號於天，何爵之名，參職天子，何官之有？」是天子有爵否與三公有官屬否本相提並論，鄭君於天子無爵之說，駁文具在，疑於三公無官屬條，亦並駁之，若然，則孔說近是矣。

其論人君冠禮，許君案語雖不詳，今考定爲從古尚書說。以爲人君年十二而已冠，故金縢成王年十四戴喪冠，不必待二十而冠。鄭君所主亦同，故不駁。

案許論人君冠禮之條，散見於公羊隱元年徐疏、通典卷五十六嘉禮一自注、及宋劉恕通鑑外紀卷三所引，彼公羊隱元年有曰：「桓幼而貴，隱長而卑。」何休注云：「長者已冠也。禮年二十見正而冠。」何休主公羊今文，故主二十而冠之說，以爲天下無生而貴者，即天子之元子猶士也，故又引士冠禮以解公羊傳。唐徐彥作疏，間引及異義云：「若以襄九年左傳言，魯襄公年十二而冠也。依八代記，即少昊亦十二而冠，則知天子諸侯幼即位者，皆十二而冠矣。是以異義『古尚書說云：武王崩時，成王年十三，後一年管蔡作亂，周公東辟之，王與大夫盡弁，以開金縢之書，時成王年十四，言弁，明知已冠矣。』是其證也。但隱公冠當惠公之世，從士禮，故二十成人乃冠，是以何氏即引士冠禮以解之，所以必二十冠者，異義：『今禮戴說云：男子陽也，成於陰，故二十而冠是矣。』……引（士冠禮記文）者，見隱公冠時年已二十，宜從士禮明矣。」公羊注疏卷一 就徐疏得知古左傳說、古尚書說，並主成王十四已冠，而天子諸侯幼即位者，年十二可以冠；公羊及今禮戴說則以爲二十始冠。然依許君異義之體例，今戴禮說當在前，古尚書說宜在後，引者以便於行文而移置之，徐疏雖證何氏士禮二十而冠，亦不否定天子諸侯幼即位者十二可以冠之說也。今禮戴及古尚書說既見於此，而古左氏說則見於通典所引，通典禮十六嘉一天子加元服條「周制文王十二而冠，成王十五而冠」句下杜佑自注云：「文王十三生伯邑考，左傳曰：冠而生子禮也。許愼五經異義曰：『春秋左氏傳曰說（曰說二字顛倒）：歲星爲年紀，十二而一周於天，天道備，故人君年十二可以冠，自夏殷天子皆十二而冠。』」自徐彥疏引左氏說視之，知此條當合前所引，於異義爲同一條。至於許君案語則不詳，諸家於許君果從何說，未有定論，今考通典卷五十六又云：「譙周五經然否論云：古文尚書說：武王崩，成王年十三，推武王以庚辰歲崩，周公以壬午歲出居東，癸未歲反，禮公冠記周公冠成王，命史作祝辭告，是除喪冠也。周公未反，成王冠弁開金縢之書，時十六矣，是成王十五，周公冠之而後出也。許愼五經異義云：『武王崩後，管蔡作亂，周公出居東，是歲大風，王與大夫冠弁，開金縢之書，成王年十四，是喪冠也』者，恐失矣。按禮傳天子之年近則十二，遠則十五，必冠矣。」是此條異義，本爲譙周五經然否論所引，「恐失之」三字，乃譙周不信許說之評語，譙氏以爲成王冠時年已十五，許君以爲十二已冠，故杜佑氏於文從譙氏，作「成王十五而冠」，又於注文兼存許說，謂「近則十二，遠則十五必冠」，以是論之，此異義蓋即許君論人君冠禮之案語也，其所主爲古尚書說昭昭於斯矣。然袁堯年輯異義佚文，誤解「恐失矣」三字爲許君之意，竟改「恐失矣」三字爲「不從古尚書說」，致云「據許君謹案，果從何說，未有定論」

，而將此條列入卷十之五經總義類，皮錫瑞氏據以作疏證，承訛踵謬，竟謂「此條鄭駁無明文，許君不從古尚書說」，此袁皮二氏之失檢也。今又考鄭駁雖闕，而鄭注金縢則從古文家說，孔廣林曰：「書金縢注云：文王十五生武王。是鄭君亦從左氏說。」又曰：「鄭注金縢云：天子諸侯十二而冠，成王此年十五，於禮已冠。是同尚書左氏之說。」通德遺書所見錄卷六十五經異義補證 孔說是也，鄭君從古尚書及左氏說，故不駁許書，由是亦足證許君本從古尚書說也。

其論九族，從今尚書歐陽說，以爲九族兼有異姓。鄭君則從古尚書說，以九族爲自高祖至玄孫，皆爲同姓。考諸義理，許說爲長。

案許論九族之條，見於毛詩葛藟疏、左傳桓六年疏、尚書堯典疏所引，詩疏引「九族」二字在「異義」之下，袁堯年以爲九族乃異義之篇目，是也。書疏所引刪約異義，而左傳疏所引較詳，其疏云：「漢世儒者，說九族有二，異義：今禮戴尚書歐陽說九族，乃異姓有親屬者親字據詩疏補，父族四：五屬之內爲一族，父女昆弟適人者，與其子爲一族。己女昆弟適人者，與其子爲一族，己之女子子適人者，與其子爲一族。母族三：母之父姓爲一族，母之母姓爲一族，母女昆弟適人者，與其子爲一族。妻族二：妻之父姓爲一族，妻之母姓爲一族。古尚書說：九族者，上從高祖，下至玄孫，凡九，皆同姓上下二字據詩疏補。謹案：禮緦麻三月以上，恩之所及，禮爲妻父母有服，明在九族中，九族不得但施於同姓。」左疏六 袁堯年謂「細玩謹案意旨，據禮以釋書，非釋禮也，故列入書類。」今從袁說，亦列此爲書類。許君所主爲今文說，以爲九族兼有異姓，而鄭君駁之，鄭駁亦見於左傳疏、詩疏、書疏所引，左桓六年疏云：「鄭駁云：『玄之聞也，婦人歸宗，女子雖適人，字猶繫姓，明不得與父兄爲異族，其子則然，婚禮請期，辭曰：唯是三族之不虞。欲及今三族未有不億度之事，而迎婦也。如此所云三族，不當有異姓，異姓其服皆緦麻（阮元云宋本緦下有麻字，詩疏亦有），禮雜記下：緦麻之服，不禁嫁女取婦。是爲異姓不在族中明矣。周禮小宗伯掌三族之別名（阮元引浦鏜云名字衍。詩疏亦無）。喪服小記說族之義曰：親親以三爲五，以五爲九。以此言之，知高祖至玄孫，昭然察矣。』是鄭從古尚書說，以九族爲高祖至玄孫也。」（左疏六親其九族句下引）許鄭兩說，相持不下，或疑族不得施異姓，鄭義爲長，然孔穎達疏左氏傳已駁鄭說，據詩刺棄其九族者而言之（詩葛藟刺棄其九族頍弁角弓刺不親九族）曰：「詩刺棄其九族，豈復上遺祖父，下棄子孫哉？若言棄其九族，謂棄其出高祖出曾祖者，然則豈亦棄其出曾孫出玄孫者乎？又鄭玄爲昏，必三十而娶，則人年九十，始有曾孫，其高祖玄孫，無相及之理，則是族終無九，安得九族而親之，三族九族，族名雖同，而三九數異，引三族以難九族，爲不相值矣，若緣三及九，則三九不異，設使高祖喪，玄孫死，亦應不得爲昏禮，何不言九族之不虞也？以此知九族皆外親有服而異族者也。」（桓六年傳疏）孔疏之駁，頗中肯綮，然後人有爲之排解其難者，張海珊氏九族考一文嘗載其說曰：「或爲之解曰：『高祖玄孫不相及，而高祖之兄弟與玄孫之兄弟固可相及，詩之刺也，亦刺其棄凡族之爲兄弟者爾。故一則曰兄弟，再則曰兄弟。』則又爲之難曰：『詩（角弓）之刺不親九族也，則曷爲曰兄弟矣，而且繼之以婚姻也？』

則又爲之解曰：『是固詩人之借以足其文爾。猶之云兄弟甥舅也。此其故箋喻之矣，故惟曰骨肉之親，當相親信，而孔之疏也，亦惟曰骨肉謂族親也。』（小安樂窩文集卷一）考所解者之辭，究屬牽強，孔氏守注疏之體，故不破鄭，待疏左傳杜注，則駁鄭矣。俞樾嘗專著九族考一卷，謂鄭君不知服族有別，而直誤以九族爲九世，彼言曰：「古文家說以高祖至玄孫爲九族，自己之高祖至己之玄孫凡九世，則非九族，乃九世也。姑無論三十而娶之古禮，即以國君十五生子爲率，亦已一百三十五年矣，又況所謂玄孫者，甫在孩提，豈便成族？…古之聖人，何必虛張此九族之名，指不知誰何之人爲族也！然則九族之說，當以今文家爲正。…愚請舉康成之說而一一駁之，康成引昏禮請期之辭云云，愚案異姓服皆緦麻，並大判言之耳。儀禮小功五月章，有外祖父母，有從母，據雜記下篇：小功未卒哭，固不可以冠取。設有外祖父母及從母之喪，亦豈不礙於昏禮乎？計父族母族妻族之中，惟妻族無礙於昏禮，於文不可言二族之不虞，故曰三族之不虞也，豈得執此以駁今文家說乎？（康成又引小宗伯云云，愚案小宗伯言三族之別，以辨親疏，而昏禮請期之辭，亦曰惟是三族之不虞，凡言三族者，父族母族妻族也，不然族固有九，何言三乎？鄭康成不達此旨，乃援引三族之文，欲以折今文之說，不知適所以證成其義矣。）（此案段本在後）至引喪服小記之文，則彼言服，非言族也，夫服止於五，而族則有九，服之與族，蓋有別矣。…服有盡而族無窮，即同姓之中，無服之族，固已多矣，豈得援服制以定族制乎？鄭駁今文家說，義皆無當。」皇清經解續編卷千三百五二俞氏之論頗晰，其後復俱列以表，此固定論也。其弟子黃家辰，復箸九族考以證成其說，彼云：「族不必專施同姓，葛藟詩序云：周室道衰，棄其九族，其詩云：謂它人母。謂它人昆。指異姓有其偁者謂之，非執涂之人求哀也。序以不我顧聞爲棄九族，是九族有異姓之證。頍弁詩序云：幽王不能宴樂同姓，親睦九族。詩中兄弟與甥舅並詠。角弓詩序云：幽王不親九族而好殘佞，骨肉相殘怨。詩中兄弟與婚姻並詠。頍弁詩首二章專言兄弟，末章及甥舅，故序先言同姓，後及九族；角弓詩首章兼言婚姻，後數章專言兄弟，故序先及九族，後言骨肉。如謂九族皆同姓，則序以同姓九族並言，于文爲贅。詩兼及甥舅婚姻，序專指同姓，不及異姓，于義爲漏，無一得也。卽以服制言之，母黨有外祖父母，從母服皆小功，從母昆弟服緦，妻黨有妻之父母服緦。記云：父小功之末，可以冠子取婦，己雖小功，既卒哭，可以冠取妻。又云：緦服不禁嫁女取婦，據此有母黨小功之服，亦廢嫁取，則昏禮言三族不虞，未必無異姓，卽三族無異姓，安見九族卽爲同姓？如九族果同姓，則昏禮曷不直言九族之不虞？云三族不云九族者，正見九族多異姓之親，其服無關嫁娶也，故九族之說，不及戴禮夏侯歐陽等說爲長。」詁經精舍四集卷二黃氏愈加推詳，眞義曉然，非僅據詩序及經文爲證，亦且就服制爲說，可謂洽孰可據矣。以服制釋九族，程瑤田氏已嘗發其蒙，蓋白虎通亦謂父族四、母族三、妻族二，謂之九族，程氏乃箸「白虎通釋九族義同喪服說」一文，載於儀禮喪服文足徵記中，彼云：「瑤田謂此釋九族，與喪服通一無二，案喪服自斬衰三年上殺之，至於齊衰三月，自齊衰期服下殺之，至於緦麻又旁殺之，亦至於緦麻，非所謂父之姓爲一族乎？喪服姑之子緦麻，非所謂父女昆弟適人有子爲二族乎？喪服甥緦麻，非所謂身女昆弟適人有子爲三族乎？喪服外孫緦麻，非所謂身女子適人有子爲四族乎？喪服爲外祖父母小功，非所謂母之父母爲一族乎？喪服舅與舅之子皆緦麻，非所謂母之昆弟爲二族乎？喪服從母小功，從母之子緦麻，非所謂母之女昆弟爲三族乎？喪服妻之父母皆緦麻，非所謂妻之父爲一族，妻之母爲二族乎？」（皇清經解卷五百三十一）白虎通謂母族三，與異義所言微不同，而其實一也（說見陳壽祺五經異義疏證）。是則以服制明九族，尤爲有據，用以釋堯典，亦可通，不必專指同姓，故成瓘曰：「鄭爲此駁，豈古帝止重本族而不及於外族乎？其義爲拘。」（篛園日札卷二九族異義條）是堯典九族，亦當兼異姓也。至馬徵慶箸堯典九族解（見淡園文集卷一），謂堯典「以親九族，九族既睦」，此乃惇睦之誼，鄭君據己父子三族上下推之，以至於九，則人之及見五世者稀矣，且皋陶亦嘗以惇敍九族贊禹，其時禹之九族安在哉，用以駁鄭，亦稱允當。然又謂今文家所說，亦無當於親睦宗族之誼，謂九族者，但就三族上推旁殺，以漸及於遠而已，不得與服屬之情相牽混，其說似通達，而實悠謬無徵。

其論贖刑，異義本文雖無考，然自說文及鄭駁視之，則許君所主爲古尚書說，謂罰鍰之數，一率爲十一銖二十五分銖之十三，百鍰爲三斤。今文家則謂一率爲六兩大半兩，較古文家多至十三倍有餘。

案許論贖刑之條此標題據王謨輯漢魏遺書鈔本立，見於周禮職金「掌受士之金罰貨罰入于司兵」句下賈疏所引，彼疏云：「呂刑云：墨罰疑赦，其罰百鍰。考工冶氏云：戈戟重三鋝。夏侯歐陽說云：墨罰疑赦，其罰百率。古以六兩爲率，古尚書說百鍰，鍰者率也，一率十一銖二十五分銖之十三也，百鍰爲三斤。鄭玄以爲古之率多作鍰。鄭注冶氏云：許叔重說文解字云：鋝、鍰也。今東萊稱或以大半兩爲鈞，十鈞爲鍰，鍰重六兩大半兩，若然，鍰鋝一也。言大半兩，是三分兩之二，鄭意以此爲正，故不從諸家，以六兩爲鍰。」周禮疏卷三十六賈疏未標明此乃異義之文，然尚書舜典孔疏引鄭駁異義，所論與此文相蒙，故知賈疏所引乃異義文也。彼孔疏云：「呂刑黃鐵，皆是今之銅也，古之贖罪者皆用銅，漢始改用黃金，但少其斤兩，今與銅相敵。故鄭玄駁異義言：『贖死罪千鍰，鍰六兩大半兩，爲四百一十六斤十兩六孔廣林本改作大字是也半兩銅，與今黃奭逸書考謂作金者誤是也贖死罪金三斤爲價相依附。』是古贖罪皆用銅也，實謂銅而謂之金鐵，知傳之所言，謂銅爲金鐵耳王謨輯本以此上四句爲鄭駁異義文，非也，漢及後魏贖罪皆用黃金。」書疏三孔疏贖用黃金之說，雖本之於僞孔傳，然亦出自馬融書注史記五帝本紀集解引，孫詒讓所謂馬氏及書傳並誤依漢制爲說，孔氏已知其與古制不合者是也。鄭君亦以漢時贖死罪用黃金三斤之價比附銅價，蓋欲以今制明古制耳。鄭駁既用今尚書一鍰六兩大半兩之說，則許君自主古尚書說，考諸說文，尤見可徵。故袁堯年曰：「

疏不標異義，釋其詞，當是異義文，引者脫去爾。惠氏棟九經古義、江氏聲尚書集注音疏、王氏鳴盛尚書後案、孔氏廣森經學卮言引此條，並作五經異義。許君案語已不可考，然說文第十四金部鋝字下云十一銖二十五分銖之十三也。又云：北方以二十兩爲三鋝，然後次以鍰字，而即訓爲鋝。知許意本以十一銖二十五分銖之十三爲正訓，從古文家說。別引北方以二十兩爲三鋝者，是旁訓，即今文家夏侯歐陽等說也。夏侯歐陽等以六兩爲鋝，第舉成數，其實以六兩大半兩爲鋝，三鋝適得二十兩之數，今文家說非許所從，故說文退列於後，聊存之以備一義。異義案當與說文正訓同，觀舜典疏所引鄭義，益昭然察矣。」又曰：「今文家第舉成數，故鄭又備釋子數，謂當以六兩大半兩爲正，等而上之，至千鍰，得四百十六斤十兩三分兩之二，較古文家言一鍰十一銖二十五分銖之十三，百鍰僅爲銅三斤，千鍰僅爲銅三十斤，多至十三倍有零，故得與金三斤之數相敵也。攷工記桃氏注冶氏注，皆以一鋝爲六兩大半兩，釋文引鄭注曰：鍰六兩者，蓋亦舉成數言之爾。」補輯袁鈞本案語　袁氏所案甚剴明，是今文家一率爲六兩大半兩之說，較古文家百鍰爲三斤之說，相去十三倍有餘矣。萬世美氏嘗明其算法云：「術以斤法十六乘三，得兩之數四十有八，更以兩法二十有四乘四十八，得銖之數一千一百五十二爲實，以百鍰爲法除之，實如法而一得全銖十有一，不盡五二，以分母二十五乘之，得分子十三也。大半兩者，三分兩之二也，鍰六兩大半兩，即說文所引周禮說，北方以二十兩爲三鋝之說也。」五經異義引疏證萬氏以一一五二銖除一百鍰，每鍰得一一點五二銖，百分之五十二，約分之爲二十五分之十三，故古尚書說謂百鍰爲三斤也。餘詳說文鍰篆引書條

其釋書「弼成五服，至於五千」，從古尚書說，以爲自京師到四境爲五千里，四面相距爲萬里，馬鄭均同許說。

案許論五服里數之條，見於禮記王制「凡九州千七百七十三國」句下孔疏所引，彼疏云：「異義：『今尚書歐陽夏侯說：中國方五千里。古尚書說：五服，旁五千里，相距萬里。許愼謹案：以今漢地考之，自黑水至東海衡山之陽，至於朔方，經略萬里，從古尚書說。』鄭氏無駁，與許同。」禮記疏卷十一是許君徵諸漢地，而以爲五服四面相距萬里，馬融鄭玄咸同許說，尚書益稷釋文引馬云：「面五千里，爲方萬里。」面者自京師至各面也，即古尚書說所謂「旁五千里，相距萬里」也。益稷釋文又引鄭玄注云：「五服巳五千，又弼成爲萬里。」禮記王制孔疏亦引鄭君尚書咎繇皐陶謨合僞古文所謂益稷注：禹弼成五服，去王城五百里曰甸服，其弼當侯服，去王城千里，其外五百里爲侯服，當甸服，去王城一千五百里，其弼當男服，去王城二千里，又其外五百里爲綏服，當采服，去王城二千五百里，其弼當衞服，去王城三千里，又其外五百里爲要服，與周要阮元引盧文弨云要當作蠻，江聲尚書集註音疏云：「鄭彼周禮大行人注云：『要服，蠻服也。』是周之蠻服，亦爲要服也。」服相當，去王城三千五百里，四面相距爲七千里，是九州之內也。」又引鄭咎繇注：「要服之弼，當其夷服，去王城當四千

里，又其外五百里曰荒服，當鎮服，其弼當蕃服，去王城五千里，四面相距爲方萬里也。」禮記疏卷十一是許馬鄭並從古文說也。孔穎達依鄭注疏禮記，故其正義遵從許鄭，以增成鄭君之誼，其疏毛詩鄭箋，猶本五服方廣萬里之說。然彼依僞孔傳疏尚書，以僞孔傳云：「五服，侯、甸、綏、要、荒服也。服五百里，四方相距爲方五千里，治洪水輔成之。」益稷傳又云：「凡五服，相距爲方五千里。」禹貢傳遂採王肅難鄭之義，與疏詩疏禮相謬戾矣。彼尚書孔疏云：「據禹貢所云五服之名數，知五服卽甸侯綏要荒服也。彼五服五百里，四面相距爲方五千里也。王肅云：五千里者，直方之數，若其廻邪委曲，動有倍加之較，是直路五千里也。治洪水輔成之者，謂每服之內，爲其小數，定其差品，各有所掌，是禹輔成之也。」益稷疏又云：「凡五服之別，各五百里，是王城四面，面別二千五百里，四面相距爲方五千里也。賈逵馬融以爲甸服之外百里至五百里米，特有此數，去王城千里，其侯綏要荒服，各五百里，是面三千里，相距爲方六千里。鄭玄以爲五服，服別五百里，是堯之舊制，及禹弼之，每服之間，更增五百里，面別至于五千里，相距爲方萬里，司馬遷與孔意同，王肅亦以爲然，故肅注此云：『賈馬既失其實，鄭玄尤不然矣，禹之功在平治山川，不在拓境廣土，土地之廣，三倍於堯，而書傳無稱也，則鄭玄創造，難可據信。漢之孝武，疲弊中國，甘心夷狄，天下戶口至減太半，然後僅開緣邊之郡而已。禹方憂洪水，三過其門不入，未暇以征伐爲事，且其所以爲服之名，輕重顚倒，遠近失所，難得而通矣，先王規方千里，以爲甸服，其餘均分之公侯伯子男，使各有寰宇，而使甸服之外諸侯入禾稾，非其義也。史遷之旨，蓋得之矣，是同於孔也。』若然，周禮王畿之外，別有九里（阮元云當作服），服別五百里，是爲方萬里，復以何故三倍於堯？又地理志言：漢之土境，東西九千三百二里，南北萬三千三百六十八里，驗其所言山川，不出禹貢之域，山川載地，古今必同，而得里數異者，堯與周漢其地一也，尙書所言，據其虛空鳥路方直而計之；漢書所言，乃謂著地人跡屈曲而量之，所以數不同也。故王肅上篇注云：方五千里者，直方之數，若其廻邪委曲，動有倍加之較，是經指直方之數，漢據廻邪之道，有九服五服，其地雖同，王者革易，自相變改其法，不改其地也。鄭玄不言禹變堯法，乃云地倍於堯，故王肅所以難之。王制云：西不盡流沙，東不盡東海，南不盡衡山，北不盡恒山，凡四海之內，斷長補短，方三千里者，彼自言不盡，明未至遠界，且王制漢世爲之，不可與經合也。」（禹貢疏）是孔氏執王肅之說，以爲王與史遷合，而疑鄭玄，更推而上之，疑賈馬、疑王制矣。許鄭同義，疑鄭卽所以疑許，所疑是否有當，有待後論，先就王肅所主依史遷、輕賈馬之論，已覺可怪，蓋史遷說禹貢五服，未必與賈馬異也。皮錫瑞氏嘗云：「史記云：『令天子之國以外五百里甸服』，是甸服在天子之國以外，天子之地方千里，此外甸侯綏要荒五服，每服五百里，五五二千五百里，四面相距爲五千里，加以天子之地千里，方六千里，賈逵馬融說中國方六千里，蓋用史公之說，此云弼成五服，至于五千，史公云：輔成五服，至于五千里，五服當不兼天子之國言之。」（今文尚書考證卷二）依皮氏所證，則史遷之意爲賈馬所本，蓋今文家已有五千里六千里之說，六千里者，合天子之地而言之也。（釋文引馬融說又主萬里之說，未知孰爲馬晚年定論）史遷雖從孔安國問故，而間或主今文者，黃季剛先生嘗曰：「史公從孔安國問故，遷書所載堯典諸篇，多古文說，此見於儒林傳者，然史記之說，實不盡同古文，而或者遂謂史記皆今文，此宜別白者也。」（黃侃論學雜著）孔傳僞託之人，或云出自肅手；肅本善賈馬之學，今爲駁鄭而取今文說者，黃季剛先生亦嘗考論之曰：「王肅爲好駁鄭之人，而所操之術，則與鄭類，故常有陰主今文以駁鄭者，然孔傳亦不純爲古文，此宜覈實者也。」（同上，講尚書條例）明乎黃先生所說，則史遷、王肅、孔傳之主今文說者，無足怪也。王肅難鄭之是非，清儒論之者衆矣，江聲以爲王肅違事失實，不如古文說之實有明驗（見尚書集註音疏卷二）；孫星衍亦謂禹貢山川，皆在漢時郡縣之內，漢地廣萬里，則知禹時五服亦然，不得謂鄭說異於今文之非也（見尚書今古文注疏卷八），胡渭雖謂王肅所難良是，然於周服里數倍於禹服之疑義，亦未敢深信直方廻邪之說，反信金吉甫舉兩面通計之，故較一面爲加倍之說（見禹貢錐指卷二十）；皮錫瑞雖舉漢書賈捐之傳、鹽鐵論、說苑、論衡、白虎通皆云中國方五千里，謂王肅駁鄭，說有依據，未可厚非，然如許君所云，以漢地考之，不盡在禹貢山川之外，而經略萬里，何以不止五千，王肅亦無以解之也（見駁五經異義疏證卷二）。王肅與許鄭之說既相異，古來欲調合者亦有多家，孔穎達氏本傳鄭學，於疏尚書時，拘於作疏之體例，不破孔傳，因從王說，其意本亦欲彌縫古今二說耳，遂謂五千里者乃空虛鳥路直方而計之，萬里者乃人迹著地屈曲而量之（已詳前引）。考諸孔氏詩疏，恐亦非孔氏本恉耳，成瓘嘗著弼成五服異義一文以譏彈之曰：「魏世王肅特糾異說，以百里及三百里均就服內言之，則每面止有二千五百里，益與經謬。孔穎達作詩疏駁之曰：『經言弼成五服，若五服之廣，猶是堯之舊制，何弼成之有哉，且言至者，皆從此到彼之詞，明是從京師到四境為五千耳，若四面相距為五千里，則經文將從何而往。』按孔氏此駁，可云破的，禹貢具在，攷其山川，并其聲教之所漸被暨訖，豈五千里所能囿乎？枚本孔傳出，反勦王說，可云眯目而道黑白矣。孔氏本傳鄭學，故明古義，及作書疏，又為王肅曲成其說，云空虛鳥路云云，讀之可為失笑。」（籀園日札卷二）是孔氏之說自相冰炭，而未足取信乎後人也。孔氏之外，賈公彥亦云：「若據鳥飛直路，此周之五服，亦止五千，若隨山川屈曲，則禹貢亦萬里，彼此不異也。是禹服周服，實皆五千，但書據鳥飛直路，禮計山川屈曲，故多寡不同耳。」（周禮疏）賈說亦猶孔之書疏，然胡渭以為書禮二經里數皆當以開方言之，無計人跡屈曲之理，故謂賈說非是（見禹貢錐指）。孔賈而外，清末皮錫瑞氏，舉王充論衡為證，謂論衡別通篇言殷周之地極五千里，談天篇言禹貢東漸于海，西被于流沙，極天地之際，故九州東西相去萬里，遂云：「王仲任（充）習歐陽尚書，既云要荒極五千里矣，又云東海流沙，相去萬里，則是五服止于五千，外薄四海，東漸西被，則有萬里。今

文說五千里，專指五服言之；古文說萬里，兼指四海言之，兩說皆通，無庸強判。」（駁異義疏證卷二）

今謂堯典已有「宅南交」之文，尙書大傳云：「堯南撫交趾」，而墨子、韓非子亦並有此說，則禹時聲教廣被，亦爲可信，皮氏所論，或最近實歟？

許論日道之文已闕，唯鄭駁引書緯謂五星不得與日同乘黃道，則許書當本引日月與五星同乘黃道之說也。

案許論日道之條已闕，唯周禮馮相氏賈疏引星備云：「日月五星，皆乘黃道。」而玉海卷一、卷二、卷四又屢引賈逵說，謂日月循黃道。且周禮馮相氏賈疏引鄭駁異義，以爲五星日月不得同乘黃道，據是則許君或本用侍中說歟？彼周禮馮相氏「夏致日春秋致月以辨四時之敍」句下賈疏云：「按天文志云：月有九行。…若在黃道，是其正，亦如日然。故星備云：明王在上，則日月五星皆乘黃道。又云：黃帝占曰：天道有三，黃道者，日月五星所乘。問曰：按鄭駁異義云：『三光考靈曜書云：日道出于列宿之外，萬有餘里，謂五星則差在其內，何得與日同乘黃道。』及問曰（阮元引浦鏜曰又誤及）：日何得在婁角牽牛東井乎？答曰：黃道數寬廣，雖差在內，猶不離黃道，或可以上下爲外內。又按天文志云：春秋分日在婁角，去極中而晷，中立八尺之表，而晷景長七尺三寸六分也，若然，通卦驗云：春秋晷長七尺二寸四分者，謂晷表有差移，故不同也。」（周禮疏二十六）今按易緯通卦驗曰：「春分：日月同道，晷長七尺二寸四分。」鄭君注此無異辭，但曰：「日月一分則同道也。」（易緯鄭注卷六）鄭君於此既同賈說，何爲又駁許君耶？又考玉海卷二星備條引鄭駁異義云：「三光考靈曜書云：日道出于列宿之外，萬有餘里。」僅三句，故諸家輯佚文，以爲「何得與日同乘黃道」一句，非駁異義之文，然袁堯年曰：「王氏復、陳氏壽祺本引無末句，非也。蓋賈疏據鄭駁異義，設爲問答，以相詰難，細玩疏文，其義自明矣。」（補輯袁鈞本案）袁說固是，然許君所主如何，諸家未得而詳考也。今考段玉裁古文尚書撰異曰：「凡緯書皆出於漢，書緯亦皆襲今文尚書。」據是則鄭引書緯，實係今文說，許用師說，當是古文說。

又考後漢律歷志云：「和帝永元四年，復令史官以九道法候弦望，左中郎將賈逵論曰：臣前上傅安等用黃道度日月，弦望多近。史官一以赤道度之，不與日月同，於今曆弦望差一日以上，輒奏以爲變至，以爲日却縮退行。於黃道自得行度不爲變，願請太史官、日月宿簿及星度課與待詔星象考校，奏可。臣謹按前對言……五紀論：日月循黃道，南至牽牛，北至東井，率日月行一度，月行十三度十九分度七也……以今太史官候注考元和二年九月以來，皆如安言，問典星，待詔姚崇井畢等十二人皆曰：星圖有規法，日月實從黃道，官無其器，不知施行。案甘露二年，大司農中丞耿壽昌奏以圖儀，度日月行，考驗天運狀，日月行至牽牛東井，日過度，月行十五度，至婁角，日行一度，月行十三度，赤道使然。此前世所共知也。如言黃道有驗合，天日無前却，弦望不差一日，比用赤道密近，宜施用。上中多臣校（案玉海卷四引無此五字疑是下文倒乙）案逵論永元四年也，至十五年七月甲辰，詔書造太史黃道銅儀。」（律曆志中第二）據是可知永元之際，天道日度之辯訟正盛，而當其時，正許君從學於侍中之時，高師仲華曰：「和帝永元五年（按卽西元九十三年），時賈逵與班固、傅毅正共典校書，官爲中郎將。至永元八年，逵復爲侍中，領騎都尉，兼領秘書近署。至永元十三年（按卽西元一〇一年），賈逵卒。如許君於永元五年被辟爲太尉南閣祭酒，而從逵學古文經在建初八年（按卽西元八十三年），是從逵學已有十年，若計至說文成書之時，卽永元十二年（按卽西元一百年），則從逵學已達十七年。」（許慎生平行迹考）依是則當時天道日度之爭議，許君當亦與聞之矣，五經異義之作，在從學侍中之前，然觀鄭君所駁、賈氏所引，許君本亦同賈說，賈說但言日月循黃道，而星備則云日月五星皆乘黃道，五星者，星備云：五星初起牽牛。又云：歲星、熒惑、鎭星、太白、辰星也。（見周禮大宗伯注及玉海卷二引）許君異義或亦引星備及黃帝占文，未加謹案，鄭君駁星備及黃帝占五星亦乘黃道之說，非駁日月同乘黃道耳，故鄭君注易緯亦同賈說，而賈疏但引星備及駁異義文，不及許案者，職是之故歟？

至於說文稱書，則學宗孔氏古文尚書，許君引書多同於古文經。

案說文解字敍云：「壁中書者，魯恭王壞孔子宅而得禮記、尚書、春秋、論語、孝經。」又云：「其稱書孔氏。」據漢書劉歆傳及藝文志，則知孔氏之書卽壁中所出之本，劉歆傳云：「及魯恭王壞孔子宅，欲以爲宮，而得古文於壞壁之中，逸禮有三十九篇（篇字據文選九補），書十六篇、天漢之後，孔安國獻之，遭巫蠱倉卒之難，未及施行。」卷三十六藝文志云：「古文尚書者，出孔子壁中，武帝末，魯共王壞孔子宅，欲以廣其宮，而得古文尚書及禮記論語孝經凡數十篇，皆古字也。共王住入其宅，聞鼓琴瑟鐘磬之音，於是懼，乃止不壞。孔安國者，孔子後也，悉得其書，以考二十九篇，得多十六篇，安國獻之，遭巫蠱事，未列於學官。」卷八十八考此劉歆移讓太常博士書及儒林傳所載中，壞孔宅事當在恭王初年論衡正說篇謂在景帝之世，及古文尚書之獻乃由安國之後人，而非安國自身王復氏據宋本文選知劉歆所移書於安國下有家字，梁玉繩、閻若璩並據荀悅漢紀成帝三年文亦謂孔安國家獻之。屈翼鵬先生尚書釋義敍論已詳述之。至於入宅聞磬之附會，呂思勉氏駁之亦詳見燕石札記。然所記孔氏古文尚書，即承之孔壁，則自來無有異辭，唯孔氏曾否爲書作傳，前人頗滋疑惑，林師景伊謂安國有傳，其言曰：「史記儒林傳曰：『孔氏有古文尚書，而安國以今文讀之，因以起其家。』僞孔序承之，而謂：『承詔爲五十九篇作傳』，僞孔之序，出自後託本不足信。故清儒言古文尚書者，多謂孔安國實未曾作傳。蓋以史記漢書但有安國上古文尚書之言，未嘗有受詔作傳之事也。然太史公嘗從安國問故，故即傳也。許愼說文敍云：『其稱書孔氏，詩毛氏，禮周官，春秋左氏，論語孝經，皆古文也。』據漢書藝文志，古文詩禮春秋論語孝經皆有傳，故愼據之以作說文，然則孔氏之書，亦必有傳甚明。但或以未立於學官，故不載於漢志耳。至於僞孔受詔之說，本非事虛，不可以僞孔之誤，而即疑安國之未嘗作傳也。惟安國之傳，中絕而不傳，至於後漢，遂有賈逵馬融鄭玄等之注。」（尚書述略）古以故卽訓詁，史遷從安國問故，則孔氏自有訓詁矣，且史記明言「以今文字讀之」，漢書亦從以爲說，是孔氏必有解釋之者，史遷從以問學之時，猶爲口述而未箸爲文字，待安國家人上之秘府，會値巫蠱事起，廢而不行，故光祿大夫劉向別錄不列孔氏傳，至東都其書亦已不存，其訓詁可問者，與夫古今文字相釋者，但存口傳，故漢志亦不載。又古學本不重章句（錢穆氏兩漢博士家法考引連叢子孔大夫昱謂季彥曰：今朝廷以下，四海之內，皆爲章句內學，而君獨治古義，治古義則不能不非章句，非章句內學危身之道也。以爲治章句者爲今學各家師說之學也。），而朝廷又不重古學（屈翼鵬先生尚書釋義謂古文尚書漢時既不爲朝廷所重，故民間重之者亦罕，以是之故，當建武之際，即亡武成一篇，至永嘉之亂，其餘十五篇，竟全部亡失。）。時經魏晉，孔壁古文所得逸書十六篇既任彼亡佚，則孔傳之不存，亦宜然矣。唯史遷既從游以問故，所撰史記，多古文說（見漢書儒林傳），而安國之生徒，自都尉朝以下，其師承猶歷歷可數，則孔氏口傳之學，猶得髣髴存乎東都矣。夫劉子駿欲立古文尚書，若無師說，何以立學？且張心澂云：「陸德明云：『劉向以中古文校歐陽大小夏侯三家（今文）經文，脫誤甚衆。』（經典釋文）據此則漢中秘有古文經也。」（僞書通考）是西漢末古文經五十七篇猶存也。至魏時所刻三體石經，猶是古文眞經，劉申叔氏研辨至精，足解轇轕之談矣。且後漢書孔僖傳所謂「自安國以下世傳古文尚書」，是家學猶存也，唯所存孔氏訓詁師說僅限二十九篇，馬融書序言逸十六篇絕無師說（正義引），則二十九篇固存師說也。故賈逵等得以爲之作訓，許君得以學宗孔氏也。

孔氏古文尚書今已不傳，唯司馬遷嘗從安國問故，所撰史記多古文說，故今說文引書與史記相應者，可證明爲古文之眞迹。

案劉知幾史通云：「古文尚書者，即孔惠所藏，科斗之文字也，魯恭王壞孔子舊宅，始得之於壁中，博士孔安國，以校伏生所誦，增多二十五篇，更以隸古字寫之，編爲四十六卷，司馬屢採其事，故遷多有古說，安國又受詔爲之訓傳，值武帝末，巫蠱事起，經籍道息，不獲奏上，藏諸私家……至於後漢，孔氏之本遂絕，其有見於經典者，諸儒皆謂之逸書（謂馬融鄭玄杜預也）。」（卷十二正史）劉氏之說，間採僞孔傳序，未可全信，唯孔傳眞本，後漢已亡，則可取信。其載史遷從安國問故事，則見於漢書儒林傳，傳云：「孔氏有古文尚書，孔安國以今文字讀之，因以起其家，逸書得十餘篇，蓋尚書茲多於是矣。遭巫蠱未立於學官，安國爲諫大夫，授都尉朝，而司馬遷亦從安國問故，遷書載堯典、禹貢、洪範、微子、金縢諸篇，多古文說。」（卷五十八）而陸德明又云：「司馬遷亦從安國問故，遷書多古文說。」（經典釋文）是則史記多古文尚書說，明白可據矣。故段玉裁氏強謂史記所引爲今文（見古文尚書撰異），章太炎氏已斥其非（見太史公古文尚書說）。朱彝尊氏雖謂史記所載爲眞古文，又謂史記與安國作傳之書不合，是猶戀執梅氏僞書，以致繆戾滋惑耳。朱氏曰：「按古文出於孔壁，未得列於學官，惟孔安國爲博士以授都尉朝，於時司馬遷亦從安國問故，班固謂遷書載堯典舜典文，於夏本紀載禹貢、皋陶謨、益稷、甘誓文，於殷本紀載湯誓、高宗彤日、西伯戡黎文，於周本紀載牧誓、甫刑文，於魯周公世家載金縢、無逸、費誓文，於燕召公世家載君奭文，於宋微子世家載微子、洪範文，凡此皆從安國問故而傳之者，乃孔壁之眞古文也。然其所載，不出伏生口授二十八篇，若安國增多二十五篇之書，史記未嘗載其片語，惟於湯誥載其辭云云，是則湯誥之眞古文也。又於泰誓載其辭云云，是則泰誓之眞古文也。合之安國作傳之書，其文迥別，何以安國作傳，與授之史公者各異其辭，宜其滋後儒之疑矣。」經義考卷七十四朱氏所云「合之安國作傳之書」，不知據爲何本，是將以梅本僞書以疑史遷之書耶？執梅本僞書以疑史記，亦猶杜預執王肅本僞傳以疑左傳，直云「今無此文」矣詳見劉師培尚書源流考。史公之時，今文古文之書具在，校訂詁訓，必於二十八篇最詳，故史公引書，偏重乎此，然湯誥泰誓，亦已出今文之外，豈得謂史公不見眞古文哉？朱氏又謂許君亦不見眞古文，彼言曰：「今考說文中所引尚書字句異者，如格于上下，格作假。宅嵎夷，嵎作堣。……凡此所引皆在伏生口傳二十八篇，使許氏果得孔氏古文，則於增多篇內，亦必及之矣。至於藥不眄眩一句，雖屬說命之文，殆因孟子所引而及之爾，又如圛，圛升雲半有半無，洪水浩浩，在夏后之詞，師乃搯，來就惎惎，宮中之冗食，貘有爪而不敢以撅，以相陵懱，祖甲返，孜孜無怠，戔戔巧言，我有載于西。則孔氏傳亦無之，又以微子爲周書，洪範爲商書，不知許氏何所本也。」又曰：「又按許氏說文序云：易稱孟氏，書孔氏，詩毛氏，似乎見孔氏古文者，然其撰五經異義，恒取諸家之說折衷之，其於舜典禋于六宗，一云六宗者，上不謂天，下不謂地，旁不謂四方，居中恍惚，助陰陽變化，此歐陽生大小夏侯氏說也。一云古尚書說六宗者，謂天宗三、地宗三，天宗日月北辰也，地宗岱山河海也，日月爲陰陽宗，北辰爲星宗，岱山爲山宗，河海爲水宗，所謂古尚書說者，賈逵之說也。使叔重學孔氏書，則四時寒暑日月星水旱之義，亦必舉之矣，乃僅述歐陽賈氏之說，則叔重實未見孔氏古文也。」（經義考卷七十六）按朱說殊爲疏舛，僞孔襲王肅六宗之說，故以四時寒暑日月星水旱之義當之，朱氏殆以梅本僞傳爲眞古文，故云許君當引之耳。且謂許君所引多在二十八篇中者，亦不盡然，卽朱氏所舉「不知許氏何所本」者，除貘有爪而不敢以撅見於逸周書周祝篇，今脫逸字（見桂馥義證說），宮中之冗食見於周禮稾人，今禮誤作書字（見嚴可均校議說），此外，圛所以釋洪範圛字，洪水浩浩，蓋隱栝以舉堯典，我有𢧢于西乃約舉周書大誥之文（見孫星衍尚書今古文注疏），祖甲返乃西伯戡黎之文，今祖伊誤作祖甲（見集韵二十五潸引），在夏后之調乃顧命之文，凡此尚可見於今文，而師乃慆、來就惎惎、以相陵懱，孜孜無怠、戔戔巧言等皆不見於今文，而𢧢字更明言古文作𢧢，是彼時眞古文五十八篇，僅亡武成一篇，其餘具在，而孔傳遺說，亦有二十八篇（說詳後王肅條），許君所引在二十八篇外，正足以證許君親見眞古文，而說解有孔氏師說可證者，多依孔氏無疑也。夫僞孔傳之作，蓋有二本，魏晉之際，有王肅本僞孔傳，東晉之時，乃有梅賾本僞古文，劉申叔氏考之綦詳，屈翼鵬先生亦謂其說蓋可信也。古來僞作迭出，固不得以僞書而疑眞古文也。章太炎先生撰太史公古文尚書說一文，亦由史遷所引尙書，以考安國之古義，彼云：「今臨淮之書不傳，惟太史公嘗從問故，以其書考之，猶略得二十許事，雖遺文殘缺，如窺豹得其一斑，猶可喜也。」（章氏叢書續編之三）章氏既就史記考求安國之古文說，逮馬宗霍氏，更階進而求之，以爲史記多古文說，即安國以今文字讀之之說，彼言云：「案古文說與古文字不同，說者說其義也，今史記述尙書之文，多以詁訓字易之，疑即受之安國，安國以今文字讀之者，蓋以今字釋古字，即所謂說也，然其所說之字，本爲古文，故謂之古文說。或者誤解，以爲安國用當時隸書對讀古文，此惑於僞孔傳序隸古定之言，非也。又有疑太史公爲今文說者，更非也。許君所引經文爲古本，而所說字義多與太史公所易之詁訓字相合，故今凡說文引書有爲史記所載者，則采史記證之，以見子長叔重尙書之學，異流而同源也。」（說文引書考）章氏取史記以證臨淮之書，馬氏又取說文史記合證安國之本，寖加博辯，推說日精矣。

說文引書與史記所載字義全同者，計有玭、躋、杶、霖、鼇、霁、鏤諸字，皆爲孔氏古文尙書。

案說文玉部：「玭，珠也，从玉比聲。宋弘云：淮水中出玭珠，玭，珠之有聲者（者字依韻會引補），蠙，夏書玭从虫賓。（步因切）」所引蠙字爲禹貢文，今書作玭，史記夏本紀引禹貢文作「淮夷蠙珠臮魚。」司馬貞索隱曰：「蠙一作玭，並步玄反，臮，古暨字，臮、與也。言夷人所居水之處，有此蠙珠與魚也。」索隱釋蠙爲珠名，與僞孔傳合，僞孔傳蠙珠之訓，原襲之說文也，說文釋玭爲珠，又以蠙爲玭之重文，史遷引書作蠙，則作蠙爲古文矣。索隱謂作泉爲古字，則可爲蠙是古文之旁證。吳宗讓曰：「夏書：淮夷蠙珠曁魚。鄭氏謂蠙珠、珠名也。而說文玭篆下云：珠也。又出蠙篆云：夏書玭從虫賓。然則蠙玭實爲一字，故許鄭訓同，其所以作玭或作蠙者，玭爲今文，蠙爲古文也。許書以小篆列首，而次以蠙字，則爲壁中古文也。史記夏本紀索隱云：蠙一作玭。漢地理志顏注云：蠙字或作玭。大戴禮保傅篇，玭珠以納其間，盧注云：玭一作蠙。此皆謂今文尚書作玭，古文尚書作蠙者，許君引宋宏說云云，案宋宏仕於哀平間，其學不傳於世，蓋爲今文尚書者，許序所謂博采通人，其誼一也。」（夏書蠙珠許書係於玭篆說）吳說是也，段玉裁亦云宋弘說乃伏生尚書語（說文注），又云宋仲子說乃今文尚書訓故（古文尚書撰異），江聲尚書集注音疏，陳喬樅今文尚書遺說考，均以宋說爲古文尚書，馬宗霍曰：「許君引宋弘說於玭下，又出夏書作蠙，分別今古文說甚明。」（說文引通人說考）今考陳喬樅據後漢書儒林傳，謂宋弘爲司空時，特辟牟長拜博士，長少習歐陽尚書，箸牟氏章句，皆本之歐陽氏，是弘亦治今文尚書者（見今文尚書遺說考敍錄）。弘既習今文尚書，其字作玭，則作蠙爲古文又可徵矣。馬氏又云：「因尚書此文有兩作本，而史漢傳本復各異，故亦蠙玭錯出也。禹貢釋文云：『蠙字又作玭，韋昭薄迷反，蚌也。』此所引卽韋氏漢書音義中語，然考說文蟲部蚍爲蠶之重文，云『大螘也。』非蚌之謂，則蚍當爲玭之誤，疑後人以韋注訓蚌，妄改從玉爲從虫，而不悟失其義也。珠出於蚌，蚌實生珠，從其成珠而言，則字作玭，從珠所自生而言，則字作蠙（廣韻十七眞云蠙珠母），從玉從虫之分，蓋在於此，正義申傳曰：『蠙是蚌之別名，此蠙出珠，遂以蠙爲珠名。』然則作蠙爲假借字，故許以玭爲正篆也。蠙從賓聲，古音在眞部，玭從比聲，古音在脂部，二部本不同類，段玉裁謂其得爲古今字者，雙聲語轉也。」（說文引書考）馬氏說字有兩作，義有引申之故甚諦，朱孔彰謂廣韻玭訓珠，蠙訓珠母爲二字異義者（見說文粹），未悟名義引申之故，然馬氏謂許以玭爲正篆、蠙爲叚借，此則承踵清儒之謬，不明許君於重文之字，本不分正借也，說見後證，茲不更詳。

又說文足部：「躋，登也。从足、齊聲。商書曰：予顛躋。（祖雞切）」所引爲商書微子文。今書作隮，史記宋世家作「予顛躋，如之何其」南朝宋裴駰集解引馬融曰：「躋，猶墜也。恐顛墜於非義，當如之何。」又引鄭玄曰：「其、語助也。齊魯之間，聲如姬記、曰何居。」（卷三十八）是馬本亦作躋，訓義則不同於許；鄭君無異說，字亦當作躋。而說文𨸏部無隮字，玉篇隮在後收字中，今書作隮，蓋後起字也。僞孔傳作隮，釋之曰：「我殷邦顛隕隮墜，如之何其救之。」所釋實本馬注，訓躋爲墜，與許訓躋爲登不合。馬宗霍氏考校前後文義，以爲許訓最爲貫通，實得孔傳史遷之恉，彼言云：「愚謂許君此仍引證本義，躋訓登，登猶進也。禮記月令鄭玄注，呂氏春秋高誘注並云：『登，進也。』顚通作⿺走顛，說文走部云：『⿺走顛、走頓也。讀若顚。』引申之，則止而不進亦謂之顛，是顛躋者，猶言進止也。既釋經文，此爲微子與父師少師相謀之詞，上文云：『我其發出狂吾家耄遜于荒。』史記狂作往，彼集解引鄭玄曰：『發、起也。紂禍敗如此，我其起作出往也。』知鄭本亦作往，又本經正義申傳曰：『鄭玄云：耄、昏亂也。在家不堪耄亂，故欲遯出於荒野，言愁悶之至。』然則合上下文之義，即微子當此際不知何以自處，故以去留問父師少師，云：『今爾無指告，予顛躋，若之何其。』言女若無指意相告，則我進止不知當如之何也。父師答云：『詔王子出廸，王子弗出，我乃顛躋自靖。』靖、謀也。顛躋義與前同，即父師勸王子當去，言王子弗出，我進止當自謀也。末云：『我不顧行遯』，乃父師謀定引退之事，若如馬君說，予顛躋爲恐顛墜於非義，則父師答語我乃顛躋，不知當作何解？僞孔傳於微子之言，既釋之爲顛隕躋墜云云，於父師之言，則釋之曰：『我殷家宗廟乃隕墜無主。』此亦甚爲迂曲。」（引書考卷一）案馬說審諦，朗若撥雲，微子既問以「我將起而出往（意謂逃亡）乎？抑將終老於家，而隱遁不仕乎？」（屈氏尚書釋義譯）則顛躋作進退解，於文義爲順，與後「我乃顛躋」句亦得通貫，是許說爲近眞，孔意或本如此。又「我其發出往」句，集解引鄭注亦作往，尤可證古本如此。而司馬貞索隱曰：「往、尚書作狂，蓋亦今文尚書，意異耳。」索隱誤以梅本僞書爲古文尚書，故以史記所引爲今文尚書，乃知淸儒誤以史記所引爲今文尚書者，蓋淵源乎夙昔矣。

又說文木部：「杶、木也。从木、屯聲。夏書曰：杶榦栝柏。櫄、或从熏。杻古文杶。（敕倫切）」所引爲夏書禹貢文，史記夏本紀引亦作杶榦栝柏，裴駰集解曰：「鄭玄曰：四木名。」是鄭義同於許。王筠曰：「禹貢釋文：杶、本又作櫄。鄭注考工記引書作櫄，又注太宰材貢云：櫄榦栝柏篠蕩也。」（說文句讀）據此則鄭雖釋爲木名，而字作櫄，故考工記賈疏引鄭禹貢注云：「櫄榦栝柏，四木名。」是鄭本作櫄。許於其時已見古文尚書有異本，而二字又不分正借（木名而字从木故也），故兼錄異本以爲重文。杶櫄之爲木，山海經郭璞注以爲似樗樹，材中車轅；書正義引陸機毛詩義疏以爲杶與樗栲漆樹相似如一。至於說文載古文作杻者，鈕樹玉曰：「廣韻杶引說文，下但有櫄，注云：說文同上，並無古文，玉篇亦無，疑後人增。」（說文解字校錄）嚴可均亦謂此與正篆重出，必不然也。鈕嚴二氏之說是也，至柳榮宗乃云：「杶櫄皆今文尚書字，屯熏亦音相近，古文尚書則作杻也。」（說文引經考異）是罔識許書之體要，而愈失其眞矣。

又說文林部：「𣞤、豐也。从林𡘋，或說規模字，从大卌，數之積也。林者、木之多也。卌與庶同意，商書曰：庶草繁𣞤。（文甫切）」所引爲周書洪範文，今書作庶草蕃廡，史記宋微子世家載箕子陳洪範，文作庶草繁廡，繁字正同許書，廡字則與今書同。馬宗霍曰：「繁即緐之隸增，說文糸部云：『緐，馬髦飾也。』是緐者蕃之叚借，廡即𣞤之隸變，說文广部云：『廡，堂下周屋。』是廡者𣞤之叚借也。許所偁作緐𣞤，一用本字，一用借字，蓋所據古文尚書如此。」（引書考卷一馬說近是，許引書以證𣞤字也，𣞤隸變作無，與有無字不別，爾雅釋詁遂作橆，然橆說文訓豐，今書及史記遂隸變作廡以別之，蓋取與庶同意之義許明言無从卌與庶同意。段玉裁古文尚書撰異曰：此當云無與庶同意、謂庶以光皃衆盛，無以林皃多，皆非專謂光謂林也，其意一也。既非專謂林，故隸變時取與庶同意而从亡、固非本字也。然晉語曰不能蕃廡。韋昭注：廡，豐也。亦假廡爲無，是當隸變之時，通用如此，不獨尚書也。，由是知史記作廡，乃隸變之故，古文本作𣞤也。凡許引經，以本字是從，非僅引經所證之字當爲本字，即引經中他字亦罕有采錄假借字者，若今書蕃爲艸茂本字說文蕃艸茂也，緐爲假借，依例許君不當舍蕃而引緐，唯考玉篇𣞤，緐𣞤豐盛也，廣韻𣞤、緐滋生長也，皆相承作緐，緐蕃義屬引申，且此條主在證𣞤字，故許君引之耳。

又說文邑部：「𨞚，殷諸侯國在上黨東北，从邑𥝩聲，𥝩、古文利。商書西伯戡𨞚。郎奚切」所引爲商書篇名，所載文王勝𨞚事梁玉繩史記志疑以爲武王勝𨞚事，段玉裁曰：「今商書西伯戡黎，今文尚書作耆，尚書大傳：文王受命五年代耆，周本紀明年敗耆國是也。或作阢、或作飢，皆假借字也。許所據古文尚書作𨞚。戈部作黎，蓋俗改也。」說文注段氏以史記所引爲今文尚書，故以周本紀作耆爲合於尚書大傳，異於說文，今考史記周本紀「耆國」句下，張守節正義云：「鄒誕生：本或作黎。」而宋微子世家「以周西伯昌之修德滅阢國」句下，司馬貞索隱云：「鄒誕本云：𨞚音黎。」是六朝史記仍有作𨞚之本，作黎者俗改也，作耆者，亦後人據尚書大傳改之耳。至於史記又有作飢殷本紀作阢諸異文者，非古文尚書本有異文，乃史公誤合飢𨞚二國爲一，而繫其事於文王耳。梁玉繩史記志疑固已邑哉其言矣，彼云：「飢國、周紀作耆，宋世家作阢，蓋古今字異，其實一耳。耆與黎爲二國，史公誤以西伯戡黎之篇，載于伐耆下，幷爲一案，千古傳疑，迨宋儒始發其誤，至通鑑前編出，而論乃益暢，其略曰：黎者，商畿內諸侯也，西伯伐黎，武王也。史遷以文王伐耆爲戡黎，失之矣。…昔商紂爲黎之蒐，則黎濟惡之國，武王戡黎，或以爲警紂，而終莫之悛，所以有孟津之師歟？故吳才老以戡黎在伐紂時，其非文王明矣。武王而謂之西伯，襲爵猶故也。」梁說是也，邑國所在，尙書正義引鄭玄曰：「入紂圻內」，文王於南國未嘗用師，豈有畿內之師乎？若眞觀兵王疆，是文王有無商之心矣。紂殺九侯，醢鄂侯，文王竊歎，遂執而囚之，況稱兵王畿之內，祖伊之告，如是其急，以紂之悍而于此反遲遲十有餘年，不一忌周乎？（參見史記志疑）是伐邑是武王事，伐飢是文王事，史公合而一之，非古文尙書有飢作阢之本也。

又說文夰部：「臩，驚走也。一曰往來也。从夰臦，周書曰：伯臩。古文臦古文冏字。（俱往切）」所引爲周書冏命序，今書臩作冏，史記周本紀載其事云：「穆王閔文武之道缺，乃命伯臩申誡太僕國之政，作臩命。」作臩同於說文。而張守節正義引尙書序云：「穆王令伯臩爲太僕正。」亦與說同。許槤曰：「史記作伯臩，與說文同，汗簡有臩字，云出尙書，則古文尙書正作臩也。」（讀說文記）邵瑛亦云：「今周書作冏，釋文冏字亦作臦，蓋臩字之譌（按盧文弨經典釋文云舊譌作臩今改正）。漢書古今人表作伯煚，師古注：穆王太僕也，亦臩字之譌 按王先謙漢書補注引錢大昕曰：煚當作臩，轉寫之誤 ，書大傳及史記周本紀作伯臩，與說文合，郭忠恕汗簡夰部有臩字，云出尙書，則冏古本作臩也。」說文解字羣經正字 許邵之說並是也。朱士端氏又以金文證之，云：「汗簡作〓，許君所引是孔壁眞古文。阮氏款識伯侯父殷作〓，王復齋款識周伯冏鼎作〓〓，趙明誠金石錄云：伯下一字，集古錄讀爲同，古文蓋亦借臦爲冏。」說文校定本 朱氏非僅證說文所引爲古文尙書，又謂說文所錄冏字，由來亦甚早，今考注立名鐘鼎字源亦載伯冏敦 見徐文鏡古籀彙編七上引 ，字體稍異，然冏字殆本古昔有之矣。許書曰：「古文臦古文冏字。」七字句不成文義，大徐曰：「臣鉉等曰：臦亦聲。言古冏字，未詳。」小徐曰：「臣鍇曰：臦、背也，今文尙書作冏。」逮淸諸家，說更糾雜，嚴可均曰：「古文七字校語也，舊當是古文（句）臩，古文冏字。言今書伯冏，古本作伯臩，轉寫臩又誤臦耳。」說文校議 其意未允，句讀亦不盡當。王筠曰：「案此七字有挩誤，似當作古文以臩爲冏字七字。」說文繫傳校錄 其意亦未洽，而所改過多。苗夔曰：「伯臩下古文二字衍。」說文繫傳校勘記 謂古文二字重出爲衍文，說最爲近，蓋臩爲古文，冏爲今文，本當作「臩、古文冏字。」許君史公並引古文也。

又說文金部：「鏤，剛鐵、可以刻鏤。从金婁聲。夏書曰：梁州貢鏤，一曰：鏤，釜也。盧侯切」所引爲虞夏書禹貢文，史記夏本紀曰：「華陽黑水惟梁州……厥貢璆、鐵、銀、鏤、砮、磬……」許書與史記同，今書亦同，史記集解於此文下引鄭玄注曰：「鏤，剛鐵，可以刻鏤也。」

字訓並與許同，同依古文孔氏說也。凡說文引書同於史記，又與鄭注古文尚書合者，本文卽以年代先者爲主，如此條編綴於「許同史記」條，不編綴於「鄭同許書」條，下皆類此。又馬宗霍曰：「僞孔傳釋鏤爲剛鐵，亦從許鄭也。」引書考卷二 按馬說是也，僞孔蓋有所傍而作僞者，其采摭豐富，語多有根依者也。

賈逵、馬融、鄭玄並爲古文尚書作注，故孔氏書雖不存，於彼三家殘文中，亦得窺見脈絡隱然。

案賈馬鄭傳注古文尚書事，見於後漢書。賈逵傳曰：「父徽，又受古文尚書於塗惲，逵悉傳父業。」又曰：「逵數爲帝言古文尚書與經傳爾雅詁訓相應，詔令撰歐陽大小夏侯尚書古文同異，逵集爲三卷，帝善之。」又曰：「八年，廼詔諸儒各選高才生受左氏穀梁春秋、古文尚書、毛詩，由是四經遂行於世。」卷三十六 儒林傳上卷末曰：「扶風杜林傳古文尚書，林同郡賈逵爲之作訓，馬融作傳，鄭玄注解，由是古文尚書遂顯於世。」卷七十九上 此皆明白見載於史籍者，逮宋陳振孫始疑之，云：「考之儒林傳：安國以古文授都尉朝，弟子相承，以及塗惲桑欽，至東都，則賈逵作訓，馬融鄭玄作傳注解，而逵父徽實授書於塗惲，逵傳父業，雖曰遠有源流，然而兩漢名儒，皆未嘗實見孔氏古文也。」直齋書錄解題 陳氏既信逵訓爲「遠有源流」，又不信彼等實見孔氏古文者，乃據泰誓一篇爲僞書耳，泰誓一篇，早已亡佚，今僞孔傳之泰誓，乃屬僞造，固不可據（詳見孫星衍尚書今古文注疏），然亦不得即此以疑賈馬鄭等均不見古文尚書也。而有清朱彝尊，又謂「馬氏尚書注，本於杜林漆書，故多與今文異。」（經義考卷七十七）此則誤解後漢儒林傳之意，又不省馬注多與今文異者，乃眞古文尚書也。屈翼鵬先生已辨其誤曰：「漆書古文尚書僅一卷，至多不過二三篇，而賈馬鄭皆傳孔安國之古文尚書者，其傳注訓解，皆安國之本，謂爲杜林漆書作訓解者，誤也。」（尚書釋義敍論）馬宗霍氏亦謂馬鄭所傳注實爲孔本，彼云：「案杜林本傳，林於西州得桼書古文尚書一卷，常寶愛之，雖遭艱困，握持不離身。……愚以爲杜林傳古文尚書是一事，其得桼書又是一事，漢書藝文志錄尚書古文經四十六卷，桼書僅一卷，必非古文之全，竹簡繁重，使爲全書，何能握持？蓋林本治古文，偶然得此古寫殘經，足以印證所學，故視同球璧，亦猶今人之得唐人寫本說文玉篇切韵殘卷耳。然則賈氏世傳孔學，其所作訓，固依孔本，即馬傳鄭注，亦孔本也。」（引書考敍例）屈馬二說洵可信從，朱氏之疑，反足以證馬融傳古文尚書耳。孫星衍曰：「史遷所說，則孔安國故書，大傳則夏侯歐陽說，馬鄭注則本衞宏賈逵孔壁古文說，皆有師法。」（尚書今古文注疏序）孫說是也。程師旨雲嘗作羣經傳授表，擧古文尚書自孔安國始，歷都尉朝，庸生（譚）、胡常、徐敖、塗惲，賈徽而及賈逵，凡經七傳，一脈相承，咸以傳授詳明之符號表之者。而馬融、鄭玄則除承繼都尉朝相傳之一脈外，亦兼承孔氏家傳之一脈，自孔延年、孔霸、孔光、孔僖、孔長彥等所傳之學，師承或有不詳，而其爲古學則無疑（見漢代經學之復興一文）。故是孔氏書傳雖不存，今理彼三家之殘文佚說，猶得尋其脈理也。

賈逵爲孔氏書作訓，固爲許君所本，即馬融鄭玄所作傳注，今亦可取以與許書參證。

案依賈馬鄭氏之書，並說文引書之條，以循求古文眞本之道，馬國翰氏已啓其耑倪，彼廣輯古文尚書之零文片字，及尚書馬氏傳之殘文，歸納佚說而獲結論云：「說文引書及所載古文之字，見尚書者，確爲壁經眞本，其或以隸寫，或兼存佚書異文，自有引例，不與古文相淆，又賈馬鄭皆傳古文學，其本與今書異者，亦皆古經之舊。」（玉函山房輯佚書古文尚書序）又云：「馬季長治古文學，蓋典校秘府時能見古文眞本。……且康成之學，淵源於馬氏，參考鄭義，多與之同。」（尚書馬氏傳序）馬氏所云許書兼存佚書異文云云，有待於後證，然其謂賈馬鄭所傳多爲古經之舊，用以與說文引書相提並論，啓牖後人以大道，故馬宗霍氏著說文引書考，乃斷從此法，彼敍例云：「賈逵古文尚書之學，於安國爲七傳，一脈相承，歷歷可溯，所受之本，即孔氏壁中本也。許君從逵受古學，見於其子沖上安帝書，故許君於書宗孔氏矣。今孔壁眞本不傳，幸賴說文所引，猶得窺其一二。」又云：「賈氏世傳孔學，其所作訓，固依孔本，即馬傳鄭注，亦孔本也。今三家之作皆佚，許君引書證字，所解字義，當必多本賈訓，馬鄭傳注，散見經典釋文諸經義疏及羣籍中者尚富，故可采之，以與許說互參焉。」馬說是也，賈君爲許君古學之所本，馬鄭雖在許後，其學則異流同源，每多相符以足資證者也。屈翼鵬先生曰：「漢末迄魏，惟馬融書傳多用古文家言，鄭玄及王肅書注，兼採今古文之說。」（尚書釋義敍論）據是則知馬傳多存古文家說，而鄭注中存古文家言，自亦不少，故錢基博氏亦云：「古文之得大顯於世者，則馬融鄭玄之力也。鄭玄書贊云：『我先師棘下生（水經注引鄭志謂齊田氏時善學者會處於棘下，齊人號之棘下生，無常人。）子安國亦好此學（尊之爲師故子之也），自世祖興後漢，衞賈馬二三君子之業，則雅材好博，既宣之矣。』（書贊見正義引）又云：『歐陽氏失其本義。』則是鄭玄者固淵源於孔安國氏。」（經學通志第三）據上諸家所論，則今擘析賈馬鄭三家注文，參證以許書，旁搜遠紹，自能洞貫孔傳之源流也。

說文引書與賈逵所訓字義全同者，計有圛、砮等字，可證爲古文尚書。

案說文囗部：「圛、回行也。从囗，睪聲。尚書曰圛。圛，升雲半有半無，讀若驛。（羊益切）」所引曰圛爲周書洪範文，今書作驛。廣韻二十二昔圛下引所文作「商書曰圛，圛者，升雲半有半無。」爲說文古本，後人以今書洪範在周書，改商書爲尚書，又於圛下奪者字，使釋經之語，體例不明。許君引書作圛，乃本之古文尚書，今考詩齊風：「齊子豈弟」，鄭箋曰：「豈當讀爲闓弟。古文尚書以弟爲圛。」是古文尚書作圛也。詩正義又擧賈氏本云：「古文尚書，即今鄭注尚書是也，無以悌爲圛之字，唯洪範稽疑論卜兆有五曰圛。注云：圛者，色澤光明。蓋古文作悌，今文作圛，賈逵以今文校之，定以爲圛。故鄭依賈氏所奏，從定爲圛，於古文則爲悌，故云古文尙書以悌爲圛。」（詩疏五之二）據此則是孔氏知賈逵本作圛，正與許同。唯孔穎達誤信梅賾僞本爲古文尙書，梅本與鄭箋不合，遂疑鄭所言古文尙書卽鄭注之書，而鄭注本又同賈逵本，遂以賈逵本爲從今文者，鄭君依之，古文實本作悌者。孔氏之誤，段玉裁氏已駁正之，段曰：「正義誤也，此字今文尙書作悌，古文尙書作圛，今文尙書者，史記宋世家所載曰涕是也（按段氏又誤以史記所載爲今文尙書，史記與說文並引古文尙書，其不同者，於後別有證，不另煩絮。）古文尙書者，馬鄭王及僞孔傳本皆作曰圛是也。（按段氏以僞孔傳本亦作圛者，蓋以天寶以前，尙書無作驛之本，衛包始改作驛。彼擧證云：天寶以前作圛，其證有八：正義云曰圛，兆氣落驛不連屬也。又云圛卽驛也。證一。又云：王肅云：圛、霍驛消滅如雲陰。鄭玄以圛爲明，言色澤光明也。證二。詩齊風正義曰：洪範稽疑論卜兆有五曰圛。證三。史記集解云：尙書作圛。又引鄭玄曰：圛、色澤光明也。證四。史記索隱云：涕，尙書作圛。證五。詩齊風箋：古文尙書弟爲圛。證六。周禮大卜注曰圛。證七。說文口部商書曰曰圛。證八。）鄭箋詩云：古文尙書涕爲圛者，謂今文尙書之涕，古文尙書作圛。」又曰：「今文尙書作涕，古文尙書作圛，皆有證佐，不得反易之。孔衞賈馬鄭諸君，皆貴古文，賤今文，未有易古文從今文者……古文果是涕字，賈必不敢改爲圛字，且後漢書賈逵傳云云（按所引已見前），逵集之三卷，亦如後儒作攷異云爾。未嘗予奪其閒，或從古或從今也。且集之者，以古形今之短，非以今正古之失也。詩正義尨說，貽誤後學，總由昧於鄭箋文義耳。」（古文尙書撰異）段氏條細縷繹，騁其辨釋，正義之誤，殆成定案矣。故馬宗霍氏亦依之，云：「卽使作圛出於賈定，亦是舍今從古，必非易古爲今，而許之所偁，正用其師說耳。」段馬二說皆是，此正許君引書與賈侍中本相同之例也。唯馬氏又云：「圛之本義爲回行，經義與本義殊，故許引書而又釋之，亦說叚借之例也。」引書考卷一 此則猶沿清儒之誤，蓋許君引經之例，無說叚借者。回行之義與升雲半有半無之義引申本可通，說文載古文雲字作[illegible]，古文云字作[illegible]，升雲之狀，即作回轉之形。段玉裁所謂「象回轉之形者，其字引而上行書之」是也。即作云字，即象回行之形，段玉裁所謂「二蓋上字，象自下回轉而上」是也。其義本近，故許書不稱一曰以別之，非假借也。

又說文石部：「砮，石可以爲矢鏃，从石，奴聲。夏書曰：梁州貢砮丹。春秋國語曰：肅愼氏貢楛矢石砮。乃都切」所引殆爲禹貢文，唯禹貢貢砮丹爲荆州，梁州則貢砮磬，故段玉裁曰：「梁州貢砮磬，荆州貢砮丹，說文梁丹二字，必有一誤。」古文尚書撰異 段說是也。今考荆州在前，梁州在後，正義於荆州貢砮丹下引鄭賈王注，疑孔傳於此本有說，故許氏引之。設若如此，則爲荆字誤梁字，非磬字誤丹字也。書梁丹下僞孔傳曰：「砮石中矢鏃。」孔疏曰：「魯語曰：肅愼氏貢楛矢石砮。賈逵云：砮、矢鏃之石也。故曰：砮石中矢鏃。」書疏六 賈逵之注，正許君之所本，僞孔傳又取賈許之說耳。

馬融所傳古文尚書，其字義與說文引書全同者，計有蔪、池、詷、賸、侍、鑑、繒、鍰等字，亦可确證許書爲古文。

案說文艸部：「蔪、艸相蔪苞也。从艸斬聲。書曰艸木蔪苞。𧅩、蔪或从槧。慈冉切」所引爲禹貢文，今書蔪作漸，苞作包。僞孔傳云：「漸、進長，包、叢生。」陸氏釋文云：「漸，本又作蔪，字林才冉反，草之相包裹也。包字或作苞，非叢生也，馬融云：相包裹也。」細繹釋文之意，是陸時尙見有異本作蔪苞者，遂擧字林以解蔪義，又擧馬注以解苞義，馬本字作苞，訓義與僞孔傳不同，不訓爲叢生，而訓爲包裹，是馬氏所傳之本，其字義與許書全同。盧文弨曰：「苞正是叢生，安得云非？」（經典釋文考證）邵瑛曰：「釋文云：字或作苞，非，叢生也。按爾雅釋言：苞、稹也，孫炎舊注，物叢生曰苞，齊人名曰稹，正叢生之義，安得云非？」（說文解字羣經正字）陳瑑曰：「陸元朗就僞本作包，而反以作苞爲非，唐人不識字也。」（說文引經考證）王玉樹曰：「陸德明釋文亦以苞爲非。」（說文拈字）馬宗霍曰：「陸氏所見又作本正與許合，而作包乃馬本也。」（說文引書考）諸家皆誤解陸氏之意，而邵、陳、王、馬四家又誤斷釋文之句爲：「包本作苞，非，叢生也。」非僅文義不邕，抑且以馬本爲作包矣。段玉裁曰：「馬云相苞裹也。」（蔪下注）已知馬本作苞，而王光祿（鳴盛）云：「馬融訓包爲相包裹，詩生民傳：苞、本也。箋：苞、茂也。爾雅：苞、豐也。其本豐茂則相包裹，本與說文之義合，是馬亦作蔪苞。」（田吳炤說文二徐箋異引）王氏則詳證馬本作苞，作苞亦得有包裹之義，故玉篇訓蔪爲草相蔪苞裹也。馬宗霍曰：「經文本言草木，要當以從艸之蔪苞爲正字，惟苞從包，引申之亦有包裹之義。許君以艸相蔪苞釋蔪，蓋卽以苞字申蔪，又箸一相字，當亦作包裹解，不作叢生解，馬季長雖不釋蔪字，而云相包裹，實與許符。

字林多本說文，故逕訓蕲爲草之相包裹矣。」（引書考）馬氏亦知馬義與許相符，唯不悟馬本字亦作苞耳。

又說文辵部：「迆，衺行也。从辵，也聲。夏書曰：東迆北會于匯。（移爾切）」所引爲禹貢文，今書同，唯僞孔傳訓迆爲溢。釋文引馬融注曰：「馬云靡也。」孔穎達正義曰：「迆言靡迆邪出之言，故爲溢也。」（書疏六）孔氏調合許馬僞孔之義而一之，今謂孔氏調合，實有所據，考周禮考工記總敍云：「既建而迆」，鄭注引鄭司農云：「迆讀爲倚移從風之移，謂著戈於車邪倚也。」是迆與倚移從風之移同義，卽邪出之義。而弓人「菑栗不迆」，鮑人「欲其無迆」，鄭注並引司農讀爲之訓，義並作邪，與許同。孫詒讓曰：「迆移聲近，字義略同，玉藻：手足毋移。注云：移之言靡迆也。彼以靡迆釋移，與先鄭讀迆爲移，可以互證。」（周禮正義卷七十四）孫氏所引玉藻鄭玄注，正可證馬融訓迆爲靡，亦邪出之義，是許馬及先後鄭訓義全同，故孔疏云「迆言靡迆邪出」者是也。

又說文言部：「詷，共也。一曰譀也。从言同聲。周書曰：在夏后之詷。（徒紅切）」所引爲周書顧命文，今書作「在後之侗」，僞孔傳訓侗爲稚，云「在文武後之侗稚」，與許引字義均不同。唯顧命之文，於此不當雜出「夏后」一詞，小徐本繫傳云：「周書曰：在后之詷。……臣鍇曰：按今尙書作在後之侗也。」段玉裁依韻會而從鍇本，桂馥謂鍇本引周書在共也下，據以證共義，而一曰譀也在同聲下，別爲一義，徐鉉本已竄亂，亦以小徐本爲是，今謂段桂二說俱是，說文古本當作「在后之詞」，大徐本作「在夏后之詞」者譌也。焦循曰：「經文乃成王自稱之辭，不得雜出夏后，夏卽後字之譌，后則羨文耳。」(尚書補疏) 焦說近是，唯古本當作「在后之詞」，校讀者以今書后作後，后卽後意，故於后旁注後字以識之，抄者幷錄入以爲正文，以後后不可通，遂疑後夏形近，改作夏字矣。釋文云：「侗，馬本作詷，云共也。」馬融之本，與許書所引字義全同。段玉裁曰：「許蓋用馬說」，苗夔亦云：「陸氏音義馬融作詷，則此用馬說也。」(說文繫傳校勘記) 皆謂許采馬說，今謂許馬同用孔氏古文傳本，故爾字義全同。許君於永初間與馬融等同在東觀 (見嚴可均許君事蹟考)，許齒長於融，故後漢書儒林傳載許愼事蹟，謂「馬融嘗推敬之」(按高師仲華許愼生平行迹考謂若許君生於建武末（即西元五十五年以前），至安帝永初四年（即西元一一〇年）鄧后臨朝之時，當在五十六歲以上矣。是年馬融爲三十二歲，其視許君固執後生之禮，故本傳云馬融嘗推敬之也。) 是許君雖或可見馬書，然許書此注，或本於孔傳眞本，未必采自馬說耳。

又說文丹部：「雘，善丹也。从丹，蒦聲。周書曰：惟其敷丹雘。讀若隺。(烏郭切)」所引爲周書梓材文，今書作「塗丹雘」，僞孔傳云：「當塗以漆丹以朱而後成」，是明言丹雘爲朱色之彩，與許微異。釋文云：「雘，馬云善丹也。」是馬傳與許解全同。又孔疏云：「雘是彩色之名，有青色者，有朱色者，故鄭玄引山海經云：青丘之山，多有青雘。此經知是朱者，與丹連文故也。」(書疏十四) 據此知僞孔所解，與鄭注不同，鄭謂雘有青有朱，然許亦釋丹爲巴越赤石，則許馬以善丹釋臒，當亦主赤色而言者。

又說文人部：「僝、具也。从人、孱聲。讀若汝南潺水。虞書曰：旁救僝功。（士戀切）」所引爲虞書堯典文，今書作「方鳩僝功」，僞孔傳曰：「鳩、聚；僝、見也。歎共工能方方聚見其功。」與許書字義皆異。小徐本引書亦作方鳩，段玉裁曰：「小徐作方鳩，大徐作旁救，汲古閣剜改作方鳩，今按當是方救。」又曰：「說文引虞書方救僝功，此稱古文也。鳩作救者，此壁中故書也，二篇辵部引虞書旁逑孱功，此稱今文也。凡古文尚書作方，凡今文尚書作旁。如方鳩僝功，五帝本紀作旁，方告無辜，論衡作旁，皆可證，士喪禮注曰：今文旁爲方，竊謂儀禮則今文爲方，古文爲旁，尚書則今文爲旁，古文爲方。」（古文尚書撰異）按段說未確，說文引書固是孔氏眞本古文尚書，然大徐字作旁，正可證其爲古文之眞迹，段氏誤以史記論衡所引皆爲今文尚書，遂謂作旁爲今文，甚且鄭注明言「今文旁爲方」，猶強自區畛同異，此偏據獨斷之失也。至於許引「救僝」今作「鳩僝」者，敦煌唐寫本尚書釋文殘卷本亦作「救僝」，與許引正合，通志堂本釋文亦作僝，注疏本作僝字者，盧文弨氏已正其誤，是陸氏所見本猶作僝不誤也。釋文又云：「僝、馬云具也。」馬本訓僝爲具，字義全同於許，蓋謂共工多作事務而具有功績也，其義皆本之孔氏古文尚書也。

又說文心部：「懖、善自用之意也。从心銛聲。商書曰：今汝懖懖。⿱銛耳、古文从耳。（古活切）」所引爲商書盤庚上文，今書作今汝聒聒，僞孔傳曰：「聒聒，無知之貌。」與許書字義皆異。釋文云：「聒，古活反。馬云（盧文弨校本作及）說文皆云：拒善自用之意。」是釋文所見馬融注與說文全同，故盧文弨云：「說文脫拒字，當有。」（經典釋文考證）說文作懖不作聒，釋文所見馬許之字皆當作懖也。段玉裁曰：「懖，衛包改爲聒，開寶中李昉陳鄂等又改釋文之懖爲聒，考說文十篇心部曰懖，拒善自用之意也。从心銛聲。商書曰今女懖懖（女作汝者誤），此古文尚書也。」又曰：「古文從耳作懖，此壁中故書字也。唐以前尚書作懖，故釋文大書懖懖，注云故活反，馬及說文皆云拒善自用之意，今本釋文係開寶妄改之本，大書字作聒聒，則其注當云說文作懖，不得誣說文作聒聒，於此信開寶依衛包所改無疑也。」（古文尚書撰異）釋文經後人改竄，其理顯然，唯正義亦已作聒，則改經容或不始於衛包，而在唐永徽以前已有作聒之本矣。釋文所見，馬本與許全同，段氏乃謂此即古文尚書，皮錫瑞則謂「古文从耳作⿱銛耳，則懖乃三家今文。」（今文尚書考證），皮段二家，各自成理，唯說文既明言⿱銛耳爲古文，則懖自當爲今文，若謂⿱銛耳懖並爲古文，則許何不言⿱銛耳乃懖之重文，又何勞標明⿱銛耳爲古文？今謂說文引書本當在古文⿱銛耳下，字作⿱銛耳⿱銛耳，其例與譙繇闢撻蠢斷正同，故釋文正義省作聒，字猶从耳不从心，即其證也。而正義所引鄭玄王肅注本亦作聒，字皆从耳，正義云：「鄭玄云：聒讀如聒耳之聒，聒聒，難告之貌。王肅云：聒聒，善自用之意也。」（書疏九）王注同於馬許，鄭云難告者，亦即剛愎者拒善自用之意，謂不可教訓，非多言讙聒之之謂，正義申傳始解爲多言亂人之意，取聒字訓讙之義矣。鄭注以本字讀本字，於例已可疑，而聒之義又不當爲難告，故知許馬鄭王之本皆作䛬，說文引書本在古文下也。

又說文糸部：「繪，會五采繡也。虞書曰：山龍華蟲作繪。論語曰：繪事後素。从糸會聲。黃外切」所引爲虞書皐陶謨文，今在夏書益稷篇（益稷本合于咎繇謨，正義云馬鄭王合此篇於皐陶謨，知古文尚書本不分也。），今書繪作會，僞孔傳曰：「會五采也。以五采成此畫也。」與許訓微異。釋文云：「會，馬鄭作繪。」是釋文所見馬融注本亦作繪，與許同。又考左氏昭公二十五年傳，正義引：「尚書作會，鄭讀會爲繪。」又文選何平叔景福殿賦李善注引：「尚書作會，鄭玄曰：繢讀曰繪。」是唐人所見鄭注本已有異本，皆不作繪，唯讀爲讀曰，皆易字作訓爲繪，故釋文以爲鄭亦作繪也。正義引鄭玄注云：「鄭玄云：會讀爲繪。……凡畫者爲繪，刺者爲繡。此繡與繪各有六，衣用繪，裳用繡。」（書疏卷五）鄭君別繪繡爲二事，與許微異，段玉裁云：「繪字從糸，故其本義爲繡，……本義爲繡，何妨借爲畫繪字乎。」（古文尚書撰異），今謂段說是也，許蓋就一字之本義作訓，不得不云繡；鄭蓋就經文爲解，故云作會者畫於衣，作繡者繡於裳，說字訓經，容或微異耳。

又說文金部：「鍰，鋝也。从金爰聲。罰書曰列百鍰。戶關切」大徐本所引有誤，鈕樹玉曰：「宋本作罰書曰列百鍰，譌。段云：宋本葉本皆作書曰列百鍰，趙本五音韻譜集韻類篇皆作虞書曰罰百鍰。呂刑系周書，虞者古文相沿之誤也，列者宋刊之誤也。」（說文解字校錄）據是則所引爲周書呂刑文，今書作「其罰百鍰」，僞孔傳曰：「六兩曰鍰，鍰，黃鐵也。」與許訓不同，許訓鍰爲鋝，鋝鍰連篆，又訓鋝爲十一銖二十五分銖之十三也。僞孔傳訓鍰爲六兩，蓋本鄭康成駁五經異義之說，鄭君蓋又本諸今文尚書夏侯歐陽說也，今文說蓋較古文家說多至十三倍有餘（見前論贖刑條）。釋文云：「鍰、六兩也。鄭及爾雅同。說文云：六鋝也。鋝，十一銖二十五分銖（當作銖字）之十三也。馬同。又云：賈逵說俗儒以鋝重六兩，周官劍重九鋝，俗儒近是。」盧文弨云：「案爾雅當本是小雅，謂小爾雅也。說文：鍰、鋝也，此六字譌。」（經典釋文考證）案盧校是也，釋文引說文六鋝也，蓋鍰鋝也之譌，所云馬同，蓋馬融之本，字義與許書全同，亦主古文家說也。又引賈逵說云云，明賈逵本主古說，與今文家六兩之說不同，故賈稱俗儒有六兩之訓，鄭君或以賈云「俗儒近是」爲有據，故駁許歟？然鄭所主實采今文家說，許馬則守古文說。許於鋝篆下引周禮曰重三鋝，又曰：「北方以二十兩爲三鋝」，則亦兼存今文家說，此蓋本諸侍中「近是」之說，而並錄之耳，東京通儒治學之方，於茲可覘其風槩。

鄭玄所注解之古文尚書，其字義與說文引書全同者，計有珣、嚌、韶、敿、瘍、柴、琕、嶧、貔、濰、涘、坶等字，亦可碻證許書爲古文。

案說文玉部：「珣，醫無閭珣玗琪，周書所謂夷玉也。从玉旬聲。一曰器，讀若宣。（相倫切）」所引爲周書顧命文，今書亦作夷玉，僞孔傳曰：「夷，常也。」似與許訓不合。孔疏云：「夷、常，釋詁文。傳不解常之義，未審孔意如何。王肅云：夷玉，東夷之美玉。鄭玄云：夷玉，東北（阮元云纂傳北作方是也）之珣玗琪也。璞未見琢治，故不以禮器名之。釋地云：東方之美者，有醫無閭之珣玗琪焉。東方實有此玉，鄭以夷玉爲彼玉，未知經意爲然否。」（書疏十八）據是則僞孔傳之解如何已難言矣；而鄭君以珣玗琪釋夷玉，與許合，而許鄭又與爾雅釋地合也。釋文亦云：「夷玉，馬云：東夷之美玉，說文夷玉卽珣玗琪。」馬注卽王肅注之所本，與說文亦合，唯馬傳不如鄭注之詳審，故此條歸爲鄭注與說文相合，他皆放此。至於產玉之地，馬王云在東，鄭云在東北，說文繫傳云：「臣鍇曰：說尚書者云：夷玉，東夷所貢之玉，醫無閭則幽州之鎭，鄭玄曰：在遼東，當周時爲東夷也。」孫星衍亦云：鄭言東北者，周禮職方氏云：東北曰幽州，其山曰醫無閭，是可以云東北也。」（尚書今古文注疏）並以醫無閭爲產珣玗琪之山名，故爾雅歸之於釋地也。段玉裁云：「珣玗璂（小徐作璂）合三字爲玉名。」又云：「醫無閭珣玗璂皆東夷語。」段說是也，漢時玉石之名如珊瑚、珋離之類，並由異域方語譯音而造其字，幽州之方位，擧正曰東，擧隅則曰東北，非有異也。

又說文口部：「嚌、嘗也。从口齊聲。周書曰：大保受同，祭嚌。（在詣切）」所引爲周書顧命文，今書亦同，僞孔傳曰：「既祭受福酒嚌至齒。」僞孔傳蓋本諸鄭注，考禮記雜記下云：「小祥之祭，主人之酢也嚌之，衆賓兄弟則皆啐之，大祥主人啐之，衆賓兄弟皆飲之可也。」彼鄭玄注云：「嚌啐皆嘗也，嚌至齒，啐入口。」鄭因注主人與衆賓之禮不同，故嚌啐對言而有別，僞孔襲之以注尙書而云嚌至齒也。正義亦據鄭意以申傳，云：「旣祭神之後，遂更受福酒，嚌以至齒，禮之通例，啐入口，是嚌至於齒，示飮而實不飮也。」（書疏十八）是嚌啐雖同爲嘗，而有淺深之別，而朱駿聲云：「酒至口曰嚌，至齒曰啐，皆似飮而實不飮也。」（屈注尙書釋義引尙書古注便讀）則淺深之別尤著，若酒但至口，則不得云嘗矣。今又考儀禮鄉飮酒禮「嚌之」下鄭注云：「嚌，嘗也。」與許訓全同，故不得因嚌啐對言而有別，謂許鄭有異也。

又說文音部：「韶、虞舜樂也。書曰：簫韶九成，鳳皇來儀，从音召聲。（市招切）」所引爲虞書皐陶謨文，今在夏書益稷篇，僞孔傳曰：「韶，舜樂名，言簫見細器之備。」僞孔釋韶爲舜樂，與許訓同，許本當訓韶爲舜樂，蓋書曰上當有虞字，誤衍於上句故也（段注說）。然僞孔曰「言簫見細器之備」，則非許義。公羊疏引宋均注樂說云：「簫之言肅，舜時民樂其肅敬，共紹堯道，故謂之簫韶。」亦非許君所主，此蓋今文家遺說也。左傳襄公廿九年：「象箾韶」，疏引賈逵云：「箾，舞曲名。」許君當本於此，許字作簫者，蓋樂名从絲竹，皆可爲正字，箾義旣用爲「以竿擊人」，故許引書時從簫爲正字，而不引左傳，此許君引經擇別之微旨也，唯賈旣用箾字，字亦从竹，亦爲古文家說，故許君於竹部箾下云：「虞舜樂曰箾韶」，兼存古文異字而不稱左傳也。又考公羊哀公十四年傳徐彥疏引鄭玄書注云：「簫韶，舜所制樂。」訓義同許，而字亦作箾韶，是孔氏古文尚書作箾韶之證也。又禮記樂記云：「韶，繼也。」鄭玄注云：「舜樂名也，韶之言紹也，言舜能繼紹堯之德，周禮曰大韶。」又考周禮春官大司樂「大磬」下鄭注曰：「大磬，舜樂也，言其德能紹堯之道也。」周禮大磬，禮記鄭注引作大韶，說文磬為韶之籀文，本小鼓之名，然則作韶為本字，此許鄭所同也。然鄭君以韶音訓為紹，謂繼紹堯德，此蓋採今文家說，考周禮疏引元命包云：「舜之民，樂其紹堯之業」（周禮疏卷二十二）鄭君蓋即采緯書為說，宋均所注樂說，亦本此說耳。

又說文攴部：「敿、擊連也。从攴喬聲，周書曰：敿乃干。讀若矯（居夭切）」所引為周書費誓文，偽孔傳曰：「施汝楯紛，無敢不令至攻堅使可用。」孔疏申傳，且引鄭王之說云：「干是楯也。敿乃干，必施功於楯，但楯無施功之處，惟繫紛於楯，故以為施汝楯紛。紛如綬而小，繫於楯以持之，其以為飾（阮元引浦鏜云且誤其）。鄭云：敿、尤繫也。王肅云：敿楯當有紛繫持之。是相傳為此說也。」（書疏二十）是偽孔傳正本王說，與鄭說亦合，鄭訓敿尤繫也，尤即猶之省寫，許書作擊連，小徐本則作繫連，段玉裁、桂馥、王筠並從小徐，則作繫連是也。承培元曰：「鄭云敿猶繫也，義與許同，詩：龍盾之合，合必繫連也。」（說文引經證例）承說是也，許鄭本同義也，考此說段玉裁已邑言之曰：「按鄭云猶者，鄭意敿是矯拂之併，矯之而後繫之，非一事也，敿不訓繫，故云猶。許云繫連者，謂繫而連之。秦風龍盾之合，毛云合而載之。左傳齊子淵捷從洩聲子，射

之中楯瓦，谿胸汏輈匕入者三寸。詳傳文，盾正蔽車前，必聯合之以爲車蔽，故云繫連。」說文注

按段說是也，詩秦風小戎疏引王肅云：「合而載之，以爲車蔽也。」合楯爲車蔽，必當繫紛於楯，然後可以聯楯而合之，左昭二十六年射中楯瓦，矢由車軛而來，羽觸滑車轅，而匕鏃射入楯瓦深三寸，楯瓦者杜預謂是楯脊，是盾正蔽於車前也。王肅謂車蔽合而載之，合卽繫連之義，鄭王之說並與許同也。

又說文竹部：「簜，大竹也。从竹，湯聲。夏書曰：瑤琨筱簜。簜可爲榦，筱可爲矢。徒朗切」所引爲夏書禹貢文，今書筱作篠，簜字同，僞孔傳於上文「篠簜既敷」下注云：「篠，竹箭。簜，大竹。」孔穎達疏云：「釋草云：篠，竹箭。郭璞云：別二名也。又云：簜，竹。李巡曰：竹節相去一丈曰簜。孫炎曰：竹闊節者曰簜。郭璞云：竹別名。是篠爲小竹，簜爲大竹。」書疏六

孔疏謂篠爲小竹，簜爲大竹，正本許說，且與「簜可爲榦，筱可爲矢」同義，蓋對言則有分，統言則皆爲竹也。今考儀禮大射儀「簜在建鼓之間」句下鄭注云：「簜，竹也。」此簜爲簫管之屬爾雅郭注，而鄭謂之竹者，賈公彥疏云：「按禹貢云：篠簜既敷。注云：簜，竹。故知此簜亦竹也。」儀禮疏卷十六 賈疏所引爲禹貢鄭注，鄭就簜一字爲訓，故爲竹，且簜亦爲簫管，鄭通禮書而言，故以統名釋之，許就篠簜對文釋之，故云筱爲小竹，簜爲大竹，鄭與爾雅同，與許書亦非有異也。故僞孔傳釋篠採爾雅文今爾雅作篠箭，奪竹字，郝懿行爾雅義疏引西山經中山經作竹箭，釋簜襲許說，蓋便於見對

文之意耳。

又說文米部：「粜，惡米也。从米北聲。周書有粜誓。（兵媚切）」所引爲周書篇名，今作費，本篇爲伯禽伐淮夷時誓師之辭也。屈翼鵬先生曰：「費，尚書大傳作鮮，史記作肹，說文作棐，地名，在今山東費縣境。」（尚書釋義）是棐誓者因方以命篇者。尚書大傳今文作鮮，史記以今字代古字作肹，說文所引蓋古文尚書本也。古時凡地名，人名，形狀之詞，每無定字，玉篇云：「鄪、魯季氏邑，鄪同上。」此雖从邑爲正字，然乃後起字，非今古文本所有，故許不拘正借字而引棐字矣（段玉裁改粜爲棐，注云：各本篆作粜，解云北聲，今正。棐在古音十五部，不當用一部之北諸聲也）。桂馥云：「周書有棐誓者，五經文字：棐，周書篇名，今文作費。鄭注禮記曾子問云：征之作棐誓。釋文云：棐音秘。又注周禮雍氏引書棐誓。釋文云：棐音秘。王觀國曰：周禮雍氏春令爲阱擭，秋令塞阱杜擭。鄭氏注曰：書棐誓敹乃擭，敜乃阱。蓋棐者古文費字也。科斗古文尚書用棐字，孔安國以隸古定之，故變爲費字。」（說文義證）所引王觀國學林語，謂作棐爲古文本則是也，謂作費爲孔安國隸古定之者則非也，蓋五經文字及釋文皆猶作棐（不作粜，段氏所改是也），非孔安國已改定之也。且史記魯世家「於是伯禽率師伐之於肹，作肹誓。」（景祐本史記作肹）裴駰集解云：「徐廣曰：一作鮮，一作獮，駰案尚書作棐（景祐本史記作費殿本作柴）。」司馬貞索隱亦云：「尚書作棐誓，今尚書大傳作鮮誓，鮮誓即肹誓，古今字異，義亦變也。鮮，獮也。言於肹地誓衆，因行獮田之禮，以取鮮獸而祭，故字或作鮮，或作獮。」

棐地名，卽魯卿季氏之費邑。」(史記卷三十三) 據集解及索隱所言，是今文尚書作鮮，並取鮮獮之義，而古文尚書則作棐，訓爲地名，許引不作費字者，其時實未有異本作費誓者，且費義爲散財用也，故亦不得謂棐字爲假借，蓋地名每無定字，故許引之也。今書之作費誓者，段玉裁疑爲「衞包用司馬貞棐卽費邑之云，改爲費字」是也，鄭注周禮雍氏，禮記曾子問旣並作棐，與說文同，是古文尚書作棐也。

又說文毛部：「𣯍、毛盛也。从毛隼聲。虞書曰：「鳥獸𣯍髦。」(而尹切又人勇切)」所引爲虞書堯典文，今書作「鳥獸氄毛」，僞孔傳曰：「鳥獸皆生而(依釋文及孔疏而當作耎)毳細毛以自溫焉。」(書疏二) 釋文引馬融注氄爲溫柔貌，則僞孔蓋雜糅馬注爲說，與許訓微殊。馬宗霍曰「周禮天官司裘：仲秋獻良裘。鄭玄彼注云：中秋鳥獸毴毨。賈公彥疏謂此是尚書堯典文。黃生義府據此，以爲毴卽𣯍字之誤。……周禮鄭注雖出尚書，非引原文，毴毨既兼秋冬之詞，而毴又爲𣯍之誤字，則鄭君所據堯典仲冬氄毛亦作𣯍毛。正與許合。」(引書考卷二) 馬說是也，許君作𣯍，蓋與鄭同本諸古文尚書也。抑又有可證者，惠棟云：「髦，古毛字，既夕記云：馬不齊髦。鄭注云：今文髦爲毛，古文尚書毛皆作髦。」(九經古義) 是則許引作𣯍髦爲古文尚書，鄭君已明言之矣。

又說文山部：「嶧，葛嶧山在東海下邳。从山，睪聲。夏書曰：嶧陽孤桐。(羊益切)」所引爲夏書禹貢文，僞孔傳曰：「嶧山之陽，特生桐。」釋嶧陽爲嶧山之陽，今按史記集解引鄭玄曰：「

地理志，嶧山在下邳。」又太平御覽嶧山條引鄭玄注曰：「嶧山，今在下邳西葛嶧山也。」卷四十二地部七 知鄭玄注實本諸漢書地理志，今漢書地理志云：「東海郡：下邳，葛嶧山在西。古文以爲嶧陽。」前漢書二十八上 是鄭許並本班說，班說「古文以爲嶧陽」卽古文家以嶧陽爲山名，故許君釋嶧爲葛嶧山，又引禹貢作嶧陽，謂禹時葛嶧山謂之嶧陽，僞孔傳謂「嶧山之陽」，則非古文家之意矣。王先謙曰：「葛嶧山在邳州西北六里，嶧縣東十五里，嶧縣以此名，亦名嶧陽山。」漢書補注地理志第八上 謂葛嶧山卽嶧陽山之古今異名是也。錢大昕曰：「志稱古文者，謂古文家說。志引古文凡十一，以水經所載禹貢山澤所在證之，大約相同。水經相傳出於桑欽，欽正傳古文尚書者，則孟堅之言，信而有徵矣。」廿二史考異 錢說近是，今考水經禹貢山水澤地篇云：「嶧陽山在下邳縣之西。」與班許鄭之說皆合，水經雖未必桑欽所作，然班氏明言此乃古文說，是許君所引爲古文尚書可證也。

又說文豸部：「豹屬，出貉國，从豸，𣬉聲。詩曰：獻其貔皮。周書曰：如虎如貔。貔、猛獸。豼、或从比。房脂切」所引爲周書牧誓文，僞孔於「如虎如貔，如熊如羆于商郊」下傳曰：「貔，執夷。虎屬也，四獸皆猛健。」禮記曲禮上釋文引僞孔傳作貔，執夷反，有反字，執夷似爲音讀，抑卽不律爲筆之例，單音詞卽複音詞之合音歟？ 與許說相近。孔穎達疏云：「釋獸云：貔，白狐，其子豰。舍人曰：貔名白狐，其子名豰。郭璞曰：一名執夷，虎豹屬。」書疏十一 據是知爾雅及舍人注皆不以貔爲猛獸，與許說不同，而郭璞注則從古文家說，謂貔爲虎豹屬，其爾雅圖贊又云：「書稱猛士，如虎如貔，貔蓋豹屬，亦曰執夷，白狐之云，似是而非。」則與許說全同。又考禮記曲禮上云：「則載貔貅」，鄭玄注云：「貔貅亦摯獸也，書曰：如虎如貔。」孔疏申其義曰：「書曰如虎如貔者，此尙書牧誓，引證虎貔同是猛獸也。此武王伐紂時，於牧野作誓，誡士卒爲獸之辭也，令士衆皆如虎貔然也。」下又引鄭玄尙書注曰：「其威當如獸之將攫搏也，貔一名曰豹，虎類也。」禮記疏卷三 鄭君書注與許說正合。

又說文水部：「濰，水出琅邪箕屋山，東入海，徐州浸。夏書曰：濰淄其道。从水，維聲。以追切」所引爲夏書禹貢文，僞孔傳於「嵎夷既略，濰淄其道」下云：「嵎夷，地名，用功少曰略。濰淄二水，復其故道。」未言濰水之原委，孔疏乃足成之云：「地理志云：濰水出琅邪箕屋山，北至都昌縣入海，過郡三，行五百二十里。」書疏六 今考史記夏本紀裴駰集解引馬融注嵎夷既略及鄭玄注濰水原委，卽僞孔及孔疏之所本，實爲古文家之說也。今史記集解引鄭注僅「地理志：濰水出琅邪」八字，殿本史記攷證謂其下奪「箕屋山」三字是也。蓋詩齊譜孔疏引鄭玄禹貢注有此三字，而顏師古注漢書地理志「惟甾其道」下，亦全用馬鄭注文，亦有「箕屋山」三字，是鄭注與許說同，其訓又皆本之地理志，今地理志於琅邪郡箕下云：「侯國，禹貢維水，北至都昌入海，過郡三，行五百二十里，兗州寖也。」前漢書卷二十八上 據鄭注及孔疏所引，知中有脫文，書疏引又無「兗州寖也」四字，兗州與許書徐州不合，亦疑非爲原文，漢書作惟作維不定，而說文字作濰者，以水名从水爲正字耳。

又說文水部：「涘，水厓也。从水矣聲。周書曰：王出涘。牀史切」今書無此文，考詩周頌思文首章「貽我來牟」下鄭玄箋云：「武王渡孟津，白魚躍入于舟，出涘以燎，後五日火流爲烏，五至，以穀俱來，此謂遺我來牟。」孔穎達疏之曰：「武王渡孟津，至以穀俱來，皆尙書文。大誓云：惟四月，太子發上祭於畢，下至於孟津之上。注云：孟津地名。又云：太子發升舟中流，白魚入於王舟，王跪取，出涘以燎之。注云：白魚入舟，天之瑞也。魚無手足，象紂無助，白者，殷正也。天意若曰：以殷予武王，當待無助，今尙仁人在位，未可伐也。得白魚之瑞，即變稱王，應天命定號也。涘，涯也。王出於岸上，燔魚以祭，變禮也。」詩疏十九之二 孔疏載泰誓本文及泰誓鄭注甚詳，鄭釋涘爲涯，與許義合。許引「王出涘」者，非約引泰誓佚文也，特標「王」字，亦即取「得白魚之瑞，即變稱王」之意，鄭許皆本諸古文家說耳。唯考泰誓一篇，王引之經義述聞曾擧證十二，以明伏生書中有太誓，而尙書正義又引劉向別錄謂武帝末民有得泰誓者，獻之，與博士使說讀之，數月皆起，傳以教人。劉歆移讓太常博士書亦謂泰誓後得，博士集而讀之。其爲昔有，抑或後出，終未可必也。故段玉裁曰：「按今文尙書古文尙書皆有大誓，非枚賾本之太誓也。」說文注 今僞孔傳之泰誓乃屬僞造，古文泰誓，早經亡佚，然許鄭所引爲古文泰誓則無疑也。

又說文土部：「坶，朝歌南七十里地，周書：武王與紂戰於坶野。从土母聲。莫六切」所引爲周書牧誓文，今書紂作受，坶野作牧野，考詩大雅大明「矢于牧野」孔疏云：「牧誓云：至於商郊牧野乃誓，書序注云：牧野，紂南郊地名，禮記及詩作⿰土每野，古字耳。今本又不同。」詩疏十六之二馬宗霍曰：「鄭所見書序亦作牧，而詩禮作⿰土每，鄭以爲古字，然考說文無⿰土每，⿰土每蓋坶之增變，疑非鄭見詩禮原本，古文正字當從許引作坶也。」引書考 馬說是也，鄭注明言坶爲古文，可證許書所引爲古文。

至於王肅，亦善賈馬之學，通習古文師說者也。前人疑其私見古文而秘之者，今已知其不然，蓋前人或不察東晉梅本經傳，實出東晉宗王肅者所造，梅實襲王，非肅私見梅本也，不得據梅本同王，即謂肅私見孔傳，唯王肅之時，眞古文尚書之經文具在，而二十九篇之孔氏師說，亦猶相傳不絕，王氏之注古文尚書，其間存孔氏詁訓特多，今取王注以參證許書，亦得覆按孔氏之師說。

案錢基博氏曰：「王肅之說，與賈馬不違，蓋肅善賈馬之說，而不好鄭氏，非不通習古文者也。」經學通志第三 肅善賈馬之學，不好鄭氏，見於魏書本傳，蓋鄭君閎通博大，糅合古今，衆論翕然歸之，逮漢魏之交，鄭學之勢，幾奔走天下，肅見其師法厖雜，乃專與鄭氏立異，欲奪其席，唯以後進而思攘袂，恐不相勝，彼或僞造古本，以爲典據，或陰主今說，以譏短玄，所操之術，雖不足取，然肅非不通古文學者也。黃季剛先生謂「肅善賈馬之學，其說必本於賈馬者多」是也見黃侃論學雜著。。又逮梅本僞經出，唐人見其與肅注相類，疑肅私見僞孔傳，如書舜典疏曰：「王肅之注尚書，其言多同孔傳。」又左傳哀公六年夏書曰：「今失其行，亂其紀綱，乃滅而亡」，孔疏又云：「賈服孫杜，皆不見古文，以爲逸書，解爲夏桀之時，唯王肅云太康時。王肅注尚書，其言多是孔傳，疑肅見古文，匿之而勿言也。」賈服以爲是逸書，正見此是梅本之僞，其同於王肅注者，蓋肅別有僞本耳劉中叔氏已考定之。孔氏不解其故，疑肅嘗竊見其書，則誤雲仍爲曾祖矣。陸氏釋文敍錄云：「王肅亦注今文，而解大與古文相類，或肅私見古文而秘之乎？」劉知幾史通外篇第二古今正史云：「至於後漢，孔氏之本遂絕，其有見於經典者，諸儒皆謂之逸書，王肅亦注今文尚書，而大與古文孔傳相類，或肅私見其本而獨秘之乎？」是唐人並以此爲疑，及劉師培氏出，抉摘舛謬，條分縷擘，足訂千秋沿譌，彼云：「凡梅本孔傳與王說同者，均梅襲王，非王同孔，其與王注互異，則係轉襲他書。」尚書源流考劉說是也。又清儒碻證梅本爲僞古文後，學者推衍唐人之說，或直以梅本經傳，均出肅撰如丁晏尚書餘論所主，劉師培氏據諸家所引聖證論，其辨論廟制，從未引及僞書聖證論爲肅所私定，而多引家語家語亦爲肅所私定，故云：「若梅本僞經，亦出于肅，胡諸家所引聖證論，其辨論廟制，從未引及僞書？」以爲梅本非肅所親撰，肅別有僞本孔傳，今已逸之。唯晉初實有此書也並見尚書原流考。劉氏又謂於肅之時，眞古文尚書具在，肅實見眞古文，故肅本僞孔傳，其傳僞而經不僞，彼言曰：「肅序所謂五十八篇者，蓋於今文各篇外，增益眞古文二十四篇，是仍劉向別錄桓譚新論所謂五十八篇書也。知者古文逸書二十四篇，惟武成一篇，亡于建武之際，具見武成疏所引鄭注，其他各篇，歷漢迄魏，蓋未亡失，據堯典疏引書序鄭注，于仲虺之誥等篇云亡，于汨作等篇云逸，其汨作序疏亦云王注本下更有汨作九共故逸。故亦作古，是肅序古文亡逸，與鄭說同。是即肅見眞古文之證也，顧當眞書具存之日，於二十四篇之外，別造僞書二十五篇，非惟羣儒所不信，抑亦事理所必無，此義既明，則知肅序所稱孔傳，乃僞傳，而非僞經，其武成一篇，或係有目無書，抑或即世經書所引，掇集成篇，要之，非梅賾所獻之本也。」（尚書源流考）案劉說可信，所謂五十八篇者，即今文二十九篇，加壁中逸書十六篇，此四十五卷（桓譚新論謂古文尚書舊有四十五卷），分盤庚泰誓，各爲三篇，顧命分出康王之誥爲二篇，九共分爲九篇，除序數之，爲五十八篇，其中武成一篇，亡於光武之際，有目無書，故仍稱古文尚書五十八篇也。彼王肅之時，孔氏家人所上於秘府之孔傳，早經散佚，唯同於今文之二十九篇，其孔傳大義猶相傳不絕，而漢中秘所藏古文經五十八篇，除武成外，其經文具在，馬融謂逸十六篇絕無師說者，實先有其說而後亡之者，故張楷之注，衞賈之訓，並止解二十九篇，而不解十六篇矣（參見江聲尚書集注音疏述），知馬氏所謂逸十六篇者，非逸其經文，乃其師說逸而無考也，漢儒重師承，凡無師說者，不敢強爲之解，故賈逵之訓，馬融之傳，康成之注，但解二十九篇，其一十六篇，皆無注釋也（參見甘鵬雲經學源流考）。至於王肅之古文尚書注，隋志箸錄爲十一卷，新舊唐書志十卷，別有尚書駁議，隋志著錄爲五卷，唐志作尚書釋駁五卷，今並不傳，而其說散見于釋文正義之中，同于梅本僞孔傳者什之八九，是梅本爲宗肅者所造，間采他書，與肅本僞孔傳不盡相同。故僞孔傳之作，或作偭于肅，然肅之作，亦僅限於伏生所傳二十九篇，且其注文，亦必有所本，蓋眞經略備之日，孔傳大義尚未盡泯之時，非此不足以欺世故也。朱彝尊曰：「攷陸氏尚書釋文所引王注不一，並無及於增多篇內隻字，則子邕亦未見孔氏古文也。」（經義考卷七十六）此不知孔傳有訓詁可說者，其時僅存二十九篇，馬融既明言其餘絕無師說，子邕焉能復出其說哉。至於古文眞經，光武時亡一篇，其餘迄魏未亡，非子邕不得見之者也。夫王鳴盛曰：「王注之存於今者，按之，皆與馬融及僞孔合。」（尚書後案）馬國翰既輯尚書王氏注，亦深信後案之說，是肅注本於賈馬，且僅限於二十九篇，故其中必多存孔氏古文之意者也。

今尋王肅古文尚書注之殘文，其字義與說文引書全同者，計有珣、⿰金⿱昏心、敽、琨、敜、懋等字，珣⿰金⿱昏心之注亦同於馬，敽字之訓亦同於鄭，已詳前說，今參伍鉤考，可以甄發孔意、确證許書。

案說文珣⿰金⿱昏心下引書之義，同於馬王；敽下引書之義，同於鄭王，既詳前證，無事煩絜，今但考琨敜懋三篆下所引書，說文玉部曰：「琨，石之美者。从玉，昆聲。虞書曰：楊州貢瑤琨。瓄、琨或从貫。古渾切」所引爲夏書禹貢文，今作虞書者，嚴可均曰：「此引禹貢稱虞書，餘多稱夏書，玗下菏下紕下又直偁禹貢，校改之岐出如此。」說文校議 嚴謂校者所改者是也，蓋本偁虞夏書，後人始亂之。桂馥說 僞孔傳於「瑤琨篠簜」句下曰：「瑤琨皆美玉」，僞孔以爲是玉，許則以爲是石，實不相同，書疏引王肅云：「瑤琨，美石次玉者也」，是王注亦以琨爲美石，與許說合，故書疏又調合之曰：「美石似玉者也，玉石其質相類，美惡別名也。」書疏六 然美石之訓實本孔傳，故許王相同也。又書釋文云：「琨，美石也。馬本作瑻。」某氏美名之訓，或本許王，或即馬注，與僞孔不同。馬融本字作瑻，即同說文所錄之重文。許書之例，凡重文之字，不別正借，如琨瑻俱从玉，於美石之義俱非假借，許書於琨下引書，亦不以瑻爲假借，故許君擧此，不必擧古文爲正字，今文爲假借，如說文於鬃、嬦、臏、瘇、歗、㷄、䞓、䑲、㜻、綥、蠃諸字下所引詩，俱爲三字今文，而其重文祊、袾、膂、尰、嘯、燬、赬、凌、孌、綦、蜾諸字，皆爲毛詩，此亦與許敍所言詩主毛氏之義不悖，由是證之，字作琨者或爲古文之別本馬宗霍說，或爲今文之本若是今文於許例亦不悖，而字作瑻者，或爲今文柳榮宗說，或爲古文之別本馬宗霍說，琨瑻之孰爲今文，孰爲古文，似頗難定。段玉裁曰：「馬鄭皆治古文尚書，許君書宗孔氏，蓋孔氏眞古文作瑻，故許與馬同。」汲古閣說文訂 段說似近理，然猶未可必也。蓋許君引書明作琨字，而馬融爲通儒，亦兼用今文者，馬國翰輯馬氏尚書傳，謂其間參三家今文而用之者是也。而王鳴盛則曰：

「案漢書地理志引書正作瓚，漢書號多古字，似瓚爲古文，但許自言書取孔氏，此引書在琨下，則必無誤，且竹部簜字注引夏書『瑤琨筱簜』，則知作琨爲是。古文尚書作琨，今文尚書作瓚。」蛾術編說字 王氏猶疑其說，其終卒與段說相反，今案王氏據漢地理志，以爲作瓚乃古文，其證不確，後漢書班固傳明言固「所學無常師，不爲章句，舉大義而已」卷四十上 而地理志所引詩經，並據今文之說 漢喬樅齊詩遺說考敍曰：班固之從祖伯，少受詩於師丹，故叔皮父子世傳家學。漢書地理志，並據齊詩之文。，故地理志所引作瓚未必卽古文。王氏又據許君引書在琨下，謂琨必是古文無誤，此則不明許君引經之例，尚未可爲據。唯王氏又舉說文簜篆下引詩作琨字，遂斷定琨乃古文，此則與許君引經之例合，蓋簜字無異體，許君引書之例，本偁孔氏，唯若孔氏字爲假借，今文反爲正字，許君唯正字是從，可引今文 凡說文引三家詩，因毛詩具在，明白可考 ，又若一句之中，許君引證之字爲正字，而其餘有假借者，許君亦必以正字是從，可引今文 說見詩學第三 ，今「瑤琨筱簜」四字中，琨瓚爲重文，皆非假借，筱篠爲異體，亦皆非假借，簜字又無異體，凡此之例，許君必引古文，不得引今文說，以是繩之，則作琨必爲古文無疑，作瓚則或爲今文，或爲古文別本耳。

又說文攴部：「敜，塞也。从攴念聲。周書曰：敜乃穽。奴叶切」所引爲周書費誓文，僞孔傳於「杜乃擭，敜乃穽」句下曰：「擭，捕獸機檻，當杜塞之；穽，穿地陷獸，當以土窒敜之，無敢令傷所以牿牢之牛馬。」僞孔以窒敜釋敜，說文窒窴互訓，窴卽塡塞之正字。故正義申之曰

：「杜塞之，窒𢿱之，皆閉塞之義。」是僞孔與許訓亦合，正義又引王肅注曰：「杜，閉也。擭，所以捕禽獸機檻之屬。𢿱，塞也。穽，穿地爲之，所以陷墮之，恐害牧牛馬，故使閉塞之。」（書疏二十）僞孔正本王注，而王注實同許書，此孔氏古文尚書之說也。

又說文心部：「懋，勉也。从心楙聲。虞書曰：時惟懋哉。𢘓或省。（莫侯切）」所引爲虞書堯典文，今分在舜典（舜典本合於堯典，僞古文杜撰舜典發湯二十八字，而析爲二篇。），唯「時惟」作「惟時」，僞孔傳曰：「懋，勉也。惟居是百揆勉行之。」釋文引王肅注云：「懋，勉也。」是僞孔正本王注，而王注與許書實同本於孔氏也。

其有說文明言引古文者，固不煩詳辨。

案說文引書明言古文者有譙、旻、𢇍、川、𨷺、撻、𢦏、𣃔等八字，如說文言部：「譙，嬈譊也。从言，焦聲。讀若嚼。誚，古文譙从肖，周書曰亦未敢誚公。（才肖切）」所引爲周書金縢文，僞孔傳釋譙爲讓，彼鄭玄金縢注云：「成王非周公意未解，今又爲罪人言欲讓之，推其恩親故未敢。」（詩豳風鴟鴞孔疏引）是僞孔本於鄭注，方言七亦訓譙爲讓，史記朝鮮傳索隱引說文亦云：「譙、讓也。」是許鄭所訓本同者歟？然今說文訓嬈譊者，嬈爲苛，譊爲恚呼，苛通爲訶（玉篇零卷訶譙也亦嬈也），合其意，與讓亦同。說文此條引書在古文下，字據古文作誚，當是古文本也。又如說文日部：「旻、秋天也。从日文聲。虞書曰：仁閔覆下，則稱旻天。（武巾切）」所引爲虞書說，馬宗霍曰

：許君引易說偁易曰，引詩傳偁詩曰則此引書說偁書曰，正是一例。」馬說是也，今考周禮大宗伯疏引五經異義載堯典：「欽若昊天」一語，今尚書歐陽說曰：春曰昊天，秋曰旻天。古尚書說云：仁覆愍下，則稱旻天。許君謹案從古尚書說，謂旻天不獨秋（詳見許論天號條），是說文此條，明引古尚書說，而釋旻為秋天，又兼存今文家說者也。又如說文㣇部：「𢑛，㣇屬。从二㣇。𢑚，古文𢑛。虞書曰：𢑚類于上帝。（息利切）」所引為虞書堯典文，今分在舜典，而字作肆。馬宗霍曰：「引書既在古文下，則許所據經文當作𢑚，洪适隸續所錄魏三體石經尚書殘碑大誥篇：『肆予大化』，古文肆作𢑚，新出三體石經尚書殘碑多士篇：『肆不正』，肆之古文同，以彼例此，亦其旁證，今作𢑛者，蓋轉寫涉本篆而誤耳。」又如川部：「川，貫穿通流水也。虞書曰：濬〈巜距川，言深〈巜之水會為川也。（昌緣切）」所引為虞書皐陶謨文，今在夏書益稷篇，〈巜字作畎澮。馬宗霍曰：「案說文〈巜皆部首，不言古文，然以谷部㕡下古文作濬例之，則濬〈巜三字皆古文也。〈下出篆文畎，則〈自為古文。」又如門部：「闢，開也。从門辟聲。𨳇，虞書曰：闢四門，从門，从𠬞。（房益切）」所引為虞書堯典文，今分在舜典。馬宗霍曰：「許引書在闢下，而字仍作闢，復不言𨳇為何體，殊為可疑。……玉篇闢下有𨳇，云『古文』，𨳇即開之譌。顏師古匡謬正俗卷二開字條云：『許氏說文解字，開古闢字。』則知今本說文𨳇下奪古文闢三字。開既為闢之古文，則引書亦當作𨳇，敦煌唐寫本尚書釋文殘卷舜典篇出辟字，云『本又作闢，說文作閞。』其引說文，正足訂今本說文僞書作闢之失。」又如手部：「撻，鄉飲酒罰不敬，撻其背，从手達聲。遽，古文撻，周書曰：遽以記之。他達切」所引爲虞書皐陶謨文，今書作撻。馬宗霍曰：「周蓋虞字之譌，段玉裁云：『古文撻從虍，未詳，唐貞觀時，釋玄應衆經音義引古文最多，而有澾𨔵無遽，疑虍即攴之誤，字本作𨔵，譌作遽。』案從攴則與從手同意，段說是也。」並見說文引書考。又如䖵部：「蠢，蟲動也。从䖵，春聲。𢧵，古文蠢从𢦏，周書曰：我有𢧵於西。尺尹切」今周書無此文，閻若璩謂即大誥「有大艱於西土，西土之人亦不靜，越茲蠢。」隱括而擧之是也。又如斤部：「斷，截也。从斤，从㡭、㡭、古文絕。㫁，古文斷从皀，皀，古文叀字，周書曰：㫁㫁猗無他技。㓇，亦古文斷。」所引爲周書秦誓文，今書作斷，然說文引書在㫁下，字作㫁。凡此皆說文明言是古文者，固不煩絮證，其或傳寫譌舛，馬氏已詳考舛異之故，彼說精核，故不避鈔胥之誚，但錄其說，自足徵矣。

至於魏三體石經之尙書古文，研稽其流衍，亦是眞古文尙書，故多與許書相譍，魏時孔傳已有僞託，而所據之本，仍是眞經。今掇拾殘賸，推尋原始，許君所據，亦粲然明白矣。

案魏正始三體石經尙書殘字，所刻古文，與說文引書相譍者，有𨐨，𦃇，狟，臬 等四字，如說文辟部：「𨐨，治也。从辟，乂聲。虞書曰：有能俾𨐨。魚廢切」所引爲虞書堯典文，今書作乂。

新出魏三體石經尚書殘碑君奭篇：「巫咸乂王家」，古文乂正作[illegible]，馬宗霍謂即𨐨之小變者是也，且爾雅釋詁乂治也下釋文云：乂字又作𨐨」，是許書所引，每有旁證，而石經則明作科斗古文也。又說文犬部：「狟，犬行也。从犬，亘聲。周書曰：尚狟狟。胡官切」所引爲周書牧誓文，今書作桓。洪适隸續所載魏三體石經春秋左氏殘碑桓公十七年經葬蔡桓侯，古文桓作[illegible]，馬宗霍謂左旁從犬，右旁則亘之筆勢小異者是也，此雖非尚書殘文，亦可作旁證。又說文夰部：「奡，嫚也。从百，从夰，夰亦聲。虞書曰：若丹朱奡，讀若傲。論語奡湯舟。五到切」所引爲虞書臯陶謨文，今在夏書益稷篇，奡字作傲，又於若字上有無字。新出魏三體石經春秋殘碑文公經「公孫敖如齊」，古文敖作奡，即奡字，馬宗霍謂以彼例此，知此經之奡亦古文者是也。引論語亦作奡者，許君自敍明言「論語孝經皆古文也」，且書益稷釋文云：「傲字又作奡」，是許君所引，又有旁證者矣。至於魏正始石經之考證，朱彝尊經義考采輯最詳，彼引洪适隸續云：「酈氏水經注云：漢立石經，魏正始中又刻古文篆隸三字石經，唐志有三字石經古篆兩種，曰尚書，曰左傳。」又引戴延之西征記曰：「國子堂前有刻碑，南北行三十五版，表裏書春秋經尚書二部，大篆隸科斗三種字碑，長八尺，今有十八版存，餘皆崩。」又引江式曰：「魏陳留邯鄲淳特善倉雅，許氏字指，八體六書，精究閑理，以書教諸皇子，又建三字石經於漢碑之西，其文蔚炳，三體復宣，較之說文，篆隸大同而古字少異。」立石經之時地及石經所依從之本實出邯鄲淳所傳寫，皆已可考，江式謂石經古字與說文少異者，或傳寫小變而失眞（見晉書衞恒傳），或說文所引古文，不限於孔壁古文，故爾不同，朱氏又引晉書衞恒傳曰：「漢武時，魯恭王壞孔子宅，得尚書春秋論語孝經，時人以不復知有古文，謂之科斗書，漢世秘藏，希得見之，魏初傳古文者，出於邯鄲淳，恒祖敬侯覬，寫淳尚書，後以示淳，而淳不別，至正始中，立三字石經，轉失淳法，因科斗之名，遂效其形。」（並見卷二百八十八）劉師培氏據此傳，乃斷定魏石經所列古文，其經文乃眞古文尚書。劉氏云：「據彼說知漢代眞古文尚書，實爲邯鄲淳所傳寫，魏石經所列古文，雖筆法或與淳異，至其經文，實與淳所傳寫者，其本不殊，即當時所謂科斗本，乃肅序所稱孔傳，亦云皆壁中科斗字，所載孔衍上書，其說亦同，準是以言，知魏孔傳所據之本，實與魏石經尚書古文同。更即隋志及束晳之說證之，晳于西晉秘府古文，稱爲孔子壁中書，知所見之經，亦即魏孔傳所據本，與魏代尚書石經同源，隋志謂西晉秘府古尚書，今無有傳，明其書散亡，別無傳本，蓋秘府所存古經，肅序所稱孔傳，迄于永嘉，其書並亡。陸氏釋文敍錄，說與隋志相應，蓋陸氏亦知永嘉喪亂，所亡書冊，有古文尚書經，即西漢末年立學之本，與梅本古文孔傳不同，惟語焉不詳，今以其說證隋志，則知眞古文尚書，東晉以前，其文具在，即魏人所託，孔傳所據，亦係眞經，乃孔氏尚書。」（尚書源流考）劉說別白眞膺，獨操明鑑，謂魏時孔傳已有王肅僞託之本，然所據之本，與正始石經同爲眞古文，孔壁古文，迄永嘉始泯，說最融貫，故今擷取三體石經尚書殘字，其古文每與說文引書相應，考鏡其源流，實出一本也。

其有與尚書大傳不同者，書傳爲今文，則說文爲古文亦可得以旁證。

案說文攴部：「敓，彊取也。周書：敓攘矯虔。从攴兌聲。徒活切」所引爲周書呂刑文，今書作奪，與說文不同。段玉裁曰：「尚書大傳周傳曰：降畔寇賊刧略敓攘矯虔者其刑死。漢書武帝紀孟康注引尚書敓攘矯虔。玉裁按：大傳及孟康，今文尚書也。許氏說文，古文尚書也。然則古文今文本皆作敓，敓奪古通用。廣韻十三末敓字下曰：古周書曰：敓攘矯虔。云古周書者，謂天寶以前之周書也。」古文尚書撰異 今案段說猶當待考，周禮秋官司刑「殺罪五百」句下鄭注引書大傳作：「刧略奪攘矯虔者，其刑死。」今文不作敓，正作奪，陳壽祺尚書大傳輯校，遍尋諸書所引大傳，無作敓者。唯孟康注漢書武帝紀「撟虔」下及廣韻十三末敓字下引尚書作敓，廣韻所引當卽本諸說文，故曰古周書，馬宗霍氏謂廣韻非別見周書古本者是也。段氏謂尚書大傳作敓，不知何據？又謂孟康注卽今文尚書，亦未審所本，孟康當魏時古文尚書盛行之際，彼所引未必非古文尚書，今鄭注所引大傳昭昭具在，說文與大傳不同，其爲古文，亦可得而旁證矣。

又說文豊部：「豑，爵之次弟也。从豊从弟，虞書曰：平豑東作直質切。」所引爲虞書堯典文，今書作「平秩東作」，僞孔傳曰：「平均次序東作之事，以務農也。」與許書字義皆異，劉逢祿曰：「史記作便程東作。索隱：尚書大傳曰：便秩東作。段云：周官馮相氏鄭注：平作辨，下並同。」（尚書今古文集解一）今考史記五帝紀索隱引尚書傳作「辯秩東作」，五帝紀集解引則作「便秩東作」，周禮馮相氏注「辯秩東作」，賈公彥疏云：「按尚書皆作平秩，不爲辨秩（當作辯秩），今皆云辨秩，據書傳而言。」（周禮疏二十六）是大傳本作辯秩，陳喬樅曰：「作便程蓋歐陽之異文」，據是則作便秩亦今文家之異文，許君作平豑，與今文家大傳不同，其爲古文，亦可得旁證矣。

又有許君引書與漢熹平石經不合者，熹平石經尚書爲小夏侯本，乃今文家本，故說文所引爲古文，亦可得以旁證。

案如說文攴部：「敀，迮也。从攴，白聲。周書曰：常敀常任。（博陌切）」所引爲周書立政文，今書作「常伯常任」，考洪适隸釋卷十六所載漢熹平石經尚書殘石，有「常伯常任辟」一行，與許書不同，許君於敀迮之訓下引常敀者，蓋敀迮有近義，常敀在王左右，乃親近之臣也（錢大昕王鳴盛說）。又考司空文烈侯楊公碑：「帝以機密齋栗常伯劇任」、陳留太守胡公碑：「乃位常伯恪處左右」、太邱長陳仲弓碑：「便可入踐常伯超補三事」、魏受禪表：「常伯常任」，皮錫瑞曰：「案楊胡陳三碑，皆蔡伯喈作，漢以常伯比侍中。」又曰：「蔡伯喈習夏侯尚書。」（見漢碑引經考卷二）是又可證夏侯尚書作伯字。又說文火部：「焯，明也。从火卓聲。周書曰：焯見三有俊心。

（之若切）」所引爲周書立政文，今書焯作灼，說文灼訓炙也，當非本字，考洪适隸釋卷十六所載漢熹平石經尚書殘石，有「有會心以敬事」一行，屈翼鵬先生曰：「灼見三有俊心，俊，漢石經作會。」是石經有俊心作有會心，與許書不同。又說文力部：「勱、勉力也。周書曰：用勱相我邦家。讀若萬。从力，萬聲。（莫話切）」所引爲周書立政文，今書邦作國。考廣漢屬國都尉丁魴碑云：「協和萬國」，皮錫瑞曰：「堯典協和萬邦，此引作國者，今文邦多作國，不由避諱。……隸釋論石經論語云：『漢人作文，不避國諱，威宗諱志，順帝諱保，石經皆臨文不易，樊毅碑命守斯邦，劉熊碑來臻我邦之類，未嘗爲高帝諱也。此碑（案論語殘碑）邦君爲兩君之好，何必去父母之邦，尚書安定其邦，皆書邦作國，疑漢儒所傳如此，非獨遠避此諱也。』（漢碑引經考卷二）洪适隸釋所舉石經尚書，即熹平石經，書邦作國與丁魴碑合，段玉裁曰：「凡古文尚書多作邦，凡今文尚書多作國。」（古文尚書撰異），馬宗霍曰：「熹平石經皆依今文，今文既作國，則作邦自爲古文，段說是也。」今按段馬之說近是，唯熹平石經僅取今文中一家，故與熹平石經不同，尚不能遽定爲古文，唯可作爲旁證也。

熹平石經尚書依小夏侯本，屈翼鵬先生已確證之。

案屈翼鵬先生漢石經尚書殘字集證云：「漢石經尚書所據者究爲何家之本？宋代及清中葉以前之治漢石經者，都未言及。皮錫瑞氏首謂其爲夏侯氏本，而語焉未詳。陳夢家氏曾申皮氏說，而論多未諦，吳維孝據漢石經敍殘石「尙書小夏侯」等字，定爲夏侯建本，又因片辭孤證，未爲學林所注意。今參考三家之說，而以尙書殘字及石經敍殘字證之，知漢石經尙書所據者，確爲小夏侯本。」（自序）屈先生又於論證篇中，列「漢石經尙書爲小夏侯本」爲專章以討論之，其說詳明審諦，爰具錄之：「漢石經所刻諸經，皆漢代立於學官之本。尙書之立於學官者，爲歐陽氏及大小夏侯氏三家。然則漢石經尙書所據者，如非歐陽氏本即大小夏侯氏本也。……然就篇數覘之，則可知漢石經尙書所據者，當非歐陽氏本。以書序殘字及經文殘字酒誥篇題證之，知漢石經尙書爲二十九篇本。按：漢書藝文志著錄歐陽經三十二卷（併序一卷數之），大小夏侯各二十九卷，而三家皆以一篇爲一卷，漢石經尙書既爲二十九篇，自非歐陽氏本。此義皮錫瑞氏今文尙書考證已先言之（見卷三十第三葉）云：『孔氏所見石經爲夏侯尙書，蓋歐陽尙書……分太誓之篇爲三，故較夏侯氏之合爲一篇者，多出二篇耳。』陳夢家氏尙書通論，亦有此說（見九十七頁）：『石經序附在二十九卷後，即尙書序正義所說伏生二十九卷而序在外。石經的尙書沒有康王之誥序，所以必不是歐陽經本，亦不是鄭注本，東漢時，大小夏侯和歐陽的尙書都是三十三篇，大小夏侯經二十九卷，歐陽章句三十一卷，石經尙書至少是夏侯氏的。』按陳氏承皮鹿門說，以爲漢石經尙書乃夏侯氏本者，是；而其立論則頗有可議。蓋河內本泰誓未發現之前，歐陽本尙書康王之誥，當獨自爲篇（承伏生本之舊）。比河內本泰誓既獻，朝廷下示博士而增入尚書之後，則歐陽本與大小夏侯本已同將康王之誥合於顧命按漢武帝末年、歐陽及大小夏侯等於伏生傳本中，增入泰誓。大小夏侯本各爲二十九卷，二家既皆增入泰誓，應爲三十卷，然仍爲二十九卷者，經典釋文釋康王之誥：「歐陽大小夏侯同爲顧命。」是以知合康王之誥於顧命，自歐陽及大小夏侯始，故至立石經時，即使所用爲歐陽氏本，亦必不能有康王之誥序，則據此以斷漢石經尚書非歐陽氏本，自非的論。又歐陽及大小夏侯尚書，皆以一篇爲一卷，大小夏侯各二十九篇二十九卷，歐陽經則三十二篇三十二卷併序一篇一卷在內，凡此已於前文詳之。然則陳氏謂大小夏侯及歐陽尚書皆三十三篇者，亦未合乎事實也。歐陽尚書所以多於大小夏侯尚書三卷即三篇者，除書序一卷外，其餘則或謂歐陽本分盤庚爲三篇，或謂其分泰誓爲三篇，而盤庚泰誓俱在酒誥之前，二者之一如分爲三篇，則尚書篇第至酒誥當爲第十八篇，而漢石經尚書殘字，尚存酒誥篇題，云：『酒誥第十六』，據此知漢石經尚書盤庚、泰誓皆不分篇，即此一事，可知漢石經爲二十九篇本，亦即夏侯氏本也。復按：民國十三年洛陽出土三角形殘石一，表裏刻字。審之，碑陽當爲奏刻漢石經表殘文存九行七十四字，碑陰則爲漢石經敍殘文存十一行八十四字。石經敍殘字中，有『尚書小夏侯』云云，吳維孝新出漢魏石經考卷一，因謂漢石經所刻爲夏侯建尚書，以漢石經尚書篇數及此殘文五字互證之，吳氏之說良信。然則漢石經尚書所據者爲小夏侯本，蓋斷斷乎無疑矣。」卷一屈先生又將碑圖復原，得證確爲二十九篇小夏侯本。熹平石刻尚書既是今文，說文引書與彼不合，可旁證其所引乃古文本也。

又若有許君引書，字與古文不同者，蓋必古文爲假借字，今文爲正字，說文之例，唯正字是從，故不嫌兼載今文。

案如說文玉部：「璪，玉飾如水藻之文。从玉喿聲，虞書曰：璪火黺米。（子皓切）」所引爲夏書益稷文（古合於咎繇謨），今書作「藻火粉米」，僞孔傳曰：「藻，水草有文者，火爲火字，粉若粟冰，米若聚米。」字義與許書不合。今考尙書釋文云：「藻音早，本又作薻，粉米，說文作黺⿰黹米，徐米作⿰糸米，音米。」陸氏於此篇皆詳載馬鄭之異同，而獨說文作黺⿰黹米，是許本不同於馬鄭古文之本，而反合於尙書大傳（馬國翰輯今文尙書作璪火），禮書卷一卷三引尙書大傳鄭注云：「玄或疑焉，璪，水草蒼色。」鄭君雖存疑於此，然大傳字作璪，而訓爲水草蒼色，與許書正合，皮錫瑞謂「今文藻一作璪。」（今文尙書考證）是許君此條，以衣間玉飾當从玉爲本字，故引今文之本，而其訓義仍與古文相合，段玉裁曰：「此古文尙書咎繇謨文，按虞書璪字衣之文也，當从衣，而从玉者假借也：凡說文有引經言假借者例此。」（說文注）案段說非也，凡說文引經之例，不得言假借，許君每以本字是從，凡古文爲本字，則許君依之，古文今文不分正借者，許君或兩引之以存異文，若古文爲假借，許君必不引之，若引，亦必以今文之爲本字者代之，此說文引經之例也，易孟氏，書孔氏皆佚而不存，其例難盡見，今詩毛氏具在，以斯例繩之，前人以爲糾葛難憭者，皆綱條嚴整，井井不紊矣。段氏之誤，徐灝氏已嘗發之，彼云：「段謂衣之文當从衣，非是。水藻字正作藻，因刻於玉而別製璪字，此璪之本義，許所見書作璪，蓋經師相傳別本，段以爲古文尚書，亦未必然也。」（說文解字注箋）徐說是也，儀禮聘禮鄭注明言：「今文繅作璪」，則說文作璪爲引今文，又有旁證存焉。且作黺䊢，黺字今見大傳殘文，又其證也。黺䊢皆爲衣飾之本字，故說文引之也。然今本說文無䊢字，桂馥曰：「大傳作璪火黺米，釋文引作黺䊢，本書無䊢有䋛，云繡文如聚細米也。」（說文義證）己疑爲䋛字，而陳瑑亦云：「盧學士謂說文無䊢字，當仍用米字。案說文糸部䋛，繡文如聚細米，䊢蓋䋛字之譌，與黺連文，遂誤爲黹旁。」（說文引經考證）直疑䊢爲䋛之誤字，今謂釋文引說文作黺䊢當不誤，若䊢本作䋛，陸氏又何勞云「徐米作䋛」也，必徐邈本與許不同，故須分別言之，許書今無䊢篆者，蓋䊢䋛同音同義，䊢爲䋛之重文，今䋛下脫重文耳，此說嚴可均已發之（見校義璪篆䋛篆下），嚴說最爲得實，今從之。

又若今古文尚書有異文，彼兩作之字俱非假借，則許君有一書兩引之例，此則或並存今文異字，或並收古文別本。

案如說文辵部：「逑，斂聚也。从辵，求聲。虞書曰：旁逑孱功。又曰怨匹曰逑。（巨鳩切）」所引爲虞書堯典文，今書作「方鳩僝功」，僞孔傳鳩亦訓聚。段玉裁以爲此所引爲今文尚書，其說無證（已詳馬融條僝字下），說文人部僝下亦引虞書「旁救僝功」，儀禮士喪禮鄭玄注云：「今文旁爲方」，據此則辵部人部兩引虞書，字體不同，作旁則一，蓋爲古文之別本，古文經藏於中秘者非人得盡見，學者傳鈔，勢必有異歟？馬宗霍曰：「許君於本句辵部人部分別引之，愚疑古文有別本，故互見以存異文，而此條則引證逑字耳。……人部倢下引作救，攴部云：『救，止也。』彼亦借字也。」卷一 又曰：「人部引倢則以倢爲正字，而彼作孱，叚借字也。孨部云：孱、迮也，一曰呻吟也。今書作僝，說文所無。」卷二 今案馬氏謂此二引爲古文有別本，其說近是，然區別逑爲正字，救爲假借；倢爲正字，孱爲假借，則非許書之例也，許書之例，以正字是從，無取假借，兩作之字俱非假借，始兩引之 徵諸許君引詩之條，毛與三家之殘文具在，皎然明白。 許訓逑爲斂聚，救爲止，救斂之从攴，與逑之从辵同義，而止聚之義引申相通，旁逑倢功，蓋謂共工多作事務而具有功績 見屈翼鵬尚書釋義 ，旁逑既爲多攬事務，則从辵从攴俱非假借。又倢孱二字，義不可通，然孱實倢之筆誤，篆文从人从尸形似，遂誤倢爲孱，僞孔本又合倢孱二字作僝，故說文亦無其文，人部引經在倢下，故倢不誤耳。辵部作孱乃誤字，非假借字也。許君兩引，但在逑救之異文，非存倢孱之異文也。

又說文𤿺部：「𡰪，羽獵韋絝，从𤿺、廾聲。𧜧或从衣从朕，虞書曰：鳥獸𧜧毛。而隴切」所引爲虞書堯典文，今書作氄毛。史記亦作氄，釋文云：「氄，馬融云：溫柔貌。」是史記及馬本並作氄，然說文不收氄字，故不得稱引之以存異字，許書之例，凡不收之字，皆不以爲正字，故一并不引 詳見詩學第三所證 ，許於毛部𣬛篆下亦引虞書曰：「鳥獸𣬛髦」，此引作𧜧毛，桂馥疑是誤字，孫星衍以爲是孔壁古文異字，馬宗霍以爲此文兩引乃所見古文有別本，皆非也。今考惠棟曰：「髦，古毛字，既夕記云：馬不齊髦。鄭注云：今文髦爲毛，古文尙書毛皆作髦。」九經古義據是則許書兩引一作毛，一作髦者，並存今古文異字耳。复部下所引爲今文本，𧝎字从衣，彼相與重文之字从复，从衣复之義與从毛之義並得相通，用諸鳥獸之皮毛俱非假借，故許君得並引之。

又說文刀部：「劋，絕也。从刀喿聲。周書曰：天用劋絕其命。子小切」所引爲夏書甘誓文，今書作勦，僞孔傳曰：「勦、截也。」義與許同。馬宗霍曰：「釋文云：『勦，子六反，玉篇子小反，馬本作巢，與玉篇切韵同。』愚案說文力部云：『勦，勞也。』義不爲截，玉篇刀部劋剿二文相蒙，云：『劋，子小切，絕也。剿同上。』廣韻三十小云：『剿，絕也，子小切，劋上同，出說文。』廣韵本於切韵，則陸氏所云馬本作巢與玉篇切韵同者，巢當爲剿字傳寫之譌。」引書考 按馬說是也，馬融本作剿，今僞孔本譌作勦，敦煌唐寫本隸古定尙書殘卷甘誓篇，字正作剿，可證今本僞孔乃剿誤勦。說文水部濕篆云：「讀若夏書天用勦絕」，本亦當作剿，後人以僞孔誤本改爲勦也，蓋勦則訓勞，爲假借字，許君必不引之，馬融本作剿，劋剿並从刀，於絕義俱非假借。說文薻藻爲重文，劋剿亦俱非假借，故許君兩引之。至劋剿孰爲今文，孰爲古文，或並爲古文異字，今則斠讐之資不足，未敢私斷也。

又說文木部：「欁，伐木餘也。从木獻聲。商書曰：若顚木之有甹欁。櫱，欁或从木辥聲。𣎵，古文欁从木無頭。梓，亦古文欁。五葛切」又丂部：「甹，木生條也。从丂由聲。商書曰：若顚木之有甹枿，古文言由枿。以州切」所引爲商書盤庚文，今書作由蘖，唐人書篆法說文木部殘紙欁下引商書曰：「若顚木之有由蘖」，與二徐本皆不同。莫友芝曰：「由蘖，大徐作甹欁，小徐作餘欁，按丂部甹引商書曰：若顚木之有甹枿，古文言由枿。是甹則伏生歐陽夏侯書，由乃孔氏古文，枿蓋梓之省變。……本書遺由篆，由聲字二十二，蘖則櫱之隸變。」唐寫本說文木部箋異案唐寫本欁下引作由蘖，乃知許書眞本實作由蘖，蓋古文本作由梓，隸變又作由枿，桂馥、郝懿行謂「枿爲梓之變體」是也，書釋文云：「櫱木又作枿，馬融云：顚木而肆生曰枿。」是陸見馬本猶作由枿陸不言由有異文，而梓字已變枿，與說文甹下所言「古文言由枿」正合，是馬氏依古文本也。說文欁下作由櫱者，蓋櫱甹重文，不分正借，時古文必有作由櫱作由梓者，古文今文之分在由甹之不同，不在櫱梓之異體，故許書於甹枿下特標「古文言由枿」以明之，由是言之，說文欁下所引本作由櫱者爲古文，作甹枿者爲今文，櫱枿既爲重文，俱非假借，例得兩引。由篆今已闕脫，以例推之，由甹於木生條之義，當亦俱合，而非假借，故許君兩引之耳。

又說文谷部：「㕡，深通川也。从谷从歺，歺、殘地阬坎意也。虞書曰：㕡畎澮距川。濬，㕡或从水。濬，古文㕡。私閏切」所引爲虞書皐陶謨文，今在益稷篇，㕡作濬，餘皆同，考說文川篆下亦引虞書此文，作「濬くㄍ距川」，且釋之曰：「言深くㄍ之水會爲川也。」許於此篆下明言濬爲古文，則川下所引當是古文本，此下所引作「睿畎澮距川者，當是今文本，凡許君列爲重文及一書兩引者，皆爲正字，睿字从谷，濬字从水，於深通川之義皆非假借，故許兩引之，且以爲重文也。至於古文作くㄍ，今文作畎澮，亦皆非假借，史記集解引鄭玄曰：「畎澮，田間溝也。」是鄭君從今文本，許君言「深くㄍ之水會爲川」，くㄍ之義與畎澮相同，然田間溝字作くㄍ，作畎澮，並得爲正字，故許君兩引之也。

又說文戈部：「𢦟、殺也。从戈、今聲。商書曰：西伯既𢦟黎。口含切」所引爲商書西伯戡黎文，今書𢦟作戡。考說文𨞇篆下亦引此經篇題作「西伯戡𨞇」，前已證與史記同，爲古文本。此下引作𢦟者，王應麟謂大傳西伯戡黎，戡正作𢦟漢書藝文志考證，是作𢦟爲今文本也。戡𢦟皆从戈，於殺義俱非假借，故許君兩引之，以兼存今文耳。

又說文戈部：「戔，賊也。」从二戈，周書曰：戔戔巧言。昨干切」又言部：「諞，便巧言也。从言，扁聲。周書曰：截截善諞言。論語曰：友諞佞。部田切」諞下所引爲周書秦誓文，戔下所引「戔戔」二字，當卽截截之異文，段玉裁曰：「周書曰戔戔，句絕。下當云：戔戔、巧言也。…賈逵外傳注曰：諓諓，巧言也公羊音義，許用侍中說釋書也。」古文尚書撰異又曰：「秦誓截截善諞言，說文言部引之，此古文尚書也，今文尚書作戔戔靖言。」仝上按段說近是，公羊及外傳並今文說，是今文作戔戔、作諓諓（劉向九歎曰：讒人諓諓。王逸注：諓諓讒言貌。引書作諓諓竫言），說文無諓字，治經者加言旁於戔（段氏說），則專用爲賊害之巧言矣。戔从二戔，戩亦从戈，於賊害之義，俱非假借，故許君兩引之，以兼存今文本也。

又若許君兩字列爲重文，則不別字之正借，即於今文篆下引書，亦不以古文爲假借。

案若許書琨瑻爲重文，於琨下引書作琨，馬融本則作瑻，琨瑻於美石之訓皆非假借，故許君雖引書琨字，亦不以瑻字爲假借。又玭蠙爲重文，於蠙下引書作蠙，別本有作玭者，玭蠙於珠義皆非假借，故許君雖引書蠙字，亦不以玭字爲假借。又若杶櫄爲重文，於杶下引書作杶，鄭玄本則作櫄，杶櫄於木也之訓皆非假借，故許君雖引書杶字，亦不以櫄字爲假借。若斯諸例，證並見前，無庸複述。又若譙，古文作誚。絺，古文作𥿧。闢，古文作閞。撻，古文作𢻫。蠢，古文作𢧢。斷，古文作卲。許君引經並在古文下，然亦不以譙、絺、闢、撻、蠢、斷爲假借，證亦並已見前，茲不煩絮。又若祡，古文作𥛚。玕，古文作𤥚，謨，古文作暮，巘，重文作櫱，古文作𣎵、作枿，霸，古文作𩃬。許君引經在祡、玕、謨、巘、霸諸文下，然亦不以𥛚、𤥚、暮、櫱、𣎵、枿、𩃬諸古文爲假借字，巘字已見前證，今考玕、謨、霸、諸篆下引書，並爲今文，此則非以古文爲假借乃引今文者。案如說文示部：「祡，燒柴燓燎以祭天神，从示，此聲。虞書曰：至于岱宗祡。禬，古文祡，从隋省。仕皆切」所引爲虞書堯典文，今在舜典，字作柴，與許書不同。陸德明尚書釋文引馬融曰：「祭時積柴加牲其上而燔。」史記裴駰集解引鄭玄云：「柴祭東嶽者，考績柴燎也。」公羊隱八年傳徐彥疏引鄭注亦作柴，是僞孔本同於馬鄭，段玉裁孫星衍並謂禬字爲孔壁古文尚書，則許書作祡者今文尚書耳，祡禬並从示，於祭天之義俱非假借，故許引今文尚書，亦不以古文作禬爲假借，馬鄭本字作柴者，則爲今文尚書之別本，馬宗霍曰：「本經此文主巡狩祭天而言，自以許引作祡爲正字，作柴假借字也。」馬說是也，許君之例，凡今文古文有異字，其非假借者，許君每兼引之，古文爲假借，則引今文，今文爲假借，許君不載也。然馬氏又曰：「愚謂此或古文尚書有別本」引書考 按此則非也，凡許君引書不在古文下，又曰古文作某者，引書必是今文，若祡禬爲古文別本，則但言祡禬爲重文即足，何庸標明禬爲古文哉。

又說文玉部：「玕，琅玕也。从玉干聲，禹貢：雝州球琳琅玕。𤥚，古文玕。古寒切」所引爲禹貢文，小徐本作「雝州璆琳琅玕」，馬宗霍云：「璆卽球之或體，然許引經不在璆下，則大徐本作球爲是。」說文引書考 今謂馬說非是，說文引此雖不在璆下，亦不在球下，何得云作球爲是哉。桂馥曰：「禹貢云云者，後人加之，本書琨下引虞書，蠙下引夏書，不稱禹貢。」則又直疑所引皆爲後人所增矣。王筠氏亦引鐵橋說琨字曰：「此引禹貢偁虞書，餘多偁夏書，玕下菏下紕下，又直偁禹貢，校改之岐出如此。」謂後人校改則有之，遽疑後人所增，則須待確證耳。今考小徐本於璆爲球之重文下，彼繫傳引爾雅璆琳琅玕，則小徐本之璆字未必後人所改也。小徐本作璆，爲得說文古本之眞，考小徐之作璆，非僅史記夏本紀引禹貢作「璆琳琅玕」，即鄭玄本恐亦作璆。桂馥說文義證謂「禹貢厥貢惟球琳琅玕，鄭本作璆，云美玉。」王筠句讀、朱駿聲通訓定聲，並加轉引，今謂桂云鄭本禹貢作璆，不知何據，唯考禮記玉藻：「天子以球玉」，儀禮士喪禮竹笏句下鄭注引玉藻云：「天子以璆玉」經典釋文儀禮音義作以璆，毛本儀禮亦同，阮元據盧文弨說改璆爲球，非是，玉藻鄭注云美玉也，故桂氏云然歟？小徐本與史記相同，與鄭本相應，與今本作球有異，故知作璆爲許君古本之眞迹。馬宗霍氏嘗曰：「許訓玕曰琅玕者，琅玕兩字一名，許琅下云：『琅玕，似珠者』，義具彼篆，故此但云琅玕矣。王充論衡率性篇曰：『魚蚌之珠與禹貢琅玕，皆眞珠也。』此從段氏校定，今本譌亂不可讀許訓玭爲珠，訓琅玕爲似珠者，似珠則非眞珠，是許意以出於水者，與出於土者有別，與王充說略異，陳喬樅以論衡爲今文尚書說，知許說古文說也。」引書考馬氏近是，唯釐析今古文說之不同，謂古文以爲琅玕乃似珠者，今文以爲是眞珠，所以不同。然考詩大雅韓奕孔疏引鄭玄書注云：「琅玕、珠也。」段玉裁以爲即禹貢注，鄭球作璆，與許相應，所訓琅玕爲珠，當亦是古文說。且王充論衡率性篇作「禹貢璆琳琅玕者，此則土地所生，眞玉珠也。」字亦作璆，訓爲眞玉珠，眞玉珠亦地所生，對人爲之玉珠而言，可謂之眞玉珠人爲之珠者，即論衡所云隨侯以藥作珠精耀如眞者，鄭君訓爲珠也者，亦卽此意。眞玉珠對魚蚌之珠而言，則爲似珠，由是言之，鄭君之珠也，王充之眞玉珠也，與許君訓爲似珠者，義本同恉，非今古文說義不同之判也。且王充論衡引書是否爲今文家說，殊難臆斷，陳喬樅氏今文尚書經說考敍錄中，亦不能據史傳所載，以明其師承源流，僅於堯典第一條下云：「喬樅謂：仲任著書立說，於書三家獨稱千乘歐陽氏，此其習歐陽尚書之明徵也。」（皇清經解續編卷千七十九）今考陳書所錄論衡說，每與史記相符，陳氏強爲今文說項，謂史記所引爲今文，故以論衡與之同者亦今文，此眞章太炎先生所云：「強誣史公所稱皆今文，此眞所謂揜目捕雀者也。」（太史公古文尚書說）由是知強誣論衡爲今文說，其誤亦然，論衡實兼采今古文說，康有爲謂「仲任頗雜古學」者是也（見孔子改制考）。唯許君此條引書下明言古文作玤，則作玗當爲今文，史記、鄭君亦多有兼采今文之例，唯玗玤並从玉，訓以爲琅玕，其字皆非假借，故引書雖爲今文，亦不以古文爲非正字。許君所收古文，段玉裁以爲卽壁中尚書，王國維氏亦謂：「說文全書中所有重文古文五百許字，皆出壁中書及張蒼所獻春秋左氏傳。」又曰：「說文古文自成一系，與殷周古文截然有別。」（觀堂集林卷七）按段王之說，大致可信，凡說文引書所稱之古文，固當爲孔壁之古文，唯其餘是否皆出孔壁，尚待商榷，蓋說文之古文，其不引經者，與引經之古文，繁簡不齊，未必自成一系，而鳳之古文朋，與殷周古文何嘗截然有別（甲骨鳳字假鳳爲之，形皆類此。），且說文中篆文古文形通者，證諸甲骨，亦多可證者，如說文甚字从甘，古文从口，而甲文旨字亦有从甘从口之異體，若斯之例，其古文之來源必甚早，與殷周古文豈能截然有別？潘文勤公攀古樓彝器款識序云：「說文中古文本於經文者，必言其所出，其不引經者，皆憑古器銘識也。」（觀堂集林引）潘說可謂持平之論。

又說文言部：「謨，議謀也。从言，莫聲。虞書曰：咎繇謨。暮古文謨从口。（莫胡切）」所引爲虞書篇名，今書作皐陶謨，尚書序釋文云：「皐，本又作咎，陶，本又作繇。」是陸氏所見尚有兩作者。馬宗霍曰：「史記作皐陶，尚書大傳作咎繇，史遷問故安國，大傳本之伏生，則皐陶爲孔壁本，咎繇爲伏壁本也。」（引書考）馬說是也，說文明言古文作暮，則作謨爲今文本，且近人集拓魏正始三體石經尚書殘字篆體有繇字，馬宗霍曰：「咎字當同，彼所據則馬鄭王三家本也。」按篆體作咎繇，古文當作皐陶，說文引今文咎繇，亦不以皐陶爲假借，蓋人名地名，每無定字也。

又說文月部：「霸，月始生霸然也。承大月二日，承小月三日，从月，䨣聲。周書曰：哉生霸。𩃬，古文霸。（普伯切）」所引爲周書康誥文，今書作魄，康誥釋文引馬融注云：「魄，朏也。謂月三日始生兆朏名曰魄。」是馬本作魄，馬與許字異而義同。馬宗霍曰：「馬君訓義既與許合，則古文正字當作霸。」按霸魄疑皆非孔壁古文經本，陳喬樅曰：「說文霸下別出古文𩃬，則作霸爲今文尚書。」（今文尚書經說考）按陳說近是，設若霸𩃬爲古文別本之異體，則許君訓爲重文即可，何勞別□爲古文霸矣。

其有說文引書之例，與前述各例不合者，核其眞本，皆今本說文已受竄改，以致輾轉歧誤之故，理證具在，非爲之曲諱也。

案說文迭遭竄改，致使許書之例闇然不彰，諸家之說，遂支離繳繞，難協至當。如說文玉部：「玠，大圭也。从玉、介聲。周書曰：稱奉介圭。（古拜切）」所引爲康王之誥文，今書作「賓稱奉圭兼幣」，王鳴盛尚書後案謂僞孔本於圭上刪介字，王說近是，唯顧命篇（正義謂馬鄭王本賓稱句本與前顧命合作一篇）有「大保承介圭」句，或許君誤合爲一歟？今書玠作介，說文玠下引亦作介，則與許例不合。雷浚曰：「引之說玠所以从介之意。又案玠之从介，本是聲而非意，而六書有形聲兼會意之例。」（說文引經例辨）馬宗霍承其意，乃曰：「爾雅釋詁云：介，大也。玠以介爲聲，訓曰大圭，故許君引之以證聲中之義，非證本篆也。」（引書考）按承馬二氏之說俱非，許書引經之例，無不證本篆者，凡言引經以說假借，引經以說會意、引經以證聲中之義者，皆曲說也。馬宗霍氏又曰：「圭以玉爲之，正字當作玠，爾雅釋器云：『珪大尺二寸謂之玠』，即許大圭之說所從出，經文作介，假借字也。」馬氏卽知玠介有正借之分，然猶不明許書唯正字是從之例，誤以今本說文作介爲許君眞迹，遂信段玉裁「引經以說假借」之謬說，孔廣居曰：「五音韻譜作玠圭，案既是玠注，宜从玠。」（說文疑疑）孔說良是，類篇玉部玠下云：「說文引周書稱奉玠玉」，韻會十卦云：

「說文引周書稱奉玠玉」，皆作玠不誤，轉鈔迻刻，致有不同，諸家紛紜，遂難核其眞矣。至於許君此條作玠爲今文尚書本，抑或古文尚書本，則引據闕如，難加參較，陳喬樅氏引說文此條，改介爲玠，且曰：「此今文尚書也，古文尚書作介，乃玠字之渻借。…喬樅謂據說文知今文尚書介字當从玉作玠，近刻說文玠下引書，但作介字，非是。」今文尚書經說考卷二十七　陳氏謂今本說文誤玠爲介則是，至謂據說文卽知作玠爲今文尚書，作介爲古文尚書，援據不廣，難稱定論。今考書釋文介圭下不云馬鄭王本字有異作，而毛詩大雅崧高「錫爾介圭」、韓奕「以其介圭」，並作介，而爾雅釋器字作玠，王先謙謂天子之圭，魯詩作玠圭；諸侯之圭，魯詩亦作介圭，爾雅及崧高爲天子之圭，故字當作玠見詩三家義集疏，推此以說顧命康誥爲天子之圭，故作玠爲今文之說。毛詩並作介，故作介爲古文之說歟？如陳說，則說文此條引書，實以古文爲假借字，許君唯正字是從，故稱引今文耳。若是斠定而後，乃知許君原書稱經之條，端緒釐然，鮮有自亂其例者。

又說文言部：「譣，問也。从言僉聲。周書曰：勿以譣人。息廉切」所引爲周書立政文，今書作「其勿以憸人」，僞孔於上句「國則罔有立政用憸人」下，釋憸人爲「憸利之人」，釋文引馬融注：「憸利佞人也。」知僞孔卽本馬說。然說文訓譣爲問，與經義不合，諸家遂以爲疑，李富孫曰：「僞周書說譣爲憸之假借」說文辨字正俗　陳瑑曰：「此經義當作憸，許君用孔氏古文作譣，江徵君以爲假借字。」〔說文引經考證〕邵瑛亦曰：「引之所以廣異義，明譣之可假借爲憸也。」〔說文解字羣經正字〕凡此皆不曉許書引經之例，絕無說假借者。而王玉樹曰：「（說文）心部憸注注云：憸、詖也。憸利于上佞人也。正與馬註合。據釋文憸本又作㤿，心部注云：疾利口也。疾利口即是佞，是二字音義俱同，本可相通也。至此字注云問也，又引勿以譣人以證，與此經本義甚遠，但說文解字義多不備，或古本古文本借用譣字，而義仍作憸利佞人耳。」〔說文拈字〕邵氏猶信引書所以明通借之說，唯已有「義多不備」之疑，而以憸字又作㤿，即「疾利口」之義，則說甚精確。愚疑許君以經義當作「疾利口」之義，字不當從心，乃從口以爲正字。玉篇言部云：「譣，問也，詖也」，廣韻二十四鹽云：「譣、譣詖」，五十剡又同，王筠曰：「增韻引云：譣詖姦言也。案此義與引書合。」〔說文句讀〕據增韻所引說文訓譣爲譣詖姦言，復以玉篇廣韻合證之，增韻所引當不誤，許書引經之上，當有一曰譣詖姦言也七字，而今奪之，姦言當以从言爲正字，故許君引之。

又說文攴部：「斀，去陰之刑也。从攴蜀聲。周書曰：刖劓斀黥。〔竹角切〕」所引爲周書呂刑文，今書作「劓刵椓黥」，僞孔傳訓椓爲椓陰，正義引鄭玄云：「椓爲椓破陰」，知僞孔即本鄭說，唯堯典第一虞書篇題下正義云：「庸生賈馬之等，惟傳孔學。…而鄭承其後，所註皆同賈逵馬融之學，題曰古文尚書，篇與夏侯等同，而經字多異，夏侯書『劓刵斀剠』云『臏宮劓割頭庶剠』，是鄭註不同也。」書疏二 是明言賈馬鄭本俱作「劓刵劅剠」，劅剠卽斀黥之省變，僞孔本遭人改竄，易劅爲椓，致使正義所引鄭註亦易劅爲椓矣。段玉裁曰：「賈馬鄭古文尚書劓刵劅剠，賈馬鄭皆作刵，則許必同，釋文及正義卷二皆云劓刵，本篇正義作刵劓，唐初本固不同耳。斀黥據正義賈馬鄭作劅剠，劅同斀，剠同黥，衞包因正義云：劅椓人陰，乃易爲椓字，而不知斀椓字義之不同，椓、擊也，去陰不可云椓。」說文注 段說是也，說文刵字誤爲刖，尚書劅字誤爲椓，許書之例乃蕪雜不可見，許君不收劅字，或本爲重文而脫之者歟?

又說文木部：「榗，木也。从木晉聲。子善切 書曰：竹箭如榗。」所引爲何篇之文，因今書無此句，諸家論莫能定，小徐本不引書，引詩作榛楛濟濟，且按曰：「說文無榛字，此卽榛字也。」然玉篇榗下引說文，與大徐本同，則大徐本所據頗古。鈕樹玉曰：「蓋傳寫錯亂，說文有榛，不應云無也，今書無竹箭如榗之文，段玉裁云疑當作周禮曰竹榗讀如箭。職方氏竹箭注云：故書箭爲晉。杜子春云：晉當爲箭。」說文解字校錄 嚴可均曰：「如榗，當作讀若，當在書曰上，竹箭蓋古文說，許君往往以經說爲經也。夏本紀竹箭既布，又言瑤琨竹箭，卽此。古者箭榗同聲，止部不行而進謂之歬，歬有進義，卽有進音，大射儀注：古文箭爲晉。職方氏注：故書箭爲晉。吳越春秋：晉竹十廋，卽箭竹。議改云：讀若書曰竹箭。」說文校議 嚴說略較諸家近理，然許書原迹既莫覩，論證之援據又不廣，嚴氏謂竹箭爲古文說，陳壽祺又謂作竹箭爲今文說，皆喜騁虛辯耳。

又說文日部：「暘，日出也。从日、昜聲。虞書曰暘谷。（與章切）」所引爲堯典文，今書亦作暘谷，而史記五帝本紀引堯典亦作暘谷。唯說文叒部云：「叒，日初出東方湯谷。」說文作湯谷甚明，而史記五帝本紀「日暘谷」句下索隱云：「舊本作湯谷，今並依尙書字。」是史記本作湯谷，與許同依古文尙書也。又許暘爲日出，而引暘谷地名，亦非許書引經證字之例，且徐鍇本作「虞書曰至于暘谷」，下案曰：「臣鍇按，尙書洪範：『乂時暘若』，暘，日暴之也。」（說文繫傳）小徐所案與引經之義又不合，而初學記云：「書稱乂時暘若，暘以乾物，霽景也。」所解與小徐合，而小徐日暴之義，與許君日出正合，暴字从日出者也。由是知小徐本本不誤，後人改竄始誤。王筠曰：「至于暘谷，大徐无至于，案淮南子天文訓，日出于暘谷，而下文言至于者十餘句，故一誤而再誤也。」（說文繫傳校錄）是至于二字非原有也。徐灝曰：「錢氏坫曰：應作商書曰暘，谷字衍也。灝按：楚金引洪範乂時暘若以釋之，則本作商書曰暘明矣。」（說文解字注箋）是說文本作尙書曰暘，擧洪範篇以證日出之字義，湯谷字自見叒部，許書之例本井然不紊也。

抑別有覶縷難求者，若說文引書字義每有與史記賈馬鄭王不同，此乃史記有以詁訓字代正字之例，其說亦不盡爲古文。賈君亦嘗撰歐陽大小夏侯尙書與古文同異，且許書亦有標明賈說而不用者。馬鄭雖同傳古學，亦有師讀之異，兼采今文，頗爲不少。而王肅則負氣求勝，多違康成，故其經說，又豈能篤守耑門，持於至平者哉？是以說文引書凡與諸家不盡允協者，其古今師法，竟難鏡別；況今本說文又多後師所讀之文，變貿厖雜，研稽非易矣。

案說文引書，凡有脈理可繹者，並已提其綱維如前，至有古冊散佚，覶縷難得，則非復片言可解。黃季剛先生嘗言尚書師說甄別之條例云：「尚書師說，至今皆殘闕不完。……史公從孔安國問故，遷書所載堯典諸篇，多古文說，此見於儒林傳者，然史記之說，實不盡同古文，而或者遂謂史記皆今文，此宜別白者也。鄭注古文尚書，號爲古文，而每用今文說，又今文自有說，鄭又廢之，以是考其依據，頗爲不易，此宜分析者也。王肅爲好駁鄭之人，而所操之術，則與鄭類，故常有陰主今文以駁鄭者，此宜覈實者也。」（黃侃論學雜著）故知尚書師說，轇轕特甚，一爲擘理，更僕難終。今考說文引書與史記引書相異者，如說文咈、敹、栞、枯、祺、𨚲、嵞、寋、悆、堣、圮、勖諸篆下所引書，史記則咈作不，敹作陳、栞作表、枯作楛、祺作歲、𨚲作輔、嵞作塗、寋作實、悆作豫、堣作郁、圮作毀、垔作陻、勖作勉，凡此皆字形異而訓義同者，蓋以詁訓字代古文正字，易深奧爲淺顯耳。或謂史公從今文，然據援闕略，不免臆斷。唯說文𠳋、菏下引書，史記則𠳋作誰、菏作河，凡此字義並與許書不同，此則或史公兼采今文說，或許書有師讀之異，要亦難知，陳喬樅曰：「遷嘗從孔安國問尚書，孔氏家世傳業，安國延年皆以治尚書爲武帝博士，安國得壁中書後，始治古文，先實通今文尚書。則遷之兼習古今文從可知矣。」今文尚書經說考敍錄陳氏本力主史遷爲今文說，而敍錄所云亦頗折中，陳氏又於金縢篇案曰：「今文尚書無其說，而古文尚書有之，太史公嘗從孔安國問古文尚書，故載之於魯世家，班孟堅言遷書載堯典、禹貢、洪範、微子、金縢諸篇多古文說，金縢篇之古文說，則此類是已。」仝上卷十六班固既言「多古文說」，則各篇或間存今文說，要亦不免，黃先生所謂史記之說不盡同於古文者是也。至於賈侍中，許君引書與之形異者略無一字，蓋所說實本之於逵，唯隉篆下許訓爲危，引賈侍中說：隉、法度也。又引班固說不安也，其下引書實取危而不安之義，不用侍中義，此則許君博訪通人而備存異說者。至於馬融之書傳，與許君引書異字或異義者，如說文莧下引書，馬本萈作蔑，義皆爲蒻席；又說文育下引書，馬本育作胄，義皆爲長養。此字異義近者也。又說文澨下引書，訓爲埤增水邊土人所止者，而馬本亦作澨，訓爲水名，凡此則爲字同義異者也。又如說文仡下引書，馬本仡作訖，許訓爲勇壯，馬訓爲無所省錄之貌；說文辥下引書，馬本辥作辟，許訓爲治，馬讀爲避；說文敃下引書，馬本敃作好，許訓爲人姓，馬訓爲私好。凡此皆字義並異者也。考其所以歧異之故，或如馬國翰氏所云：「蓋典校秘府時能見古文眞本，間有參三家今文而用之者」是也輯佚書尚書馬氏傳序。至於鄭玄書注與許君引書字義或異者，如說文牿下引書，訓爲牛馬牢，鄭本字亦作牿，讀牿爲桎梏；說文异下引書，訓爲舉也，鄭本字亦作弇，讀弇爲異；說文牄下引書，訓爲鳥獸來食聲，鄭本亦作牄，而訓爲鳥獸之舞（周禮大司樂鄭注引虞書作鎗，唯賈疏引鄭書注謂飛鳥走獸牄牄然而舞）；說文浩下引書，訓爲澆也，鄭本亦作浩，而訓爲猶饒也。說文湎下引書，訓爲沈於酒也，鄭本亦作湎，而訓爲飲酒齊色曰湎。凡此皆字同而義異者也。又說文攽下引書，鄭本攽作頒，義皆爲分也；說文卟下引書，鄭本卟或作稽，義皆爲考問疑惑；說文𠧪下引書，鄭本𠧪作悔，義皆爲外卦；說文殬下引書，鄭本殬作斁，義皆爲敗；說文簬下引書，鄭本簬作簵，義皆爲箘簬；說文假下引書，鄭本假作格，義皆爲至；說文𡠗下引書，鄭本𡠗作贄，義皆爲至；說文鈗下引書，鄭本鈗作銳，義皆爲兵矛。凡此皆字異義同者也。又如說文餱下引書，鄭本餱作糗，許訓爲乾食，鄭訓爲擣熬穀也；說文宲下引書，鄭本宲作寶，許訓爲藏也，鄭訓爲寶器；說文詫下引書，鄭本詫作咤，許訓爲奠爵酒也，鄭訓爲卻行曰咤；說文堋下引書，鄭本堋作朋，許訓爲喪葬下土，鄭訓爲門內（參見春秋學第五）。凡此皆字義並異者也。究其歧異之故，或則因「鄭君於尚書固古今兼采」（見馬宗霍說文解字引通人說考卷二），馬融既已參用今文，「或馬從今而鄭從古，或馬從古而鄭從今」（見皮錫瑞經學歷史），故「同一古文而馬鄭異字」（見章太炎太史公古文尚書說），鄭本師馬，同傳古學，且有異讀，更何況許鄭？且許君亦通儒，撰述說文，務求正字，不必泥守古文。今復考隋書經籍志云：「後漢扶風杜林傳古文尚書，賈逵馬融鄭康成爲之作訓注，然其傳傳唯二十九篇，又雜以今文，非孔舊本，自餘絕無師說，晉世秘府所存有古文尚書經文，今無有傳者。」

賈馬鄭但解其今文所立於學官諸篇，此則反見必有孔氏師說傳於當時，若全經原無孔氏師說，則賈馬鄭又何必不就所存古文尚書經文盡皆注之？然二十九篇既有孔傳師說，而賈馬鄭說各有異者，卽隋志所謂雜以今文故也。許君學本侍中，故馬鄭或與不合，許君自敍謂書稱孔氏，引書本依古文，唯古文爲假借字時，許君亦兼存今文；今古文字全非假借時，許君有一書兩引之例，此許君折衷於逵者，亦卽通儒書稱孔氏之微旨也。至於王肅書注與許君引書字義或異者，如其所注湹字，與許書字同義異（王與馬同，馬與許異。）其所注莧字、託字、鈗字，與許書字異義同（王本莧作蔑，同於馬。託作咤，同於鄭。鈗作銳，同於鄭，訓爲兵器之名，與許義尤近），其所注祺字，與許書字義皆異（許訓爲復其時，王訓爲四時，字又作朞。）考其歧異之故，或如陳壽祺所云：「王肅雖善賈馬之學，而其父朗，師楊賜，則治歐陽尚書者，肅解虞書作服，與伏生大傳相合，蓋亦用今文家說也。」（尚書大傳輯校一）王氏時或陰主今文，故亦與許書異同也。

復有許君引書之條，與今本不同，其師法雖失考，然許君所引必非假借字，則可定焉。

案許君引經，唯本字是從，其有師法可辨者，並已條陳如上，其師法失考，而所引傳文又不同於今本者，知許君所引皆爲本字，如說文龠部龤，訓樂和龤也。引虞書堯典（今舜典）曰：八音克龤。今書作克諧。說文諧訓詒也，本義不爲和，馬宗霍謂「許引作龤，訓樂和龤也，則本經與八音共文，自以作䜊爲正字，作譜假借字也」是也。又言部譒，訓敷也。引商書盤庚上曰：王譒告之。今書譒作播，說文手部播有兩訓，一曰布也，僞孔傳本之，馬宗霍曰：「敷布以言，當以從言者爲正字。」是作播非正字也。又言部譸，訓詶也。引周書無逸曰：無或譸張爲幻，今書譸上增胥字，而書釋文云：「譸，馬融本作輈，爾雅及詩作侜，同。」是許所引不同於作輈侜者，說文車部輈訓轅也，侜訓有廱蔽也，是侜輈皆假借字，故許不從，譸張爲誑義，譸爲詶義，詶誑義相近，當以从言爲正字也。又言部訧，訓罪也。引周書呂刑曰：報以庶訧。今書作尤。說文乙部尤訓異也，無罪義，僞孔釋尤爲罪，與許釋訧爲罪同，則作尤爲假借字也。又心部愻，訓順也。引虞書堯典（今舜典）曰：五品不愻。今書作遜。說文辵部遜訓遁也，無順義，僞孔釋遜爲順，與許釋愻爲順同，則作遜爲假借字也。又心部忞，訓彊也。引周書立政曰：在受德忞。今書作暋。說文攴部暋訓冒也，無彊義。僞孔釋暋爲強，與許釋忞爲彊同，則作暋爲假借字也。又女部媰，訓婦人妊身也。引周書梓材曰：至于媰婦。今書媰作屬，僞孔傳釋屬婦爲「存恤妾婦」，以屬爲存恤之義，則字爲假借，釋文云：「屬婦，妾之事妻也。」與說文文義皆異，然許君以婦人妊身訓媰，爲正字無疑。又糸部緢，訓旄絲也。引周書呂刑文：惟緢有稽。今書緢作貌。僞孔傳以「惟察其貌以相考合」釋之，則與說文文義皆異，馬宗霍曰：「訓爲旄絲也者，極言其細，王鳴盛謂『說文編字，義類相從，緢次細下，細次纖下，而纖訓細，細訓微，則䌸訓旄絲，亦細微之義』是也，然則惟䌸有稽者，蓋取無微不察之意，段玉裁云『蓋謂惟豪釐是審也』得之。」據是許君以旄絲釋䌸，爲正字無疑。又几部凭，訓依几也。引周書顧命曰凭玉几。今書作憑，說文無憑字，則不以憑爲正字。周禮春官司几筵鄭司農注引此文作馮，說文馬部馮訓馬行疾，是作憑作馮皆非凭几之正字，凭訓依几，是許君所引爲正字也。

許愼之經學

許氏詩學第三

黃永武學

許君爲六藝通儒，號爲博物，上至王制禮儀之大，下至艸木鳥蟲之小，莫不稽譔其故。務戒穿鑿，要歸於信而有證；博訪通人，無取乎專己守殘。其論定詩義，係參稽諸家傳說臧否之不同，唯依據明確者是從，不欲以門戶闌閾自畫者也。

案：許君治經，質疑情殷，凡漢時通人，在許君之前者，許君博采其說，愼思明辨，去鑿空影響之談，以期不謬於古義；通人與許君並時者，許君博問以道，好學審問，杜巧說衺辭，以期曉學者以恉意。其說文自敍云：「博采通人，至於小大，信而有證，稽譔其說，將以理羣類，解謬誤，曉學者，達神恉。」此許君自述其爲學之旨趣也。其子許沖奏表亦云：「蓋聖人不空作，皆有依據，今五經之道，昭炳光明，而文字者，其本所由生。自周禮漢律，皆當學六書貫通其意，恐巧說衺辭，使學者疑，愼博問通人，考之於逵，作說文解字，六藝羣書之詁，皆訓其意，而天地、鬼神、山川、艸木、鳥獸、蚰蟲，襍物奇怪、王制禮儀、世間人事，莫不畢載。」此許沖所述許君治學之廣博也。說文爲許君晚年之作，時已從逵受古學，故博問通人，折衷於逵。然逵亦一代通儒也，今觀說文詩稱毛氏，而間有字義並從三家者，可信賈許並有通學之風。至於許君五經異義，則成書於奉手賈逵之前（見陶方琦許君年表考），折衷今學古學，要皆歸於其當，更無偏主一家之踳陋矣。如彼論天子駕六，則不从毛氏；論八鸞鏘鏘，則又主毛說。辨罍制則駁韓詩說；辨盟牲又兼取韓詩之義。蓋其參互衆說，淹貫其意，非淩雜師說、妄制矜斷者可得同日而語矣。

今輯存許君異義論詩之條凡十四，或總論全首，或詮解一詞，碎金片羽，能窺見古義之爛然。

案若論騶虞、論鄭聲、論鹿鳴、論祈父，皆旨關全首者；而論萬舞、論八鸞、論韓軷、論嫡姪、論盟牲、論靈臺、論龍旂、論罍制，則但釋禮儀者；而解災異、釋獄埆，則或詮說一詞一字者也。然凡此諸條，其見於毛公故訓傳者，固可佐證古義；其不見於傳箋所載者，由是亦得窺見古經師說於萬一，殘珪斷璧，彌足珍貴。成瓘篛園日札云：「若說金罍、兕觥、萬舞及龍旂諸義，凡為毛書所無者，又出於何人之說歟？右皆出於許叔重五經異義之所述，是猶東漢末，毛詩大重，時人之所傳習者也。…余嘗恨東漢無藝文志，坐使傳經之人，說經之書，多所失攷。」（讀詩偶筆）經師失攷，固足惋慨，然此僅存之孤文碎誼，每得啓人牖戶，偶窺扃奧，亦屬經學之瓌寶也。

其論騶虞，以為是白虎黑文之獸，從古毛詩說。而稱毛詩「召南終騶虞」之意，與小序亦合，足徵小序非無本之學。鄭君與許同義，故不駁。

案許論騶虞之條，見於周禮春官鍾師「凡射王奏騶虞」下賈疏所引，彼疏云：「釋曰：按異義：『今詩韓魯說：騶虞、天子掌鳥獸官。古毛詩說：騶虞、義獸，白虎黑文，食自死之肉，不食生物，人君有至信之德則應之。周南終麟止，召南終騶虞，俱稱嗟歎之，皆獸名。謹按：古山海經、鄒書云：騶虞、獸。說與毛詩同。』是其聖獸也。」（卷二十四）許君所稱韓魯說者，今見文選魏都賦張載注引魯詩傳云：「古有梁騶，梁騶、天子獵之田也。」又賈誼新書禮篇：「騶者，天子之囿也；虞者，囿之司獸者也。」賈誼爲漢初人，漢初惟有魯詩，賈所引蓋魯說（皮錫瑞鄭志疏證說），又焦氏易林云：「陳力就列，騶虞悅喜。」易林之說，蓋爲齊詩（陳喬樅說），是三家並以騶虞爲天子掌鳥獸之官名，王先謙又以騶爲囿名（梁騶亦單名騶），虞是司獸之官（易曰即鹿无虞），然許君異義，於此舍三家而從毛，引古毛詩說，與今毛傳略同，彼傳云：「騶虞、義獸也，白虎黑文，不食生物，有至信之德則應之。」無「食自死之肉」句，蓋即「不食生物」之意，下云「周南終麟止，召南終騶虞，俱稱嗟歎之，皆獸名。」不見於毛傳，傳唯云：「麟信而應禮」，「騶虞，有至信之德則應之。」然小序云：「麟之趾，關雎之應也。」「騶虞，鵲巢之應也。」鵲巢與關雎對，騶虞與麟趾對，與古毛詩說對舉麟趾騶虞之意相近，是毛傳詩序本相切合之證。陳奐云：「魯人毛公，依序作傳，其序意有不盡者，傳乃補綴之。」又云：「讀詩不讀序，無本之教也；讀詩與序而不讀傳，失守之學也。」（詩毛氏傳疏序）覩許君所引古毛詩說，陳氏之言蓋可信歟。許君所以從毛詩說者，以山海經、鄒書（孫詒讓疑即逸周書），並謂騶虞是獸。今考山海經海內北經云：「林氏國有珍獸，大若虎，五采畢具，尾長于身，名曰騶吾。」郭璞圖讚云：「是謂騶虞，詩歎其仁。」郝懿行云：「騶虞亦即騶吾也，虞吾之聲又相近。」（山海經箋疏）山海經殆作於周秦之間，漢初又有附益之者（見四庫全書總目提要），則騶虞爲獸名之說，由來頗早。又鄒書之說，今逸周書不載，朱右曾逸周書集訓校釋，則據鄭志訂補，考毛詩正義引鄭志云：「張逸問，傳曰白虎黑文，又禮記曰：樂官備，何謂？答曰：白虎黑文，周史王會云。備者，取其一發五豝，言多賢也。」周史蓋周書之誤，是許鄭所見周書王會篇有「白虎黑文」句，今已奪去黑文二字，王會篇但云：「央林以酋耳，酋耳者，身若虎豹，尾長三尺其身，食虎豹。」（逸周書卷七）而江陰繆氏藝風堂藏明嘉靖癸卯刊本，又有「其西般吾白虎」句，朱右曾謂「吾即騶虞也」，又於白虎下補「黑文」二字。馬瑞辰曰：「周書王會云：央林酋耳，酋耳若虎，尾參于身，食虎豹，據鄭志，知古本周書，若虎原作白虎，下有黑文二字，後脫去黑文，又譌白虎爲若虎，而酋耳之即騶虞，得此益信。」（毛詩傳箋通釋）馬氏所云若虎爲白虎誤文，尙難臆必，然酋耳即騶虞，臧庸、皮錫瑞，孫詒讓等皆以爲然，臧鏞曰：「酋耳即騶虞，酋與騶聲相近，耳當爲吾字之誤也。」皮氏亦以爲然。（見鄭志疏證）而孫詒讓曰：「酋耳當作酋牙，山海經海內北經又作騶吾，騶酋、虞牙吾、並一聲之轉。異義所引鄒書，卽周書之誤。」（周禮正義卷四十六）並證周書載有騶虞之事。而逸周書成書之時代，朱右曾謂雖非出文武周召之手，要亦非戰國秦漢人所能僞託（見朱右曾逸周書集訓校釋序），然其言亦頗駁雜，四庫提要謂其書春秋時已有之，特戰國以後又輾轉附益，間或存三代舊說，而今本又多佚脫者耳。唯近人陳槃庵先生、王夢鷗先生，並以爲鄒書乃鄒衍之書，鄒衍爲方士，喜言白虎，鄒衍與讖緯之關係至爲密切，此鄒書當非逸周書，所說更爲得實矣。夫騶虞之爲獸名，丁杰氏又爲廣攬博證曰：「古山海經鄒書云：騶吾大若虎，尾長于身。許叔重五經異義從之，逸周書王會解：夾林酋耳，酋耳若虎，尾參于身，食虎豹。鄭康成鄭志從之，郭景純山海經注引之，伏生尙書大傳：散宜生之於陵氏取怪獸，大不辟虎狼間，尾倍其身，名曰虞。康成注之。毛亨詩傳：騶虞義獸也，白虎黑文，不食生物，有至信之德則應之。康成詩箋因之，鄭志釋之，陸元恪詩疏述之。淮南子：散宜生以千金求天下之珍怪，得騶虞雞斯之乘。許叔重高誘注之。司馬相如封禪書：般般之獸，白質黑章。胡廣文穎注之。鄭仲師周禮注：騶虞聖獸。康成取之。張平子東京賦：囿林氏之騶虞。薛綜注之。春秋考異郵：騶虞虎斑文者，陰陽襍也。李善文選注引之。六韜：閎夭之徒，詣林氏國，求得此獸。郭景純山海經注引之。史記滑稽傳補：武帝時建章宮有物出焉，其狀如麋，齒前後各一。東方朔視之曰：所謂騶牙者也。褚少孫記之，羅端良爾雅翼載之。諸說大同小異，以爲獸名則一也。……長卿封禪文云：白質黑章，長卿時親見騶虞，故云今觀其來。則白虎黑文之說信矣。」此蓋就典籍所記證之者。丁氏又曰：「考毛詩序：關雎麟趾之化，王者之風，故繫之周公，鵲巢騶虞之德，諸侯之風也。先王之所以教，故繫之召公。麟之趾，關雎之應也。騶虞、鵲巢之應也。二鳥二獸，相爲首尾，周禮春官之樂師鐘師，夏官之射人，及禮記之射義：王則騶虞，諸侯則貍首，孤卿大夫則采蘋，士則采蘩。二獸二草，各有配耦。儀禮鄉射禮奏騶虞，大射義奏貍首，禮記樂記史記樂書，左射貍首，右射騶虞。司馬長卿上林賦，射貍首，兼騶虞，並以二獸相配。大戴禮投壺篇：凡雅二十六篇，其八篇可歌，歌鹿鳴貍首鵲巢采蘩采蘋伐檀白駒騶虞八篇篇名，亦皆取鳥獸草木四者。貍首詩雖不在三百篇中，其時猶見大戴投壺、小戴射義、考工記梓人、康存射人注、以貍爲善搏。皇甫侃樂記義疏，以爲貍之取物，必得。不能因射義『樂會時』之文，而云貍非獸也。澗溪沼沚之毛，蘋蘩蘊藻之菜，可薦於鬼神，可羞于王公，不能因射義『樂循法樂不失職』之文，而云蘋蘩非菜也。知蘋蘩貍里，則知騶虞矣。」湖海文傳卷十一 此蓋就文義及禮制以推知騶虞是獸名，許以騶虞爲白虎黑文之獸，見徵於先賢典籍，故以毛說爲有據而從之。而毛詩正義所引鄭志張逸問云云，知鄭亦從毛詩說，孔廣林曰：「鄭志答張逸云，白虎黑文，周書王會云，其箋毛詩，又不易傳，是以騶虞爲獸，與許君同。」通德遺書所見錄卷六十二 孔說是也，鄭與許君同義，其於異義無駁可知也。

其論鄭聲，從魯論說，謂爲男女聚會，相誘悅懌之歌聲，不取左氏煩手淫聲躑躅之義。

案許論鄭聲之條，見於禮記樂記「鄭衛之音，亂世之音也」下孔疏所引，彼疏云：「案異義云：『今論說鄭國之爲俗，有溱洧之水，男女聚會，謳歌相感，故云鄭聲淫。左傳說煩手淫聲謂之鄭聲者，言煩手躑躅之聲，使淫過矣。（許君）謹案：鄭詩二十一篇，說婦人者十九矣，故鄭聲淫也。』今案鄭詩說婦人者唯九篇，異義云十九者誤也，無十字矣。」卷三十七 初學記卷十五亦引此條而較略：「許愼五經通異字之譌義曰：鄭國有溱洧之水，男女聚會，謳歌相感，今鄭詩二十一篇，說婦人者十九，故鄭聲淫也。又云：鄭重之音，使人淫過也。」雜樂第二 別出又云之義，當即左傳說，初學記卷十五又引許書云：「許愼五經異義曰：樂所以節百事也，故有五節。」五節條下，又引云：「許愼五經異義曰：先王之樂，所以節百事，故有五節，遲速本末，中聲以降，五降之後，不容彈矣。」五降條下，今考五節五降二條所引，爲左傳昭公元年文，下接「於是有煩手淫聲，慆堙心耳，乃忘平和，君子弗聽也」句，初學記引爲許君異義之文者，蓋異義引左氏說下，本先引此文，下接煩手淫聲句，袁堯年陳壽祺並以爲「當在前條左氏說下」是也。許君於此從今論說者，論語云：「放鄭聲，遠佞人，鄭聲淫，佞人殆。」衛靈公十五 又云：「惡鄭聲之亂雅樂也。」陽貨十七 鄭聲淫三字之義，爲今古文駁異之一端，今文家以爲鄭爲國名，即指鄭音、鄭風；古文家以爲指鄭重其手，而聲淫過。後漢章帝建初四年十一月，諸儒會白虎觀，講論五經同異，班固撰集其論定諸條爲白虎通，間嘗論駁此條，見白虎通禮樂篇：「樂尚雅何？雅者古正也。所以遠鄭聲也，孔子曰：鄭聲淫何？鄭國土地民人山居谷浴（盧文弨白虎通覆校本據漢書地理志改浴爲汲），男女錯雜爲鄭聲（劉師培白虎通義定本曰盧校云疑當作爲躑躅之聲非是），以相悅懌，故邪僻，聲皆淫色之聲也。」所說正同魯論，惜班氏不著諸儒名氏，師法同異，莫能考詳，爲憾事也。陶方琦氏疑許君於白虎觀講經之際，始入京師，自聞白虎觀諸儒異同之論，退而撰是書（見許君年表考）。高師仲華以爲陶氏所疑甚是，許君於明章之世，尹珍已從游受五經（見華陽國志），時已以五經鳴世，當與會於白虎觀中，五經異義正是「講議五經同異」之所得也（見高師許愼生平行跡考）。據是則班許之書並從魯論，淵源有自矣。且禮記樂記既云：「鄭衛之音，亂世之音也。」又云：「文侯曰：敢問溺音何從出也。子夏對曰：鄭音好濫淫志，宋音燕女溺志，衛音趨數煩志，齊音敖辟喬志，此四者皆淫於色而害於德。」鄭玄注云：「言四國皆出此溺音。」是鄭君明釋鄭爲國名，孔穎達疏曰：「上云鄭衛之音，則鄭衛亦淫聲也，又此云四者皆淫於色，是衛與齊皆有淫聲也。而經唯云衛音趨數煩志，齊音敖辟喬志，都不云女色者，按詩有桑中淇上，是淫佚可知。」（禮記注疏卷三十九）據此則禮記所云，亦得爲「鄭聲淫」之證，而鄭君無駁，亦當從許義，皮錫瑞謂「鄭（玄）不以鄭聲爲即鄭詩，於異義當有駁難」者非也。鄭君苟有駁難，孔氏疏鄭君禮注，焉得以「詩有桑中淇上」當衛音之淫聲乎（桑中爲鄘風之篇，陳奐謂邶鄘衛三國之詩相與同風，周大師舊次本三國不分。）然鄭、宋、衛、齊並有淫聲，孔子獨舉鄭聲者，是鄭風淫詩居多，徐彥謂「四國皆有淫聲，蓋逐甚者言之。故許氏云：鄭詩二十一篇，說婦人者十九，此之謂也。」（公羊疏卷七）徐說是也，孔疏以爲十九當作九，謂鄭詩說婦人者九篇，孔氏未舉篇目，疑卽女曰雞鳴、有女同車、山有扶蘇、丰、東門之墠、風雨、出其東門、野有蔓草、溱洧等九篇，言男女相奔相棄之事，較諸他國之風，爲獨多，故云鄭聲淫也。劉寶楠曰：「魯論舉溱洧一詩，以爲鄭俗多淫之證，非謂鄭詩皆是如此，許錯會此旨，舉鄭詩而悉被以淫名，自後遂以鄭詩混入鄭聲，而謂孝子不當取淫詩，又以序所云刺時刺亂者，改爲刺淫，則皆許君之一言誤之矣。」（論語正義卷十八）按劉說非也，魯論言溱洧之地，非僅舉溱洧一詩；而許君謂鄭詩言婦人者有九，何嘗悉被以淫名，劉氏未加深考，妄肆詆諆，豈實事求是之心哉。至於許君稱左傳說者。左傳但謂五降之後，有煩手淫聲。而謂煩手淫聲卽鄭聲者，非左傳本文，乃左傳家之說也，許君既先稱引之，而徐彥疏公羊何注，亦云：「或何氏云：鄭聲淫，與服君同，皆謂鄭重其手，而音淫過，非鄭國之鄭也。」（公羊莊十七年疏）據此則服虔注左傳猶以鄭聲爲鄭重其手，非鄭國之鄭，與初學記別出「又云」之義正同，至杜預注左傳云：「五降而不息，則雜聲並奏，所謂鄭衛之聲。」孔穎達正義本之，曰：「五降不息，則非復正聲，手煩不已，則雜聲並奏，記傳所謂鄭衛之聲謂此也。樂記云：鄭衛之音，亂世之音也。又曰鄭音好濫淫志，衛音趨數煩志，是言鄭衛之聲是煩手雜聲也。」（左傳注疏四十一）杜孔二氏蓋又牽合今古文家師說而一之，既釋鄭聲爲煩手雜聲，又謂卽鄭國之聲，非許義也。又徐彥疏以爲何休注「放鄭聲」亦取服君左氏之義，則非也，陳立曰：「公羊疏引古文家服虔云：『鄭重之音。』鄭重卽躑躅：班氏自用魯論說，以鄭爲鄭衞之鄭，本與左氏不同，自不得雜引古文春秋，以亂今文經師家法也。」（白虎通疏證三）陳說是也。綜觀上述諸家治經之道，許君區分異同，不相雜厠，固居上第；杜注遷就彌縫，志在溝通，去許君已遠；至徐疏則已亂古今師說，意欲左右采獲，適以自擾，此經學家優劣等第之大較也。

其論鹿鳴之條已闕，鄭駁異義謂鹿得苹草以款誠相呼，猶君有酒食，欲與羣臣嘉賓宴樂，與詩序及毛傳正同。今抉索許恉，亦不當有異，蓋許君兼引異說，未有定論，故鄭駁異義以申其意耳。

案許論鹿鳴之條不傳，鄭駁異義則見於毛詩小雅鹿鳴疏，彼疏論鹿鳴云：「或以爲兩鹿相呼，喻兩臣相招，謂羣臣相呼，以成君禮，斯不然矣。此詩主美君懇誠於臣，非美臣相於懇誠也。若君有酒食，臣自相呼，則非己費，何懇誠之有？故鄭駁異義解此詩之意云：『君有酒食，欲與羣臣嘉賓燕樂之，如鹿得苹草，以爲美食，呦呦然鳴相呼，以款誠之意，盡於此耳。』據此是君召臣明矣。」（詩疏九之二）陳奐曰：「鄭駁正本毛義。」（詩毛氏傳疏）今考毛傳云：「苹、蓱也。鹿得蓱，呦呦然鳴而相呼，懇誠發乎中，以興嘉樂賓客，當有懇誠相招呼以成禮也。」詩序亦云：「鹿鳴，燕羣臣嘉賓也。」是鄭駁與傳序並合，孔疏又申毛鄭之意云：「言人君嘉善愛樂其賓客，而爲設酒食，亦當如鹿有懇誠，自相招呼其臣子，以成饗食燕飲之禮焉，以鹿呼同類，猶君呼臣子也。」孔氏親見異義，不云許君有別解，但引「或以爲」云云，當非許君所主者，故皮錫瑞曰：「此條異義不傳，疑許君同。」（駁五經異義卷十）然考許義鄭駁之通例，若許君謹案有明文，與鄭說同者，鄭當無駁，疑此條許君引古毛詩說並引或說，但未斷其從違，若異義引公羊說存二王之後，尊賢不過二代，又引左氏說周既封夏殷之後，又封黃帝堯舜之後，彼謹案但云韋元成、施讎從公羊說，與左氏說不同。許君或從公羊、或從左氏、未有定論（袁堯年語）而鄭君駁之之例是也。孔疏以許君未有斷案，但存別說，故其疏語如彼，尋繹孔疏文義，許君原文想當如此耳。今又以「兩鹿相呼，喻兩臣相招」之說，於籍無徵，而鹿鳴爲燕羣臣嘉賓，見徵於儀禮燕禮，孔疏已引燕禮證詩序，朱熹亦云：「序以此爲燕羣臣嘉賓之詩，而燕禮亦云：工歌鹿鳴、四牡、皇皇者華，即謂此也。」（詩集傳）許君之義，亦不當有異，特以謹案未明從違，故鄭君辨之也。

其論祈父「有母之尸饔」，謂陳饔以祭，志養而不及親，此蓋三家詩之義。

案許論祈父之條，見於毛詩祈父「有母之尸饔」下孔疏所引，彼疏云：「許氏異義引此詩曰：『有母之尸饔，謂陳饔以祭，志養不及親。』彼爲論饔飧生死，不爭此文，故不駁之，其義當如此，箋非爲祭也。」（詩疏十一之一）孔廣林曰：「箋云：已從軍而母爲父陳饌飲食之具，自傷不得供養也，是不從許義矣，正義云：彼爲論饔飱生死，不爭此文，故不駁之。」（通德遺書所見錄卷六十一）孔疏親見許書鄭駁，並說明鄭不爭此文之故，是鄭君與許異說，而疏所引異義之文，當即許君所主者矣。胡承珙謂「異義所據，或是三家詩」，而鄭箋於此則不取三家說。陳喬樅更引韓詩外傳，證明許君所說本於韓詩，彼云：「韓詩外傳七：『曾子曰：往而不可還者親也，至而不可加者年也，是故孝子欲養而親不待也。木欲直而時不待也。是故椎牛而祭墓，不如雞豚之逮親存，故吾嘗仕齊爲吏，祿不過鐘釜，尚猶欣欣而喜者，非以爲多也。樂其逮親也，既沒之後，吾嘗南遊於楚，得尊官焉，堂高九仞，榱題三圍，轉轂百乘，猶北鄉而泣涕者，非爲賤也，悲不逮吾親也。故家貧親老，不擇官而仕，若夫信其志約其親者，非孝也，詩曰：有母之尸雍。』許君異義與外傳說合，本韓詩也。」（韓詩遺說考八）陳奐取其說，謂外傳之雍，卽古饔字，且曰：「外傳與異義合，案此古義也，有母之尸饔，有母二字當逗，讀之猶則也，言我從軍以出，有母不得終養，歸則惟陳饔以祭，是可憂也。蓼莪出則銜恤，入則靡至，彼序云：民人勞苦，孝子不得終養爾，亦此意也。所謂養不及親也。鄭箋順經作釋，嫌『母陳祭』不辭，故云母爲父陳饌，然經言陳饔，不言陳父饔，恐非經恉。」二陳之說並是也，許義同於韓詩，毛傳但解尸爲陳也，饔爲孰食也，小序亦但謂刺宣王也，毛氏之義與韓許之同異則未能深考也，陳奐據蓼莪詩序與許此說合，則可知詩序毛傳之義亦同許說矣。鄭箋之意，蓋自便私說，恐非毛氏之義也。唯陳奐氏又云：「焦氏易林謙之歸妹、小過之離並云：『爪牙之士，怨毒祈父，轉憂與己，傷不及母。』箋同焦說。」鄭氏箋考徵 則陳說非也，焦氏「傷不及母」之說與許同，與鄭異，王先謙曰：「韓許說合，與齊詩『傷不及母』義同，古訓如此。」詩三家義集疏 王說是也。焦氏易林，皆主齊詩說陳喬樅說，是齊詩訓此與韓詩亦同義矣。毛義不詳，故許本三家以申其意耳。

其論萬舞，從毛詩「萬以翟羽」之說。

案許論萬舞之條，見於毛詩邶風簡兮疏，彼疏云：「(毛)傳：翟、翟羽，謂雉之羽也。故異義『公羊說：樂萬舞以鴻羽，取其勁輕，一舉千里。詩毛說：萬以翟羽。韓詩說：以夷狄大鳥羽。謹案：詩云：右手秉翟。爾雅說：翟、鳥名，雉屬也。知翟羽舞也。』」詩疏二之三 今考毛傳釋萬舞曰：「以干羽爲萬舞」，釋翟曰：「翟羽」，許君所案云云，明言從毛詩說矣。孔廣林曰：「詩毛傳云：翟、翟羽，箋不易傳，是鄭亦與許君義同。」通德遺書所見錄卷五十八 袁堯年亦云：「詩毛傳云：翟、翟羽。與許君同義，箋不復改，既與毛同，其於異義當亦無駁也。」鄭氏佚書第九册 孔袁二氏並謂鄭亦同毛，當不駁許，然未能詳言毛鄭之異同。今考毛傳以干羽爲萬舞，鄭則云干舞也。干舞本或作干羽閩本明監本毛本同，阮元曰：「小字本，相臺本羽作舞，考文古本同，案羽字誤也。以干羽爲萬舞，是毛義；籥舞爲羽舞，鄭所易也。正義有明文，又標起止云：『箋簡擇至干舞』，亦可證。」毛詩注疏校勘記 據阮說則鄭毛固不相同，而孔穎達於首章下又嘗云：「明此言干戚舞，下說羽籥舞也，以此知萬舞唯干無羽也。」孔疏又引孫毓云：「萬舞、干戚也。羽舞、翟之舞也，傳以干羽爲萬舞，失之矣。」孔氏乃申鄭義，孫氏則且駁毛傳，似毛鄭之說相冰炭矣。今又考春秋宣八年公羊傳云：「萬者何？干舞也。」孫毓及孔疏蓋以鄭箋爲有據（孔疏正引此傳），故以爲與毛不同。然未察許君異義亦引公羊說「樂萬舞以鴻羽」，明公羊家亦以萬舞兼干羽而言，與毛傳實同也。至於鄭君之異同，陳喬樅氏言之最詳：「韓詩曰：『萬、大舞也。』（初學記十五）萬者舞之總名，干戚與羽籥皆是。廣雅云：『萬，大也。』正用韓詩訓義，大舞對小舞而言，自當兼文舞武舞二者，故毛傳亦云以干羽爲萬舞，用之宗廟山川，鄭箋釋萬舞爲干舞，籥舞爲羽舞，謂碩人多材多藝，言文武道備。說者以箋爲易傳。今案春秋宣八年經：『萬入去籥』，公羊傳曰：『萬者何？干舞也。籥者何？籥舞也。』鄭君蓋據以爲說，然公羊此傳於萬中別籥舞耳，非專以萬之名屬之干舞也。五經異義引公羊說：『樂萬舞以鴻羽』，此可爲萬兼羽籥之確據。推鄭箋之意，蓋以萬舞先干戚而後羽籥，此詩二章方言執籥秉翟，故於首章但言干舞，非以萬舞爲獨有干戚而無羽籥也。左氏隱五年傳考仲子之官將萬焉，公問羽數於衆仲，亦足爲萬兼羽籥之明證。」（韓詩遺說攷二）陳說是也，毛傳總釋爲干羽，鄭君分釋爲干舞籥舞（二章秉翟下云又能籥舞），且謂碩人「文武道備」，是卽毛干羽並言之指。鄭君既同於毛，義當無駁也。至於許君謂公羊說萬舞以鴻羽，今見徵於公羊傳何休解詁，公羊隱公五年傳：「六羽者何？舞也。」何休云：「

持羽而舞」，又云：「羽者鴻羽也，所以象文德之風化疾也。」徐彥疏曰：「知鴻羽者，時王之禮且以舉則沖天，所以象文德之風化疾故也。詩云右手秉翟者，其兼用之乎。」徐氏不明古今師說之不同，強爲調人，謂萬舞秉翟亦兼用鴻羽，皮錫瑞謂「公羊說本非釋詩，不必與下秉翟相應。」（駁五經異義疏證三）正中徐氏之失，公羊謂萬舞秉鴻羽，蓋別承古義，非自詩秉翟之文言之也。孔廣森謂秉鴻秉翟，乃商周之制不同，其言見於公羊通義：「廣森謂翟羽文，鴻羽質，蓋鴻舞者殷制；翟舞者周制。周禮舞大濩以享先妣，魯有六代之樂，或意以仲子之宮，比先妣廟而舞殷舞與?春秋有變文從質之義，亦因以示法。易曰：鴻漸于陸，其羽可用爲儀。儀猶獻也。」（皇清經解卷六七九）孔說是也，易辭明言鴻羽可用爲儀（漸上九），李道平曰：「其羽可用爲儀者，謂羽舞也。巽爲舞，虞義也。」（周易集解纂疏卷六）是虞翻以羽舞爲執鴻羽，虞氏世傳孟氏易，易之孟京，春秋之公羊，淵源所自，同一師承，確然無疑（見陳喬樅齊詩遺說攷序），則是公羊之說，源出於周易也。至如韓詩說萬舞以爲夷狄大鳥羽，陳喬樅曰：「韓詩說云：萬以夷狄大鳥羽，義皆與毛同。」又曰：「今據韓詩說，則不以翟爲雉屬矣。」（並見韓詩遺說攷二）二言略覺矛盾，當云韓詩秉羽之說與毛傳干羽之訓相合，而所執之羽，許君從毛以爲雉屬，韓則以爲非雉屬也。許君異義分引公羊與韓詩說，則韓之夷狄大鳥羽亦非鴻羽可知也。

其論鑾和所在，初無定說，謂殷周或異，晚年撰說文，乃定從毛氏，謂鑾在鑣不在衡。鄭君亦兩從舊說，故不駁。

案許論鑾和之條，見於毛詩秦風駟驖疏，彼疏云：「鸞和所在，經無正文，經解注引韓詩內傳曰：鸞在衡，和在軾。又大戴禮保傅篇，文與韓詩說同，…蓼蕭傳曰：在軾曰和，在鑣曰鸞。…異義載禮戴毛氏二說，謹案云：『經無明文，且殷周或異。』故鄭亦不駁。」詩疏六之三 是許君異義，本引禮戴說，謂鸞在衡；又引毛詩說，謂鸞在鑣。衡者轅前横木縛軛者也，鑣者馬銜也，許君著異義時謂係殷周車制不同，經無正文，故並存兩說。今考古傳注論鑾和所在者，除大戴禮、韓詩內傳、及毛傳外，如白虎通曰：「鸞者在衡，和者在軾。」御覽七百七十二引 又引魯訓曰：「和設軾者也，鸞設衡者也。」同上又續漢書輿服志注、類聚七十一並同 是許與聞白虎觀時，諸儒以鸞者在衡蓋取魯詩之說，而魯詩亦同韓詩禮戴說。又呂氏春秋孟春紀乘鸞輅，高注云：「鸞鳥在衡，和在軾。」史記張守節正義引皇侃云：「鸞、以金爲鸞、懸鈴其中於衡上。」崔豹古今注云：「五輅衡上金雀鸞也。鸞口銜鈴，故謂之鑾。」司馬彪續漢書輿服志乘車：「鸞雀立衡。」劉昭注引徐廣曰：「置金鳥於衡上。」凡此皆從鑾在衡之說；而說苑說叢篇：「鸞設於鑣，和設於軾。」桓二年左傳：錫鸞和鈴。杜預注：「鸞在鑣，和在衡。」史記注引服虔注亦云「鸞在鑣。」後漢書光武紀：鑾輅龍旂。劉昭注：「鑾、鈴也。在鑣。」桓二年左傳孔疏，引考工記及詩辭每言八鸞，斷定「鸞必在鑣」。凡此皆從鑾在鑣之說。余怪劉向父子世習魯詩，著說苑、新序、列女傳諸書，其所稱述，當出魯詩（陳喬樅魯詩遺說攷序謂必出魯詩），而說苑卷十六謂鸞設於鑣云云，又本毛詩，疑漢代通儒於鑾和所在，均兩從舊說，至許君異義始拈出殷周或異之說，以調解駁異耳。然許君晚年撰說文，折衷於逵，而從毛詩，所說或不同於異義，如釋鑾篆云：「人君乘車，四馬鑣，八鑾鈴，象鸞鳥之聲，和則敬也。从金，从鸞省聲。」明言鑾在鑣，每鑣二鑾，四馬故四鑣，四鑣故八鑾也。段玉裁曰：「許云人君乘車四馬者，人君兼天子諸侯言，此破天子駕六之說也。（按異義主天子駕六已見許氏易學）許造說文云：人君駕四馬，與異義異，與鄭駁同，此說文爲許晚年定論之一證也。云四鑣八鑾者，此破鑾在衡之說也。許本無定說，而造說文云四鑣八鑾，宗毛氏，此又說文爲許晚年定論之二證也。」（鑾篆下注）段說固是，然許撰說文從毛氏，於「殷周或異」之說，不相舛戾，二說猶得兼存也。又考司馬彪續漢書輿服志劉昭注引許愼曰：「詩云：八鸞鎗鎗，則一馬二鸞也。」又曰：「輶車鸞鑣，知非衡也。」袁堯年謂劉注雖不言出異義，然文義頗相類。則許君異義已從毛氏歟？至於鄭君注禮箋詩，亦爲兩解，孔廣林曰：「周官大馭注，用禮戴說，而詩鸞鑣箋，又云置鸞於鑣，異於乘車。是鄭謂田車乘車，鸞各異在矣。至箋烈祖，則乘車亦云在鑣，彼正義以爲經無正文，殷周或異，故從舊說，示不敢質，是鄭君與許君同。」許君先以殷周或異調解兩說，鄭君亦以田車乘車區別兩說，及至二君晚年，又皆從古文之說矣。（高師仲華鄭玄學案據圖經及藝苑雌黃引三齊略記，推定鄭君注詩於不其山。按時在獻帝二年三年間，鄭君年約六十四，注禮時年四十四。）

其說韠韍之條，異義略而不詳，今考說文所論，與鄭駁又相合，疑異義所云韍非韠之說，是許君兼引異說之一，許君未加謹案以明其依違，故鄭駁異義申辨之，猶鹿鳴條之例也。

案異義說韠韍之條，見於太平御覽卷六百九十一：「五經異義曰：韍者大帶之飾，非韠也。」章服部八韍條似明言韍者非韠，今考說文韍字，爲市之重文，市篆訓曰：「韠也。上古衣蔽前而已，市以象之，天子朱市，諸侯赤市，大夫葱衡，从巾，象連帶之形，凡市之屬皆从市。韍、篆文市从韋从犮。」又明言韍爲韠，而韠篆訓曰：「韠、韍也。所以蔽前，以韋，下廣二尺，上廣一尺，其頸五寸，一命縕韠，再命赤韠，从韋畢聲。」亦以韠爲韍，與御覽所引不合。又考毛詩小雅瞻彼洛矣「韎韐有奭」句下孔疏引鄭駁異義云：「有韎韐無韠，有韠無韎韐。」孔疏謂韎韐是蔽膝之衣，士朝服謂之韠，祭服謂之韎韐，韎韐所以代韠，故有韎韐必無韠也。然考說文韐篆訓曰：「士無市有韐，制如榼缺四角，爵弁服，其色韎，賤不得與裳同。司農曰：裳纁色，从市、合聲。韐，韐或从韋。」是韐卽韐之重文，而謂「士無市有韐」，市卽韠，韐卽韎韐，故許訓與鄭駁所云「有韎韐無韠」之意全同。而瞻彼洛矣毛傳云：「韎韐者，茅蒐染草也。一曰韎韐，所以代韠也。」亦謂韎韐代韠，乃許鄭說之所本也。孔疏又引鄭君駁異義云：「韎、草名，齊魯之閒，言韎韐聲如茅蒐，字當作韎案俞正燮癸已類稿謂言韎韐爲句，鄭意韎爲茅蒐合聲，韎韐之韎爲茅蒐，陳留人謂之蒨。」段玉裁儀禮漢讀考證明毛傳鄭箋及鄭駁異義韎韐當作韎，染草當作染革國語晉語韋昭注亦云：「昭謂茅蒐，今絳草也。急疾呼之成韎也。」是則鄭謂韎爲茅蒐草名，許謂韐之色韎，並與毛傳茅蒐草染革爲韎之意同。許從毛說，鄭亦不異，然今存異義殘文立論相反者，袁堯年曰：「此所引文疑不具，許君說當有韠韍韎韐之義，今不可攷矣。」陳壽祺曰：「太平御覽引異義曰：韍者大帶之飾，非韠也。疑非叔重之言，或異義中引他家說。」袁陳二說並是，異義之殘文，是諸家論異之一端，非必許君所主者也。許君異義間有羅列諸家異說，未加謹案者，鄭君每亦申駁其恉，非必許鄭相異也。如鹿鳴條之例即是，已詳前證。又徐灝云：「渾言之皆謂之韠，亦謂之韍。析言之則士稱韐而無韍。」說文解字注箋張聰咸則謂施於爵弁服曰韎韐，其他服曰韍曰韠，蓋以服不同而易名。彼云：「許叔重以爲士無市有帢者，謂無天子朱韍、諸侯赤韍、大夫葱衡，士但有緼韍耳。緼韍則韎韐矣。……說文韠韍也。又市、韠也。篆文从韋从犮，詩朱市斯黃之市，易困正作韍，是韍與韠與市本不異也。在他服則易其名耳，故鄭駁異義曰有韎韐無韠，有韠無韎韐。」經史質疑錄皆可備一說。

其論姪娣之年，謂十五以上，二十以下，鄭箋之意亦同，故不駁。

案許說姪娣之條，見於穀梁隱公七年春范寧集解所引，彼集解云：「許愼曰：姪娣年十五以上，能共事君子，可以往，二十而御。易曰：歸妹愆期，遲歸有時。詩云：韓侯娶妻，諸娣從之，祁祁如雲，娣必少於嫡，知未二十而往也。」徐彥疏謂引易歸妹卦者，證待年于父母國，與嫡俱行也。引詩大雅韓奕篇者，言夫人有姪娣，必當少於嫡，知未二十而往也。今考毛詩韓奕篇傳云：「祁祁，徐靚也。如雲，言衆多也。諸侯一取九女，二國媵之，諸娣衆妾也。」毛傳但謂媵與姪娣共九女，未言姪娣之年，而江有汜鄭箋云：「興者，喻江水大，汜水小，然而並流，似嫡媵宜俱行。」陳立釋之云：「蓋亦謂十五以上，與嫡同往者也。蓋女子十五笄而字，故可以從嫡。」（公羊義疏八）姪娣必小於嫡，嫡二十而嫁（二十爲年盡，嫁當在二十之前）故姪娣必未二十而往也。是鄭意與許同，義當不駁。又公羊隱公七年春「叔姬歸于紀」下，何休解詁云：「叔姬者，伯姬之媵也，至是乃歸者，待年父母國也。婦人八歲備數，十五從嫡，二十承事君子。」何氏論姪娣之年與許相同，而許愼引易曰說愆期之義，證待年于父母之國，亦與何同。疑何卽本之許說也。唯何休公羊據禮，謂適夫人之下，但有姪娣，左右各有媵有姪娣，與漢書五行志、劉向說、白虎通義嫁娶篇，列女明德馬后傳所云八妾相合，謂九女中已有適。而毛傳則不同，謂適夫人之外，有媵有姪娣，二國往送女，又各有媵有姪娣，共九女。（參見陳奐說）今古文家於姪娣之年，所主並同，唯姪娣之數，毛詩謂共九女，今文家則謂共八妾（鄭注檀弓又有夏制十二女之說）其數不同，許君此條，從今從古，未得詳考也。王紹蘭王氏經說謂箋稱江大汜小，喻位非喻年。然既謂之姪娣，年當少於嫡，謂鄭與許有異義者固非。

其論盟詛所用之牲，引韓詩、毛詩、左傳說、各家之義並同。鄭駁異義謂詛小於盟，正以補足許義。

案許論盟牲所用，見於禮記曲禮「涖牲曰盟」句下孔疏所引，彼疏云：「盟牲所用，許愼據韓詩云：『天子諸侯以牛豕，大夫以犬，庶人以雞。』又云：毛詩說：『君以豕，臣以犬，民以雞。』又左傳云：『鄭伯使卒出豭、行出犬雞、以詛射潁考叔者。』又云：『衞伯姬盟孔悝以豭。』」（禮記疏卷五）孔疏謂許君據韓詩云云，是許君於此從韓詩說也。今考毛詩之說，見於小雅何人斯篇，詩云：「出此三物，以詛爾斯。」毛傳云：「三物、豕犬雞也。民不相信，則盟詛之，君以豕，臣以犬，民以雞。」毛傳主在釋經詛字，故所舉三物，實係指詛而言，陳奐曰：「傳云三物豕犬雞也者，探下句詛字作解。」陳喬樅亦云：「毛言君以豕而不及牛，此則專指詛言之。」（韓詩遺說攷）二陳之說並是也，傳言三物，正釋詛之用牲，非指盟也。毛傳盟詛連稱者，或盟爲配字，連及以足語詞耳，孔穎達正義曰：「定本民不相信則詛之，無盟字。」則是毛傳本無盟字，而鄭箋云：「且共出此三物以詛女之此事。」亦不盟詛連言，尤可爲證。孔疏又云：「此豕犬雞，詛所用也。若盟皆用牛。」王先謙亦云：「韓詩於三物外增牛，合盟詛言之也。」（詩三家義集疏）據是則韓詩云牛豕、犬、雞，蓋兼舉盟詛所用之牲而言，毛則專指詛言，左傳所載鄭伯事，亦既明言是詛矣，是韓詩、毛詩、左傳三說無異也。至於左傳載衞伯姬脅盟孔悝，盟亦用豭者，其事見哀公十五年，左傳云：「孔伯姬杖戈而先，大子與五人介，輿豭從之，迫孔悝於廁，強盟之。」孔疏云：「豭是豕之牡者，傳稱諸侯盟，誰執牛耳，則盟當用牛，此用豕者，鄭玄云：『人君用牛，伯姬迫孔悝以豭，下人君耳。』」疏引鄭玄云云，即駁異義之文（見曲禮疏），與許君之恉正同。孔疏又釋鄭君「下人君」之義云：「若盟皆用牛，哀十五年左傳說衛太子蒯聵與伯姬輿豭以盟孔悝者，時太子未立，不敢從人君之禮。」（詩何人斯疏）據此則許君所云，義本一貫，與鄭君並同，然鄭駁異義猶多所探討者，意在剖析疑似，以補足許義耳，如詩小雅何人斯孔疏引其文云：「鄭異義駁云：『詩說及鄭伯使卒及行所出，皆謂詛耳，小於盟也。周禮戎古職云：若盟則以玉敦辟盟遂役之（按禮記疏引鄭自注云役之者傳敦血授當歃者今據補），贊牛耳桃茢。哀十七年左傳曰：孟武伯問於高柴曰：諸侯盟，誰執牛耳，然盟者人君用牛，伯姬盟孔悝以豭，下人君牲。』」（又見曲禮疏引）鄭君詳證盟大詛小，盟則用牛，詛則否，正發許說之幽眇，以補足許說耳。

其論靈臺，引公羊說謂在東南二十五里，韓詩說謂在南方七里之內，左氏說謂在太廟之中，毛詩說但釋三靈之義，不云遠近。許謂公羊左氏皆無明文，然亦說各有以，不評詩說，殆以詩說爲有據。鄭玄駁義則據詩說，以爲三靈一廱同處在郊。

案許論靈臺之條，見於毛詩大雅靈臺小序下孔疏所引，彼疏云：「異義：公羊說：天子三臺（臺字據周禮肆師疏所引補），諸侯二，天子有靈臺，以觀天文；有時臺，以觀四時施化；有囿臺，觀鳥獸魚鱉，諸侯當有時臺囿臺，諸侯卑，不得觀天文，無靈臺。皆在國之東南二十五里，東南少陽用事，萬物著見，用二十五里者，吉行五十里，朝行暮反也。韓詩說：辟廱者，天子之學，示圓，言辟，取辟（阮元云當作璧）有德，不言辟水言辟廱者，取其廱和也。所以教天下，春射秋饗，尊事三老五更，在南方七里之內，立明堂於中，五經之文所藏處，蓋以茅草，取其絜清也。左氏說：天子靈臺，在太廟之中，壅之靈沼，謂之辟廱。諸侯有觀臺，亦在廟中，皆以望嘉祥也。毛詩說：靈臺不足以監視（陳壽祺謂不足二字疑誤），靈者精也，神之精明稱靈，故稱臺曰靈臺，稱囿曰靈囿，稱沼曰靈沼。謹案：公羊傳左氏說皆無明文，說各有以，無以正之。」彼疏又引鄭駁云：「玄之聞也，禮記王制：天子命之教，然後爲學，小學在公宮之左，大學在郊。天子曰辟廱，諸侯曰泮宮，天子將出征，受命於祖，受成於學，出征執有罪，反釋奠於學，以訊馘告，然則太學卽辟廱也。詩頌泮水云：既作泮宮，淮夷攸服，矯矯虎臣，在泮獻馘，淑問如皐陶，在泮獻囚。此復與辟廱同義之證也。大雅靈臺一篇之詩，有靈臺、有靈囿、有靈沼、有辟廱，其如是也，則辟廱及三靈皆同處在郊矣。囿也、沼也，同言靈，於臺下爲囿爲沼可知。小學在公宮之左，大學在西郊，王者相變之宜，衆家之說，各不昭晳，雖然，於郊差近之耳，在廟則遠矣，王制與詩，其言察察，亦足以明之矣。」（詩疏十六之五）而周官肆師疏、初學記卷二十四居處部、御覽卷百七十七，並引此條，以詩疏所引爲最詳。今考三靈一廱所在，經無明文，公羊說、韓詩說並詳指在郊之遠近，左氏說則謂在太廟之中，許愼以二說雖相異，然亦各各持之有故，無以正之。鄭玄則駁之，以爲大雅靈臺一詩，所言靈臺、靈囿、靈沼及辟廱，皆在同處，其地當甚大，不得在國中，當同處於郊也。是鄭君所駁，即駁左氏說，謂左氏說與詩辭不合，宜駁正之也。陳奐氏篤守毛詩一家，亦以爲靈臺在郊，其引焦循之言曰：「焦循學圖云：僖十五年左傳，秦伯舍晉侯於靈臺，大夫請以入，杜注云：在京兆鄠縣，周之故臺。則此故臺，即文王之靈臺也。三輔黃圖云：靈囿在長安西北四十二里，靈臺在長安西北四十里。長安志云：豐水出長安縣西南五十五里，是豐邑在長安之西也。黃圖以漢長安縣，言今長安故城，在西安府之西北十三里，水經渭水會豐水後，越鎬水泬水而東，逕長安城北，是長安在豐邑之東也。公羊說云：在國之東南二十五里，即長安西北四十里也。地理志：文王作豐。顏注云：今長安西北界靈臺鄉豐水上。靈臺在郊，斷斷然矣。」詳徵以地理，確證靈臺在郊，王先謙謂三家亦無異義，是四家詩說並以靈臺在郊矣。然左氏謂靈臺靈沼辟廱並在太廟之中者，胡承珙已疑係殷周制度之不同，其言曰：「三靈自爲游觀之所，辟廱自爲禮樂之地，同處者，第言其相近，黃圖所載可據，至辟廱即周頌之西廱。彼傳云：廱，澤也。澤即王立于澤之澤，郊祭聽誓於此，則辟廱在郊可知：謂之西廱，則在西郊又可知，文王時猶從殷制，鄭注鄉射禮謂周之大學在國，然則武王之鎬京辟雍，殆立於國中與？」（毛詩後箋）胡氏猶疑似不定，陳奐氏則舉詩爲證，謂殷周之制不同，其言曰

：「殷制：小學在公宮南之左，大學在郊，故文王辟廱爲大學，猶在郊，靈臺詩是也。周制：在王宮者，爲四門大學；在郊者，爲四郊小學皮錫瑞謂王制四郊譌爲西郊四郊爲是，故武王辟雝爲小學，爲四郊小學，文王有聲詩是也。諸侯從殷制，故禮器言魯人頖宮，或作郊宮，此諸侯大學在郊之證，魯大廟從天子明堂制，於明堂設四學，明堂位亦有泮宮也。」毛詩說陳氏此說，卽據金榜禮箋之意，謂明堂有二，一爲月令之明堂，卽天子之路寢，在王宮之中；一爲覲禮之壇，設四門，在郊。較諸向說合二爲一，在國在郊，其說不定者遠勝矣。阮元氏說明堂在郊之故，亦足輔成陳說，彼以爲上古政教朴略，宮室未備，天子所居卽謂之明堂，祀上帝、祭先祖、朝諸侯、尊老尊賢、教國子、饗射、獻俘馘、治天文告朔亦莫不在是，殆及後代文治益隆，天子居邦畿王城之內，其禮益備，其地益分，然以禮不忘本，乃於近郊東南別建明堂，以存古制。阮氏旣博徵古籍之說明堂者，謂國中寢宮之制，取郊外明堂四面之一，向南爲之，不如郊外明堂四面皆有堂，然猶襲古號曰明堂，此則亦卽謂明堂在國在郊有二耳。見揅經室集明堂論陳阮之說，按之經傳皆合，則公羊韓詩謂靈臺在郊，左氏謂在太廟之中，乃所據三代禮制之不同，許君謂「說各有以」者是也。唯上古幽遠，經無明文，鄭君據經文有據者申其意，不若許君瞭然於古制耳。

其論「龍旂承祀」之條，闕而不完，正義但引異義古毛詩說一則，與鄭箋之意不合，今考毛鄭之異，端在分章之不同。

案許論龍旂之條，闕略不全，僅見於毛詩魯頌閟宮孔疏所引，彼疏云：「此龍旂承祀，謂視宗廟之祭，何則？明堂位云：『魯君孟春乘大輅，載弧旂十有二旒，日月之章，祀帝于郊，配以后稷，天子之禮也。』彼祀天之旂建日月之章，明此龍旂是宗廟之祭也。異義古詩毛說以此龍旂承祀爲郊祀者，自是舊說之謬，非鄭所從。故此箋直云視祭，不言祭天也。」（詩疏二十之二）孔疏不全舉異義之文，亦不明舉鄭駁，是許君未必即主此毛說，故鄭亦不駁，孔廣林曰：「詩閟宮正義云：古毛詩說非鄭所從，正義不引鄭駁，別爲此說，容許君本不從毛詩說，鄭故無駁與？」按孔說近是，鄭雖不駁異義，然其箋詩，與古毛詩說不合，彼閟宮經文云：「…周公之孫，莊公之子，龍旂承祀，六轡耳耳，春秋匪解，享祀不忒，皇皇后帝，皇祖后稷，享以騂犧，是饗是宜，降福既多，周公皇祖，亦其福女。秋而載嘗，夏而楅衡。…」鄭箋云：「交龍爲旂，承祀謂視祭事也。四馬故六轡，春秋猶言四時也。」下又云：「皇皇后帝，謂天也，成王以周公功大，命魯郊祭天，亦配之以君祖后稷，其牲用赤牛純色，與天子同也，天亦饗之，宜之多予之福。」細審箋疏之意，蓋以交龍爲旂，是宗廟之祭所用；而祀帝于郊，則當建太常日月之旗。鄭箋以「龍旂承祀」爲宗廟祭事，宗廟之事，四時並有，故鄭意以「春秋匪解，享祀不忒」爲屬龍旂承祀而言，以上爲一章。而皇皇后帝則謂指天帝而言，以下則言郊祀，當建太常日月之旗，故當另分一章，不蒙「龍旂承祀」而言者也。且郊祀止行於孟春，不得云「春秋匪解」，非特日月之章與交龍之旂不合也。故據鄭箋，閟宮第三章末二句當與第四章相連，陳奐雖宗毛氏一家，於此亦從鄭箋，以古毛詩說爲謬，謂「皇皇后帝二句指郊祭言」，又謂「享以騂犧三句，蒙上章郊祀而言。」即從鄭玄說也，而其下「秋而載嘗，夏而楅衡」又爲四時祭先祖者矣。陳氏又引春秋繁露：「臣湯問仲舒，魯祭周公用白牲，其郊何用？臣仲舒對曰：魯郊用純騂犅，周色上赤，魯以天子命郊，故以騂。」（郊事對七十一）董氏所云純赤，與毛傳「騂、赤犧純也」合，故以「享以騂犧」爲郊祀，不當建龍旂也。今案鄭說固自可通，然割裂經文，強分段落，亦爲一病，許君雖未必主從毛說，然古毛詩之說，亦自成理，夫龍旂太常之別，起於明堂位，然明堂所云，是否較詩經本文所載爲得實，已屬可疑，包世榮舉閟宮皇皇后帝至亦其福女等句，按云：「五經異義古毛詩說，連上龍旂承祀以下，皆作郊祀說，時祭已見下文秋而載嘗以下，似『春秋匪解，享祀不忒』應屬郊天爲理長，鄭不從者，據明堂位文也。然明堂位云：『魯君孟春乘大輅，載弧韣旂十有二旒，日月之章。』與巾車之掌爲不合，究不若此詩爲得實也。」（毛詩禮徵卷一），包氏之疑頗當，且明堂位雖云「日月之章」，亦未云不得有交龍之旂，夫日月之章與交龍之旂兼而建之者，徵諸古典，並非無有，故李黻平曰：「按古詩毛說，不知何人，當是後漢諸儒之說，龍旂春秋，毛皆無傳，何以知毛意爲祭天？惟以經文核之，則當天祖並祭，而以春秋匪解句爲之綱，春即下文皇皇后帝，周之孟春郊天也。秋即下文秋而載嘗也。郊天而建龍旂者，周禮司常云：日月爲常，交龍爲旂。又云：王建大常，諸侯建旂，旂與常原別。明堂位云：魯君孟春大輅，載弧韣旂十有二旒，日月之章，祀帝于郊，配以后稷，則常亦爲旂。郊特牲云：旂十有二旒，龍章而設日月，以象天也。天垂象，聖人則之，郊所以明天道也。彼說祭天之旂，有龍與日月，則如郊天建旂，實兼日月，非僅有龍而已。明堂位言日月而不言龍，此詩言龍而不言日月，皆各舉其一，是龍旂句得爲祭天也。正義以毛無傳，同之鄭說，義亦可通，但不當引明堂位以駁龍旂耳。」（毛詩紬義卷二十四）包李二氏之說，並謂不得以「龍旂承祀」一語，斷定非祭天祀帝之用，說甚圓融，而二氏所解，並將經文二章上下通貫，不須裁割經文以分天祖之祭，當深得毛詩舊說之眞諦矣。

其說罍制，謂罍紋刻畫雲雷，取象於雲雷博施。至於毛詩云「人君黃金罍」，韓詩云：「天子以玉」，許君謂韓說經無明文。今考諸說文，許君殆以罍係木質，金玉其飾耳。

案許說罍制之條，見於毛詩周南卷耳孔疏所引，彼疏云：「（毛）傳：人君黃金罍。正義曰：此無文也。故異義：『罍制：韓詩說：金罍、大夫器也。（王先謙云夫字衍，下既云諸侯大夫皆以金，此不得云大夫器。司尊彝疏引無夫字是也。毛詩說言大一碩，孔疏引阮諶禮圖亦云大一斛，故韓言大器也。）天子以玉，諸侯大夫皆以金，士以梓。毛詩說（周禮司尊彝疏作古廷說）：金罍、酒器也。諸臣之所酢，人君以黃金飾尊，大一碩（周禮司尊彝疏碩作石），金飾龜目，蓋刻爲雲雷之象。謹案：韓詩說天子以玉，經無明文，謂之罍者，取象雲雷博施，如人君下及諸臣。（周禮司尊彝疏引末句作故從人君下及諸臣同」（詩疏一之二）而周禮司尊彝疏、爾雅釋器疏亦並引異義此條，文字略有出入，而大意全同。許謂罍紋刻畫爲雲雷，取象於雲雷博施，鄭君亦當同說，袁堯年曰：「周禮司尊彝鄭注云：『山罍亦刻而畫之，爲山雲之形。』疏云：『罍之字於義無所取，字雖與雷別，以聲同，故以雲雷解之，以其雷有聲無形，但雷起於雲，雲出於山，故本而釋之，以刻畫山雲之形者也。』與許君取象雲雷同義，鄭無駁可知也。」是許鄭說罍紋相同，唯鄭云：「山罍亦刻而畫之」，孔穎達遂以爲罍爲木體而加飾者，其疏云：「司尊彝云：皆有罍，諸侯之所酢。注云：罍亦刻而畫之，爲山雲之形，言刻畫則用木矣。故禮圖依制度云：刻木爲之。韓詩說：言士以梓，士無飾，言其木體。則以上同用梓而加飾耳。」鄭注之罍爲諸侯所用，亦言刻畫山雲者，是諸侯與士同用木體，以有飾無飾爲別耳，詩卷耳釋文引韓詩云：「天子以玉飾，諸侯大夫皆以黃金飾，士以梓。」是韓詩本謂罍爲木質，而加玉加金爲飾以別等差耳，與毛說金飾及鄭注孔疏之義正合，可見異義所引韓詩說天子以玉，諸侯大夫皆以金者，謂飾非謂體也。罍大小之制，尊卑相同，皆大一碩。尊卑唯飾爲異，皆於木體上畫雲雷之形，孔疏謂以其名罍取於雲雷故者是也。陳壽祺據說文櫑字，謂許意亦當爲木質刻畫雲雷之形，其言曰：「考說文第六上木篇：櫑、龜目酒尊，刻木作雲雷象，象施不窮也。從木畾聲。罍、櫑或從缶。𤄳、櫑或從皿。[illegible]

、籀文櫑。許不從韓詩說罍有玉金，故以從木字爲正，其云刻木作雲雷象，與鄭君周禮注及禮圖同，則鄭於異義無駁可知。」據此則許鄭之說本同。至於許君謂韓說「天子以玉，經無明文」者，謂罍飾以黃金，不聞飾玉耳。王先謙曰：「韓云天子以玉者，詩釋文引作天子以玉飾，孔疏云：經無明文。案明堂位爵夏后氏以琖，殷以斝，周以爵，孔疏：琖、夏爵名，以玉飾之。故前云：爵用玉琖仍雕也。說文斝，玉爵也。左昭七年傳：賂以斝耳。杜注：斝耳玉爵。明堂位疏又云：太宰贊玉几玉爵，然則周爵或以玉爲之，或飾之以玉，據此，夏殷周爵皆用玉，是天子以玉也。孔偶有不照耳。」按王說既誤以許說爲孔疏，又牽混爵制於罍制，其說非也，固不得據之謂「天子以玉」爲有徵矣。韓說固爲經無明文，然毛傳云：「人君黃金罍。」經文但言「金罍」，謂黃金飾罍爲天子之器，經亦無明文，故孔疏釋傳亦云：「此無文也。」下乃申毛意云：「毛詩說諸臣之所酢，與周禮文同，則人君黃金罍謂天子也。周南王者之風，故皆以天子之事言焉。」其謂罍爲諸臣之所酢，有周禮可徵，而謂「人君黃金罍」，人君若指天子，則但據周南王者之風而已，於經亦無徵矣。陳奐謂人君統天子諸侯言，則與周禮「皆有罍，諸侯之所酢」合，毛說或不如韓詩之明斥爲天子也。

其釋災異之條已闕，鄭駁異義引詩文以證災異二字義界不同。

案許釋災異之條，諸書未引，已成闕略，鄭駁異義則見於毛詩孔疏所引，彼小雅正月疏云：「鄭駁異義與洪範五行傳皆云：「非常曰異，害物曰災。」彼小雅十月之交疏云：「食之輕重，假理示義，其實日食皆爲異矣。故鄭駁異義引此詩云：『彼月而食，則維其常，此日而食，于何不臧。則非常爲異。』」詩疏十二之一及之二

鄭君分釋災異二字，又以日蝕爲異，力主災異爲有別耳。許君所主，今莫能詳，皮錫瑞氏蒐採先儒解釋災異之文頗備，可略見當時駁異之端倪。彼云：「公羊隱三年傳曰記異也。解詁曰：異者非常可怪，先事而至者。隱五年傳曰記災也。解詁曰：災者有害於人物，隨事而至者。定元年傳曰：此災菽也。曷爲以異，書異大乎災也。解詁曰：異者，所以爲人戒也。重異不重災，君子所以貴教化而賤刑罰也。繁露必仁且智。第三十云：天地之物有不常之變者，謂之異，小者謂之災，災常先至，而異乃隨之。災者，天之譴也；異者，天之威也。譴之而不知，乃畏之以威，詩云：畏天之威，殆此謂也。洪範五行傳曰：害物爲災，不害物爲異，災散於已至，異戒於未來，未來者可追，已至者無及，故君子視不害物大於害物也。漢書董仲舒傳曰：國家將有失道之敗，而乃先出災害以譴告之，不知自省，又出怪異以警懼之，尙不知變乃傷敗至，以此見天心之仁愛人君，而欲止其亂也。白虎通災變篇曰：災異者何謂也。春秋潛潭巴曰：災之言傷也，隨事而誅。異之言怪也，先發感動之也。據此皆分別災異爲二，足以證明鄭義。」駁五經異義疏證十

據皮氏所云，災異二字，有別之以大小者，如公羊解詁，春秋繁露並謂異大乎災。又有別之以先後者，如公羊解詁、書洪範五行傳、白虎通等並

謂異先而災後；而春秋繁露、漢書董仲舒傳，並謂災先而異後。此皆可能爲駁異之一端者也。又考小雅十月之交孔疏引左傳云：「昭七年左傳：晉侯問於士文伯曰：詩所謂此日而食，于何不臧，何也？對曰：不善政之謂也。國無政，不用善，則自取謫於日月之災，故政不可不愼是也。」又小雅正月孔疏亦引左傳云：「莊二十五年左傳曰：『凡天災有幣無牲。』彼爲日食之異，而言災也。」孔氏引此以證詩，亦見古左氏有以日月之食爲「災」者，鄭氏必駁之云日月之食爲「非常之異」者，此亦可能爲駁異之一端也。鄭君箋詩十月之交「彼月而微，此日而微」云：「彼月則有微，今此日反微，非其常，爲異尤大也。」孔疏云：「以日被月食，似君被臣侵，非其常事，故爲異尤大也。異既如此，災害將生，災害一起，天下蒙毒。」鄭箋以日蝕爲異，與駁異義同；而孔疏云云，則亦謂異先而災後矣。許君之文雖闕，其或論及災異之大小先後，今不可考，唯左氏說謂日食爲災，則許君必舉引及之，故鄭君駁論之耳。

其釋獄埆之條亦闕，今存鄭駁異義此條與毛傳訓獄爲埆相合，今考諸說文，亦訓獄爲确也。

案許釋獄埆之條，今亦闕如，鄭駁異義則見於毛詩召南行露孔疏所引，彼疏云：「獄埆者，鄭異義駁云：『獄者埆也。囚證於埆核之處，周禮之圜土。』然則獄者核實道理之名，皐陶造獄謂此也，既囚證未定，獄事未決，繫之於圜土，因謂圜土亦爲獄。」（詩疏一之四）鄭釋獄爲埆，與毛傳

「獄、埆也」相合。獄埆蓋聲訓也。桂馥云：「獄确聲近，釋名：獄，确也。實确人之情僞也。春秋元命苞：獄者核确也。或作埆，集韵：埆、獄也。顏注急就篇：獄之言埆也，取其堅牢也。詩行露釋文引盧植云：相質觳爭訟者也。崔云：埆者埆正之義，一云獄名。」（說文義證）桂氏所舉，並能說明獄确觳埆爲聲訓之意，今考說文亦云：「獄、确也。从㹜从言，二犬所以守也。」獄确疊韵，許亦以獄确爲聲訓也，許鄭之訓原皆本之於毛氏，許云獄从二犬所以守者，與拘囚之圜土義亦同。今許君異義既闕，未審鄭君云何駁之也，姑闕疑，用俟達者。

許君說文引經釋字，義歸一貫，今考其引詩之例，訓解全本毛傳者，爲數甚夥，其義固不待詳證。

案說文自敍言詩稱毛氏，自道其師承已明，故訓釋多同毛傳，如艸部蔦、寄生也。引詩：「蔦與女蘿」，小雅頍弁毛傳云：「蔦、寄生也。」又芩、艸也。引詩：「食野之芩」，小雅鹿鳴毛傳云：「芩、草也。」又葽、艸也。引詩：「四月秀葽」，豳風七月毛傳云：「葽、葽草也。」又藚、水舄也。引詩：「言采其藚」，魏風汾沮洳毛傳云：「藚、水舄也。」又茆（惠棟以爲當是茆字）、鳧葵也。引詩：「言采其茆。」魯頌泮水毛傳云：「茆、鳧葵也。」又牛部犉、黃牛黑脣也。引詩：「九十其犉。」小雅無羊毛傳云：「黃牛黑脣曰犉」（犉隸省作犉）又口部嘽、喘息也。引詩：「嘽嘽駱馬」，小雅四牡毛傳云：「嘽嘽、喘息之貌，馬勞則喘息。」又口部嘵、懼也。引詩

：「唯予音之嘵嘵」今詩唯予作予維，玉篇廣韻引詩並同今本，說文誤倒。豳風鴟鴞毛傳云：「吪、動也。」又殳部祋、殳也。引詩：「何戈與祋」，曹風候人毛傳云：「祋、殳也。」又羽部翿、翳也。引詩：「左執翿。」翿者翳之隸變王風君子陽陽毛傳云：「翿、翳也。」又鳥部鷖、鳧屬。引詩：「鳧鷖在梁」，大雅鳧鷖毛傳云：「鷖、鳧屬。」又鷕、雌雉鳴也。引詩：「有鷕雉鳴」，邶風匏有苦葉毛傳云：「鷕、雌雉聲也。」又可部哿、可也。引詩：「哿矣富人」，小雅正月毛傳云：「哿、可也。」又鼓部鼛、大鼓也。引詩：「鼛鼓不勝」，大雅緜毛傳云：「鼛、大鼓也。」又木部桋、赤楝也。引詩：「隰有杞桋」，小雅四月毛傳云：「桋、赤楝也。」又檿、山桑也。引詩：「其檿其柘」，大雅皇矣毛傳云：「檿、山桑也。」又楰、鼠梓木。引詩：「北山有楰」，小雅南山有臺毛傳云：「楰、鼠梓」。又枝、榦也。引詩：「施于條枝」，大雅旱麓毛氏無傳，唯周南汝墳傳云：「榦曰枚。」枝隸變作枚又栵、栭也。引詩：「其灌其栵。」大雅皇矣毛傳云：「栵、栭也。」又日部曀、陰而風也。邶風終風毛傳云：「陰而風曰曀。」又禾部秠、一稃二米。引詩：「惟秬惟秠」，大雅生民毛傳云：「秠、一稃二米也。」又宀部向、北出牖也。引詩：「塞向墐戶」，豳風七月毛傳云：「向、北出牖也。」又疒部痡、病也。引詩：「我僕痡矣」，周南卷耳毛傳云：「痡、亦病也。」又瘏、病也。引詩：「我馬瘏矣」，周南卷耳毛傳云：「瘏、病也。」又网部罛、魚罟也。引詩：「施罛濊濊」，衛風碩人毛傳云：「罛、魚罟。

又⿱罒包、覆車也。引詩：「雉離于⿱罒包」，⿱罒包、重文从孚作罦。王風兔爰毛傳云：「罦、覆車也。」又人部儺、行有節也。引詩：「佩玉之儺」，衛風竹竿毛傳云：「儺、行有節度。」又佶、正也。引詩：「既佶且閑」，小雅六月毛傳云：「佶、正也。」又伾、有力也。引詩：「以車伾伾」，魯頌駉毛傳云：「伾伾、有力也。」又偕、彊也。引詩：「偕偕士子」，小雅北山毛傳云：「偕偕、強壯貌。」又⿰亻昏、會也。引詩：「曷其有⿰亻昏」，王風君子于役毛傳云：「佸、會也。」（⿰亻昏隸變作佸）又价、善也。引詩：「价人維藩」，大雅板毛傳云：「价、善也。」又仳、別也。引詩：「有女仳離」，王風中谷有蓷毛傳云：「仳、別也。」又馬部駽，青驪馬。引詩：「駜彼乘駽」，魯頌有駜毛傳云：「青驪曰駽」。又騋、馬七尺爲騋。引詩：「騋牝驪牡」，鄘風定之方中騋牝三千句下毛傳云：「馬七尺以上曰騋。」又火部烕、滅也。引詩：「赫赫宗周、褒似烕之，」（小徐本似作姒）小雅正月毛傳云：「烕、滅也。」又大部奕、大也。引詩：「奕奕梁山」，大雅韓奕毛傳云：「奕奕、大也。」又奰下引云：「詩曰：不醉而怒謂之奰。」今詩無此文，所引即毛傳，大雅蕩篇毛傳云：「不醉而怒曰奰。」馬宗霍曰：「引傳而逕偁詩曰者，亦猶引易說偁易曰，引書傳偁書曰矣。」（說文引詩考）是毛傳有此體例者。又心部怓、亂也。引詩：「以謹惽怓」，大雅民勞毛傳云：「惽怓、大亂也。」又慘、憂也。引詩：「憂心慘慘」，召南草蟲毛傳云：「慘慘、憂也。」又悄、憂也。引詩：「憂心悄悄」，邶風柏舟毛傳云：「悄悄、憂貌。」又永部永、長也。引詩：「江之永矣」，周南漢廣毛傳云：「永、長也。」又手部控、引也。引詩：「控于大邦」，鄘風載馳毛傳云：「控、引也。」又攪、亂也。引詩：「祇攪我心」，小雅何人斯毛傳云：「攪、亂也。」又掤、所以覆矢也。引詩：「抑釋掤忌」，鄭風大叔于田毛傳云：「掤所以覆矢。」又捘、衆意也。引詩：「束矢其捘」，魯頌泮水毛傳云：「捘、衆意也。」又女部娀、帝高辛之妃偰母號也。引詩：「有娀方將」，商頌長發毛傳云：「有娀、契母。」而商頌玄鳥毛傳亦云：「有娀氏女簡狄，配高辛氏帝而生契。」許蓋本此兩傳之意立訓也。又媛、美女也。引詩：「邦之媛兮」，鄘風君子偕老毛傳云：「美女爲媛。」又糸部絿、急也。引詩：「不競不絿」，商頌長發毛傳云：「絿、急也。」又虫部蜩、蟬也。引詩：「五月鳴蜩」，豳風七月毛傳云：「蜩、螗也。」然大雅蕩、小雅小弁毛傳並云：「蜩、蟬也。土部坻、小渚也。引詩：「宛在水中坻」，秦風蒹葭毛傳云：「坻、小渚也。」又力部勩、勞也。引詩：「莫知我勩」，小雅雨無正毛傳云：「勩、勞也。」又金部錢、銚也。引詩：「庤乃錢鎛」，周頌臣工毛傳云：「錢、銚也。」又鋂、大瑣也。一環貫二者。引詩：「盧重鋂」，齊風盧令毛傳云：「鋂、一環貫二也。」又斤部斨、方銎斧也。引詩：「又缺我斨」，豳風破斧毛傳云：「隋銎曰斧，斧斨、民之用也。」而豳風七月詩：「取彼斧斨」，毛傳亦云：「斨、方銎也。」許蓋本此兩傳之意立訓也。又斯、析也。引詩：「斧以斯之」，陳風墓門毛傳云：「斯、析也。」又車部軝，長轂之軝也，以朱約之。引詩：「約軝錯衡」，小雅采芑毛傳云：「軝、長轂之軝也，朱而約之。」凡此，許書皆本毛傳立訓者也。

其與毛傳義近者，亦依奉毛氏者也，蓋臨文有異，恉要實同。

案如說文玉部璓、石之次玉者，从玉、莠聲。詩曰：充耳璓瑩。息救切 考衛風淇奧毛傳云：「琇瑩、美石也。」璓隸省作琇 石之次玉即美石也。

又玉部瑤、玉之美者。从玉、䍃聲。詩曰：報之以瓊瑤。余招切 考衛風木瓜毛傳云：「瓊瑤、美玉。」毛總釋瓊瑤，許分釋之，其義相近。

又艸部艽、遠荒也。从艸九聲。詩曰：至于艽野。巨鳩切 考小雅小明毛傳云：「艽野、遠荒之地。」毛訓爲遠荒之地，亦不以艽野爲地名，與許訓實同。宋翔鳳過庭錄嘗謂：「鬼與艽聲相近，故鬼方亦謂之艽野。」考大雅蕩篇傳云：「鬼方、遠方也。」遠方與遠荒之義亦相合。

又口部呶、讙聲也。从口、奴聲。詩曰：載號載呶。女交切 考小雅賓之初筵毛傳云：「號呶、號呼讙呶也。」釋號爲號呼，釋呶爲讙呶 陳奐謂當作呶讙，許訓呶爲讙聲與傳義相合。

又辵部遲、徐行也。从辵、犀聲。詩曰：行道遲遲。直尼切 考邶風谷風毛傳云：「遲遲、舒行貌。」徐行卽舒行也。召南野有死麕傳云：「舒、徐也。」是許本依毛立訓也。

又足部踽、疏行貌。从足、禹聲。詩曰：獨行踽踽。區主切 考唐風杕杜毛傳云：「踽踽、無所親也。」親疏相對，無所親卽疏義也。陳奐云：「踽疏叠韻、疏卽傳云無所親之意。」王筠亦云：「獨行則無相比者，故云疏。」是許說與傳義相近。

又足部蹻、擧足行高也。从足、喬聲。詩曰：小子蹻蹻。居勺切 考大雅板毛傳云：「蹻蹻、驕貌。」擧足行高者，驕之狀也。左傳云：「擧趾高心不固矣。」是其證，毛傳主說經義，許則兼言字形从足之故，義非有異也。

又足部踖、小步也。从足，脊聲。詩曰：不敢不踖。資昔切 考小雅正月毛傳云：「踖、累足也。」段玉裁曰：「累足者，小步之至也。」是許說與傳義相近。

又言部謔、戲也，从言、虐聲。詩曰：善戲謔兮。虛約切 考衛風淇奧毛傳云：「雖則戲謔不爲虐矣。」戲謔連文，其義相近，說文云：「戲、三軍之偏也，一曰兵也。」是許以戲訓謔，非取字之本義，鄭箋申明毛意，以戲謔爲矜莊之對文，許訓亦本此毛恉也。

又丮部埶、種也。从坴、丮持亟種之。詩曰：我埶黍稷。魚祭切 。考小雅楚茨毛傳此句下無訓，而齊風南山蓺麻如之何句下，傳云：「蓺、樹也。」埶隸增作蓺 種樹皆言生植艸木之動作種當依廣韻引作種種亦樹也，其意相近。故楚茨鄭箋云：「我將樹黍稷焉。」以樹訓埶，與毛傳訓蓺爲樹同意。

又攴部斁、解也。从攴、睪聲。詩曰：服之無斁。斁、猒也。一曰終也。羊益切 考周南葛覃毛傳云：「斁、厭也。」許書以猒釋斁、猒者飽足而倦怠也。毛傳以厭釋斁，蓋本取厭倦之意、鄭箋申明傳意云：「服、整也，整治之無厭倦。」是毛之厭、即許之猒，厭行而猒廢久矣，許書所用爲本字。

又奞部奮、翬也。从奞在田上，詩曰：不能奮飛。（方問切）考邶風柏舟毛傳云：「不能如鳥奮翼而飛去。」許以奮爲翬，說文羽部翬、大飛也。又奮从奞在田上，說文奞、鳥張毛羽自奮也。與毛以奮翼釋奮之意相近。

又虍部虞、騶虞也。白虎黑文，尾長於身，仁獸，食自死之肉，从虍、吳聲。詩曰：于嗟乎騶虞。（五具切）考召南騶虞毛傳云：「騶虞、義獸也。白虎黑文，不食生物，有至信之德則應之。」毛依經爲說，故云有至信之德則應之，許則約言曰仁獸，蓋小序云：「仁如騶虞」，許從序也。而許說較毛傳添「尾長於身」一句者，蓋尙書大傳云：「尾倍於身」（釋文引），山海經云：「騶吾尾長於身」（海內北經）故許云然。

又食部饁、餉田也。从食、盍聲。詩曰：饁彼南畝。（筠輒切）考豳風七月毛傳云：「饁、饋也。」而說文饋訓餉也。是饋餉同義。七月正義引孫炎曰：「饁、野之餉」，而周頌載芟正義又引孫炎曰：「饁、野之饋也。」是餉卽饋，名可互施也。玉篇殘卷饁下引韓詩曰：「餉田也。」是韓毛義本相同。

又食部飫、燕食也。从食、芺聲。詩曰：飲酒之飫。（依據切）考小雅常棣毛傳云「飫、私也。不脫屨升堂謂之飫。」今詩㱃隸省作飲䬸隸省作飫　毛訓爲私，許訓爲燕，而小雅楚茨云：「諸父兄弟，備言燕私」，燕私連文，義可互足，許云燕食者，即燕私之食，必明其爲食者，兼說其字形从食之故也。

又韋部韘，射決也。所以拘弦，以象骨韋系箸右巨指，从韋、枼聲。詩曰：童子佩韘。弽、韘、或从弓。失涉切　考衞風芄蘭毛傳云：「韘、玦也釋文云本又作決，能射御則帶韘。」又小雅車攻決拾既佽句下毛傳云：「決、鉤弦也。」許訓與傳義正合，其制較詳者，兼說其字形从韋之故也。

又韋部韔，弓衣也。从韋、長聲。詩曰：交韔二弓。丑亮切　考秦風小戎毛傳云：「交二弓於韔中也。」又云：「韔、弓室也。」交二弓於皮韔之中，皮韔爲弓衣，猶弓室也。

又木部楘，車歷錄束文也。从木、敄聲。詩曰：五楘梁輈。莫卜切　考秦風小戎毛傳云：「五、五束也。楘、歷錄也。一輈五束，束有歷錄。」皆謂楘爲車歷錄，許云「束文」也者，唐寫本說文木部殘頁作「束交」，五楘爲輈上之飾，以皮束交互飾於其上，既防脆折，亦可見其交文歷錄然，以爲美飾也。

又木部楅，以木有所逼束也。从木、畐聲。詩曰：夏而楅衡。彼即切　考魯頌閟宮毛傳云：「楅衡、設牛角以楅之也。」許訓楅爲以木有所逼束，而訓衡爲「牛觸、橫大木其角。」合許書楅衡兩篆之注，與毛傳實同。正義申傳意云：「楅衡、謂設橫木於角以楅迫此牛，故云：設牛角以楅之也。」正義釋毛傳楅爲楅迫，與許訓楅爲逼正同。

又㯻部櫜、車上大㯻，从㯻省，咎聲。詩曰：載櫜弓矢，古勞切 考周頌時邁毛傳云：「櫜、韜也。」韜者劍衣也。檀弓云：「赴車不載櫜韔」，鄭玄注云：「櫜、甲衣也。」韔者弓室也，櫜韔連言，其物相類，故禮記樂記鄭注云：「兵甲之衣曰櫜。」少儀鄭注云：「櫜、弢鎧衣也。」是櫜者包干戈鎧衣以虎皮也。許訓爲車上大櫜者，段玉裁云：「云車上大櫜者，謂可藏兵器載之於車也。」承培元亦云：「左傳垂櫜，臧刀劍弓矢器也。因大櫜臧兵器，故凡刀劍室、弓矢韥，皆可偁櫜。」說文引經證例 是毛傳與許訓，皆謂櫜爲藏刀兵之器也。

又邑部邰、炎帝之後姜姓所封，周棄外家國，从邑、台聲。右扶風斄縣是也。詩曰：有邰家室。士來切 考大雅生民毛傳云：「邰、姜嫄之國也。堯見天因邰而生后稷，故國后稷於邰，命使事天，以顯神順天命耳。」馬宗霍曰：「毛曰姜嫄之國，許言周棄外家者，姜嫄卽棄之母也。惟許不言堯封后稷，但箸其地在斄縣，蓋毛就經說，許就字說，故詳略有殊。周人曰邰，漢人曰斄，邰斄疊韵字，史記索隱謂『邰卽斄，古今字異』是也。」說文引詩考 依馬說，則是許本毛作訓也。

又禾部稑、疾孰也。从禾、坴聲。詩曰：黍稷種稑。穋、稑或从翏。力竹切 考邠風七月傳曰：「先孰曰穋。」穋爲稑之重文。周禮內宰、舍人、司稼，皆作種稑。鄭司農注云：「後種先孰謂之稑。」呂覽任地篇高注亦云：「晚種早孰爲稑。」是先孰、早孰，並與疾孰同義。

又巾部幝、車弊貌。从巾、單聲。詩曰：檀車幝幝。昌善切 考小雅杕杜毛傳云：「檀車、役車也。幝幝、敝貌。」幝字从巾，而許訓爲車敝貌者，車有巾衣金革爲飾見周禮春官巾車賈疏 故字从巾而得訓爲車敝貌。毛以檀車已見於上，故訓幝幝爲敝貌，即車敝貌也。

又巾部幩、馬纏鑣扇汗也。从巾、賁聲。詩曰：朱幩鑣鑣。符分切 考衛風碩人毛傳云：「幩、飾也。人君以朱纏鑣扇汗，且以爲飾。鑣鑣、盛貌。」是毛傳以「纏鑣扇汗」釋幩字，經言朱幩，故兼人君以朱言之，許說本與毛同。

又人部儦、行貌。从人、麃聲。詩曰：行人儦儦。甫嬌切 考齊風載驅毛傳云：「儦儦、衆貌。」又小雅吉日篇「儦儦俟俟」句毛傳又云：「趨則儦儦」，是儦儦亦訓趨行之貌。古者衆與速趨之義恒相因，故物三爲衆，而三兎爲⿱兔⿰兔兔，三牛爲犇，俱有疾趨之義。即三言爲譶，說文爲疾言，琴賦李注謂爲聲多。是衆義與疾義相通，故毛訓儦儦爲衆，又訓爲趨貌。許訓爲行貌者，即本毛趨貌之訓，而經文言行人，故曰行貌，其義實同。

又人部偲、彊力也。从人、思聲。詩曰：其人美且偲。倉才切 考齊風盧令毛傳云：「偲、才也。」駉毛傳云：「才、多才也。」廣韵咍韵：偲、多才能也。韵會引作偲，多才力也。是多才與彊力未嘗不可通。陳奐於盧令篇曰：「案此篇詩辭與鄭風叔于田同，一章其人美且仁，猶言洵美且仁；二章其人美且鬈，猶言洵美且好毛傳：鬈、好貌。；三章其人美且偲，猶言洵美且武也。彼序云

：叔多才而好勇。是偲卽善射御之義，許與毛義可通。

又人部倬、箸大也。从人、卓聲。詩曰：倬彼雲漢。竹角切 考大雅棫樸毛傳云：「倬、大也。」而小雅甫田「倬彼甫田」句傳云：「倬、明貌。」毛傳明大二義，許書卽兼取而訓爲箸大也。大雅雲漢亦有倬彼雲漢句，正義曰：「見倬然而明大者，彼天之雲漢。」卽合明大二義釋倬字。

又人部佽、便利也。从人次聲。詩曰：決拾既佽，一曰遞也。七四切 考小雅車攻毛傳云：「佽、利也。」許增便字，其義實同。決者鉤弦也，拾者所以遂弦者也，謂弓矢之事便利也。陳奐曰：「傳云：佽、利。說文：佽、便利。利讀如利弓矢之利，利猶調也。…弓矢既調，順弓拂矢也。」弓矢既調謂之利，亦卽便利之意。

又人部倌、小臣也。从人、从官，詩曰：命彼倌人。古患切 考鄘風定之方中毛傳云：「倌人，主駕者。」許訓爲小臣，周禮小臣上士四人，爲大僕之佐。大僕屬夏官，掌王出入則自左馭而前驅，小臣則掌王之燕出入爲前驅，燕出入者，鄭玄謂卽游諸觀苑之事。胡承珙曰：「此詩云說于桑田，亦是游觀而寓勤民之事，故命小臣，蓋小臣既爲前驅，亦可兼主駕說之事，故毛傳以倌人爲主駕者。」案胡說是也，許訓小臣，毛訓主駕者，所指實同。

又人部傞，醉舞貌，从人差聲。詩曰：屢舞傞傞。素何切 考小雅賓之初筵毛傳云：「傞傞、不止也。」然釋文云：「傞傞是舞不止」，是陸氏所見毛傳作舞不止。而上文云：「屢舞僛僛，是曰既醉。」毛傳云：「僛僛、舞不能自正也。」釋文所見本，亦有作舞不能自止者。經文明言既醉，是僛僛、傞傞，皆醉舞貌也。

又人部僛、醉舞貌。从人、欺聲。詩曰屢舞僛僛。去其切 考小雅賓之初筵毛傳云：「僛僛、舞不能自正也。」醉舞則不能自正，其義相近，參見傞下。

又衣部襮、黼領也。从衣、暴聲。詩曰：素衣朱襮。蒲沃切 考唐風揚之水毛傳云：「襮、領也。諸侯繡黼丹朱中衣。」許說實同毛傳。

又衣部褧、檾也。詩曰：衣錦褧衣。示反古，从衣、耿聲。去穎切 考衛風碩人毛傳云：「錦、文衣也。夫人德盛而尊，嫁則錦衣加褧襜。」毛傳之意，謂褧乃加於錦衣之上者。鄭箋曰：「褧、襌也。尚之以襌衣，爲其文之大著。」嫌於錦衣之文太著，故其上加以褧衣，鄭已申明毛意。桂馥曰：「檾也者，中庸衣錦尚絅。釋文：詩作褧。士昏禮：被纇黼。注云：纇、襌也。疏云：此讀爲詩云褧衣之褧，故爲襌也。」說文解字義證 是絅、纇即褧之異體，皆謂襌衣也。中庸云：「衣錦尚絅，惡其文之著也。」即謂錦衣之上，加以襌衣，嫌錦衣之文太著故耳，毛鄭之說，與中庸皆合，亦即許書所云「示反古」也，古者尚樸，嫁娶之服，表布而內絲 見桓寬鹽鐵論散不足篇 衣錦褧衣，即表布而內絲也。程瑤田曰：「褧衣者、襌衣而織麻爲之者也。」程說是也，許訓褧爲檾、訓檾爲枲屬，是謂績檾麻爲褧衣，馬宗霍曰：「毛舉衣名、許舉衣材、在衣曰褧、在物曰檾，兩義互足，許說即所以申毛也。」馬說得之。

又衣部袢、無色也。从衣、牛聲。一曰詩曰是紲袢也。讀若普。（博幔切）考鄘風君子偕老傳云：「絺之靡者爲縐，是當暑袢延之服也。」經文「蒙彼縐絺、是紲袢也」，意實相連，傳亦相連作訓。陳奐曰：「云是當暑袢延之服也者，以釋經是紲袢也句。……袢延當時語，延、古涎字。論語鄉黨篇：當暑袗絺綌，必表而出之。孔注云：必表而出，加上衣也。皇疏云：若在家，則裘葛之上，亦無別加衣，若出行接賓客，皆加上衣。當暑絺綌可單，若出不可單，則必加上衣也。嫌暑熱不加，故特明之。案詩之縐絺，是當暑之裏衣，其上覆以展衣，覆猶表也。」陳說是也，毛意正謂紲袢是暑日揩摩汗澤之裏衣。許訓爲無色衣者，段玉裁曰：「暑天近汗之衣必無色」是也。毛舉衣名，許舉衣色，非有異也。

又頁部頍、舉頭也。从頁、支聲。詩曰：有頍者弁。（丘弭切）考小雅頍弁毛傳云：「頍貌。」詩釋文云：「頍弁、箸弁貌。說文云：舉頭貌。」釋文是也，故正義引王肅云：「興有德者則戴頍然之弁矣。」陳奐疑王所據傳作：頍、戴弁貌。實則傳本作箸弁貌，而許則作舉頭貌，段玉裁曰：「頍所以支冠，舉頭之義之引伸也。惟舉頭曰頍，故戴弁亦曰頍，義之相因而引申者也。」承培元亦云：「弁在首，必舉首而後有頍者，猶言有箸首之弁也。義與毛通。」（說文引經證例）段氏承氏，皆謂許毛之義並通，今謂從支得聲之字，多有岐出傾側之義（參見陳詩庭讀說文證疑），舉頭則箸弁傾側，此舉頭貌即箸弁貌，皆言其傾側之狀貌耳。

又山部峱、山在齊地，从山、狃聲。詩曰：遭我于峱之間兮。奴刀切 考齊風還毛傳云：「峱、山名」。釋文引說文作「峱山在齊」，嚴可均謂無地字爲是。毛但云山名，而許云山在齊者，以此詩爲齊風，傳可略而許書不可略也。

又豸部貔、豹屬、出貉國。从豸、㡀聲。詩曰：獻其貔皮。周書曰：如虎如貔。貔、猛獸。豼、或从比。房脂切 考大雅韓奕毛傳云：「貔、猛獸也。追貊之國來貢，而侯伯總領之。」毛許並云猛獸，貉即貊之別體，產地亦同。

又馬部駰、馬陰白襍毛黑。从馬，因聲。詩曰：有駰有騢。於眞切 考魯頌駉毛傳云：「陰白襍毛曰駰。」毛但云襍毛，許則云襍毛黑者，蓋陰字本有淺黑之義，故孔疏引孫炎及郭璞注，皆曰：「陰、淺黑」，許書雖增一黑字，其義實同。夫駰從因聲，無所取義，實取侌聲淺黑之義，而字假借因聲爲之耳詳見拙箸形聲多兼會意考。

又馬部騤、馬行威儀也。从馬、癸聲。詩曰：四牡騤騤。渠追切 考經文此句凡三見，小雅采薇毛傳云：「騤騤、彊也。」大雅桑柔毛傳云：「騤騤，不息也。」烝民毛傳云：「騤騤猶彭彭也。」然小雅北山毛傳訓彭彭爲彭彭然行不得息，而說文引作騯騯，爲馬盛貌，今合觀各傳，知行不息即馬彊盛之意，許訓馬行威儀，即該括行不息與馬彊盛之意爲一矣。

又馬部駸，馬行疾也。从馬，侵省聲。詩曰：載驟駸駸。子林切 考小雅四牡毛傳云「駸駸、驟貌。」驟、說文云馬疾步，與馬行疾之義本同。

又心部惴、憂懼也。从心、耑聲。詩曰：惴惴其慄。之瑞切 考秦風黃鳥毛傳云：「惴惴、懼也。」許增一憂字，段玉裁曰：「許意懼不足以盡之，故增𢝊字。」段謂𢝊爲本字 𢝊，愁也，从心頁，𢝊心形於顏面，故从頁。詩云惴惴其慄，是憂懼形於顏面矣，許補足毛意。

又心部怲、憂也。从心、丙聲。詩曰：憂心怲怲。兵永切 考小雅頍弁毛傳云：「怲怲、憂盛滿也。」馬瑞辰云：「廣雅釋訓：彭彭旁旁，並云盛也。怲怲與彭彭旁旁聲義亦同，故傳以爲憂盛滿之貌。」馬說是也，怲從丙聲，凡從丙聲之字，多有大義，如疾甚曰病、大人虎變則文炳然、國政大權亦謂之柄，丙者位南方而萬物成炳然，故怲之爲憂，亦大憂也，毛許之意每可互足。

又水部淪、小波爲淪。从水、侖聲。詩曰：河水清且淪漪。一曰沒也。力迍切 考魏風伐檀毛傳云：「小風水成文轉如輪也。」小風水成文與小波義同。爾雅釋水云：「小波爲淪。」許正本爾雅，唯爾雅與毛傳多相合，凡雅與傳相應者，本文主在證毛，故不稱雅，蓋雅爲後人增益，多采之於毛也。若有雅傳不合，而許從雅者，則別爲表出，蓋雅亦兼采三家詩說也，本章體例如此。

又水部漼、深也。从水崔聲。詩曰：有漼者淵。七罪切 考小雅小弁毛傳云：「漼、深貌。」毛就淵而言，灌所以狀淵，故云深貌，與許實同。

又水部沚、小渚曰沚。从水、止聲。詩曰：于沼于沚（諸市切）考召南采蘩毛傳云：「沚、渚也。」毛於此不言小，唯秦風蒹葭宛在水中沚下傳云：「小渚曰沚」，爲許所本。故知臨文偶有增省，非必有義例於其間也。

又水部汜、水別復入水也。一曰汜、窮瀆也。从水巳聲。詩曰：江有汜（詳里切）、考召南江有汜毛傳云：「決復入爲汜。」小徐本說文引詩曰五字，在一曰之上，當主證「水別復入水也」之義，爾雅釋水亦云：「決復入爲汜」，郭璞注云：「水出去復還。」毛傳之意當亦同。馬宗霍曰：「許訓水別復入水也者，別猶決也。」水決而復還入其水，與毛傳同意。

又水部湑、莤酒也。一曰浚也。一曰露貌。从水，胥聲。詩曰：有酒湑我。又曰：零露湑兮。（私呂切）考小雅伐木有酒湑我句下毛傳云：「湑、莤之也。」而「釃酒有藇」句下毛傳云：「以筐曰釃，以藪曰湑。」是毛傳因經文已有酒字，故云莤之，即許訓之莤酒也。莤酒者，以茅草爲藪以漉酒也。又考小雅蓼蕭零露湑兮句下毛傳云：「湑湑然蕭上露貌。」經文言蕭，故傳言蕭上，湑湑則但自露貌言之，許一曰露貌，蓋本此傳。

又水部潸、涕流貌。从水、散省聲。詩曰：潸焉出涕。（所姦切）考小雅大東毛傳云：「潸、涕下貌。」涕下涕流義同。

又雨部霾、風雨土也。从雨、貍聲。詩曰：終風且霾。莫皆切 考邶風終風毛傳云：「霾、雨土也。」經文已見風字，故毛云雨土，與許云風雨土之義全同。

又糸部紑、白鮮衣貌。从糸、不聲。詩曰：素衣其紑。匹丘切 考今詩素作絲，段玉裁曰：「絲衣乃篇名，素恐譌字。」段說是也。周頌絲衣毛傳云：「絲衣、祭服也。紑、絜鮮貌。」絜白同義，毛於紑不言衣者，經文已見衣字也，許說實同毛傳。

又土部垤、螘封也。詩曰：鸛鳴于垤。从土、至聲。徒結切 考豳風東山毛傳云：「垤、螘冢也。」正義申傳云：「此蟲穴處，輂土爲冢以避溼。」許訓封也者，方言十云：「垤、封場也。楚郢以南，蟻土謂之封。」是許稱螘封即毛傳之螘冢。

又金部鎛、鎛鱗也。鐘上橫木上金華也。一曰田器。从金尃聲。詩曰：庤乃錢鎛。補各切 考周頌臣工毛傳云：「鎛、鎒也。」說文鎒爲槈之重文，槈：薅器也，薅、拔去田艸也。許一曰田器之訓與毛傳鎛鎒也之訓合。

又金部鏜、鐘鼓之聲。从金堂聲。詩曰：擊鼓其鏜。土郎切 考邶風擊鼓毛傳云：「鏜然擊鼓聲。」毛以詩言擊鼓，故但云擊鼓之聲，非謂鏜字必訓鼓聲也。許以鏜字从金，金鼓每並作，故云鐘鼓之聲。然鼓部有鼞篆訓鼓聲也，下亦引詩，諸家不明許君引詩之例，徒滋困惑。沈濤云：「或疑作鼞者，爲三家詩，不知許君明云毛氏，決不自亂其例，兩傳互異，必有一誤。」說文古本考沇說非也，若三家之文，與毛異字，然二字說並可通，俱非假借者，許每兩引之，以兼存三家，此例多矣，如趚蹐、岌挑、緐聚、窒罄、痑嘽、僔噂、褻紲、袾姝、炎惔、忱諶、洍汜、罛罟、羕永、婓傞、壇噎等皆其例也。說詳於後。

又金部錞、矛戟柲下銅鐏也。从金、𦎧聲。詩曰：厹矛沃錞。徒對切 考秦風小戎毛傳云：「錞、鐏也。」錞者鐓之隸變 許釋視毛為詳，曲禮曰：「進戈者前其鐏，後其刃；進矛戟者前其鐓。」謂戈下有鐏，矛戟下有鐓，鄭注因謂銳底為鐏，平底為鐓，析言鐏鐓為二物，然毛許皆謂鐓鐏一物者，渾言之也。段玉裁曰：「鄭析言之，許渾言不析者，蓋銳鈍皆可為，非必戈銳而矛戟鈍也。曲禮或互文耳。」段說得之。

許書之訓釋，其義有較毛氏為詳者，每因許書為解字之書，或就字形為說，或就聲符載義為說，義有專屬，故較毛傳為詳。

案如說文玉部瑱、以玉充耳也。从玉眞聲。詩曰：玉之瑱兮。䪾、瑱或从耳。他甸切 考鄘風君子偕老毛傳云：「塞耳也。」又衛風淇奧毛傳又云：「充耳謂之瑱。」是塞耳即充耳，許訓以玉者，就字形从玉為說也。

又玉部玖、石之次玉黑色者。从玉、久聲。詩曰：貽我佩玖。讀若芑。或曰若人句脊之句。舉友切 考王風丘中有麻毛傳云：「玖、石次玉者。」許書所訓，增黑色之義，釋文引說文亦有黑色二字，集韻類篇所引亦有黑字，許蓋就形聲字之聲符推衍，玖從久聲無所取義，聲符蓋從黑聲得義，假借爲久聲。久、舉友切，古音在段氏一部，黃先生咍部。黑、呼北切，古音亦在段氏一部，入聲。黃先生德部，咍德陰入對轉。

又艸部茁、艸初生出地貌。从艸、出聲。詩曰：彼茁者葭。鄒滑切　考召南騶虞毛傳云：「茁、出也。」毛以經文已言葭，故但云出貌，許訓艸初生者，就字形从艸爲說也。

又艸部芃、艸盛也。从艸、凡聲。詩曰：芃芃黍苗。房戎切　考曹風下泉毛傳云：「芃芃、美貌。」又小雅黍苗毛傳云：「芃芃、長大貌。」又鄘風載馳「芃芃其麥」句下毛傳云：「芃芃然方盛長。」毛言長大美盛，許言艸盛者，就字形从艸爲說也。

又艸部蘀、艸木凡皮葉落陊地爲蘀。从艸、擇聲。詩曰：十月隕蘀。它各切　考豳風七月毛傳云：「蘀、落也。」毛但訓蘀爲落，許訓艸木皮葉者，就字形从艸爲說也。

又口部咥、大笑也。从口、至聲。詩曰：咥其笑矣。許既切又直結切　考衛風氓毛傳云：「咥咥然笑。」毛但訓爲笑，許訓爲大笑者，蓋就其形聲字之聲符載義言之，咥从至聲，至有大義。至有極義、甚義，禮記哀公問：「敬之至矣。」鄭注曰：「至矣言至大也。」呂覽求人篇高注則逕訓至爲大。

又口部嗿、聲也。从口、貪聲。詩曰：有嗿其饁。他感切　考周頌載芟毛傳云：「嗿、衆貌。」毛傳以耘者千耦，饁者必多，故訓爲衆貌。許訓爲聲也者，陳奐曰：「說文當作衆聲也。」今切韻殘卷卅三感正作「嗿、衆聲。」毛訓衆，許訓衆聲者，就字形从口爲說也。

又口部噳、麌鹿羣口相聚貌。从口、虞聲。詩曰：麀鹿噳噳。魚矩切 考大雅韓奕毛傳云：「噳噳然衆也。」毛以經文已見麀鹿字，故但言衆貌，許則既言麌鹿，又言羣口者，就字形从口爲說也。

又足部踧、行平易也。从足、叔聲。詩曰：踧踧周道。子六切 考小雅小弁毛傳云：「踧踧、平易也。」許訓增一行字者，就字形从足爲說也。

又目部相、省視也。从目、从木、易曰：地可觀者莫可觀於木。詩曰：相鼠有皮。息良切、考鄘風相鼠毛傳云：「相、視也。」許訓增一省字者，省亦視也，相省爲聲訓字。省、息井切，段氏古音十一部，黃先生青部，相、息良切，與省同屬心紐爲雙聲字。古韻在段氏十部，黃先生唐部，青唐二部旁轉最近。

又羽部翯、鳥白肥澤貌。从羽、高聲。詩云：白鳥翯翯。胡角切 考大雅靈臺毛傳云：「翯翯、肥澤也。」毛以經文已見白鳥字，故但訓爲肥澤，許訓鳥白者，就字形从羽爲說，故云鳥；而高聲字多有白義，如縞皜翯與皢皎皦皛。或雙聲、或疊韵均爲段氏古音第二部字，語根皆相近也。

又角部觿、佩角銳耑、可以解結。从角巂聲。詩曰：童子佩觿。戶圭切 考衛風芄蘭毛傳云：觿、所以解結，成人之佩也。」毛訓成人之佩者，蓋就經文言童子，申明其諷刺之意。許訓佩角銳耑者，就字形从角爲說也。

又食部飶、食之香也。从食、必聲。詩曰：有飶其香。毗必切 考周頌載芟毛傳云：「飶、芬香也。」毛但曰芬香，許訓食之香者，就字形从食爲說也。

又缶部罄、器中空也。从缶、殸聲。殸、古文磬字，詩云：缾之罄矣。苦定切 考小雅蓼莪毛傳云：「罄、盡也。」空卽盡也，毛但曰盡，許訓器中空者，就字形从缶爲說也。

又𣆪部覃、長味也。从𣆪、鹹省聲。詩曰：實覃實吁。𠪚、古文覃。徒含切 考大雅生民毛傳云：「覃、長也。」毛但曰長，許訓長味者，就字形从鹵省聲爲說，聲並載義故也。

又木部梴、長木也。从木、延聲。詩曰：松桷有梴。丑連切 考商頌殷武毛傳云：「梴、長貌。」毛以經文已見松桷字，故但曰長貌。許訓長木者，就字形从木爲說也。

又木部槱、積火燎之也。从木、从火，酉聲。詩曰：薪之槱之。周禮以槱燎祠司中司命。禉、柴祭天神或从示。余救切 考大雅棫樸毛傳云：「槱、積也。」許訓積火燎之者，積火不詞，唐寫本說文木部殘紙作積木，積木是也。而棫樸正義申明傳意曰：「伐木析之謂之薪，既以爲薪，則當積聚，槱在薪下，故知槱爲積也。」是孔疏亦言毛意爲積木，毛以經文已見薪字，故但曰積，許訓積木者，就字形从木爲說也。

又生部甡、衆生竝立之貌。从二生。詩曰：甡甡其鹿。所臻切 考大雅桑柔毛傳云：「甡甡、衆多也。」毛但曰衆多，許訓衆生竝立貌者，就字形从二生竝立爲說也。

又白部皎、月之白也。从白、交聲。詩曰：月出皎兮。古了切 考陳風月出毛傳云：「皎、月光也。」月白與月光義近，許必云月之白者，就字形从白爲說也。

又衣部襋、衣領也。从衣、棘聲。詩曰：要之襋之。己力切 考魏風葛屨毛傳云：「襋、領也。」許訓增一衣字者，就字形从衣爲說也。

又頁部顒、大頭也。从頁禺聲。詩曰：其大有顒。魚容切 考小雅六月毛傳云：「顒、大貌。」許訓增一頭字者，就字形从頁爲說也。

又髟部鬈、髮好也。从髟、卷聲。詩曰：其人美且鬈。衢員切 考齊風盧令毛傳云：「鬈、好貌。」許訓增一髮字者，就字形从髟爲說也。

又鬼部魃、旱鬼也。从鬼犮聲。周禮有赤魃氏，除牆屋之物也。詩曰：旱魃爲虐。蒲撥切 考大雅雲漢毛傳云：「魃，旱神也。」旱神旱鬼，其義本同，許必曰旱鬼者，就字形从鬼爲言也。

又馬部駾、馬行疾來貌。从馬、兌聲。詩曰：昆夷駾矣。他外切 考大雅緜毛傳云：「駾、突也。」孔穎達曰：「馬之疾行，即有奔突之義，故云突也。」陳喬樅亦云：「突亦疾來之義。」是毛許之義本同，唯突之本義爲「犬從穴中暫出」，駾必曰馬行者，以字形从馬故也。又諸家或以今毛詩昆夷作混夷，以許所引爲三家詩，以許例例之，凡毛詩爲假借，三家爲本字，許乃引三家詩。若三家與毛俱非假借，則當並引。今非其例，而三家之文，駾或作突，反爲假借。知許引當是毛詩，今說文混字誤作昆，孔疏引說文正作混，不誤，是其證。

又犬部尨、犬之多毛者，从犬、从彡。詩曰：無使尨也吠。莫江切 考召南野有死麕毛傳云：「尨、狗也。」狗與犬一爲形聲，一爲象形，聲異而同物，許訓多毛者，就字形从彡爲言也。

又水部漘、水厓也。从水、脣聲。詩曰：寘河之漘。常倫切 考魏風伐檀毛傳云：「漘、厓也。」許訓增一水字者，就字形从水爲說也。又今毛詩作「寘之河之漘兮」，許引蓋節取詩句以證漘爲水厓耳，非本於三家詩也。

又水部濃、露多也。从水、農聲。詩曰：零露濃濃。女容切 考小雅蓼蕭毛傳云：「濃濃、厚貌。」毛以經文已言露，故但云厚貌，厚卽多也。許訓露多者，就字形从水爲說也。

又手部挃、穫禾聲也。从手、至聲。詩曰：穫之挃挃。陟栗切 考周頌良耜毛傳云：「挃挃、穫聲也。」穫本爲取禾，穫聲猶穫禾聲也。許增一禾字者，說文金部銍、穫禾短鎌也。釋名釋器用：銍銍、斷禾穗聲也。是字从至聲，每以狀斷禾聲者也。

又戈部戢、藏兵也。从戈、咠聲。詩曰：載戢干戈。阻立切 考周頌時邁毛傳云：「戢、聚也。」段玉裁曰：「聚與藏義相成，聚而藏之也。」段說是也，斂聚、斂藏之義本通，許訓增一兵字者，就字形从戈爲說也。

又土部垝、毀垣也。从土危聲。詩曰：乘彼垝垣。陒、垝或从𨸏。（過委切）考衛風氓毛傳云：「垝、毀也。」毛以經文垝垣連文，垣字已見，故但訓垝曰毀，許增一垣字者，就字形从土爲說也。

又車部軷、出將有事於道，必先告其神，立壇四通，樹茅以依神爲軷，既祭軷，轢於牲而行爲範軷，詩曰：取羝以軷。从車、犮聲。（蒲撥切）考大雅生民毛傳云：「軷、道祭也。」毛但曰道祭，許又詳釋轢牲而行之禮者，就字形从車爲說也。又邶風泉水篇毛傳云：「祖而舍軷飲酒於其側曰餞，重始有事於道也。」雖釋餞字，與許訓可以互足。

又酉部醹、厚酒也。从酉、需聲。詩曰：酒醴惟醹。（而主切）考大雅行葦毛傳云：「醹、厚也。」毛以經文已言酒醴，故但訓醹爲厚。許言厚酒者，就字形从酉爲說也。

許書之義，有與毛傳可通者，鄭箋孔疏每每發其逸緒，辨跡溯源，咸可得其本氐，而會其恉意。

案如說文艸部、薻、水艸也。从艸、从水、巢聲。詩曰：于以采薻。藻、薻或从澡。（子皓切）考召南采蘋毛傳云：「藻、聚藻也。」（藻薻重文）經文已云：「于以采藻，于彼行潦」，行潦者流潦也，則其草生於水中可知。孔穎達疏曰：「左傳曰：蘋蘩蘊藻之菜。蘊、聚也。故言藻、聚藻。陸機云：藻、水草也。…莖大如釵股，葉如蓬蒿，謂之聚藻，然則藻聚生，故謂之聚藻也。」孔氏申明毛意，得其命名之本意。今又案薻藻二字爲重文，薻从巢聲，从巢聲之字多有圓意，或自葉圓取義；而藻从喿聲，从喿聲之字多有聚集義，毛傳訓爲聚藻，自以藻爲正字，唯許書之例，重文則不分正借。

又口部噂、聚語也。从口，尊聲。詩曰：噂沓背憎。子損切 考小雅十月之交毛傳云：「噂猶噂噂，沓猶沓沓。」毛訓噂噂，許訓聚語，鄭玄箋云：「噂噂沓沓，相對談語」，由鄭箋得知毛許之義實同。而經文上有「讒口囂囂」句，囂囂，卽衆口聚語貌。

又口部嘌、疾也。从口、票聲。詩曰：匪車嘌兮。撫招切 考檜風匪風毛傳云：「嘌嘌、無節度也。」毛訓無節度，許訓疾，孔疏云：「車之遲速，當有鑾和之節，由疾故無節。」是毛許義本同。

又言部藹、臣盡力之美也。从言、葛聲。詩曰：藹藹王多吉士。於害切 考大雅卷阿毛傳云：「藹藹、猶濟濟也。」毛訓濟濟，許訓臣盡力之美，孔疏云：「釋訓云：藹藹濟濟、止也。俱爲容止。釋訓又云：藹藹萋萋、臣盡力也，則此爲美容又盡力矣。」是毛以經文已見吉士二字，美善可知，故但釋爲容止，而許以字形从言，故申言臣之盡心力、奉職事，故言其美也。鄭箋云：「王之朝多善士，藹藹然，使之親愛天子，奉職盡力。」是申明毛恉，而與許說相合。

又言部訌、讃也。从言、工聲。詩曰：蟊賊內訌。戶工切 考大雅召旻毛傳云：「訌、潰也。」許訓讃也，讃又訓中止也，段玉裁謂中止猶內亂，胡承珙謂中止猶內陷，然陷亂在中，即潰敗之義，故孔疏云：「訌字從言，故知訌者是爭訟相陷入之言，由爭訟相陷，故至潰敗。」是毛許之義相通。

又門部鬩、恒訟也。詩云：兄弟鬩于牆。从門、从兒，兒善訟者也。許激切 考小雅常棣毛傳云：「鬩、很也。」毛訓爲很，說文：很，不聽從也。許訓爲恒訟，孔疏云：「很者忿爭之名，故曲禮曰：『很毋求勝』是也。」曲禮之很，鄭玄注爲鬩也，謂爭訟也，並舉此詩爲證。合斯以觀，毛許之義實同。

又夊部畟、治稼畟畟進也。从田儿，从夊，詩曰：畟畟良耜。初力切 考周頌良耜毛傳云：「畟畟猶測測也。」毛訓爲測測，鄭箋云：「農人測測以利善之耜」，孔疏云：「以畟畟文連良耜，則是刃利之狀，故猶測測以爲利之意也。釋訓云：畟畟、耜也。舍人曰：畟畟、耜入地之貌。郭璞曰：言嚴利也。」又曰：「毛以爲農人以畟畟然利刃善耜，始事於南畝而耕之。」鄭箋孔疏申明傳意，並與許合，許以畟字从夊，故訓爲進，馬宗霍曰：「農人秉耜徐徐而進，足進而耜亦進」，其說得之。

又壼、宮中道，从囗、象宮垣道上之形，詩曰：室家之壼，苦本切 考大雅既醉毛傳云：「壼、廣也。」孔疏申明毛意云：「釋宮云：宮中巷謂之壼，以宮中巷路之廣，故以壼爲廣。」毛傳訓引申之義，許訓本義，其意相通。

又日部晛、日見也。从日、从見，見亦聲。詩曰：見晛日消。胡甸切 考小雅角弓毛傳云：「晛、日氣也。」鄭箋云：「雨雪之盛瀌瀌然，至日將出，其氣始見，人則皆稱曰：雪今消釋矣。」孔疏則更通貫毛許之意曰：「說文云：晛、日見也。此詩之意，言雪見之而消，消雪者日也，字又從日，故知晛是日氣也。」許就字形从日从見作訓，毛則連詩文雨雪之意作傳，非有異也。

又日部昌、美言也。从日、从曰。一曰日光也。詩曰：東方昌矣。𠷔、籀文昌。尺良切 考齊風雞鳴篇曰：「東方明矣，朝既昌矣。」嚴可均曰：「卽此二語之約文，許引此者，以證昌之爲日光。」嚴說是也。毛傳云：「朝已昌盛，則君聽朝。」毛就經文爲釋，故訓爲昌盛，鄭箋本禮記玉藻之文，以申毛曰：「君日出而視朝」，孔疏亦云：「朝昌，謂日出時也。」與許訓昌爲日光之義相通，許引詩在一曰之下，蓋主證日光之義。

又鼎部鼒、鼎之圜掩上者，从鼎、才聲。詩曰：鼐鼎及鼒。鎡、俗鼒从金从茲。子之切 考周頌絲衣毛傳云：「小鼎謂之鼒。」毛以經文鼐鼒並列，鼐爲大鼎，故謂鼒爲小鼎，許則但就形制說其義，許所謂掩上者，說文云：「掩、斂也，小上曰掩。」孔疏引孫炎爾雅注曰：「鼎斂上而小口者。」是掩上有小義，毛許之義本亦相通。

又瓜部瓞、瓝也。从瓜、失聲。詩曰：緜緜瓜瓞。𤬧、瓞或从弗。徒結切 考大雅緜毛傳云：「瓞、瓝也。」鄭箋云：「必小狀似瓝，故謂之瓞。」孔疏云：「釋草云：瓞瓝其紹。瓞、舍人曰：瓞名瓝、小瓜也。」鄭箋孔疏並謂瓝爲小瓜。許訓瓞爲𤬲者，說文𤬲、小瓜也。其義實同。

又人部俶、善也。从人、叔聲。詩曰：令終有俶。一曰始也。昌六切。考大雅既醉毛傳云：「俶、始也。」許書一曰之訓，與毛傳同，唯引詩在一曰之上，似主證善義者。然易文言云：元者善之長也。是始與善義本可通。鄭箋云：「俶、猶厚也。既始有善，令終又厚之。」鄭氏釋俶爲厚，釋有爲又，與毛許之意皆不同，蓋取諸三家，然箋中「既始有善」四字，於上下文義皆無當，蓋兼捘毛許之義，雜糅其中矣。

又衣部襛、衣厚貌。从衣、農聲。詩曰：何彼襛矣。汝容切考召南何彼襛矣毛傳云：「襛猶戎戎也。」孔疏申明毛義曰：「以戎戎者，華形貌。…言戎戎者，毛以華狀物色言之。」戎戎爲華狀物色，襛本義非華狀物色，故毛傳曰猶，猶者、義隔而通之也。鄭箋則謂戎戎者，喻王姬顏色之美盛。美盛與厚義通，衣厚與顏色美盛義亦相近，許必曰衣者，就字形从衣爲說也。

又面部靦、面見也。从面見。見亦聲。詩曰：有靦面目。𩈂、或从旦。他典切考小雅何人斯毛傳云：「靦、姡也。」孔疏云：「說文云：『靦，面見人。姡、面靦也。』然則靦與姡皆面見人之貌也。」孔氏已貫通毛許之義，今本說文姡作面醜者，字誤也。爾雅釋靦爲姡，廣韵十三末亦云：「姡、靦也。」皆與孔疏所引合。

又彡部㐱、稠髮也。从彡、从人，詩曰：㐱髮如雲。鬒，㐱或从髟眞聲。（之忍切）考鄘風君子偕老毛傳云：「鬒、黑髮也。如雲，言美長也。」鬒卽㐱之重文，郭忠恕汗簡上云：「古毛詩作㐱。」是毛詩有別本，或作㐱，或作鬒，孔疏申明毛意云：「昭二十八年左傳云：『有仍氏生女鬒黑而甚美，光可以鑒，名曰玄妻。』服虔云：『髮美爲鬒，詩云：鬒髮如雲，其言美長而黑，以髮美故名玄妻。』是鬒爲黑髮也。」黑髮稠髮，並髮之美長者也。毛釋經文如雲之故，當標明黑色；許就字形从彡，爲說从彡之字多有盛義也。

又馬部驖、馬赤黑色。从馬㦸聲。詩曰：四驖孔阜。（他結切）考秦風駟驖毛傳云：「驖、驪。」（陳奐謂駟驖當作四驖）毛但云驪，許則云赤黑色，孔疏云：「檀弓云：夏后氏尙黑，戎事乘驪，則驪黑色。驖者，言其色黑如鐵，故爲驪也。」阮元毛詩注疏校勘記云：「正義所云：鐵者、言其色黑如鐵者，今盡改爲驖，而不可通矣。」（六之三）蓋驪色本如鐵色，故又謂之驖，毛自馬言，許自馬色言，其義相近。

又火部熇、火熱也。从火、高聲。詩曰：多將熇熇。（火屋切）考大雅板毛傳云：「熇熇然熾盛也。」孔疏申明傳恉云：「熇熇是氣熱之氣，故爲熾盛也。」孔疏恰能會通毛許之說。

又心部忡、憂也。从心、中聲。詩曰：憂心忡忡。（敕中切）考召南草蟲毛傳云：「忡忡猶衝衝也。」鄭箋云：「在塗而憂，憂不當君子，無以寧父母，故心衝衝然。」又小雅出車亦有此文，經文云憂心忡忡，是已明言忡忡是憂，毛訓爲衝衝，鄭箋申明毛意謂衝衝亦憂也。

又水部潨、小水入大水曰潨。从水、从衆。詩曰：鳧鷖在潨。徂紅切 考大雅鳧鷖毛傳云：「潨、水會也。」孔疏曰：「毛以爲鳧鷖之鳥，在於潨水之會，得其常處。」又曰：「潨音如叢，則叢是聚義，且字從水衆，知是水之會聚之處。說文云：潨、小水入於大水也。」孔氏引說文爲釋，正謂毛許義同。

又手部捫、撫持也。从手、門聲。詩曰：莫捫朕舌。莫奔切 考大雅抑毛傳云：「捫、持也。」孔疏先釋持爲執持，又曰：「字書以捫爲摸，摸索其舌，是手持之也。」摸索而持之，與許說合。陳奐曰：「傳訓莫捫爲無持者，持猶止持也。說文：捫、撫持也。撫持卽止持。」陳氏合毛許之義爲一，亦通。

又手部捄、盛土於梩中也。一曰擾也。詩曰：捄之陾陾。从手、求聲。舉朱切 考大雅緜毛傳云：「捄、虆也。」鄭箋云：「捄、捊也，度猶投也。築牆者捊聚壤土，盛之以虆，而投諸版中。」是釋明虆亦爲盛土之器，孔疏云：「毛以爲掘土實之於虆，謂之捄。」又云：「說文云：捄盛土於器也。捄字從手，謂以手取土，虆者盛土之器，言捄虆者，謂捄土於虆也。」許訓爲盛土於梩中，毛則但釋爲虆，虆亦盛土之器，段玉裁謂虆梩並爲徙土之輂，實爲一物。

又手部拮、手口共有所作也。从手、吉聲。詩曰：予手拮据。古屑切 考豳風鴟鴞毛傳云：「拮据、摵擖也。」孔疏云：「毛以爲鴟鴞言己作巢之苦，予手摵擖其草，予所捋者，是荼之草也。」又曰：「說文云：撠持、撠挶，謂以手爪挶持草也。」說文以撠持訓挶字，以摵擖訓据字，孔引此者，證毛傳之摵擖，爲手爪操作之意。然毛意爲手爪操作，許訓爲手口共有所作者，蓋毛以經文云：「予手拮据」又云：「予口卒瘏」，故以手病口病，分述其手口勞作之狀，與許說實相近。釋文引韓詩云：「口足爲事曰拮据。」與毛許之義亦相近。

又弓部弨、弓反也。从弓、召聲。詩曰：彤弓弨兮。（尺招切）考小雅彤弓毛傳云：「弨、弛貌。」孔疏云：「說文云：『弨、弓反』，謂弛之而體反也。此言弨、弛貌。則受弓矢者皆定體之弓，弛而賜之。」弓弛則體反，是許云弓反即毛云弓弛也。

又糸部縐、絺之細也。詩曰：蒙彼縐絺。一曰蹴也。从糸芻聲，（側救切）考鄘風君子偕老毛傳云：「絺之靡者爲縐。」孔疏曰：「絺者，以葛爲之，精曰絺，麤曰綌，其精尤細靡者縐也。」孔合細靡爲一義，是毛許義同。

又金部鐊、馬頭飾也。从金、陽聲。詩曰：鉤膺鏤鐊。一曰鍱車輪鐵。（與章切）考大雅韓奕毛傳云：「鏤鍚、有金鏤其鍚也。」（鍚者鐊之隸省）毛言其狀，許言其物。鄭箋曰：「眉上曰鍚，刻金飾之，今當盧也。」孔疏云：「揚者人面眉上之名，故云眉上曰鍚，人既如此，則馬之鏤鍚，施鏤於揚之上矣。釋器云：金謂之鏤，故知刻金爲飾，若今之當盧。巾車注亦云：鍚、馬面當盧，刻金爲之，所謂鏤錫當盧者，當馬之額盧，在眉眼之上。所謂鏤錫，指此文也。」由鄭箋孔疏，可證毛許所言當爲一物。

其有毛傳不備，而許君申之者，檢覈其義，亦猶毛詩之恉者。

案如說文玉部璱、玉英華相帶如瑟弦，从玉、瑟聲。詩曰：璱彼玉瓚。所櫛切 考大雅旱麓此句下毛氏不訓瑟字。鄭箋則云：「瑟、絜鮮貌。」但謂彼圭玉之瓚爲絜鮮，而其狀未詳，孔疏曰：「以瑟爲玉之狀，故云絜鮮貌。說文云：瑟者、玉英華相帶如瑟絃，或當然。」孔氏引說文，欲詳鄭氏之說，想當然耳，未爲有據。馬瑞辰曰：「瑟彼玉瓚，傳：玉瓚、圭瓚也。箋：瑟、絜鮮貌。釋文：瑟又作璱。瑞辰按：說文：璱，玉英華相帶如瑟絃。引詩：璱彼玉瓚。又璪字注引逸論語曰：玉粲之璱兮，其瑮猛也。又璠字注引孔子曰：美哉璠璵，遠而望之奐若也，近而視之瑟若也。是璱本从玉瑟聲，兼从瑟會意，作璱者正字，作瑟者省借字也。」毛詩傳箋通釋卷二十四 馬氏辨瑟璱之正借字，其說固是，然釋文所見本已有作瑟作璱者，是毛詩古時已有異本也。馬氏之旁證，固可知璱爲玉采貌，然毛詩之意猶未甚明，陳奐曰：「瑟，鄭司農周禮典瑞注引詩作邮，又作邲，邮即邲之誤。仲師治毛詩，其所據作邲。箋云：瑟、絜鮮貌。說文作璱，云玉英華相帶如瑟弦也。本三家詩，今作瑟者，疑依箋改也。毛詩作邲，邲者流邑之貌，泌之洋洋，傳：泌、泉水也。毖彼泉水，傳：泉水始出，毖然流也。邲與泌毖並聲同而義近。」今案陳氏引鄭仲師本作邲、仲師（鄭衆）與賈逵同受業於杜子春，所傳爲毛詩，先鄭之本作邲，許書之本作璱、今本作瑟，皆東漢時毛詩之異本也。陳氏謂作璱爲三家詩，胡承珙從之，馬瑞辰則謂作卹（邲）爲三家詩，皆非也。今新出漢熹平石經殘字魯詩作瑟（見羅振玉熹平石經殘字集錄三編），可證也。然陳氏又謂邲與泌毖聲同義近，意謂如泉水始出，毖然細長，則與說文如瑟紘義近，鄭衆所傳爲毛詩，則毛意當謂此玉之文，白色細長如泉水始出之狀，與鄭云絜鮮貌亦同。

又士部壻、夫也。从士、胥聲。詩曰：女也不爽，士貳其行。士者夫也。讀與細同。婿、壻或从女。（穌計切）考衞風氓此句毛氏無傳。馬宗霍曰：「此詩士字四見，三章士猶泛指，四章士與女對，則斥夫言，故許又釋之曰：士者夫也。周易大過九五云：『老婦得其士夫』，荀子非相篇云：『處女莫不願得以爲士。』士之爲夫，義有據矣。毛傳於士字無訓，得許說可以補之。」馬說是也。易辭士夫連文，士卽夫也，荀子非相楊倞注曰：「士者未娶妻之稱」，審其文義，不若訓士爲夫。陸璣謂毛詩源出荀子，荀子文士女相對，此詩亦士女相對，毛意當亦訓此士爲夫也。

又艸部藟、艸也。从艸、畾聲。詩曰：莫莫葛藟，一曰秬鬯也。（力軌切）考大雅旱麓此句毛氏無傳。許引詩在一曰之上，是秬鬯當非毛意，毛氏無傳，故許亦但以艸也釋之，蓋字從艸也。孔疏曰：「藟與葛異，亦葛之類也。」顧棟高毛詩類釋亦以藟爲艸名，並引鄭樵曰：「此草藤生。」今又考周南樛木篇，毛傳但謂「南土之葛藟茂盛」，亦不釋爲何草，而「葛藟縈之」下毛傳曰：

「縈、旋也。」則葛與藟實爲指藤生之草，戴震詩補注謂藟爲藤，當非毛恉。

又艸部薿、茂也。从艸、疑聲。詩曰：黍稷薿薿。（魚己切）考小雅甫田「或耘秄，黍稷薿薿」句下，毛傳不訓薿薿，而訓耘爲除草也。（耘釋文作芸當是毛原文）訓秄爲雝本也（陳奐謂秄毛詩原本當作秄）鄭箋申明毛意曰：「使農人之南畝治其禾稼，功至力盡，則薿薿然而茂盛。」鄭意與許相合。孔疏更申明傳意曰：「其萬民適彼南畝之內，或耘除草木，或擁其根本，功至力盡，故令黍稷得薿薿然。」孔疏之文，除用鄭申毛外，實采漢書食貨志之意，故孔疏於下文又引食貨志，今考班書食貨志第四上云：「芸：除草也。秄、附根也。……故儗儗而盛也。」（孔疏引儗儗作薿薿）孔穎達曰：「附根卽此雝本也。」是芸秄二字，訓義與毛傳合，字亦與古本毛詩合，班書云薿薿而盛，亦當是毛義也。（陳奐亦謂班書此文義與傳同，得之。）

又口部喤、小兒聲。从口皇聲，詩曰：其泣喤喤。（乎光切）考小雅斯干此句毛氏無傳。孔疏申毛曰：「其泣聲大喤喤然。」許云小兒聲者，蓋以字形从口也，又从皇聲，从皇得聲之字，多有大義（見段玉裁說文注鍠篆下），孔疏謂其聲大是也。章太炎先生文始五曰：「喤對轉魚，則爲呱，小兒嗁聲。」毛傳於大雅生民下曰：「后稷呱呱然而泣。」喤呱音聲對轉，其義相近，是毛意亦當謂喤爲小兒泣聲，毛以經文已云「乃生男子，載寢之牀……」句，其泣喤喤爲小兒泣聲已自明，故不作訓也。

又口部嘅、嘆也。从口、既聲。詩曰：嘅其嘆矣。苦蓋切 考王風中谷有蓷此句毛氏無傳。鄭箋云：「嘅然而嘆」，又云：「所以嘅然而嘆者，自傷遇君子之窮厄。」孔疏亦云：「嘅然其長嘆」釋嘅爲嘅然之嘆貌，經文嘅嘆相連，毛傳不釋者，當以嘅即嘆之狀耳。

又䰜部𩱧、五味盉羹也。从䰜从羔。詩曰：亦有和𩱧。䰣、𩱧或省。䰤、𩱧或从美，䰜省。羹、小篆从羔从美。古行切 考商頌烈祖此句毛氏無傳。鄭箋曰：「和羹者，五味調，腥孰得節，食之於人性安和。」是鄭之和羹即許書之盉羹。然魯頌閟宮「毛炰胾羹」句下毛傳云：「羹、大羹、鉶羹也。」毛意謂羹者，如大羹、鉶羹之類也。大羹不致五味見周禮亨人鄭注及左傳昭公廿年杜注鉶羹則加鹽菜，調以五味見亨人鄭注及賈公彥疏是訓五味盉羹即毛傳鉶羹之義也。毛以閟宮但云羹，故統釋衆羹之名，許則以羹字从羔从美，故引詩和𩱧𩱧即羹之古文，而說五味盉羹之意。大羹爲羹之初作者也，及調以五味，盛之於鉶器，食之始安和人性，謂之鉶羹，即和羹也。許義所以補明毛意。

又攴部牧、養牛人也。从攴、从牛。詩曰：牧人乃夢。莫卜切 考小雅無羊此句下毛氏無傳，孔疏引周官牧人注，謂六畜皆牧人所主養，此詩文牛羊並舉，毛意當同周禮六畜並牧之義，與許但訓養牛人者略殊，許蓋就字形从牛說其本義，引申與毛意當同。

又目部眷、顧也。从目、𢍏聲。詩曰：乃眷西顧。居倦切 考大雅皇矣此句下，毛氏不訓眷字，而鄭箋云：「乃眷然運視西顧」，孔疏亦云：「眷然迴首西顧於岐周之地。」並以眷然乃狀顧之貌。小雅大東篇：「睠言顧之。」毛傳云：「睠、反顧也。」睠同眷（段玉裁說）反顧卽顧，是許訓本卽毛義。

又羽部翬、大飛也。从羽，軍聲。一曰：伊雒而南雉五采皆曰翬，詩曰：如翬斯飛。（許歸切）考小雅斯干此句毛氏無傳。鄭箋曰：「伊洛而南素質五色皆備成章曰翬。」馬瑞辰曰：「按爾雅翬有二義，一爲翬雉，箋所引是也。一爲翬飛，鷹隼醜、其飛也翬是也。說文：翬、大飛也。此詩應取翬爲大飛之義，蓋以狀簷阿之勢，猶今云飛簷也。」爾雅翬之二義，卽說文所本，馬氏謂毛詩之意當作大飛解，然說文引詩在一曰之下，許實主翬雉之義，與鄭箋同，陳喬樅謂馬說非是，詩意當從翬雉之義（見魯詩遺說考十）是也。

又木部楛、木也。从木、苦聲。詩曰：榛楛濟濟。（侯古切）考大雅旱麓此句下，毛不訓榛楛，訓濟濟曰衆多也。鄭箋曰：「林木茂盛」，訓榛楛爲林木，與許說同，許不能無訓，就字形从木，故訓之曰木也，毛氏不傳者，蓋亦泛言其爲木而已。

又人部俄、行頃也。从人、我聲。詩曰：仄弁之俄。（五何切）考小雅賓之初筵此句毛氏無傳。鄭箋曰：「側、傾也。俄、傾貌。」（小徐本引詩仄字作側）孔疏亦云：「側傾其弁，使之俄然。」並以俄然爲狀側之詞，段玉裁因謂說文俄訓行頃，行字爲後人妄加，今考晏子雜上篇云：「側弁之俄，言失德也，屢舞傞傞，言失容也。」是許訓之行頃，或謂德行不正也，行字未必妄加。晏子之文，失德失容實亦互言之者，毛以屢舞傞傞爲舞不止，以屢舞僛僛爲舞不能自正，側弁之俄，蓋即不能自正之意。許必曰行頓者，蓋就字形从人爲說也。

又心部愾、大息也。从心从氣，氣亦聲。詩曰：愾我寤歎。（許既切）考曹風下泉此句毛氏無傳。鄭箋云：「愾、嘆息之意。」（小徐本引詩歎字作嘆）孔疏曰：「愾然我寢寐之中，覺而嘆息。又曰：「祭義說祭之事云：周旋出戶，愾然而聞乎嘆息之聲，是愾爲嘆息之意也。」鄭孔及禮記並以愾然爲狀嘆之詞，與許皆同。毛不傳者，每以經文相連，其義自明故也。

又心部懆、愁不安也。从心、喿聲。詩曰：念子懆懆。（七早切）考小雅白華此句毛氏無傳，鄭箋云：「念之懆懆然，欲諫正之。」孔疏曰：「申后念子幽王之惡，懆懆然欲諫正之。」並以懆懆然爲狀念之詞，孔本作慘慘者，釋文云：「懆懆亦作慘慘」，是毛詩傳本有異也，顧炎武謂「漢人多以喿字作參」（詩本音）是異本之起，當在漢時，許書不於懆慘下兩引者，慘訓爲毒，詩意以懆爲本字，故不兩引也，許書引詩之例如此。懆懆漢人既多亂作慘慘，則大雅抑「我心慘慘」下毛傳云：「慘慘、憂不樂也。」此傳之訓，與許訓合，釋文引說文作「愁不申也」，與憂不樂之義尤近。

又虫部虺、虺以注鳴。詩曰：胡爲虺蜥。从虫、兀聲。（許偉切）考小雅正月此句，虺字毛氏無傳。蜥字作蜴，傳云：「蜴、螈也。」（釋文云蜴字又作蜥）蜥蜴、蠑螈，爾雅並以爲是守宮，詩正義引陸機云：

「虺蜴一名蠑螈。」則謂虺蜴是一物，然虺與蜴，今俗並呼之爲四足蛇，析言則虺大蜴小，渾言則不別，毛不釋虺字，但釋蜴字，蓋以虺蜴連文，本同類也。許云虺以注鳴者，段玉裁謂注者咮之假借。陳奐曰：「古噣咮啄注，並同聲而通用。」史記司馬貞索隱云：「注、咮也。」今驗諸南方之虺與蜥蜴，並以咮鳴，段說是也。

然許書之詁訓有與毛傳相出入者，或因毛傳係依經義作訓，而許則就字義作訓；或因毛傳係總括上下句經文作訓，而許則但就一字作訓，故有不同。

案如說文艸部萋、艸盛，从艸、妻聲。詩曰：萋萋萋萋。七稽切 考大雅卷阿毛傳云：「梧桐盛也。」毛蓋承經文上句「梧桐生矣，于彼朝陽」而言，故云梧桐盛；許以字从艸而言，故云草盛。陳奐曰：「萋與萋皆本爲艸盛，因之爲木盛，猶芃本爲艸盛，棫樸篇爲木盛矣。」按此皆毛依經文作訓，許就字形爲說，文雖略異，指歸實同。

又口部呱、小兒嗁聲。从口、瓜聲。詩曰：后稷呱矣。古乎切 考大雅生民毛傳云：「后稷呱呱然而泣。」毛蓋總括經文全句作傳，許則但就一字作訓，似異而實同。

又口部嗷、衆口愁也。从口、敖聲。詩曰：哀鳴嗷嗷。五牢切 考小雅鴻雁毛傳云：「未得所安集則嗸嗸然。」毛蓋合經文「鴻雁于飛，哀鳴嗷嗷」二句之義而言，羣鴻未得安集而哀鳴，與衆口愁之義實同。

又口部唁、弔生也。从口、言聲。詩曰：歸唁衛侯。魚變切 考鄘風載馳毛傳云：「弔失國曰唁。」

毛蓋就經言衞亡而作訓，許則就一字作訓，非有異也。小序云：「載馳，許穆夫人作也。閔其宗國顚覆，自傷不能救也。衞懿公爲狄人所滅，國人分散，露於漕邑，許穆夫人閔衞之亡，傷許之小，力不能救，思歸唁其兄，又義不得，故賦是詩也。」序意卽以弔失國與弔生兩義得相兼者。

又食部饛、盛器滿貌。从食、蒙聲。詩曰：有饛簋飧。（莫紅切）考小雅大東毛傳云：「饛、滿簋貌。」毛蓋就經文言簋，故言滿簋貌，饛義本爲盛載豐滿，不限何器，許就字義作訓，故云盛器滿貌。

又人部俁、大也。从人、吳聲。詩曰：碩人俁俁。（魚禹切）考邶風簡兮毛傳云：「碩人、大德也。俁俁、容貌大也。」許但訓大，毛則義有專屬，訓爲容貌大，馬宗霍曰：「正義申傳曰：『碩既爲大德，故俁俁爲容貌大也。』則知容貌大非俁之本義，毛以文承碩人，因而爲之訓，許但訓大，蓋爲通義，引詩特其一證耳。俁從吳聲，吳訓大言，亦非容貌之義也。」馬說是也，毛承經文碩人作訓，與許就俁字字義作訓不同。

又火部爗、盛也。从火、𠌶聲。詩曰：爗爗震電。（筠輒切）考小雅十月之交毛傳云：「爗爗、震電貌。」毛蓋就經文言震電，故云震電貌，許就本義爲訓，以爗爲盛，字从火，謂光盛也（漢書揚雄傳注爗光盛也）。震電光必盛，毛許之義亦互相足。

又夭部喬、高而曲也。从夭、从高省。詩曰：南有喬木。（巨嬌切）考周南漢廣毛傳云：「喬、上竦也。」毛蓋就經文言「南有喬木，葛藟纍之。」取譬后妃之逮下，故偏取喬木上竦之意，許則以喬字形从高省，有高義；字音與丩古音同，有句曲義，正如爾雅所云：「喬、高也。」又云：「上句曰喬，小支上繚爲喬。」許訓字義，包含二義，與毛訓經不同。

又水部瀏、流清貌。从水、劉聲。詩曰：瀏其清矣。（力久切）考鄭風溱洧毛傳云：「瀏、深貌也。」毛蓋以經文已見清字，故但訓爲深。說文有漻字，訓清深貌，是一字可兼清深二義，而莊子天地篇云：「漻乎其清矣。」漻李軌音良由反，正讀與瀏同，而其文與詩意亦近，是瀏亦兼有清義之證，許就字義訓爲清，又就字音瀏流爲聲訓，故訓爲流清貌。

又絲部轡、馬轡也。从絲、从叀，與連同意，詩曰：六轡如絲。（兵媚切）考小雅皇皇者華毛傳云：「言調忍也。」毛不單釋轡字，陳奐曰：「言調忍也者，以釋如絲之義，忍爲彊忍，謂既調且忍也。高注淮南云：如絲、言調勻也，與下章既均同義。」毛以轡字常見，故就全句之意作訓，謂六轡如絲爲調忍，謂六轡既均爲調勻，許則就轡一字作訓，故云馬轡也。

又土部㘿、裂也。詩曰：不㘿不疈，从土、㡿聲。（丑格切）考大雅生民毛傳云：「不坼不副，言易也。凡人在母，母則病，生則坼副菑害其母，橫逆人道。」（坼爲㘿之隸變，疈爲副之籀文）毛蓋就經文「不坼不副，無菑無害」二句，統釋之，謂后稷之生，其生顛易，不曾坼副以橫逆人道。釋文副下引說文曰分也，許訓不坼不副爲不裂不分，與毛所謂生育甚易，不菑害其母之說正合。許就一字作訓，毛則統釋詩意，非有異也。

又田部疃、禽獸所踐處也。詩曰：町疃鹿場。从田，童聲。土短切 考豳風東山毛傳云：「町疃、鹿迹也。」畽者疃之隸省 毛蓋就經文言鹿，又合町畽二字而並釋曰鹿迹，說文町訓田踐處，疃訓禽獸所踐處，是町疃之義本不限於鹿所踐者，毛就經爲釋，許就字作釋，故有差異。

又或因許書所訓爲字之本義，毛傳則說引申之義，故爾詁訓微殊，然毛所以用引申之義者，蓋亦依經作訓之故。

案如說文艸部薈、艸多貌。从艸，會聲。詩曰：薈兮蔚兮。烏外切 考曹風侯人毛傳云：「薈蔚、雲興貌。」毛許之訓不同，陳奐曰：「薈蔚雙聲，說文薈，艸多貌。文選西都賦注引倉頡篇：蔚、木盛貌，是薈蔚本爲草木盛多，因之爲凡盛多之稱。……雲有盛多之義。南山之朝升雲薈蔚然，言居尊位者之盛多。」陳說是也，經用引申義，故毛云雲興貌；許探求本義，故云艸多貌。毛所以用引申義者，蓋經文下句言「南山朝隮」，毛依經作訓故也。

又口部啍、口气也。从口𦎫聲。詩曰：大車啍啍。他昆切 考王風大車毛傳云：「啍啍、重遲之貌。」毛許之訓不同，段玉裁曰：「毛云啍啍重遲之貌，按啍言口气之緩，故引伸以爲重遲之貌。」承培元云：「段大令謂啍爲口气之緩，蓋俗語有⿺走曼啍啍之說耳。」按段氏之說是也。經用引申義，故毛云重遲之貌；許探求本義，故云口气也。或謂毛傳蓋以啍爲駗之假借（駗馬載重難行也），許引此蓋不拘本義者（雷浚說），其說非也，若毛字爲假借，則許君何必引之？凡引經必所以證字，焉得不拘本義而引之哉？若斯諸例，必引伸可通，不得以假借說之。

又口部嘒、小聲也。从口、彗聲。詩曰：嘒彼小星。嚖、或从慧。（呼惠切）考召南小星毛傳云：「嚖、微貌。」毛許之訓不同，然詩云鳴蜩嘒嘒，毛傳又云：「聲也。」詩云鸞聲嘒嘒，毛傳亦云：「中節也。」詩云嘒嘒管聲，毛傳亦云：「和也。」是毛亦以嘒爲聲，許蓋合毛微聲之訓爲小聲也。毛於小星訓微貌者，蓋承經文而言，星不得有聲，故但云微。許以嘒字从口，探其本義當爲小聲也。承培元云：「案微貌爲小聲之引伸義，許引之說引伸。」按承說是也。凡引申之義，未另造本字，則爲引申，許君不以爲是假借，故仍引之；若引申之義，已別造本字，許君亦錄其本字，則不復以爲引申，實爲假借，則許君不復引之。引申與假借之區別，可以已否別造本字而判識之。

又目部睘、目驚視也。从目、袁聲。詩曰獨行睘睘。（渠營切）考唐風杕杜毛傳云：「睘睘，無所依也。」毛許之訓不同，馬宗霍曰：「獨行者多所顧懼，由驚視之義，得相引申，知許說與毛義亦互相足。」馬說是也，毛訓無所依爲引申義，許訓目驚視爲本義，毛所以用引申義釋經者，蓋睘睘文承獨行，爲狀況獨行之貌，故訓爲無所依。

又羽部䎐、飛聲也。从羽、歲聲。詩曰：鳳皇于飛，䎐䎐其羽。（呼會切）考大雅卷阿毛傳云：「䎐䎐、衆多也。」毛許之訓不同，詩釋文引說文云：「羽聲也。」䎐字从羽，許訓羽聲蓋其本義，鳳飛則羣鳥從以萬數，羽聲䎐䎐，衆多可知，毛傳蓋言其引申之義。玉篇云：「䎐䎐、羽聲衆貌。」孔疏亦云：「言衆多者，以鳳鳥多，故羽聲大。」並皆會通毛許之指。

又人部侜、有廱蔽也。从人、舟聲。詩曰：誰侜予美。（張流切）考陳風防有鵲巢毛傳云：「侜張、誑也。」毛許之訓不同，今按侜張，周書作譸張爲幻，郭注爾雅云：「書曰：無或侜張爲幻。幻、惑欺誑人者。」爾雅字作侜張，惑欺以誑人，即有廱蔽之義，幻本爲倒予字，幻化相詐，即含廱蔽誑人之義。且音如侜張者，如幬帳（爾雅幬謂之帳）有廱蔽義，如倜悵爲失意望恨，段注所謂望其還而不至者，亦有廱蔽之意，許蓋訓其本義，毛則用引申義，然侜張、譸張、侏張，輈張，皆本無正字，以雙聲爲形容語者也（段玉裁說），許於幻篆下既引周書作「譸張」，故不復依毛傳作「侜張」。

又火部熠、盛光也。从火、習聲。詩曰：熠熠宵行。（羊入切）考今豳風東山毛詩作熠燿，小徐本引同今本，作熠燿爲是。毛傳云：「熠燿、燐也。燐、螢火也。」毛許之訓不同，段玉裁曰：「毛傳本作燐、熒火也。熒火謂其火熒熒閃暘，猶言鬼火也。」以爲毛傳本以熒火訓燐，後人改爲螢火，古書絕無螢字（月令腐草爲螢釋文所載作熒），陳奐亦以爲「魏晉間人誤合爾雅毛傳熒火爲一物，熒改作螢。」是毛傳本以熠燿爲熒熒閃暘之光耳，許以熠之本義爲盛光者，熠字从習聲，習聲之字多有重疊再複之義也。以經文言熠燿爲宵行之光，故訓爲燐火，燐火散爲無數，亦有盛多重疊之意，與盛光之義實通，經文下章又言「倉庚于飛，熠燿其羽。」羽彩亦得言熠燿，是盛光者非如日光之盛，但言光亮灼爍耳。

又水部洸、水涌光也。从水、从光，光亦聲。詩曰：有洸有潰。（古黃切）考邶風谷風毛傳云：「洸洸、武也。潰潰、怒也。」毛許之訓不同，鄭箋曰：「洸洸然、潰潰然、無溫潤之色。」是潰潰洸洸意本相同，毛訓洸洸爲武，潰潰爲怒，實係互文，洸洸亦有怒意也。徐璈云：「洸者，水激涌而有光；潰者，水潰決而四出，皆以水勢舉似怒貌也。」（詩三家義集疏引）是毛所用爲引申義，許所訓爲字之本義，毛所以用引申義者，經文實借洸潰爲威武不善之怒貌，大雅江漢云：「武夫洸洸」，毛傳亦訓：「洸洸、武貌。」與谷風傳同，經明言武夫，是經文本以洸洸爲形容武夫威猛之貌者，玉篇走部云：「趪趪、武貌。」說文無趪字，此後世所造武貌之正字也。凡正字未造，轉用它字，則謂之引申，正字已造，假用它字，則謂之假借。

又水部涵、水澤多也，从水圅聲。詩曰：僭始既涵。（胡男切）考小雅巧言毛傳云：「涵、容也。」毛許之訓不同，陳奐曰：「涵與含通，是涵有容訓矣。」許以涵字从水，以水澤多爲本義，然涵既从圅爲聲，圅爲舌爲含，涵字自亦兼有含容之義，毛以經言僭始既涵，指信讒而言，謂亂之初生，讒人數緣事爲始，既入，終使盡容其讒言而後已（用王肅意），經用涵字，本爲引申義，毛氏主在釋經，故與許解字不同。

又水部汔、水涸也。或曰泣下，从水、气聲。詩曰：汔可小康。（許訖切）　考大雅民勞毛傳云：「汔、危也。」（汔即汔之隸省）　毛許之訓不同，鄭箋曰：「汔、幾也。」似與毛許又異。段玉裁曰：「水涸爲將盡之時，故引伸之義曰危曰幾也。」承培元亦云：「此引詩證字引伸之義也。毛傳曰：危也。危猶殆也。涸、渴（即竭字）也。渴、盡也。盡則有殆意，故以爲庶幾之詞。」並謂毛說爲引申之義，然毛主在釋經，與許訓字之本義不同。

又耳部耽、耳大垂也。从耳、冘聲。詩曰：士之耽兮。（丁含切）　考衛風氓毛傳云：「耽、樂也。女與士耽，則傷禮義。」（在上句無與士耽下）　毛許之訓不同，王先謙曰：「耳垂過大，此本義，詩訓爲樂之過，又自過大義旁推之。」經用引申義，故毛云樂也，此傷禮義之樂，故王氏云樂之過也。許探求本義，謂字从耳，故云耳大垂也。又爾雅釋詁：「妉、樂也。」此後人所造妉樂之正字，然許書不收妉字，故謂毛詩取引申義，而不得謂毛詩爲假借。若說文收妉字，則許君耽下必不引詩，此說文稱詩之通例也。

又𨸏部陾、築牆聲也。从𨸏、耎聲。詩云：捄之陾陾。（如乘切）　考大雅緜毛傳云：「陾陾、衆也。」毛許之訓不同，今考經文云：「捄之陾陾，度之薨薨，築之登登，削屢馮馮。」毛於陾陾訓衆，於薨薨訓百姓勸勉，登登訓用力，馮馮訓削牆鍛屢之聲，唯馮馮訓爲聲，段玉裁詩經小箋所謂槌打空竅坳突處其聲馮馮然者是也。然經文四句，皆言築牆之事，毛訓登登爲用力，陳奐曰：「傳云用力，謂用力聲。」是登登亦築牆用力之聲，毛雖但解馮馮爲聲，其餘登登、薨薨、陾陾實則亦築牆時之聲也，由其聲陾陾，即判知爲捄取壤土，投諸版中者（鄭箋），由其聲薨薨，即判知爲衆人聚居勸勉者（毛傳），由其聲登登，即判知爲築牆用力者。毛訓陾陾爲衆者，蓋經文下已明言「百堵皆興」，故不必一一訓爲築牆時之聲，但言衆，衆者聲之衆也。毛詩陑陑，三家詩作仍仍，廣雅云：「仍仍登登馮馮衆也。」廣雅訓馮馮爲衆，即毛傳訓馮馮爲聲，是衆者即聲衆也。

又或因傳可用假借字作訓，而許訓則不可用假借字者，今尋繹其緒，其義仍相通貫。

案如說文人部俔、譬諭也。一曰聞見。从人、从見。詩曰：俔天之妹。（苦甸切）考大雅大明毛傳云：「俔、磬也。」磬之本義爲石樂，毛傳訓爲磬，自是假借之義。詩釋文云：「韓詩作磬，磬、譬也。」是毛傳訓磬，義亦謂譬也。孔疏云：「此俔字，韓詩文作磬，則俔磬義同也。說文云：俔、諭也。詩云：俔天之妹。謂之譬喻，即引此詩。箋云：尊之如天之有女弟，與譬喻之言合，蓋如今俗語譬喻物云磬作然也。」鄭箋釋俔爲如，說文訓爲譬諭，毛訓爲磬，磬作即譬作，毛許鄭之意皆同，所見文異者，毛用假借字，許用本字耳。

又豕部豜、三歲豕肩相及者，从豕、幵聲。詩曰：並驅從兩豜兮。古賢切 考齊風還毛傳云：「獸三歲曰肩。」許以肩爲豜之聲訓字，毛則以肩代豜，用假借字；又豳風七月毛傳云：「豕三歲曰豜。」是毛詩與傳肩豜可以兩作，許書則必舉本字，故見差異。

又火部烘、尞也。从火、共聲。詩曰：卬烘于煁。呼東切 考小雅魚藻之什白華毛傳云：「烘、燎也。」燎之本義爲放火，一切經音義引於放火下又有火田爲燎義，案放火者燒田之義，於經恉不恰，經云：「樵彼桑薪，卬烘于煁」，謂樵桑薪以炊爨，今不以炊爨，反燎於煁竈，失其所也。陳奐說 是毛訓烘爲燎，自是假借之義。陳奐曰：「燎當作尞」，並引說文，但以尞爲正字，而未詳言其故，馬宗霍曰：「當以訓尞爲正，蓋燔柴而祭謂之尞，引申之，然薪而炊亦謂之尞。」是訓尞尚可引申相通，訓燎則爲假借，毛用假借，故許易之。

又或許書本從毛作訓，而今本已有漏奪或改竄，故成不同者。

案如說文玉部琚、瓊琚。从玉、居聲。詩曰：報之以瓊琚。九魚切 考衛風木瓜毛傳云：「琚、佩玉名。」依今本觀之，毛許若有不同。然嚴可均曰：「女曰雞鳴疏引作佩玉名也，此云瓊琚，疑校者所改。」說文校議 沈濤更詳證之曰：「詩鄭風女曰雞鳴正義引琚、珮玉名也。蓋古本如此，釋文亦曰：琚、珮玉名，當亦本許書，衛風木瓜釋文同。毛傳曰：琚、珮玉名也。是許君正用毛義，今本乃二徐妄改，瓊與琚不同物，豈得以瓊琚釋琚乎」說文古本考 沈說是也。

又艸部蓷、萑也。从艸推聲，詩曰：中谷有蓷。（他回切）考王風中谷有蓷毛傳云：「蓷、鵻也。」依今本觀之，蓷訓萑，萑訓艸多也，大徐本以蓷既訓萑，遂移萑篆次於蓷（小徐本在茸茻之間），段玉裁又以爲萑不當訓萑，改訓爲隹，謂隹鵻並謂蓷色如之耳。王筠又以爲說文本當訓鵻也，後人以今本爾雅改之者。今按諸說皆未當，許書本訓蓷爲「雚也」，說文䓗篆下曰：「雚之初生，一曰薍，一曰鵻，从艸剡聲，菼，䓗或从炎。」又薍篆曰：「䓗也。」而王風大車毛傳云：「菼、鵻也。」爾風七月毛傳云：「薍、雚也。」王風鄭箋云：「菼、薍也。」是䓗（菼）雚、鵻、薍實爲同物，毛訓蓷爲鵻，許以鵻之本義爲祝鳩，毛傳用鵻字實爲雚之假借，故易訓爲雚，字有正借，其義實同。詩釋文於小序蓷下引爾雅云：「鵻也。」於傳文鵻字下文又云：「音隹，爾雅又作萑。」萑即雚字之誤，爾雅已有作鵻作雚通用之本，是鵻雚同義之又一證也。且雚䓗之草，水溢時可隨水而生，不遽爛死，俟水退踣於泥中，值秋陽暴之，始枯槁，故詩云暵且溼，謂其漬於水中也，暵其脩，謂其隨水而生，其長倍也，然時水已將退，故傳云「脩、且乾也。」暵其乾，謂水退而槁於日也。（參見焦循易餘籥錄）於詩義正合。自爾雅、說文雚並誤爲萑，遂於毛許所訓爲不同。又自韓詩及三蒼，說苑云蓷爲益母（陸璣毛詩草木蟲魚疏云），郭璞注爾雅本其說，謂即茺蔚，茺蔚即臭穢草（段注），亦即益母。然此實爲韓詩之說，詳考毛傳及許書，本不謂蓷爲益母，後人多以韓詩之義爲許書之義，紐結絓礙，遂難梳理矣。

又艸部芼、艸覆蔓。从艸、毛聲。詩曰：左右芼之。（莫抱切）考周南關雎毛傳云：「芼、擇也。」毛許之訓不同，鈕樹玉曰：「玉篇訓拔取菜，不引詩，而覒下引詩左右覒之。」嚴可均曰：「芼、毛傳擇也。在許書爲見部覒字，今此引詩，若非後人所加，即有脫文也。」嚴章福曰：「引詩校者由見部覒下移此。」今綜觀三氏之說，已能識後人改竄之迹，芼字从艸，固不得有擇義；而許訓艸覆蔓，于詩恉又不協，許氏胡得而引之。許於毛詩爲假借字，三家爲正字者，必引三家之文（詳見後證），玉篇多本說文，芼下不引詩，而覒下引詩；今本說文覒下不引詩，而反引於芼下，嚴章福謂校者由見部覒下移此者是也。後人多不解許敍言詩稱毛氏之恉，以爲毛作芼，而改覒字也，玉篇猶不誤，是其證。

又牛部牣、牣滿也。从牛、刃聲。詩曰：於牣魚躍。（而震切）考大雅靈臺毛傳云：「牣、滿也。」依今本觀之，毛許若有不同。然嚴可均曰：「滿上羨一牣字，韵會十二震引無。」許槤亦曰：「玉篇作滿也，衍牣字，是。」（讀說文記）段玉裁曰：「此複字刪之未盡者。」皆謂今本說文衍牣字。

又辵部達、行不相遇也。从辵、羍聲。詩曰：挑兮達兮。（徒葛切）考鄭風子衿毛傳云：「挑達，往來相見貌。」依今本觀之，毛許若有不同。然胡承珙曰：「上經方云不來，此傳不當言相見，觀正義云，故知挑達爲往來皃，可識傳本無相見二字。釋文：挑達、往來見皃。無相字。此必陸氏本作往來皃，傳寫誤皃爲見，淺人復於見下加皃字耳。」（毛詩後箋）陳奐曰：「胡說是也，挑達雙聲連緜字，又作⿱屮女達。說文：⿱屮女、滑也。達、行不相遇也。滑與行不相遇兩義，皆卽正義所謂乍往乍來之意。」胡氏校正今本毛傳之誤，並解往來爲獨往獨來；陳氏從之，並證許毛之義本同，二氏之說皆是也。唯挑達之挑，當依小徐本作佻，初學記十八引正作佻，小雅大東佻佻公子，毛傳云：佻佻、獨行貌。知毛詩本作佻，不作挑，說詳⿱屮女下。

又言部⿰言歲、聲也。从言歲聲。詩曰：有⿰言歲其聲。（呼會切）考今詩無此文，王應麟詩考引在大雅雲漢篇，周邵蓮亦仍之（見詩考異字箋餘）殆以所引爲「有嘒其星」之異文，依此觀之，許與毛若有不同，然嚴可均曰：「泮水傳：噦噦、言其聲也。疑此卽魯頌文而雜以傳。」今案魯頌泮水有「鸞聲⿰言歲⿰言歲」句，毛傳云：「噦噦、言其聲也。」阮元校勘記謂古本或作「噦噦、言有聲也。」其有二字互亂，由來已夙，今又考玉篇殘卷⿰言歲下引詩作「噦噦其聲」，玉篇當本說文，此所引爲毛傳無疑，而因其有二字互異，故竄亂成「有⿰言歲其聲」歟？

又丵部業、大版也。所以飾縣鐘鼓，捷業如鋸齒，以白畫之，象其鉏鋙相承也。从丵、从巾、巾象版，詩曰：巨業維樅。□、古文業。（魚怯切）考大雅靈臺毛傳云：「業、大版也。」毛詩業字，與許引相同，訓義亦爲許書所本，許訓尤詳者，實本於周頌有瞽傳：「業，大版也。所以飾栒爲縣也，捷業如鋸齒，或曰畫之，植者爲虡，橫者爲栒。」唯許書巨字，毛詩本作虡。毛傳既云「植者爲虡」，說文亦訓虡（虡之重文）爲鐘鼓之柎，是虡爲本字，而巨非本字，凡許書引詩之例，宗於毛氏，凡毛詩爲本字，必引毛詩；毛詩爲假借，三家爲正字者，則稱三家；毛與三家均非假借字，則每兩引之，以並存三家，此許書之例。然絕無三家爲假借，毛爲本字，而反引三家者。故知此巨字必非許書原文。且王先謙詩三家義集疏，參匯三家舊義頗全，亦不謂巨爲三家之文，陳喬樅但謂與毛詩文異，亦不謂爲三家之文，王應麟詩考引樂苑云文王樂名巨業，然樂名巨業與詩之虡業，本不相涉，不得據此謂巨業爲三家之異文也。今謂虡爲其呂切，與巨同音，疑讀者不識虡音，旁註巨字作音，後遂羼入正文而奪虡字矣。

又革部鞃、車軾也。从革、弘聲。詩曰：鞹鞃淺幭。讀若穹。丘弘切 考大雅韓奕毛傳云：「鞃、軾中也。」孔疏申傳義曰：「軾者兩較之間有橫木可凴者也，鞃爲軾中，蓋相傳爲然。言鞹鞃者，蓋以去毛之皮施于軾之中央，持車使牢固也。」依是則毛云軾中，許云車軾，義略有別。然韵會十蒸引說文：「鞃，車軾中靶也。」王筠謂韵會所據爲說文未挩之本見說文釋例，段玉裁則依是訂正說文爲「車軾中把也。」可見說文未挩之本，原與毛傳同義也。

又攴部𢿘、棄也。从攴、𠷎聲。周書以爲討。詩云：無我𢿘兮市流切 考鄭風遵大路毛傳曰：「魗、棄也。」許與毛義同而字異，陳奐曰：「魗當作𣀓，釋文本亦作𣀓，𣀓即𢿘也。魗、俗字。」是𣀓即𢿘之隸變、魗者俗字。鄭箋曰：「魗亦惡也。」而釋文云：「鄭音爲醜」，與說文訓醜爲惡相應，疑作魗爲鄭箋本，今已淆亂毛本矣。

又目部盼、詩曰：美目盼兮。从目、分聲。匹莧切 考衞風碩人毛傳云：「盼、白黑分。」許則但引詩而無訓，嚴可均曰：「詩曰上有脫文。」承培元曰：「許書多有直引經文不爲立訓者，以經文已包括字義也。此條稍異。」說文引經證例 並謂許書有脫奪。鈕樹玉曰：「一切經音義卷八引作目白黑分也。當不誤。玉篇作詩云美目盼兮，謂黑白分也。與詩碩人毛傳合。」鈕說是也，諸家多依玄應書引補正，今本是許訓原與毛合也。

又鳥部鷻、雕也。从鳥、敦聲。詩曰：匪鷻匪鳶。度官切 考小雅四月毛傳云：「鶉、鵰也。」鶉即鷻之隸省 毛許鷻字之訓本同。唯毛本作匪鶉匪鳶，鳶說文作鳶，此則若有不同。王引之云：「鳶字見於小雅、大雅、周官射鳥氏、曲禮、中庸、爾雅釋鳥、蒼頡篇，不應說文不載，蓋說文有此字，而傳寫者脫之也。其鷻字注引詩匪鷻匪鳶，當作匪鷻匪鳶，蓋本作鳶字，因下鳶字篆文相連，寫者遂誤爲鳶耳。」經義述聞 按王說是也。王先謙曰：「據正義引蒼頡解詁云：鳶、鴟也。又引說文：鳶、鷙鳥也。則經文原作鳶。」詩三家義集疏 正義引說文有鳶字，其引詩當作鳶，與毛詩同。

又鳥部鶯、鳥也。从鳥、榮省聲。詩曰：有鶯其羽。烏莖切 考小雅桑扈毛傳云：「鶯然有文章。」許毛若有不同，王筠曰：「鶯下云鳥也，引詩：有鶯其羽，則形容之詞。毛傳：鶯然有文章也，恐說解鳥下有挩字。…玉篇：鶯、鳥有文，尙述毛傳，不應許君反謂之鳥也。」說文釋例 段玉裁則逕改許書鶯下之訓爲鳥有文章貌，且曰：「各本作鳥也，必淺人所改，今正。…自淺人謂鶯卽鷃字，改說文爲鳥也，而與下引詩不貫。」是今本說文已有竄奪，故與毛傳不同。

又骨部膾、骨擿之可會髮者，从骨、會聲。詩曰：膾弁如星。（古外切）考衛風淇奧毛傳云：「弁、皮弁、所以會髮。」（今本毛詩膾字已從鄭箋作會）若如今本毛傳，則謂所以會髮者是弁，與許不同。段玉裁曰：「詩正義引儀禮注：『收者所以收髮』，證傳：『會者所以會髮』之文，孔氏所見傳未誤也。傳當云：『會者、所以會髮，弁、皮弁。』淺人刪去會者二字，併倒置其文耳。」（毛詩小箋）又曰：「毛詩本作膾弁。傳本云：膾所以會髮，弁、皮弁。正同周禮故書皮弁膾五采，謂先束髮而後戴弁，其光耀如星也。」（說文注）案段說是也。陳奐但補會字於「所以會髮」之上，於文似便，然不如段說之深識毛傳體例也，蓋膾弁連文，毛必先釋膾字，再釋弁字，段說今本毛傳倒置其文者，是也。

又食部餞、送去也。从食、戔聲。詩曰：顯父餞之。（才線切）考大雅韓奕此句下毛氏不釋餞字，而於邶風泉水篇「飲餞于禰」句下毛傳云：「祖而舍軷飲酒於其側曰餞，重始有事於道也。」許但曰送去，與毛云飲酒之義似有不同。沈濤曰：「左氏成八年傳釋文、御覽八百四十九飲食部皆引：餞、送去食。蓋古本有食字。詩大雅傳曰：祖而舍軷飲酒於其側曰餞，食字必不可少。詩崧高釋文引字林亦云送去食也，蓋本說文。」（說文古本考）沈說是也，今本奪去食字，遂有不同。

又來部⿰來矣、詩曰：不⿰來矣不來。从來矣聲。⿰彳矣、⿰來矣或从彳。（牀史切）考今毛詩無此文，而許書亦不訓⿰來矣字。段玉裁曰：「蓋江有汜之詩，不我以古作不我𡙇。𡙇者，來之也。不我𡙇者，不來我也。許蓋兼稱爾雅，當云：『詩曰：不我𡙇，不𡙇、不來也。』轉寫譌奪，不可讀耳。𡙇與以不同者，蓋許兼稱三家詩也。」爾雅稱不𡙇、不來。是三家詩有作𡙇字者，段說近是。然許書稱經，時有迻寫謬誤者，如毌下引詩曰云云，實爲尙書之誤，集韻引說文時尙未誤。衡下引詩曰云云，實爲周禮之誤。此下引詩曰云云，或爲爾雅之誤歟？

又木部杕、樹皃。从木，大聲。詩曰：有杕之杜。特計切 考唐風杕杜毛傳云：「杕、特貌。」毛許所訓不同。顏之推家訓書證篇引毛傳：「杕、獨皃也。」又引說文：「杕、樹皃也。」段玉裁則曰：「樹當作特，字之誤也，在顏黃門時已誤矣。」錢坫則曰：「據繫傳，此詩乃徐鍇所引，非許氏原文」說文解字斠詮 據諸家所說，則毛傳、許書並有竄奪，故而不同。

又禾部稙、早種也。从禾直聲。詩曰：稙稚尗麥。常職切 考魯頌閟宮毛傳云：「先種曰稙，後種曰稺。」毛詩稚作稺，尗作菽。毛傳先種之義，即許訓早種之所本，其義本同。毛傳後種之義，說文稺訓幼禾也。陳喬樅曰：「許於稺不言後種者，稺從犀聲，犀者遲也，已具後種之義，故但曰幼禾。」是毛許之義無異。今說文稺作稚，毛傳尗作菽者，說文無稚菽二字。段玉裁曰：「稚當作稺，郭景純注方言曰：稺、古稚字，是則晉人皆作稚，故稺稚爲古今字，寫說文者用今字，因襲之耳。」段說是也，小徐本說文稚猶作稺，韻會引說文亦作稺，未依俗改。又承培元曰：「尗、今俗作菽，許書無，古止作尗、豆也。象形字。又部叔、拾也。今尗字不復見經傳，以叔爲伯叔字，別加艸于叔上爲豆稱，失許義矣。」是尗菽亦古今字之異，後人改易，始有不同，古本非有異也。

又人部傓、熾盛也。从人、扇聲。詩曰：豔妻傓方處。(式戰切) 考小雅十月之交毛傳云：「煽、熾也。」毛許義近而字異，毛作煽，許書無煽字，惟新附有之。段玉裁曰：「按詩本作傓，後人以訓熾之故，肊造煽字耳。」潘奕雋云：「谷永傳：閻妻驕扇。注：扇、熾也。是傓正字，扇省字，煽新附字。」(說文解字通正) 今案段說是也，作扇者魯詩，毛詩當作傓，今作煽者，王筠謂是俗字(說文句讀) 吳雲蒸以爲隸變(說文解字羣經正字)，故使毛許有異耳。

又人部侐、靜也。从人血聲。詩曰：閟宮有侐。(況逼切) 考魯頌閟宮毛傳云：「侐、清淨也。」說文靜淨之義不同，今本毛作淨者，段玉裁曰：「魯頌閟宮有侐傳淨乃靜之字誤。」王筠亦云：「淨乃靜之譌。」(說文句讀) 阮元毛詩注疏校勘記云：「考釋文作清靜也。引說文：侐、靜也。當依釋文更正。楚茨傳：莫莫言清靜而敬至也，亦可證。」(二十之二) 據阮元所校言之，則段王之說是也。

又頁部頒、大頭也。从頁、分聲。一曰鬢也。詩曰：有頒其首。(布還切) 考小雅魚藻毛傳云：「頒、大首貌。」大首大頭，義本無異，唯詩釋文引說文，及類篇引說文，並作「大首貌。」許書原本毛傳。

又山部岵、山有艸木也。从山、古聲。詩曰：陟彼岵兮。（侯古切）考魏風陟岵毛傳云：「山無草木曰岵。」毛許之義正相反。孔疏曰：「釋山云：多草木岵，無草木屺。傳言无草木曰岵，下云有草木曰屺，與爾雅正反，當是轉寫誤也。」孔氏已云轉寫之誤，意謂毛詩轉寫而誤也。陳奐曰：「說文、釋名，並與爾雅同，與毛傳異，說文注云：毛詩所據爲長，岵之言瓠、落也。屺之言荄，滋也。…案唐語林：施士丐說山無草木曰岵，所以言陟彼岵兮，言無可怙也。以岵之無草木，故以譬之。此可爲毛傳之確證。」案段陳之說是也，本當作山無草木曰岵，轉寫誤而爲有。蓋岵从古聲，从古得聲之字，多與蠱字義近，蓋假借古聲爲聲符，實取蠱之中虛義也，蠱爲腹中蟲，穀蝕其中康謂之蠱，女惑男、風落山皆謂之蠱（見左傳），並取中空之義。蠱古音同，是以枯者木之中乾、中蠹者也。骷者骨之中乾、中空者也。涸者水之中竭、中空者也。怙者恃賴也，物必中虛始欲有所恃賴。固者四塞也，四塞者中必虛，四塞而後固也。錮者亦猶四塞而禁之於內也。箇者竹枝，竹枝亦猶四塞而中虛者也。殆者猶枯也。辜者猶殆也。故者朽故也，漢以來謂死爲物故（見釋名），胡者牛頷𡖋，狼龍頷下垂𧞣亦謂之胡，亦中空也。罟必中空。盬者不堅固。然嗑腦亦謂之盬，吸飲而中空也，故盬亦蠱也。（見左傳疏）可知岵當以山無草木爲正義，亦猶左傳風落山謂之蠱也。古聲之字如苦者狀吐之聲（見釋名），祜者嘏聲之假借，詁者兼取从古言會意之旨，酤者賈聲之假借，鴣狀發聲之詞（見廣雅）姑者小兒發聲之詞，如爸媽之類，非有義也。說文屺、山無艸木也，與毛傳山有草木亦相反，岵既當以毛傳爲長，屺亦當以毛傳爲長，段玉裁曰：「許宗毛者也，疑有無字本同毛，後人易之。」段說近是。

又馬部驕、馬高六尺爲驕。从馬喬聲。詩曰：我馬維驕。一曰野馬。舉喬切 考小雅皇皇者華今本毛詩驕作駒，與許不同。陳奐曰：「釋文駒本作驕，株林：乘我乘駒。釋文作乘驕，引沈重曰：『或作駒字，後人改之，皇皇者華篇內同。』是沈所據此篇作驕也。」據釋文則毛詩本亦作驕，許實與之同。

又馬部駜、馬飽也。从馬、必聲。詩云：有駜有駜。毗比切 考魯頌有駜毛傳云：「駜、馬肥彊貌。」段玉裁謂毛義與許訓小別，桂馥曰：「馬飽也者，飽當爲肥，徐鍇韻譜玉篇廣韵五經文字並作肥。」今案桂說是也，飽肥形近而譌，飽雖與駜爲古雙聲，肥與駜亦古雙聲也。且說文駮駜駣騯四字連篆，駮訓馬彊，駣訓馬盛肥，騯訓馬盛，則駜以訓馬肥爲當，蓋毛傳訓駜爲馬肥彊，故許書駜篆厠於彊肥之間也。

又火部煒、盛赤也。从火、韋聲。詩曰：彤管有煒。于鬼切 考邶風靜女毛傳云：「煒、赤貌。」毛許之義雖近，然嚴可均曰：「煒當作盛明皃也。一曰赤也。一切經音義卷一、卷十三引作盛明貌也。卷十八引作盛明貌也，亦赤也。」沈濤亦云：「古本以盛明爲正解，赤爲一解，今本盛赤二字，義不可通。」嚴沈二說是也，今本已有缺脫，許一曰赤也之義本與毛同。

又心部慉、起也。从心、畜聲。詩曰：能不我慉。許六切 考今本毛詩邶風谷風作「不我能慉」，毛傳云：「惛、養也。」與許本不同。陳奐曰：「能字各本在不我下，轉寫誤耳。能不我惛，與寧不我顧、既不我嘉、則不我遺，能寧既則，皆爲語詞之轉。說文引詩：能不我惛。段注云：與能不我知、能不我甲，句法同也。能讀爲而。」今考呂氏讀詩記引董氏云：「孫毓、王肅本作能不我惛。」則陳段之說是也。王筠曰：「釋文云：毛興也、王肅養也、說文起也。桂氏（馥）曰：孫毓引毛傳亦曰惛興也。」案孫毓引毛傳訓惛爲興，見於正義，與釋文本正合，是今本訓養者，後人以王肅注改毛也。毛訓興，許訓起，說文：「興，起也。」是毛許之訓本同。

又心部惔、憂也。从心、炎聲。詩曰：憂心如惔。徒甘切 考小雅節南山毛傳云：「惔、燔也。」毛許之義不同。釋文云：「惔，說文作灭字，才廉反，小熱也。」案今說文有灭字，訓爲小熱，下引詩曰憂心灭灭。疑陸氏所見卽灭下之引詩，今如灭誤爲灭灭。許書作灭者，兼引三家文也。又考大雅雲漢云：「如惔如焚」，毛傳云：「惔、燎之也。」釋文云：「惔音談，說文云：炎燎也。」是陸氏所見灭下引詩是憂心如灭，而所見惔下引詩是如惔如焚，而許訓惔爲「炎燎也」，與彼傳云「燎之也」實同，今本改如惔如焚爲憂心如惔，又失炎燎之訓，訓爲憂也，故使毛許不同。沈濤曰：「古本此處當引詩如惔如焚。毛傳惔燎之也，與炎燎之解正合，古本當作一曰炎燎也。」以炎燎爲一曰之義，亦通。

又水部潧、水出鄭國，从水、曾聲。詩曰：潧與洧，方渙渙兮。側詵切 考今本毛詩鄭風溱洧作「溱與洧」，毛傳云：「溱洧，鄭兩水名。」毛作溱，許作潧，義則同而字相異。然說文別有溱字，云「水出桂陽臨武入匯」，則許義溱爲粵水，非鄭水。考水經云：「潧水出鄭縣西北平地。」酈道元注云：「潧水出鄶城西北雞絡塢下，又南注于洧，詩所謂溱與洧者也。」酈注與許說合，然酈時所見毛詩已作溱字矣。馬宗霍曰：「疑溱字非毛詩原文……幸說文存其舊，得見毛詩之眞。」馬說是也。今廣韻十九臻云：「潧、水名，在鄭國，此水南入洧，詩作溱洧，誤。」是今本毛詩字有謬誤，故使毛許不同。

又水部浼、汚也。从水、免聲。詩曰：河水浼浼。孟子曰：汝安能浼我。（武辠切）考邶風新臺毛傳云：「浼浼、平地也。」陳奐曰：「傳云平地，義不可通。疑地字乃池字之誤。平池猶滂池，謂河水平滿，則浼浼然也。說文云：『浼、汚也。』汚下云：『一曰小池爲汚。』是許以汚釋浼，與此傳平池釋浼浼義正同。」案陳說近是，毛傳本作平池，許訓浼爲汚者，汚有二義，浼亦有二義，（類篇浼下又有滂池一義）故許引詩又引孟子分證二義。今本毛傳誤作平地，遂使毛許不同。

又川部州、水中可居曰州。周遶其旁。从重川。昔堯遭洪水，民居水中高土，或曰九州，詩曰：在河之州。一曰：州、疇也，各疇其土而生之。𡿧古文州。（職流切）考今本毛詩周南關雎州作洲。毛傳云：「水中可居者曰洲。」毛許義同而字異。唯徐鉉曰：「今別作洲，非是。」席世昌曰：「今本爾雅、毛詩、尚書，皆後人妄加水旁。」（席氏讀說文記）是毛詩古本亦當作州，與許同。

又門部闉、城內重門也。从門、垔聲。詩曰：出其闉闍。於眞切 考鄭風出其東門毛傳云：「闉、曲城也；闍、城臺也。」許訓城內與毛不同。然考詩疏正義曰：說文云：『闉闍、城曲重門。』謂闉爲曲城。」是許書本亦作城曲也。胡承珙曰：「毛雖以曲城城臺分釋闉闍，然臺在城門之上，亦卽統於城門，故許氏但以城曲重門釋之。」以爲城門之上，卽是城臺，而重門與曲城二者相因，是毛許之說本同也。

又瓦部甓、瓴甓也。从瓦、辟聲。詩曰：中唐有甓。扶歷切 考陳風防有鵲巢毛傳云：「甓、令適也。」嚴可均曰：「小徐、韻會十二錫引作瓴甋也。釋宮同，說文無甋字，當作適。」是小徐本說文作瓴甋，不作瓴甓。王筠曰：「大徐甋作甓，固誤。而說文又无甋字，土部墼下云：瓴適也。爾雅瓴適謂之甓。釋文曰：甋詩傳作適。然則爾雅之甋，亦後人所改也。」說文繫傳校錄 按王說是也，許書本當作瓴適，與毛傳令適同義。

又糸部綅、絳綫也。从糸，侵省聲。詩曰：貝冑朱綅。子林切 考魯頌閟宮毛傳云：「貝冑，貝飾也。朱綅、以朱綅綴之。」毛以朱綅爲紅線，非以綅爲絳綫也。然詩疏正義引說文曰：「綅、綫也。」釋文引亦作「綅、綫」似絳字爲衍文。馬宗霍曰：「卷子玉篇糸部綅下引『韓詩：綅、綫也。說文：縫線也。』是以綫訓綅乃韓詩，而顧氏（野王）所見說文作縫線，線卽綫之古文，縫與絳形近，疑今本說文絳字爲縫之譌。小徐篆韻譜二十二侵云：『綅、縫綫。』又其證也。許云縫線，毛云以朱綅綴之，縫與綴義正合。」按馬說是也，然正義釋文所見之說文已奪縫字歟？今譌縫爲絳，故使毛許不同。

又虫部蜀、葵中蠶也。从虫，上目象蜀頭形，中象其身蜎蜎。詩曰：蜎蜎者蜀。（市玉切）考豳風東山毛傳云：「蜎蜎、蠋貌。蠋、桑蟲也。」今本毛傳作蠋字者，高翔麟曰：「蜀本从虫，又加虫，俗字也。」（說文字通）毛訓桑蟲，許訓葵中蠶，似有不同。然釋文曰：「蠋、音蜀，說文云：桑中蟲也。」是說文本與毛同。段玉裁曰：「詩曰：蜎蜎者蠋，烝在桑野，作桑爲長。」段說是也。

又二部恒、常也。从心、从舟。在二之間，上下必以舟施，恒也。亙古文恒从月，詩曰：如月之恒。（胡登切）考小雅天保毛傳云：「恒、弦也。」毛訓爲弦者，釋文恒本亦作緪，緪爲張弦，故有弦義。然許書引詩在古文从月之下，段玉裁謂此說从月之意是也，非謂訓恒爲常。然引詩既在古文下，則所引經字本當作亙。王筠曰：「恒當作亙，此校者以今本改之也。設詩本作恒，則傳曰：恒、弦。箋曰：月上弦而就盈，何以確知恒之爲上弦乎。」（說文句讀）按王說近是，說文引詩，字當作亙。馬宗霍曰：「毛傳訓恒爲弦，正足證毛詩本作亙，故鄭箋申傳亦云：『月上弦而就盈』，陳啓源曰：『古文恒從月，則恒字原從月取義，上弦未必非本訓也。』此說得之。」今依王馬二氏之說，得知毛傳說文，恒本皆作亙，後人以亙即恒之古文，遂改作恒，又因詩既作恒，又改許書所引亦作恒，義遂有殊，其始毛訓弦、鄭訓上弦，與許謂从月之意本同。从月而訓弦者，顧炎武曰：「古人頌君之辭，其言月不以望而以弦，猶言日不以中而以升，……今人讀爲恒久之恒，失之矣。」凌揚藻蠡勺編卷三引 凌揚藻亦從其說，可知毛傳之弦非許訓之常。

又土部堀、突也。詩曰：蜉蝣堀閱。从土、屈省聲。苦骨切 考曹風蜉蝣毛傳云：「掘閱、容閱也。」毛詩作掘，似與說文異字，諸家以爲說文作堀爲三家之異文，然亦僅舉說文之孤證而已，作堀非必三家之文，段玉裁曰：「古書中堀字多譌掘。」按段說是也，疑毛詩作掘，亦後人所改，字本作堀，與許同也。掘義爲搰，於經恉順，鄭箋訓爲「掘地解閱」，添字解經，又通閱於蛻，恐非毛氏釋爲容閱之義。今謂毛傳所謂容閱，即容穴也。王先謙曰：「閱穴字同，宋玉風賦空穴來風，莊子云空閱來風，是閱卽穴也。」王說是也，堀閱卽堀穴，今俗作窟穴「蜉蝣堀閱，麻衣如雪」者，卽謂窟穴中之蜉蝣，皆朝服鮮絜，以喻小人在位之偷合苟容也。許訓爲突也者，訓與毛異，諸家頗滋疑惑，或謂突爲穿之譌見苗夔說文繫傳校勘記，或謂取竄突之義見錢桂森說文段注鈔案，或謂突卽堀起之意見戴震詩考正，皆未允當，段玉裁謂「突爲犬從穴中暫出，因謂穴中可居曰突。」段注又曰：「突謂地突，猶土堀也。」陳奐引說文小箋 承培元亦曰：「突者犬从穴中出也，引申爲穴義。」段承二氏雖謂義當作穴，然所言引申之故，牽強難通，而突作穴解，於古又無證，今謂突卽「客穴」二字合文之誤，如淮南子「賦心宂」，宂卽亡也二字合文而誤之例。許以毛訓容閱，閎爲假借字，故改作正字爲容穴，毛許之訓本同，今本傳寫有誤，遂生窒礙。

又或許書本從毛作訓，而今本毛詩已爲三家詩所淆亂，故成歧牾者。推明其故，知許君引詩原本宗於毛氏者也。

案如說文口部咠、聶語也。从口、耳聲。詩曰：咠咠幡幡。七入切 考小雅巷伯三章云：「緝緝翩翩」，四章云：「捷捷幡幡」，釋文明言說文緝作咠，則是許書糅合二句成一句，段玉裁所謂「誤合二章爲一」是也。三章毛傳云：「緝緝、口舌聲。」是唐時毛詩及傳，並已作緝字，與許書不同。陳奐曰：「玉篇：咠咠、口舌聲。廣韻：咠咠、譖言也。是毛本作咠，若緝則昊天有成命傳訓明，文王傳訓光明，行葦傳訓踧踖之容，緝與輯同，板傳訓和，抑傳訓和，以毛證毛，無訓緝爲口舌聲者，故知毛亦作咠也。」陳氏以毛證毛，謂古本毛詩本作咠字，說頗可信。今考玉篇零卷糸部緝下續下並引韓詩字作緝，引毛詩則不引此句，是毛詩本作咠字，王先謙曰：「齊魯緝作咠。」王氏蓋見今本毛詩作緝，韓詩亦作緝，故以說文所引作咠爲齊魯之文，不知毛詩本自作咠，今本爲韓詩所亂耳。

又角部觓、角貌。从角、丩聲。詩曰：兕觵其觓。渠幽切 考周頌絲衣、小雅桑扈今本毛詩並作「兕觥其觩。」觵作觥，觓作觩，與許引不同。絲衣釋文云：「觓本一作觩」，是陸見毛詩古本本作觓字，詩經考文云：「古文觥作觵」，陳喬樅詩經四家異文考引 是毛詩古本原與許引相同。疑今本作觩者，爲鄭箋所亂。桒扈釋文云：「觩本或作斛」，是陸時已有改斛爲觩者，說文不錄觩字，亦不謂觩爲斛之重文，毛於觩斛皆無傳，鄭箋曰：「其罰爵徒觩然陳設而已。」鄭箋以觩爲形容皃觵之皃，與許義斛角皃相應，唯字則別作觩，許書不載觩字，疑毛本作斛也。

至於許君引詩，有字從三家，而義仍本毛恉者，蓋以毛詩爲假借字，三家詩爲正字之故。若毛詩有其字，而許書無其文，則許引詩亦采三家，此則亦以毛詩非正字之故。

案如說文示部禂、禱牲馬祭也。从示、周聲。詩曰：既禡既禂。𩦢、或从馬，壽省聲。都皓切 考惠棟曰：「既伯既禱，說文引作既禡既禂。」九經古義 惠氏所考與王應麟詩考同，以爲是小雅吉日篇之異文，毛詩與魯說皆作既伯既禱，陳喬樅謂「所引自是三家異文」者，蓋當爲齊韓之文也。王先謙曰：「（周禮）甸師：禂牲禂馬。杜子春云：『禂、禱也。爲馬禱無疾，爲田禱多獲禽牲，詩云：既伯既禱。』……毛詩之禱，蓋卽𩦢之借字，故杜直引既禱以說甸師之禂也。」王說是也，許氏禂下之訓，正與杜同，是義與毛同，而字從三家者，蓋以毛詩之禱爲假借字，重文𩦢爲正字。許君既引禂𩦢爲重文，則不別正借字，實則𩦢从馬爲正字。𩦢當云从馬禱省聲以「爲馬禱無疾」爲本義。

又士部壿，舞也。从士，尊聲。詩曰：壿壿舞我。慈損切 考小雅伐木毛傳云：「蹲蹲、舞貌。」

毛詩作蹲，王先謙曰：「魯蹲作墫，說曰：墫墫，喜也。」可見許君字從魯詩，訓則仍本毛傳。說文蹲、踞也。非舞之本義。而墫，釋文引說文原作「士舞也。」墫从士，士舞爲其本義。

又艸部藼、令人忘憂艸也。从艸、憲聲。詩曰：安得藼草。蕿，或从煖。萱或从宣。况袁切 考衛風伯兮毛傳云：「諼草，令人忘憂。」毛詩作諼。王先謙曰：「魯說曰：萲、諼忘也。韓諼亦作諠，韓說曰：諠草，忘憂也。」是魯作萲，韓作諠，許引作藼者，當是齊詩，而義與毛傳同。說文諼、詐也。非忘憂草之本字。段玉裁曰：「藼本令人忘憂之艸，引伸之，凡忘皆曰藼，伯兮詩作諼草，淇奧詩作不可諼，皆假借也。」諼下注 段說是也，諼爲假借，藼爲草名，故許書引三家之文。

又艸部薺、蒺棃也。从艸、齊聲。詩曰：牆有薺。徂禮切 考鄘風牆有茨毛傳云：「茨、蒺蔾也。」毛詩作茨，王先謙曰：「齊韓茨作薺。」是許君字從齊韓而義與毛同。說文茨，以茅蓋屋也。毛詩作茨爲假借字，許以薺爲蒺棃之正字，故引齊韓詩。

又艸部虉、綬也。从艸、鷊聲。詩曰：卬有旨虉。五狄切 考陳風防有鵲巢毛傳云：「鷊、綬草也。」毛詩作鷊。王先謙曰：「魯齊作虉。」又曰：「魯齊作虉、正字；鷊、叚借字也。」是許君字從魯齊而義與毛同。說文鷊爲鶂之重文，本義爲鳥名，許以虉爲綬艸之正字，故引魯齊詩。

又艸部蕣、木堇，朝華暮落者。从艸、蕣聲。詩曰：顏如蕣華。舒閏切 考鄭風有女同車毛傳云：「舜，木槿也。」毛詩作舜，王先謙曰：「魯舜作蕣。」蕣者，蕣之隸變字，是許君字從魯詩而義與毛同。王氏又曰：「舜華者，蕣省借字，魯作蕣者，呂覽仲夏紀高注引詩，淮南時則訓注、趙岐孟子章句十三，說文草部引詩同，明魯用正字。」王說是也。說文：「舜、艸也。楚謂之䔥，秦謂之藑。」是舜非木堇，許以蕣為木堇之本字，故引魯詩。

又艸部薾、華盛。从艸，爾聲。詩曰：彼薾惟何。兒氏切 考小雅采薇毛傳云：「爾、華盛貌。」毛詩作爾，王先謙曰：「三家爾作薾。」是許君字從三家，而義與毛同。說文：「爾、麗爾猶靡麗也。」爾但有靡麗之意，从艸之薾，始為華盛之正字。

又艸部蔋、艸旱盡也。从艸、俶聲。詩曰：蔋蔋山川。徒歷切 考大雅雲漢毛傳云：「滌滌、旱氣也。山無木，川無水。」毛詩作滌滌，王先謙曰：「三家滌作蔋。」是許君字從三家，而義與毛近，以字形从艸，故云艸旱盡也。王氏又云：「說文茲蔋連文，茲訓艸木多益，絲省聲。蔋訓艸旱盡也。俶聲。段玉裁所謂反對成文者是矣。絲从二系，故其義為益為多。蔋以俶為聲，而得旱盡之義，亦即釋詁鮮為善、落為始之指。」王氏所說，證明蔋為艸旱盡之本字，叔聲之淑為善，得與鮮義通；俶落同有始義，而落為艸木凋落，故蔋有旱盡之義。段玉裁疑草木旱死當以蓧為正字，謂从滌如艸木盪滌無有。然此乃拘於字形為說，形聲之字，當以語根求之，不必執於字形，凡形見於此，義存於彼者，往往而有，俶聲滌聲同在段氏古韻第三部，黃先生蕭部，若滌得有旱盡義，則蔋亦得有旱盡義也。且說文無⿱艹滌字，而訓滌爲洒也。非艸旱盡之本字，故許君引三家之文。

又艸部⿱艹榮、艸旋皃也。从艸、榮聲。詩曰：葛藟⿱艹榮之。於營切　考周南樛木毛傳云：「縈、旋也。」毛詩作縈，王先謙曰：「魯韓縈作⿱艹榮。」又曰：「說文：縈、收卷也。葛藟緣木暢茂，言收卷則非其義，⿱艹榮訓草旋貌，謂草之盤旋而上達，詳詩義，⿱艹榮正字，縈借字。」王說於許君稱引三家詩之故，實已洞悉於心。

又艸部𦼫、王芻也。从艸、彔聲。詩曰：𦼫竹猗猗。力玉切　考衞風淇奧毛傳云：「綠、王芻也。」毛詩作綠，王先謙曰：「魯綠作𦼫。」又曰：「魯作𦼫者，釋草：𦼫、王芻。爾雅魯詩之學，明魯正字，毛借字。」王說𦼫爲正字，綠爲借字者是也。說文綠、帛青黃色也。則王芻之字，自當以作𦼫爲正字。王氏謂許引魯詩之文。陳喬樅以爲作𦼫爲魯齊之文詩經四家異文考，皆謂𦼫爲本字，故許君引之。

又口部嚏、悟解氣也。从口、疐聲。詩曰：願言則嚏。都計切　考邶風終風毛傳云：「嚏、跲也。」今本毛詩及傳已與許書同字，然釋文曰：「𧦝本又作啑，又作疐，舊竹利反，劫也。鄭作嚏，音都麗反。」又曰：「劫本又作跲，孫毓同。崔云：毛訓𧦝爲㪊，今俗人云欠欠㪊㪊是也。

不作劫字。」細察釋文，是毛詩本作疐字，俗省作疌。毛傳則本當云：疐、㰦也。疐亦俗省作疌，而㰦誤爲劫字。今傳訓跲者，疑涉豳風狼跋傳：「疐、跲也」之誤。作嚏者爲鄭氏之本，王先謙曰：「韓疐作嚏。」又曰：「今毛詩作嚏當本是疐，鄭讀疐爲嚏，用韓改毛也。」王說是也。是韓詩作嚏，毛詩作疐，毛傳訓疐爲㰦。今說文無㰦字，臧琳疑欠部之吹字，即㰦字之譌，蓋說文口部已有吹字，此不當重出，口部吹訓吹噓，欠部吹訓出气也，義又微別，吹噓字當在口部，不當在張口气悟之欠部也。故疑即㰦之譌字。見經義雜記 臧說是也，許書㰦訓出气也，在欠部，欠爲張口气悟，則許訓嚏爲悟解氣，即毛訓疐爲㰦，其意實同。而許引字從韓詩者，蓋疐以「礙不行也」爲本義，於欠㰦之義爲假借故也。陳奐曰：「悟解气與㰦訓合，許以嚏字从口，故主謂口气。宗毛，故說解同毛，而引詩作嚏者，此許氏據三家詩字以申毛詩之義，謂疐即嚏之古文假借，此說文例也。」陳氏之說，已能講明許君引詩之例。

又口部泄、多言也。从口、世聲。詩曰：無然呭呭。余制切 又言部詍、多言也。从言、世聲。詩曰：無然詍詍。余制切 考大雅板毛傳云：「泄泄猶沓沓也。」毛詩作泄，王先謙曰：「魯泄亦作呭，齊韓作詍。」又曰：「說文呭、多言也。詍、多言也。並引此詩，呭爲魯文，則詍爲齊韓文矣。說文泄、水名，呭詍正字，泄借字。」是許以呭詍皆爲正字，故兩引之，毛作泄，爲借字，故不引。然詍呭均訓多言，而毛訓沓沓者，說文曰部云：「沓、語多沓沓也。」是沓沓即是語多之狀。許君字從三家，而義仍本於毛氏也。

又口部唸、吚也。从口、念聲。詩曰：民之方唸吚。都見切 考大雅板毛傳云：「殿屎、呻吟也。」毛詩作殿屎。王先謙曰：「魯屎亦作吚。」爾雅釋訓釋文云：「殿屎或作歛𡰪。」是許引唸吚當爲三家之文。王先謙又曰：「蔡邕和熹鄧后諡議：人懷殿吚之聲，明魯亦作吚，吚正字，屎借字。」王氏證明吚爲魯詩，又辨其正借，然於唸則無說。今考說文訓唸爲吚，訓吚曰：唸吚，呻也。訓呻曰吟也。合而觀之，許意亦謂唸吚爲呻吟，與毛傳實同。殿屎於呻吟之義爲假借字，唸吚並從口，爲正字，故許不引毛詩。

又足部躓、跲也。从足、質聲。詩曰：載躓其尾。陟利切 考豳風狼跋毛傳云：「疐、跲也。」毛詩作疐，王先謙曰：「韓作躓。」是許君所引爲韓詩文，同訓爲跲，是字異而義同。說文跲訓躓也，疐訓礙不行也，義雖相類，然躓跲互訓，許以躓爲正字，段玉裁曰：「釋言毛傳皆曰疐、跲也。疐者，躓之假借字。」是疐爲假借，故許引韓詩。

又言部誐、嘉善也。从言、我聲。詩曰：誐以溢我。五何切 考周頌維天之命毛傳曰：「假、嘉也。」是毛詩誐作假，王先謙曰：「齊假作誐，溢作謐。」是許君所引爲齊詩文，字異而義同。而謐則後人已隨毛詩改爲溢字。王氏又曰：「齊假作誐，溢作謐者，說文誐，嘉善也。詩云：誐以謐我。乃齊文也。段注：謐，徐鉉本作溢，此後人用毛改竄也。廣韻引說文作謐。誐謐皆本字，假溢皆借字。」陳喬樅亦云：「今文尚書與齊詩並傳自夏侯始昌，同一師承，今文尚書恤作謐，尤足證說文所引誐以謐我，爲齊詩之文無疑。」陳王之說並是，說文假訓非眞也，一曰至也，並無嘉善之義。溢謐二字，爾雅釋詁雖並訓爲靜，然謐爲安靜之本字。許以本字爲宗，故引齊詩。

又言部訿、不思稱意也。从言、此聲。詩曰：翕翕訿訿。將此切 考小雅小旻毛傳云：「潝潝然患其上；訿訿然思不稱乎上。」毛詩訿字相同，而翕字作潝。王先謙曰：「韓潝作翕，韓說曰：翕翕訿訿，不善之貌也。魯作翕，又作歙。」是許引同韓魯之說，韓詩見於玉篇訿下及釋文所引，云不善之貌，其義非許書所從，毛傳謂思不稱乎上，正義申之云：「不思稱上者，不思欲稱上之意」，釋文引字林亦云：「訿訿不思稱乎上之意。」皆會通毛許之恉，毛就經爲釋，故云「稱乎上」，實則許與毛意本同。然許潝潝作翕翕者，說文潝、水流疾聲也，而翕者合也，起也。爾雅釋訓云：「翕翕訿訿，莫供職也。」郭璞注曰：「姦黨熾盛。」姦黨熾盛，與上爲患，當以翕合興起之字爲本字，潝爲假借，故許不引毛詩。

又隶部隸、及也。从隶、枲聲。詩曰：隸天之未陰雨。徒耐切 考豳風鴟鴞毛傳云：「迨、及也。」毛詩作迨。馬宗霍曰：「許引作隸，訓曰及也。義同毛而字異，蓋本三家。」許引三家文者，必以三家爲正字之故。陳喬樅曰：「據說文則隸爲正字，隸從隶，說文：隶、及也。從又㞙省，又持㞙者，從後及之也。」陳說是也，許書無迨字，家語好生篇引詩又作殆，迨爲逮隸之俗字，殆則又爲假借，許書以本字爲宗，故引三家文。

又攴部𣡡、藩也。从攴，从林。詩曰：營營青蠅止示𣡡。附袁切 考小雅青蠅毛傳云：「樊、藩也。」毛詩作樊，王先謙曰：「齊樊作藩，魯作藩亦作蕃，韓作𣡡。」是許引爲韓詩，𣡡从攴从林，本義爲藩，樊則說文訓爲騺不行也，非藩籬之正字，故許引韓詩。許所引既爲韓詩，則營營當作謍謍，三家皆作謍字也。參見謍下

又鳥部鴥、鸇飛皃。从鳥、穴聲。詩曰：鴥彼鷐風。余律切 考秦風晨風毛傳云：「鴥、疾飛貌。晨風，鸇也。」毛詩鷐作晨，王先謙曰：「魯說曰：晨風，鸇，晨亦作鷐。」又曰：「齊韓毛皆作晨，則作鷐者，魯詩亦作本也。」是許引爲魯詩。毛傳以下文晨風爲鸇，故訓鴥爲疾飛，亦卽鸇之疾飛也，故字從三家，訓義本同。說文鸇、鷐風也。鷐、鷐風也。爲本字。晨爲省借字，故許引魯詩文。

又肉部膻、肉膻也。从肉、亶聲。詩曰：膻裼暴虎。徒旱切 考鄭風大叔于田毛傳云：「襢裼、肉袒也。」毛詩作襢，王先謙曰：「齊韓襢作膻。」毛傳訓作肉袒，而詩釋文云：「襢本又作袒。」孔疏引李巡曰：「襢裼、脫衣見體曰肉袒。」是襢袒之義本同。說文無襢字，而袒訓衣縫解也，段注以爲卽綻之本字。非肉袒之本字也。馬瑞辰曰：「去裼字之袒，當作但；肉袒之袒

，當作膻。今作襢袒皆借字。」案馬說是也，許以襢非肉膻之本字，故不引毛詩。

又刀部刮、缺也。从刀、占聲。詩曰：白圭之刮。丁念切 考大雅抑毛傳云：「玷、缺也。」毛詩作玷，字異而義同。王先謙曰：「韓玷作刮。」又曰：「史記晉史家引詩白圭之玷，尚可磨也；斯言之玷，不可爲也。此魯詩。惟尚作猶異，禮緇衣引白圭之玷四句，明齊毛文同，說文引詩白圭之刮，當爲韓文。」是許引韓詩文，說文玉部無玷字，段玉裁曰：「刀缺謂之刮，瓦器缺謂之䍄，詩云白圭之刮，引伸通用也。」謂圭缺本當作䍄，引伸則刮亦可通，說文既無玷字，而三家亦無作䍄之本，故許以刮爲正字。

又曰部朁、曾也。从曰，兓聲。詩曰：朁不畏明。七感切 考大雅民勞毛傳云：「憯、曾也。」毛詩作憯，王先謙曰：「魯憯亦作慘，齊韓作朁。」又曰：「新序雜事四、呂覽音律篇高注，並引此詩二句，明魯毛文同。節南山、十月之交、雲漢，毛皆作憯，明作朁者，齊韓詩。」是許引爲齊韓之文，其訓曾也則仍本毛傳。釋文及正義謂經文或作慘，則亦與魯詩或作本同。說文訓憯爲痛，訓慘爲毒，與語助之曾，義皆不近，是憯慘並爲假借字，朁字从曰，爲本字，故許引之。

又來部來，周所受瑞麥來麰，一來二縫，象芒朿之形，天所來也。故以爲行來之來。詩曰：詒我來麰。洛哀切 考周頌思文毛傳云：「牟、麥也。」毛詩作牟，王先謙曰：「齊作詒我來麰。」

陳喬樅曰：「說文所引與魯韓異，蓋齊詩之文。」是許引爲齊詩，毛詩詒作貽，說文無貽字，而詒一曰遺也，許以詒爲正字，貽爲俗字也。毛詩麰作牟，說文牟訓牛鳴也，是假借字；而麰字訓來麰麥也，爲麥之正字，故許引齊詩文。

又夊部憂、和之行也。从夊㥑聲。詩曰：布政憂憂。於求切　考商頌長發毛傳云：「優優、和也。」毛詩作優，王先謙曰：「魯優作憂。」又曰：「齊韓並作優優，明作憂者乃魯詩。」是許引爲魯詩，陳奐曰：「古憂愁作㥑，優和作憂，許據詩作憂憂，本字；作優優，假借字。」陳說是也，說文優訓饒也，一曰倡也，無和行之義；憂字以夊，訓和之行也，有和義，故許引之。

又木部㯮、羅也。从木、豙聲。詩曰：隰有樹㯮。徐醉切　考秦風晨風毛傳云：「檖，赤羅也。」毛詩作檖，陳喬樅曰：「據說文則㯮爲正字，作檖者或體，毛詩作遂，古文渻借字。」陳氏謂毛詩作遂者，乃詩釋文所引或作之本，然說文無檖字，當以檖爲正字。毛傳訓爲赤羅，許訓爲羅者，共名與別名之分，義非有異也。馬瑞辰曰：「檖即山梨之小者，而爾雅說文以爲羅，傳言赤羅者，羅梨一聲之轉，赤羅猶言紅梨耳。」是羅即梨之假借，毛許之義均謂山梨耳。

又木部枖、木少盛皃。从木、夭聲。詩曰：桃之枖枖。於喬切　考周南桃夭毛傳云：「桃有華之盛者，夭夭其少壯也。」毛詩作夭，王先謙曰：「魯韓夭夭作枖枖。」是許引魯韓之文，毛訓少壯即許訓少盛，許以字从木，故言木少盛，毛以經文已言桃，不必言木，義非有異也。九經字樣木部出枖夭二字並引詩，注曰：「上說文，下經典相承隸省。」王先謙曰：「據此，枖正字，夭渻字。」按說文夭訓屈，夭屈雖有初少之義，然非木少盛之本字，故許不引毛詩。又𠌶部𦐇、盛也。从𠌶、韋聲。詩曰：萼不𦐇𦐇。于鬼切 考小雅常棣毛傳云：「鄂猶鄂鄂然言外發也，韡韡、光明也。」毛詩萼作咢，𦐇作韡。王先謙曰：「魯鄂作萼。韓鄂作萼。」又曰：「說文所引爲魯詩。」許引魯詩訓𦐇爲盛，毛訓韡爲光明，韡即𦐇之隸變，鄭箋申毛曰：「鄂足得華之光明，則韡韡然盛。」是光明與盛，本爲一義。許引作萼，毛作鄂者，鄭箋曰：「承華者曰鄂。」許書無萼字，依鄭箋所訓，則萼字从艸當爲正字，鄂說文訓爲地名，當是假借字。毛云鄂猶鄂鄂然言外發者，蓋推本萼之爲物，鄂鄂然啓苞而放也，許以鄂爲正字，故引魯詩。

又臼部舀，抒臼也。从爪臼。詩曰：或簸或舀。抭、舀或从手从穴。𦥷、舀或从臼穴。以沼切 考大雅生民「或舂或揄」下釋文云：「揄、說文作舀。」是毛詩舀字作揄，王先謙曰：「三家揄作舀。」毛傳云：「揄，抒臼也。」許正本毛作訓。然說文揄訓引也，抒臼非其本義，舀从爪臼，抒臼即其本義，或从手穴，或从臼穴，皆抒臼之義也。陳喬樅云：「揄者舀之假借字。」故許引三家之文作舀也。引詩舂字作簸者，傳寫者涉下句「或簸或蹂」而誤耳。韵會引說文稱詩仍作舂，不誤。

又疒部瘣、病也。从疒、鬼聲。詩曰：譬彼瘣木。一日腫旁出也。胡罪切 考小雅小弁毛傳云：「壞、瘣也。謂傷病也。」毛詩作壞，王先謙曰：「魯壞作瘣。」是許引爲魯詩文，許引作瘣，與毛訓爲瘣正同，說文云：「壞、敗也。」與傷病之義微殊，傷病之義當以从疒之瘣爲正字，壞爲假借，故許引魯詩。

又人部⿰亻囟、小皃。从人囟聲。詩曰：⿰亻囟⿰亻囟彼有屋。斯氏切 考小雅正月毛傳云：「佌佌、小也。」毛詩作佌佌，王先謙曰：「齊韓佌作⿰亻囟。」是許引爲三家文，毛傳佌訓小，與許訓⿰亻囟小皃合。然說文無佌字，蓋以⿰亻囟爲正字，段玉裁曰：「細字亦囟聲，蓋取雙聲。」是字從囟得聲，齒音之字每多細小之義，⿰亻囟之本義爲小皃，故許引三家之文。

又人部佻、愉也。从人、兆聲。詩曰：視民不佻。土彫切 考小雅鹿鳴毛傳云：「恌、愉也。」毛詩作恌，王先謙曰：「韓作佻。」是許引爲韓詩，毛傳訓恌爲愉，與許訓佻愉也合。然說文無恌字，蓋以佻爲正字，心部曰：愉、薄也。愉俗又作偷見段注，故佻爲偷薄輕佻之本字，昭公十年左傳引此詩，服虔曰：示民不愉薄也。即訓佻之本義，恌既爲許書所無，故許引韓詩。

又人部僻、避也。从人、辟聲。詩曰：宛如左僻。一日從旁牽也。普擊切 考魏風葛屨毛傳云：「宛然，辟貌。婦至門，夫揖而入，不敢當尊，宛然而左辟。」毛詩如作然，僻作辟。王先謙曰：「三家作宛如左僻。」是許引蓋三家之文，如然古同屬泥紐字，義得相通，毛訓宛然爲辟貌，釋文卽云：「辟、音避。」此猶言讀爲避，是毛亦以辟爲避，爲許訓所本。說文辟訓法也，則左辟字作辟者爲假借。許以僻字从人，爲宛然左避之本字，故引三家之文。

又衣部褅、緥也。从衣、啻聲。詩曰：載衣之褅。他計切 考小雅斯干毛傳云：「裼、褓也。」毛詩作裼，王先謙曰：「韓裼作褅，韓說曰：褅，示之方也。」又曰：「韓裼作褅者，釋文文，褅、示之方也者，孔疏引侯包韓詩翼要文。」陳喬樅曰：「褅，說文作褅，許引卽韓詩也。褅者褅之渻文耳。」是許引爲韓詩之文，毛訓褓，許訓緥，說文無褓字，褓卽緥之俗體徐鉉說是毛詩義同而字異，毛作裼，說文裼訓袒也，小兒襁褓衣當以褅爲正字，段玉裁曰：「傳曰：裼、緥也。此謂裼卽褅之假借字也。…韓詩用正字，毛詩用假借字也。」按段說是也，故許引韓詩之文。

又毛部𣯶、以毳爲𦇧，色如虋，故謂之𣯶。虋，禾之赤苗也。从毛、𧖴聲。詩曰：毳衣如𣯶。莫奔切 考王風大車毛傳云：「璊、赬也。」毛詩作璊，王先謙曰：「魯齊作𣯶。」是許引爲三家之文，毛訓璊爲赬，說文云：「璊、玉經色也，禾之赤苗謂之虋，言璊玉色如之。」是毛許璊𣯶之訓相近，而許以璊爲玉色赤之本字，毳衣赤當作𣯶字，陳奐云：「三家詩作𣯶，本字；毛作璊，借字。」馬宗霍更詳述之曰：「許以璊從玉，爲玉色赤，詩言毳衣，則作璊爲假借字，毳者獸細毛，𣯶從毛，訓曰以毳爲𦇧，𦇧者西胡毳布，蓋𦇧爲大名，其色赤者謂之𣯶，則衣色之赤，當以䝭爲正字也。」按陳馬之說皆是也，䝭爲正字，故許引三家之文。

又頁部䫉、好皃。从頁、爭聲。詩所謂䫉首。疾正切 考衛風碩人毛傳云：「螓首，顙廣而方。」毛詩作螓，王先謙曰：「三家螓作䫉。」是許引爲三家之文，段玉裁曰：「傳但云額廣而方，不言螓爲何物。箋乃云：螓、蜻蜻。知毛作䫉，鄭作螓，鄭據三家改毛，是三家作螓首也。」詩經小學 按段氏所說，未爲全得，傳不言螓爲何物，但云額廣而方者，疑毛意亦謂作螓者爲䫉之假借也，鄭箋始以本字釋之，非據三家改毛也。蓋釋文引王肅云：「如蟬而小。」王不駁鄭以申毛，而反同於鄭，是王所見毛詩原作螓也。況假令毛詩作䫉首，則說文當徑偁詩句，不必言「所謂」矣。許以顙廣而方，爲頭好之皃，䫉字从頁爲本字，說文無螓字，以爲䫉之假借，故許引三家之文。

又髟部⿱髟敄、髮至眉也。从髟、敄聲。詩曰：紞彼兩⿱髟敄。髳，⿱髟敄或省。漢令有髳長。亡牢切 考鄘風柏舟毛傳云：「髧、兩髦之貌。髦者髮至眉，子事父母之飾。」毛詩紞作髧，⿱髟敄作髦。王先謙曰：「齊韓髧作紞，髦作⿱髟敄，亦作髳。」馬宗霍曰：「呂氏讀詩記引釋文云：髦、韓詩作髳。今本釋文則云：說文作髳。髳即⿱髟敄之重文，如呂引釋文爲古本，則許正從韓詩耳。」王以許引爲齊韓之文，馬則詳辨爲齊詩之文。毛許髧爲兩髦之貌，許引作紞者，說文紞訓冕冠塞耳者，左桓二年杜注紞謂冠之垂者，經文以紞爲形容之詞，謂兩髳下垂如垂冠耳。許書無髧字，以紞爲正字，故引齊詩之文，說文若錄髲字，依許例則當兩引之矣。又毛傳訓髦爲髮至眉，與許訓義同而字異，說文髦、髦髮也。玄應一切經音義引說文，於髦髮也下有「髮中豪者也」句，蓋髦以髮中秀出者爲本義。詩三言髦士，毛傳皆曰：「髦、俊也。」乃髮中秀出之義所引申，故知「髮至眉，子事父母之飾」非髦之本義，髳髳方爲本字，髦則爲假借，故許引齊詩。

又山部岨，石戴土也。从山、且聲。詩曰：陟彼岨矣。七余切　考周南卷耳毛傳云：「石山戴土曰砠。」毛詩作砠，王先謙曰：「齊韓砠作岨。」是許引爲三家之文，毛訓石山戴土，即許訓之所本，毛許義同而字異者，許書石部無砠字，蓋以岨爲正字，故引三家之文。

又广部废、舍也。从广、犮聲。詩曰：召伯所废。蒲撥切　考召南甘棠毛傳云：「茇、草舍也。」毛詩作茇，王先謙曰：「齊茇作废。」又曰：「釋文引說文舍上有草字，玉篇亦云：废、草舍也。毛詩作茇，說文茇下云：草根也。無舍義。箋訓『茇、草舍』是讀茇爲废。據說苑、法言、白虎通、韋元成傳、韓詩外傳所引，明魯韓用借字作茇，與毛同。許引作废者，齊詩文也。」按王說是也，茇爲草根，於草舍之義爲假借，废字从广，爲草舍之本字，故許引齊詩之文。

又厂部厝、厲石也。从厂、昔聲。詩曰：他山之石，可以爲厝。蒼各切又七互切　考小雅鶴鳴毛傳云：「錯石也，可以琢玉。」毛詩厝作錯，王先謙曰：「魯錯作厝。」陳喬樅亦云：「釋文云：錯、說文作厝。今據淮南注說林訓修務訓注引詩作厝，知說文所引是魯文。」毛訓錯石，許訓厲石，是毛許義同而字異。說文錯訓金涂也，則厲石非其本義，許以厝字从厂，與柔石之底、旱石之厲，同从厂，厂亦象山石也，厝爲本字，故許引文。

又豕部豝、牝豕也。从豕、巴聲。一曰二歲能相把拏也。詩曰：一發五豝。伯加切 考召南騶虞毛詩：「壹發五豝。」傳云：「豕牝曰豝。」王先謙曰：「三家壹作一。」是許引爲三家之文，訓義本於毛而字異者，說文壹訓嫥壹也，从壺吉，吉亦聲，許不言壹爲一之重文，是壹一兩字本義有別，壹者閉塞絪縕、嫥壹無貳之意，引伸得有嫥久懿美之意，懿字當作从欠从心、壹亦聲 於一發五豝之義不合，一發字當作一，許用本字，故引三家之文。

又馬部驈、驪馬白胯也。从馬、矞聲。詩曰：有驈有騜。倉聿切 考魯頌駉毛詩：「有驈有皇。」傳云：「驪馬白胯曰驈。黃白曰騜。」王先謙曰：「魯皇作騜。」是許引爲魯詩，而其訓則與毛全同，毛作跨者，正字當作胯，說文訓胯爲股，訓跨爲渡，孔疏引孫炎曰：「白跨，股脚白也。」是白跨卽白胯也。毛許訓同，而引三家者，以皇非馬名之正字，爾雅釋畜云：「黃白騜。」馬名當以騜爲正字，故許君引之。由是以知許君引三家之文，非獨求其所證之字爲正篆，即其餘各字，亦求其爲本字，段玉裁氏於詩經小學，謂說文無騜字，當補入，其說是也。然其於驈篆注又斥騜爲俗字，則猶未諳許君引詩之例也。

又犬部猲、短喙犬也。从犬、曷聲。詩曰：載獫猲獢。爾雅曰：短喙犬謂之猲獢。許謁切 考秦風駟驖毛傳云：「歇驕、田犬也。短喙曰歇驕。」毛詩猲作歇，獢作驕，王先謙曰：「魯齊歇作猲，驕作獢。」陳喬樅亦云：「釋文：歇本文作猲，驕本又作獢，作猲獢者，三家今文也。」是許引爲今文，毛訓短喙之田犬，卽許訓之所本，經言田狩之事，當是田犬，田犬當以猲獢爲正字，歇爲鼻息，驕爲馬高六尺，歇驕是假借字，故許引三家之文。

又心部懕、安也。从心、猒聲。詩曰：懕懕夜飮。於鹽切 考小雅湛露毛傳云：「厭厭、安也。」毛詩作厭，王先謙曰：「魯厭作懕。」是許引爲魯詩之文，訓同而字異者也。說文猒訓笮也，一曰合也，非安義之本字，懕字从心爲本字，故許引魯詩。

又心部惄、飢餓也。一曰憂也。从心、叔聲。詩曰：惄如朝飢。奴歷切 考周南汝墳毛傳云：「惄、飢意也。調、朝也。」毛詩朝作調，王先謙曰：「魯調作朝。」是許引爲魯詩文。孔疏引李巡釋言注云：「惄、宿不食之飢也。」王先謙曰：「宿不食之飢卽朝飢。」是朝爲朝夕之朝。說文朝訓旦也，調則於義無當，陳奐曰：「毛詩作調，其義訓朝，謂卽朝之假借字。古人朝食曰饔，夕食曰飧，朝饔少闕，是爲朝飢。」陳說是也，毛詩調爲假借字，故許引魯詩。

又水部淲、水流皃。从水、彪省聲。詩曰：淲沱北流。皮彪切 考小雅白華毛詩：「滮池北流。」傳云：「滮、流貌。」王先謙曰：「三家滮作淲，池作沱。」是許引爲三家之文，毛許滮淲並訓流貌，而字異者，淲卽滮之隸省，玉篇以滮爲淲之重文者是也，許書無滮字，故以淲爲正字。而池字亦說文所無，以作沱爲正字，凡毛詩有其字，而許書無其文，許則不引毛詩者，亦以毛詩非正字耳。

又水部濆，水厓也。从水，賁聲。詩曰：敦彼淮濆。符分切 考大雅常武毛詩：「鋪敦淮濆。」毛傳云：「濆、涯也。」涯與厓通，涯卽水厓也。然毛詩敦彼作鋪敦。陳喬樅云：「蓋亦三家之異文。」王先謙曰：「齊鋪敦亦作敦彼。」案韓詩鋪作敷，許引蓋齊魯之文，然毛詩作鋪，乃敷之假借也，段玉裁曰：「大雅鋪敦淮濆，箋云：陳屯其兵於淮水之上，此謂假鋪爲敷也。」鋪下注 段說是也，毛詩作鋪爲假借，而許以詩上文云：「率彼淮浦」，下文云：「截彼淮浦」，則作「敦彼淮浦」，句例亦同，故引三家之文。

又水部淒，雲雨起也。从水、妻聲。詩曰：有渰淒淒。七稽切 考小雅大田毛傳云：「萋萋、雲行貌。」毛詩作萋，王先謙曰：「齊萋作淒。」是許引爲齊詩，許訓雲雨起，太平御覽引作雨雲起也，雨雲起卽雲行之意，毛以經文「有渰萋萋，興雨三家作興雲祁祁，雨我公田，遂及我私。」已明言此雲爲將雨之雲，故但訓雲行，卽雨雲起也。毛許義同而字異者，說文萋訓艸盛，字从艸，非雲行之本字，淒字从水，始爲正字，故許引齊詩之文。

又手部𢪒，積也。詩曰：助我舉𢪒，搣頰旁也。从手、此聲。前智切 考小雅車攻毛傳云：「柴、積也。」毛詩作柴，王先謙曰：「齊韓柴作𢪒。」是許引爲三家之文，訓爲積，與毛傳同。說文柴訓小木散材，雷浚曰：「柴之本義爲小木散材，不爲積，毛云：柴、積也者，柴爲𢱭之假借字也。」按雷說是也，經文擧𢱭連文，同爲搬積之義，鄭箋云：射夫卽雖不中，必助中者擧積禽也。」鄭箋訓爲擧積禽者，蓋言明田獵之事，所擧積之者禽也。增一禽字以明經義，非訓𢱭爲積禽也。𢱭實爲搬積，从手爲正字，故許君引之。搣頰旁也、四字，小徐本作一曰之義，廣韵集韵類篇引並同，與詩義無涉。

又手部摡、滌也。从手、旣聲。詩曰：摡之釜鬵。古代切 考檜風匪風毛傳云：「漑、滌也。」毛詩作漑。許引作摡，訓同而字異者，馬宗霍曰：「蓋本三家。」又曰：「說文水部云：漑、漑水，一曰灌注也。則作漑爲假借字，許以摡爲正字。」馬說是也，摡以拭滌爲本義，从手爲正字，王筠曰：「『天官世婦：帥女宮而濯摡。注：摡、拭也。』蓋經旣濯摡連文，則是先滌之，再拭之也。」是摡有拭義之證。許君以漑之本義無滌義，故不引毛詩。

又女部娑、舞也。从女、沙聲。詩曰：市也媻娑。素何切 考陳風東門之枌毛傳云：「婆娑、舞也。」毛詩媻作婆，馬宗霍曰：「說文女部無婆字，許以媻爲正字，蓋據三家也。」是許引爲三家之文。毛以婆娑連詞狀舞，許意亦謂媻娑連文狀舞，故婆單言不必是舞，媻單言亦不必是舞，舞之意主在娑字，段玉裁曰：「爾雅音義但云『娑、素何反』，不爲婆字作音，蓋陸所見爾雅作娑娑。」陳喬樅亦擧張衡思玄賦：「修初服之娑娑」，謂漢人文筆尙多用娑娑字。是舞義主在娑字之證，毛許之訓非有異也。單言娑不成詞，故重言婆娑或媻娑以成詞，婆娑猶媻珊也（文選神女賦注），珊即娑之假借，胡玉縉曰：「婆娑，字之疊韵。」（說文舊音補注）然則詩音義婆爲步波反，與媻古實同音（媻薄波反），是婆娑媻娑亦猶娑娑也。婆媻但爲複詞之媵字，非取其義也。許書不載婆字，故引三家詩，不得以許書訓媻爲奢，而疑許引非本字，蓋連綿字用作狀詞者，不必各字俱與本義相同。

又虫部蟘、蟲食苗葉者，吏乞貸則生蟘。从虫、从貸、貸亦聲。詩曰：去其螟蟘。（徒得切）考小雅大田毛傳云：「食葉曰螣。」毛詩作螣，馬宗霍曰：「說文螣訓神蛇，則作螣爲假借字，本字當作蟘，許蓋從三家也。」馬說是也，毛許義同而字異者，許以蟘爲正字（詩釋文、爾雅、五經文字蟘並作蟘），食苗葉猶言假貸無厭，故曰蟘也（孔疏引李巡語），螣爲蛇類，非其義，故引三家詩。

又土部𡋯、牆高皃。詩曰：崇墉𡋯𡋯。从土、气聲。（魚迄切）考大雅皇矣毛傳云：「仡仡猶言言也。」又云：「言言，高大也。」毛詩作仡，王先謙曰：「說文圪牆高也，詩曰崇墉圪圪。文選魯靈光殿賦注引詩崇墉屹屹。圪圪屹屹，乃齊魯詩之異文。」是許引爲三家詩，以字形从土，故訓爲牆高，與毛訓高大之義實同（經文已言崇墉）。然毛詩作仡，仡說文訓勇壯，非崇墉高大之正字，故許引三家詩。

又車部輶、輕車也。从車、酋聲。詩曰：輶車鑾鑣。（以周切）考秦風駟驖毛詩：「輶車鸞鑣。」傳云：「輶、輕也。」毛詩鑾作鸞，馬宗霍曰：「今詩鑾作鸞，用假借字，許用本字，從三家也。」是許引爲三家之文。毛釋輶爲輕，蓋以經文輶車連文，車字已見，故但訓曰輕，許君則就字形从車爲說，非有異也。毛許鸞鑾字不同者，許以鸞爲鳥名，鑾訓人君乘四馬鑣八鑾，鈴象鸞鳥之聲。與蓼蕭毛傳：「在鑣曰鸞」正同，鑾雖象鸞聲，究爲繫於馬銜之鈴，本字當从金，故許引三家之文。

又車部軜、驂馬內轡繫軾前者，从車內聲。詩曰：荴以觼軜。奴答切 考秦風小戎毛詩：「鋈以觼軜。」傳云：「軜、驂內轡也。」軜字毛許之訓正同，唯毛詩荴字作鋈，承培元曰：「荴、今作鋈，借字也。許書用正字。」馬宗霍亦曰：「說文金部無鋈字，許用本字，從三家也。」是許引爲三家之文，許君引詩之例，非僅所證之文當求正字，即所引經句中其它各字，或有假借字，或有許書不收之字，許君皆審擇不苟，此許書兼收三家詩之又一例也。

又有引詩，字從三家，而義則補足毛意者，亦因毛詩爲假借字之故，許書主在解字，故以取本字爲宗。

案如說文玉部玼、玉色鮮也。从玉、此聲。詩曰：新臺有玼。千禮切 考邶風新臺毛傳云：「泚、鮮明貌。」毛詩作泚，王先謙曰：「三家泚作玼。」又曰：「說文無泚字。孟子滕文公篇：其顙有泚。當訓爲水出貌，無鮮明義，許引三家正字，毛借字。」王說是也。釋文引說文作「新色鮮也」，韻會四紙引作「玉色鮮絜也。」段玉裁曰：「說文玉上當有新字，玼本新玉色，引申爲凡新色，如玼兮玼兮，言衣之鮮盛，新臺有玼，言臺之鮮明。」是許以字从玉，故訓爲玉色鮮；毛就經作訓，故用引申義。許以解字爲主，當用正字；毛以師法爲主，故沿用借字，許書引詩兼采三家者，職是之故也。

又玉部瑲、玉聲也。从玉倉聲。詩曰：鞗革有瑲。七羊切 考周頌載見毛傳云：「鞗革有鶬，言有法度也。」毛詩作鶬。王先謙曰：「齊作瑲。」毛云有法度，實連詩上文「和鈴央央」而合言之者，傳云：「和在軾前，鈴在旂上，鞗革有鶬，言有法度也。」蓋謂和鈴之聲與鑾首之飾，皆有節度也。孔疏所謂「兼言旂鈴皆有法」者是也。鄭箋訓鶬爲金飾貌，鶬本義爲鳥名，於金飾及音聲節度皆非本義，許引齊詩者，蓋謂和鈴昭其音聲見左傳中於節度，爲本字。小雅采芑所謂「八鸞瑲瑲」是也，和鸞周人或謂之玉鸞見離騷，瑲字从玉，訓爲玉聲，許意以爲得其本字本意也。釋文云：「鶬本亦作鎗。」孔疏亦作鎗，然此蓋毛詩傳本有異，許鄭所見毛本自當作鶬

又艸部芄、芄蘭、莞也。从艸、丸聲。詩曰：芄蘭之枝。胡官切 考衛風芄蘭毛傳云：「芄蘭、草也。」許書訓義較毛爲詳，然「枝」字毛詩作「支」，王先謙曰：「魯支作枝。」說苑修文篇引詩亦作枝，就對下文「芄蘭之葉」而言，作枝爲本字，支爲假借。許君引經以證字，卽非所證之字，亦欲取其本字。故此雖非引證枝字，亦不取支字。

又口部嶷、小兒有知也。从口、疑聲。詩曰：克岐克嶷。魚力切 考大雅生民毛傳云：「岐、知意

也。嶷、識也。」毛詩作嶷，王先謙曰：「魯嶷作㘈。」毛訓岐爲知意，嶷爲識，知識渾言則不別，與許訓「小兒有知」義近。鄭箋申毛云：「能匍匐則岐岐然，意有所知也。其貌嶷嶷然，有所識別也。」鄭箋之意謂岐岐然、嶷嶷然，並狀小兒意有所識別之貌，不得謂岐主意言，嶷主貌言也。岐從支聲取義，支知古韻同在段氏十六部，黃先生齊部，古聲亦得相通（支、照紐 知、知紐）是岐得取義於知；嶷從疑聲取義，疑有辨惑之意，毛謂有所識別，許謂小兒有知，義得相通。然許書嶷在山部爲山名，非小兒有知之本字，㘈字从口，有識別之意，許以正字爲宗，故引魯詩。

又足部蹡，行兒。从足、將聲。詩曰：管磬蹡蹡。七羊切 考周頌執競毛傳云：「將將、集也。」毛詩作將，王先謙曰：「齊將作鏘，魯作瑲，亦作鎗，韓作蹡。」是許引爲韓詩文。毛訓將將爲集，許訓行兒者，陳奐曰：「將將當即蹡蹡之古文叚借，傳云集者，謂諸工會集也。」陳說能會通毛許之訓，且別蹡將之正借，其說是也。正義謂「將將、聲也。謂與諸樂合集也。」正義之說，蓋與齊魯作鏘作瑲作鎗同，非毛義也。毛訓爲集，與許訓行兒義近，當以从足之蹡爲正字，故許引韓詩。

又言部謍、小聲也。从言、熒省聲。詩曰：謍謍青蠅。余傾切 考小雅青蠅毛傳云：「營營、往來貌。」毛詩作營，王先謙曰：「三家營作謍。」許引三家文而訓爲小聲，似與毛異。胡承珙曰

：「毛不言聲者，青蠅飛則有聲，但言往來，而其聲自見。」則許意與毛實相通。然說文謍訓帀居，於小聲往來之義均無當，蓋爲假借字，謍字从言，譬熒熒之聲。爲小聲之本字，故許引三家之文。

又歺部殣、道中死人，人所覆也。从歺，堇聲。詩曰：行有死人，尚或殣之。渠吝切 考小雅小弁毛傳云：「墐、路冢也。」毛詩作墐，王先謙曰：「齊韓墐作殣。」是作殣者齊韓之文，說文訓墐爲涂也，則路冢非其本義，是假借字也。鄭箋曰：「道中有死人，尚有覆掩之成其墐者。」則知毛之路冢，即人所覆道中之死人冢，義相通而字異者，許用本字也。

又肉部臠、臞也。从肉、䜌聲。一曰切肉臠也。詩曰：棘人臠臠兮。力沇切 考檜風素冠毛傳云：「欒欒、瘠貌。」毛詩作欒，王先謙曰：「魯欒作臠，說曰：棘、羸瘠也。詩曰棘人臠臠兮。」又曰：「說文所引亦魯詩，作臠正字，毛作欒，借字也。」是許引爲魯詩文，說文欒訓木名，於瘠義無當，是假借字。臠字从肉，訓爲臞，臞說文訓少肉也。與毛傳訓瘦瘠 瘠說文作膌，瘦也 之義相通，是本字，故許君引之也。許引詩證臞義，則引詩當在一曰之上

又邑部郃、左馮翊郃陽縣。从邑、合聲。詩曰：在郃之陽。侯閤切 考大雅大明毛傳云：「洽、水也。」毛詩作洽，王先謙曰：「三家皆今文，則郃正今文字耳。」是許引爲三家詩，毛訓爲水名，許訓郃陽縣地，應劭云：「在郃水之陽」，是縣即以水名，水即在其地，義本同也。水經

河水注曰：河水又逕郃陽城東，城北有瀵水，南距二水各數里，其水東逕其城內，東入於河，又於城南側中有瀵水，東南出城，注于河。城南又有瀵水，東流注于河水，即郃水也，縣取名焉。」是毛許義通之證。然說文洽訓霑也，水名非其本義，郃字從邑，地名是其本義，故許引三家之文。

又禾部穟、禾采之皃。从禾，遂聲。詩曰：禾穎穟穟。蓫、穟或从艸。徐醉切 考大雅生民毛傳云：「穟穟、苗好美也。」穟字相同，然「穎」字毛詩作「役」，王先謙曰：「三家役作穎。」是許引爲三家之文。役字爲假借，穎字爲本字，別詳於穎下引詩條。毛訓穟穟爲苗好美，許訓爲禾采之皃，采即穗之重文，謂禾穗之貌穟穟然好美也。毛於下章「實穎實栗」句傳曰：「穎、垂穎也。栗，其實栗栗然。」亦即此句禾穎穟穟之意，許毛之訓相通，而許引三家者，蓋縱非所證之字，亦欲取其本字，與芃下引詩同例。

又禾部秩、積也。从禾，失聲。詩曰：穦之秩秩。直質切 考周頌良耜毛傳云：「栗栗、衆多也。」毛詩作栗，王先謙曰：「齊韓作穦之秩秩。」是許引爲齊韓之文，毛訓爲衆多，許訓爲積，孔疏引李巡曰：「栗栗、積聚之衆。」是毛許字異而義實通。說文栗下曰木也，引徐巡說木至西方戰栗，衆多非其本義。而秩訓積者，段玉裁曰：「積之必有次敍成文理，是曰秩。」是秩有積義，爲本字，故許不引毛詩。

又黹部䵴、合五采鮮色。从黹、虘聲。詩曰：衣裳䵴䵴。創舉切 考曹風蜉蝣毛傳云：「楚楚，鮮明皃。」毛詩作楚楚，王先謙曰：「三家楚作䵴。」䵴訓合五采鮮色，段玉裁依廣韵、韵會訂爲「會五采鮮皃」，與毛傳「鮮明貌」義可互足。段氏曰：「䵴其正字，楚其假借字也。」考說文楚訓叢木也，五采鮮明非其本義，䵴字從黹爲正字，故許引三家詩。

又人部俅、冠飾皃。从人、求聲。詩曰：弁服俅俅。巨鳩切 考小徐本引詩作戴弁俅俅，與爾雅郭璞注引詩同，小徐本是也。毛詩則作「載弁俅俅。」戴字作載，王先謙曰：「魯韓載作戴。」又曰：「釋名戴、載也。載之於頭也。及箋載猶戴也，是爲毛通驛騎耳。」是許引爲魯韓之文，載雖可通戴，然戴弁究以戴爲正字，載爲假借。」故許不引毛詩。又毛傳訓俅俅曰恭順皃，釋文云恭愼也，於許訓俅爲冠飾，義本相通，毛以經文已云載弁，自是冠飾，故言載弁者恭順之狀，許則就字爲釋，故言冠飾之義，冠飾者其本義耳，皆指人言，承培元所謂「毛傳與許義相足」者是也。

又人部佖，威儀也。从人、必聲。詩曰：威儀佖佖。毗必切 考小雅賓之初筵毛傳云：「怭怭、媟嫚也。」毛詩作怭怭。王先謙曰：「三家怭作佖。」是許引蓋三家之文，而訓爲威儀也，似與毛傳媟嫚也相反，講家紛紛，遂率爾改訂之矣。然佖訓威儀，似與詩義不貫，詩曰：「其未醉止，威儀反反，曰既醉止，威儀幡幡。……其未醉止，威儀抑抑；曰既醉止，威儀怭怭。」怭怭與幡幡當爲同義，幡幡毛訓失威儀，與既醉之皃合，則怭怭自不當謂有威儀。今按許但云威儀也，也者疑皃字之譌（說文皃字譌作也之例甚夥），威儀皃非即有威儀，切韵韵會以「威儀也」三字義未備足，遂增有字，玉篇猶作「威儀也」可證。陳應桐曰：「威儀二字，但以容貌而言，不必有威可畏，有儀可象也。故抑抑者謂之威儀，怭怭者亦謂之威儀，說文爲解字之體，但以威儀訓之，而其義已見；毛傳爲解經之例，必以媟嫚訓之，而其意乃明，講家不知許書之例，以爲許異於毛，不知毛許之義實可相通。」（威儀怭怭義辨）陳說是也，唯威儀也當作威儀皃，毛許之義本不異，而說文無怭字，蓋以从人之佖爲正字也，故引三家詩。

又匕部𠤻、頃也。从匕、支聲。匕、頭頃也。詩曰：𠤻彼織女。（去智切）考小雅大東毛傳云：「跂、隅貌。」毛詩作跂，馬宗霍曰：「許引作𠤻，訓頃也，文義並異，蓋本三家。」許說本於三家，然訓義與毛實相通。孔疏云：「說文：𠤻、頃也。字從匕。孫毓云：織女三星跂然如隅。然則三星鼎足而成三角，望之跂然，故云隅貌。」是毛許皆以不正之義訓之也。段玉裁亦云：「隅者陬隅不正而角，織女三星成三角，言不正也。」徐灝復證之云：「星三角謂之𠤻，故鍑三角謂之敲，皮弁之兩側上銳下廣亦三角形，故曰有頍者弁也。」是毛傳之隅角，與許訓之頃側可通，雷浚云：「隅則不正可知，𠤻爲正字，跂假借字，本書足部跂、足多指也，與隅義遠。」（說文引經例辨）雷說是也，許以𠤻爲正字，故引三家詩。

又馬部駫、馬盛肥也。从馬，光聲。詩曰：四牡駫駫。（古熒切）考魯頌駉篇釋文云：「駉，說文作驍，又作駫，同。」駫爲駉之異文，陳啓源、段玉裁皆謂說文所引當是魯頌駉篇之文，駉作「駉駉牡馬」，說文引作「四牡駫駫」者，陳瑑謂「駫下次騯字，引詩四牡騯騯，涉此注而誤牡馬爲四牡，又倒文耳。」（說文引經考證）王先謙據之，謂「三家駉作駫。」以許引爲三家之文。考駉篇毛傳云：「駉駉，良馬腹幹肥張也。」與許訓馬盛肥之義相通，毛許義通而字異者，桂馥曰：「詩借駉字。（說文解字義證）說文駉訓牧馬苑，良馬腹幹肥張，非其本義，蓋駉爲假借字，駫爲正字，故許引三家詩。

又馬部騯、馬盛也。从馬，旁聲。詩曰：四牡騯騯。（薄庚切）考小雅北山毛傳云：「彭彭然不得息。」是毛詩作彭，玉篇於騯騯下云今作彭，則許引騯騯，當是彭彭之異文無疑。馬瑞辰云：「說文引詩即詩四牡彭彭之異文。廣雅：彭彭、旁旁，盛也。」馬說是也，許引蓋三家之文。毛訓彭彭然不得息，鄭箋申之曰行貌（烝民箋）又申之曰馬又彊（大明箋）孔疏亦申明毛意云：「彭彭然而行，車馬之盛。」（韓奕疏）承培元更貫通毛許之指曰：「彭本爲鼓聲之盛，借爲馬盛意，行不得息亦行之盛也。」按承說近是，今考說文騤訓馬行威儀也，而毛傳謂騤騤、不息也。（桑柔傳）又謂騤騤，彊也。（采薇傳）又謂騤騤猶彭彭也。（烝民傳）據此則騤騤訓不息，猶彭彭訓行不息也。騤騤又訓彊，猶騯又訓馬盛也。毛許之義本同，而許引三家之文者，以彭之本義爲鼓聲，騯字从馬爲正字，彭字爲假借也。

又火部烰、烝也。从火，孚聲。詩曰：烝之烰烰。縛牟切 考大雅生民毛傳云：「浮浮，氣也。」毛傳作浮，王先謙曰：「魯浮作烰。」是許引爲魯詩，毛作浮訓气、許作烰訓烝，孔疏引孫炎爾雅注曰：「烰烰、炊之气。」又曰：「烝飯則有氣，故言浮浮氣。」是毛許之訓相通。承培元曰：「烝、火气上行也。烰今作浮。浮、氾也。假借字；烰、正字也。毛傳曰：气也。毛意與許相足也。」承說是也。浮爲假借字，烰爲正字，故許引魯詩。

又心部怞，朗也。从心、由聲。詩曰：憂心且怞。直又切 考小雅鼓鐘毛傳云：「妯、動也。」毛詩作妯，王先謙曰：「韓作憂心且陶。陶、暢也。」又曰：「說文引詩：憂心且怞。蓋齊魯詩文。愚案說文：怞、朗也。朗暢同意，皆憂之達於外者，毛作妯訓動，暢與動義亦相成。」是許引齊魯之文，訓義與毛傳亦得相通，然許以憂心之流露，以使容貌變動孔穎達語，當以从心之怞爲正字，妯字从女，亦訓爲動，蓋自人而言，方言曰人不靜曰妯，妯非經文之本字，故許引三家詩。

又心部㤥、恨怒也。从心、巿聲。詩曰：視我㤥㤥。蒲昧切 考小雅白華毛傳曰：「邁邁、不說也。」毛詩㤥作邁，釋文云：「邁邁，韓詩及說文並作怖怖怖即㤥之隸變，韓詩云：『意不說好也。』許云：『很怒也。』」是許引從韓詩之文，而訓義爲很怒很今譌作恨，與韓毛似異而實通，王先謙曰：「很怒即不說好意，毛訓邁邁爲不說，是以邁邁爲怖怖之假借。」王說是也。說文邁訓遠行

，是假借字，而怖字從心爲正字，故許引韓詩之文

又心部怛、憯也。从心旦聲。旦、或从心在旦下，詩曰：信誓𢘅𢘅。得案切又當割切 考衞風氓毛傳云：「信誓旦旦然。」，毛詩作旦，陳喬樅曰：「說文所引即魯詩文。」毛以旦旦然狀信誓之貌，未訓旦字之義，鄭箋申之曰：「我以其信相誓旦旦耳，言其懇惻款誠。」鄭申毛恉，所謂懇惻款誠，與許訓憯也相合，胡承珙曰：「說文：憯、痛也。方言：怛、痛也。或疑於此信誓義不協，不知傷痛者，至誠迫切之意，故可通爲形容誠懇之貌也。」陳喬樅亦云：「毛詩作旦者，𢘅字之省，𢘅𢘅爲憯之意，故鄭箋云言其懇惻款誠。」魯詩遺說考 胡陳二氏之說並是也。痛惻款誠當以从心之𢘅爲正字，故許引魯詩之文。

又水部湝、水流湝湝也。从水、皆聲。一曰湝湝寒也。詩曰：風雨湝湝。古諧切 考鄭風風雨毛傳云：「風且雨凄凄然。」毛詩湝湝作凄凄，王先謙曰：「三家凄作湝。」又曰：「玉篇湝下亦引詩風雨湝湝，廣韻十四皆：湝、戶皆切，風雨不止。即釋此詩。風雨湝湝之文，篇韻所引蓋出韓詩說，時齊魯皆亡也。」按玉篇所引或本諸說文，廣韻所釋，或亦出於三家，許君所引，雖未必是韓詩，然爲三家之文無疑。毛以凄凄爲風且雨之狀，孔疏申之曰：「言雨氣寒也。」是毛傳與許訓一曰之義相通，許引詩在一曰之下，當證此一曰之義也。然說文凄訓雨雲起也，於寒義爲假借，湝湝有寒義，許以爲正字，故引三家之文。

又水部濫、氾也。从水、監聲。一曰：濡上及下也。詩曰：𩰫沸濫泉。一曰清也。（盧瞰切）考小雅采菽毛傳云：「𩰫沸、泉出貌。檻泉、正出也。」毛詩𩰫作觱（觱即𩰫之隸省），濫作檻，王先謙曰：「魯韓檻作濫。」又曰：「說文引詩，蓋即魯詩。」是許引三家而訓為濡上及下，毛則訓檻泉為正出，爾雅釋水及瞻卬鄭箋並云：「正出，涌出也。」夫水泉騰湧而上出，既上出，則濡上而後順流而下（王筠語），與氾濫之義亦合，是毛許之訓實通，許以毛作檻，檻之本義為櫳，於濫泉無所取義，為假借字。魯詩作濫為正字，故許引之。

又水部湜、水清底見也。从水、是聲。詩曰：湜湜其止。（常職切）考邶風谷風毛詩：「湜湜其沚。」止作沚，毛傳云：「涇渭相入而清濁異。」未曾專釋湜字。王先謙曰：「三家沚作止。」陳喬樅云：「白帖七引詩亦作止，唐惟韓詩尚存，足證說文所引據韓詩。」是許引殆是韓詩，而訓為水清見底。焦循云：「說文：湜、水清見底。傳言清濁異，以湜湜為清也。」（毛詩補疏）則毛許之訓本同，許必曰見底者，蓋以底為湜之聲訓字（底湜皆禪紐為雙聲），故所釋較毛為詳。馬瑞辰曰：「說文止、下基也。湜湜狀水止皃，故以為水清見底，水流則易濁，止則常清，沚作止為是。」按馬氏謂止為水停止故清，未為得要，蓋止為下基，下基即底也，猶自水清見底得義，故以作止為是。說文沚訓小渚（秦風毛傳爾雅釋水谷風鄭箋並與許同），水清非其本義，王先謙曰：「毛用沚，借字；三家作止、正字。」三家為正字，故許引之。

又水部𤅩、水濡而乾也。从水、鷬聲。詩曰：𤅩其乾矣。灘、俗𤅩从隹。呼旰切又他干切 考王風中谷有蓷毛傳：「暵、菸貌。陸草生谷中傷於水。」毛詩𤅩作暵，王先謙曰：「三家暵作𤅩。」是許引為三家詩，毛訓暵為菸，菸說文訓鬱也，一曰𣨛也。暵說文訓乾也，孔疏引𣨛義以申毛義，是毛意謂生於谷中之陸草傷於水，水退而乾𣨛，與許訓水濡而乾之義正合。諸家不明孔疏所云：「為谷水浸之，故乾燥而將死」之義，以為孔氏曲通毛許之指，然孔氏又云：「蓷之傷於水，始則濕、中則脩、久而乾。」即謂陸草傷於水浸、水退隨即枯槁而死耳。焦循嘗目驗之曰：「每歲水溢，凡花草蔬稻之類，水溢滅頂者，即爛盡，唯高出於水者，枝葉浮於水外，華而秀，秀而實，隨水而生，不遽爛死，俟水退踣於泥中，值秋陽暴之，立時枯槁，目驗數年，乃歎詩人之工於詠物如此。暵其濕，謂其漬於水中也。暵其脩，謂其隨水而生，其長倍也；暵其乾，謂水退而槁於日也。」易餘籥錄 據此則毛意謂傷於水而乾𣨛，即許言水濡而乾也。毛許義同而字異者，許以暵字從日，但有乾義，𤅩字從水，訓濡而乾，尤切於詩恉，於經義而言，當以𤅩為正字耳。陳奐曰：「或許所據毛詩作𤅩，今本誤作暵；或三家詩作𤅩，毛詩作暵，謂暵即𤅩之假借字，不能肊定也。」陳氏疑暵即𤅩之假借，其說得之，然猶疑似莫定者，蓋彼於許書引詩之例猶多未達，可謂義隔一間耳。

又手部攕、好手皃。詩曰：攕攕女手。从手、韱聲。所咸切 考魏風葛屨毛傳云：「摻摻猶纖纖也。」毛詩作摻，陳喬樅曰：「呂記引董氏云：石經作攕，則說文所引據魯詩之文也。摻纖皆攕之假借。」是許引爲魯詩，毛訓摻摻猶纖纖，纖纖者韓詩之文，王先謙曰：「文選古詩注引韓詩曰：纖纖女手，韓說曰：纖纖女手之皃。（按注引薛君語）」是毛韓皆謂女手之皃。孔疏申之曰：「摻爲女手之狀，則爲纖細之貌，故云猶纖纖，說文云：『纖好手。』」孔氏會通毛許之指，是其義本同也。然今本說文無摻字，孔疏引說文摻訓爲斂也，則摻非所以狀女手者。纖字訓細，然字从系，亦非狀女手之正字，故陳氏謂摻纖皆攕之假借字者是也，攕爲正字，故許君引之。

又手部搯，捾也。从手、舀聲。周書曰：師乃搯。搯者，拔兵刃以習擊刺，詩曰：左旋右搯。（土刀切）考鄭風清人毛傳：「右抽，抽矢以射。」毛詩作抽。王先謙曰：「三家抽作搯。」是許引蓋三家之文，而引詩在「搯者、拔兵刃以習擊刺」下，則主證拔刃擊刺之義也。毛訓爲「抽矢以射」，鄭箋曰：「抽刃」，詩釋文云：「抽、說文作搯，云抽刃以習擊刺。」則抽刃即拔刃（說文抽爲擂之重文，抽訓引也，而拔訓擢、擢亦訓引也）毛許之「抽矢」「拔兵刃」蓋同謂搯爲抽引之義也。然許引此，但明詩之搯義同於周書，非謂毛詩之字爲假借也。而周書之義，即搯一曰之義，毛與三家俱非假借字，於例許當兩引，然此條許引此主證周書，非兼存三家之例，此引經之別一例，僅此一見，姑附識於此。

又手部捊，引取也。从手、孚聲。詩曰：原隰捊矣。抱、捊或从包。（步侯切）考小雅常棣毛傳云：「裒、聚也。」毛詩作裒，馬宗霍曰：「慧琳大藏音義九十九引韓詩：捊、取也。陶方琦謂說文此條所稱爲韓詩義。」是許引爲韓詩之文，毛詩裒聚之訓與爾雅釋詁同，聚字從取聲，與引取之義相通，玉篇引說文作引聚，則其義本同。毛作裒而許引作捊者，說文無裒字，爾雅釋文云：「裒，古字作褎，本或作捊。」是裒卽褎之俗省，說文褎訓袂也，非引聚之正字，捊字从手，爲引聚之正字，故許君引之。

又手部揫、束也。从手、秌聲。詩曰：百祿是揫。（即由切）考商頌長發毛傳云：「遒、聚也。」毛詩作遒，王先謙曰：「魯遒作揫。」（揫即揫之隸變）爾雅釋詁云：「揫、聚也。」卽王氏所據以爲魯詩之訓，與毛詩合，王氏又云：「束謂收束，亦聚之義也。」是毛許之訓引申可通，然許引詩於揫下者，許意或謂趨聚字作遒，从辵；收聚字作揂（說文揂聚也）作揫，从手。（說文揫又爲䪨字之重文，䪨正訓爲收束也）。揂揫爲同義字。遒與揂揫，散言則有別，渾言則同也。本詩上文曰：「受小球大球」，下章曰：「受小共大共……百祿是總（孔疏作揔）」，詩釋文云：「小共大共，鄭音拱，執也，一云毛亦音拱。」孔疏申之曰：「拱、執。釋詁文，以此章文類於上，玉必从手執之。」今謂言揫言揔，實承執玉之意而一貫，故以从手之揫爲正字，故許引三家之文。

又女部㜝、含怒也。一曰難知也。从女、酓聲。詩曰：碩大且㜝。（五咸切）考陳風澤陂毛傳云：「

儼、矜莊貌。」毛詩作儼，王先謙曰：「韓儼作嬐，說曰：嬐、重頤也。」韓詩說見於御覽三百六十八引，知許君所引是韓詩之文，然所訓不與韓同。毛曰矜莊貌，許訓含怒難知，似所訓亦不同於毛，故段玉裁曰：「許偁以證字形而已，不謂詩義同含怒難知二解也。」段謂許書此條爲但證字形者，說有未碻，今按許書引詩，無一爲但證字形者，今嬐下引詩，亦非其例，何者？若此嬐下引詩作嬐，訓爲含怒，毛詩作儼，訓爲矜莊，其義猶得相通，嚴章福所謂「毛云矜莊貌，與含怒義近」（說文校議議），承培元所謂「人含怒則頌色矜莊，義亦與毛合」者是也。嬐字從女，許君以爲是含怒矜莊之正字，而儼字說文訓昻頭也，一曰好皃，於詩義不順，許君以爲儼者嬐之假借字耳。儼、（五咸切）與嬐既雙聲，韻部又旁轉最近（儼、段氏八部；嬐、段氏七部）。儼既非正字，故許引三家之文。然許君雖引三家之文，義則不從韓而仍與毛相通者，此即許君詩偁毛氏之微恉也。

又戈部戩、滅也，从戈、晉聲。詩曰：實始戩商。（即淺切）考魯頌閟宮毛傳云：「翦、齊也。」毛詩作齊，柳榮宗曰：「許引詩作戩，蓋三家詩。」（說文引經考異）是許引爲三家之文，訓爲滅，鄭箋曰：「翦、斷也。」又注周禮秋官翦氏云：「翦、斷滅之言也。詩曰：實始翦商。」是許鄭之義同，而孔疏申毛意云：「齊即斬斷之義，故箋以爲斷，其意同也，是始斷商，言有滅商之萌兆也。」孔釋齊爲斷滅，是毛許鄭之恉本通。至段玉裁乃謂齊爲相齊並立之意，許君作戩，謂爲剌之假借，且曰：「此引詩說假借也。」今按段說非是，曹全碑云：「翦伐殷商。」翦非並立之意，且剌說文訓爲齊斷，正齊有斷滅義之證，戩字从戈，是斷滅之正字，與剌字从刀同義，不必爲剌字之假借，且「引詩以說假借」一語，於許書引詩之例，最爲違悖，許於毛詩爲假借字，三家爲正字，始引三家之文，尋繹全書，無一例爲引三家以明假借者也，段氏不通此例，事辭窒礙者多矣。毛詩翦字，說文訓爲羽生也，一曰矢羽也，許以毛詩爲假借字，故引三家之文。

又糸部緀、白文皃。詩曰：緀兮斐兮，成是貝錦。从糸、妻聲。七稽切 考小雅巷伯毛傳：「萋斐、文章相錯也。」毛詩作萋，王先謙曰：「韓萋作緀。」又曰：「唐卷子本玉篇引韓詩，實作緀，知許用韓文也。」許用韓詩而訓爲白文皃，類篇韻會引並作「帛文皃」，是白者帛之譌也。韓詩訓爲文皃，許訓帛文皃者，以字形从糸也。文皃即文章相錯皃 廣韵用毛傳而也字作皃，是毛許之意本同。許以萋訓艸盛，文章相錯之皃非其本義，緀字从糸爲正字，故引韓詩。

又糸部緂、帛騅色也。从糸、剡聲。詩曰：毳衣如緂。土敢切 考王風大車毛傳云：「菼、騅也。蘆之初生者也。」毛詩作菼，柳榮宗、雷浚並謂「許蓋引三家詩」，朱駿聲亦曰：「三家詩以帛喻」說文通訓定聲，是許引爲三家之文，然玉篇零卷引韓詩作⿰骨炎 慧琳音義卷六十五引同，故馬宗霍曰：「毛作菼，韓作⿰骨炎，知許偁作緂者，當出齊魯詩矣。」馬說是也，許訓爲帛騅色，玉篇零卷引說文作

「帛騅色」，與毛傳作騅正同，而說文⿱艹剡爲菼之重文，下亦云：「一曰騅。」疑說文騅本作騅，與毛傳同，今本作騅。依爾雅改也。爾雅釋言曰：「菼、騅也。」釋文云：「如騅、馬色也。」然孔疏引爾雅則作騅，引郭璞注：菼色如騅，在青白之間。與鄭志答張逸問：「騅、鳥青，非草名。」所釋正同，疑爾雅傳本已有作騅作騅之不同，唯鳥青亦即馬青，但喻青白之色，其義本同。許君以毛詩作菼，菼字从艸，以雚之初生，一曰薍也爲本義，喻毳衣則當以从糸爲正字，故許君引之。韓詩作⿰角炎，从帛，亦即⿰糸剡字从糸訓帛色之意，說文無⿰角炎字，即⿰糸剡字之或體也（集韻⿰糸剡或作⿰角炎）。段玉裁曰：「當作从糸⿱艹剡省，詩曰：毳衣如⿰糸剡，說會意之指，復證之以詩，如蘴豐引易之例，若如今本，則色固⿰糸剡矣，何云如⿰糸剡，且稱詩毛氏，毛固作菼，何云稱毛。」按段說非也，許君稱詩毛氏，必毛字爲假借，三家爲正字，許乃訓義仍毛，而字則取本字，固不得以此疑許書也。又言「色固⿰糸剡矣，何云如⿰糸剡」，此則古人文字所恒有，如上章毳衣如璊，許君不引於璊下，反從魯齊之文，引爲毳衣如璊是也。又許引易豐其屋，豐已爲大屋，而曰豐其屋，皆此例也，段氏以爲乖戾而改易之，非也。且考說文全書引詩之例，皆以取本字。說本義爲主，段氏所謂「引經說會意之指」「引經說假借之指」者，皆由不達許書通例之故，今衡諸全書，可證其說之不立也。

又金部鍠、鐘聲也。从金、皇聲。詩曰：鐘鼓鍠鍠。（乎光切）考周頌執競毛傳云：「喤喤、和也。」

」毛詩作喤，王先謙曰：「三家喤皆作鍠。」是許引三家之文。毛以經文已云「鐘鼓」，故但言和也，和者鐘鼓聲之和也。爾雅釋訓曰：「鍠鍠、樂也。」孔疏引舍人注：「鐘鼓之樂也。」亦即謂鐘鼓樂音之和也，許就字爲說，故曰鐘聲，與毛義實通，然喤說文訓爲小兒聲，引詩其泣喤喤，許以小兒啼聲字从口，鐘聲字从金，各以正字爲說，故引三家之文。

又金部鉞、車鑾聲也。从金、戉聲。詩曰：鑾聲鉞鉞。呼會切 考小雅庭燎毛傳云：「噦噦、徐行有節也。」又魯頌泮水毛傳云：「噦噦、言其聲也。」毛詩鑾作鸞、鉞作噦，王先謙曰：「三家鸞作鑾，齊韓噦作鉞。」是許引爲齊韓之文，而訓爲車鑾聲，與毛傳實同，蓋合毛氏二傳文而觀之，即謂噦噦爲徐行有節之鑾聲耳，經文已云鸞聲，故毛傳但云徐行有節，然鸞爲鳥名，鑾當以从金作鑾爲正字；而噦爲气啎，鑾聲又當以从金作鉞爲正字，毛用假借字，故許引三家之文。

又酉部醺、醉也。从酉、熏聲。詩曰：公尸來燕醺醺。許云切 考大雅鳧鷖毛詩：「公尸來止熏熏。」傳云：「熏熏、和說也。」毛詩燕作止，醺作熏，柳榮宗曰：「許與毛鄭異，釋文於熏字止引說文，則亦齊魯詩矣。」王先謙亦曰：「魯作公尸來燕醺醺。」是許引爲魯詩之文，止作燕者，段玉裁曰：「上四章皆云來燕，則作燕宜也。」是按文例推說，然鄭箋云：「不敢當王之燕禮，故變言來止。」是鄭箋本作來止，作燕作止，各自成義，非關正借 說文無𩞁字，多以燕爲燕食之字 ，許君引魯詩之文者，蓋以毛詩作熏爲假借字也。承培元曰：「此引詩證字也。毛傳熏，和說也。與許意相成，言醉而和說之皃也。與熏義無涉。」承說是也，微醉和說，義相引申，毛許之訓非有異也。然熏之本義爲火煙上出，醉樂當以醺爲正字，故引三家之文。段玉裁曰：「醺醺、恐淺人所改，毛傳熏熏和說也，許以來燕熏熏，釋此篆之从酉熏，此亦引經釋會意之例也，學者不悟久矣。」按段說非也，凡許書引經，必以正字爲宗，段氏所謂「引經釋會意」「引經說假借」，意欲曲通其例，而反誣許書爲誤，此皆不明毛詩爲假借字，則許必引三家之文故也。

又有引三家之文，而毛氏於此句無傳者，今劈析其義，與毛詩每多可通，而毛詩亦爲叚借字。

又口部嗔，盛气也。从口，眞聲。詩曰：振旅嗔嗔。待年切 考小雅采芑篇，毛詩「振旅闐闐」，作闐字，王先謙曰：「魯說曰：振旅闐闐，出爲治兵，尙威武也。入爲振旅，反尊卑也。韓闐作嗔。」是說文所引爲韓詩文。毛於闐闐下無傳，而釋振旅云：「入曰振旅，復長幼也。」則與爾雅釋天合，王氏所謂魯詩之說也。正義引孫炎曰：「出則幼賤在前，貴勇力也；入則尊老在前，反尊卑也。」此卽毛傳所謂復長幼也。夫伐鼓淵淵，斂陳整旅而歸，其氣自盛，說文嗔、盛气也。玉篇嗔、盛聲也，並可補足毛義。許以盛气當以嗔爲正字，闐則但爲盛，從門非盛气之正字，故引韓詩。

又言部譌、譌言也。从言、爲聲。詩曰：民之譌言。五禾切 考小雅沔水及正月篇，毛詩「民之訛言」，作訛字，王先謙曰：「韓說曰：譌言、諠言也。」韓說見於玉篇零卷。毛於訛言下無傳，鄭箋申之曰：「訛、僞也。言時不令小人好詐僞，爲交易之言。」孔疏謂詐僞交易之言者，謂以善言爲惡，以惡言爲善，交而換易其詞。韓詩訓爲諠言者，說文：諠、詐也。廣雅釋詁：諠、欺也。欺詐皆僞也。是許鄭與毛韓之義皆同。唯訛與譌無正借之分，若毛詩古本作訛，則依許例必當兩引之矣，然許書無訛字，陳奐曰：「沔水、正月：民之訛言。箋：訛、僞也。說文作譌言，無訛字，古爲僞譌三字同，毛詩本作爲，讀作僞也。」采芑傳疏 以爲毛詩訛本作爲，爲說文訓爲獮猴，故爲假借字，詐僞之言當以譌字爲本字，故許引韓詩。

又鼓部鼘、鼓聲也。从鼓、𣶒聲。詩曰：鼗鼓鼘鼘。烏玄切 考商頌那毛詩「鞉鼓淵淵」，鼗作鞉，鼘作淵。說文鼗鞉並爲鞀之重文，本爲一字，不分正借。鼘作淵者，陳喬樅云：「淵鼝古今字，三家皆當作鼝。」鼝鼘同字，是許引爲三家之文。毛於那詩淵淵下無傳，蓋其訓已見於小雅采芑「伐鼓淵淵」下，彼傳云：「淵淵、鼓聲也。」正爲許訓之所本。說文淵訓回水也，於鼓聲之義爲假借，鼘字從鼓，爲本字，故許引三家之文。

又夂部竷、繇也，舞也。樂有章。从章、从夅，从夂。詩曰：竷竷舞我。苦感切 考小雅伐木毛詩

：「坎坎鼓我」，竷竷作坎坎，舞作鼓。段玉裁氏已依韻會訂正說文舞我爲鼓我之譌，王先謙曰：「齊韓坎作竷。」是許書本引齊韓之文作竷竷鼓我也。毛於小雅伐木坎坎下無傳，蓋其訓已見於陳風宛丘「坎其擊鼓」下，彼傳云：「坎坎、擊鼓聲。」毛訓擊鼓聲，與許訓亦實相成，詩釋文引說文云：「竷、舞曲也。」今本已奪曲字，王先謙曰：「蓋坎坎者擊鼓之聲，與鼓之節奏相應，故釋文引說文云舞曲也。」王氏之說，正能會通毛許之恉。詩文既言竷竷鼓我依段注訂，則竷之爲舞曲，爲樂章，亦擊鼓之節奏耳。然坎坎非鼓聲舞曲之本字，竷字从章从夂爲本字，故許引之。

又木部槮，木長皃。从木、參聲。詩曰：槮差荇菜。所今切 考周南關雎毛詩：「參差荇菜。」槮作參，王先謙曰：「三家參作槮。」又曰：「孔疏言此參差不齊之荇菜，參、借字。」是許引爲三家之文，毛於參差下無傳，孔疏申之曰不齊，然說文參爲曑之重文，訓曰星也，不齊非其本義，是假借字也。又說文差下曰貳也，差不相值也。貳者即次也廣雅釋詁訓差爲次，槮差謂如木有長者，有次者，槮差然不齊一也王先謙語，槮爲長木，是槮差不齊之正字，故許引三家之文。

又禾部穦，積禾也。从禾、資聲。詩曰：穦之秩秩。即夷切 考周頌良耜篇，毛詩：「積之栗栗。」」穦作積，秩作栗，秩作栗別詳於秩下引詩條，穦作積者，王先謙曰：「齊韓作穦之秩秩。」是許引爲三家之文，毛於積字下無傳，說文云：「積、聚也。」與積禾之義相通，承培元曰：

「積、聚也。爲通義；穦嫥主積禾言，穦爲正字也。」承說亦通，然毛詩栗栗爲假借，秩秩爲本字，許書引詩之例，即非所證之字，亦欲取本字者，如芃下穟下引三家之文，即是其例。況穦又專主積禾而言，故許引三家之文。

又匕部卬、望欲有所庶及也。从匕、从卪，詩曰：高山卬止。伍岡切 考小雅車舝篇，毛詩：「高山仰止。」卬作仰，馬宗霍曰：「許蓋本三家。」毛於仰下無傳，鄭箋申之曰：「王亦庶幾古人有高德者，則慕仰之。」孔疏亦云：「庶幾於古人有高顯之德如山者，則慕而仰之。…仰是心慕之辭。」鄭孔所釋，與許訓望也欲有所庶及也正合（小徐本及韵會引望下有也字）然說文仰訓舉也，非仰慕之正字，故許引三家之文。

又欠部欥、詮詞也。从欠、从曰，曰亦聲。詩曰：欥求厥寧。余律切 考大雅文王有聲篇，毛詩：「遹求厥寧。」欥作遹，王先謙曰：「三家遹作欥。」毛於遹下無傳，鄭箋申之曰：「遹、述。」按大雅大明篇：「聿懷多福。」毛傳曰：「聿、述。」鄭箋當即是毛意。陳喬樅曰：「廣雅釋詁：欥、詞也。漢書班固幽通賦：欥中龢爲庶幾兮。注云：欥、古聿字。據此是欥爲正字，又文省作曰，又同聲假借用聿與遹。毛詩釋文於遹駿下不言韓詩字異，則文與毛同可知，說文所引是據齊詩。詮詞者，承上文所發端詮而繹之也。高誘注淮南詮言訓云：詮、就也。亦謂就其言而解之也。」（齊詩遺說考）據陳說則毛鄭訓遹聿爲述，即許訓欥爲詮詞之義，毛詩作遹，遹、說文訓回辟，假借爲發語之辭，旼字从日，日亦聲，許以爲本字，故引齊詩之文。

又水部瀀、澤多也。从水、憂聲。詩曰：既瀀既渥。於求切 考小雅信南山毛詩：「既優既渥。」瀀作優，承培元曰：「許所據非毛韓也。」馬宗霍亦云：「許引作瀀，蓋本三家。」是許引爲齊魯之文。毛於此詩優下無傳，於大雅瞻卬「維其優矣」下傳云：「優、渥也。」又於邶風簡兮「赫如渥赭」下傳云：「渥、厚漬也。」厚漬與澤多義相通。又說文渥訓霑也，霑訓雨䨏也，䨏訓濡也，則既渥之義，與既瀀之義散言本可通也。唯說文優訓饒，與澤多濡渥之義引申雖可通，究非霑渥之正字，雷浚曰：「饒與澤多，義近而微別，瀀爲正字，則優爲假借。」雷說是也，此詩瀀渥承霡霂小雨而言，當以从水之瀀爲正字，故許君引之。

又雨部霝、雨零也。从雨、㗊象零形。詩曰：霝雨其濛 郎了切 考豳風東山毛詩：「零雨其濛。」霝作零，王先謙曰：「齊韓作霝。」又曰：「陳喬樅云：『許所稱詩蓋毛氏也，今毛作零雨，非舊文。』愚案說文引詩，三家爲多，稱引古文，特崇時尙，陳說非也。爾雅蘦是魯文，說文之霝，蓋齊韓所載矣。」王氏謂許君引詩，三家爲多，稱引古文，但崇時尙，與許君自敍詩崇毛氏之恉不合，唯陳氏謂作霝爲毛氏之舊文，說亦非是，作霝者蓋三家之文，許以毛詩爲假借，始稱三家，雖稱三家，而其訓義，往往仍與毛相合，此許君所謂詩稱毛氏之微恉也。如零說文訓爲餘雨也，玉篇廣韻及太平御覽引作徐雨，沈濤說文古本考疑餘乃徐字之誤。而霝訓雨零也，廣韻引作雨䨝也，段玉裁依廣韻改訓雨䨝也，考霝䨝連篆，霝訓雨零也，許君又明言㗊象䨝形，則霝訓雨零，蓋涉下篆之訓而改，段氏所正者是也。零之本義爲徐雨、霝之本義爲雨䨝，毛氏於此句下零字無傳，而於鄘風定之方中「靈雨既零」下傳云：「零、落也。」與玉篇訓霝爲落也正同，落卽䨝之借字（承培元語）此詩「零雨其濛」，零當以雨䨝爲義，承培元所謂「當以霝爲正，零爲借也」者是也。

至於許稱詩時，有一詩兩引，從毛而並存三家之例，蓋因毛與三家，皆非假借字。故兼存三家。

案如說文走部趚、側行也。从走、朿聲。詩曰：謂地蓋厚，不敢不趚。（資昔切）考小雅正月毛傳云：「蹐、累足也。」毛詩作蹐，王先謙曰：「齊蹐作趚。」又曰：「陳喬樅云：『蹐趚古通用，故詩兩作，說文肉部以𤵸爲古文膌字，其明證也。』魯韓皆作蹐，則作趚者當是齊詩。」是許引爲齊詩文，蹐趚義近通用之故，陳氏所說甚是，唯謂二字通用，故詩兩作，則於許書引詩之例尚未盡達，許書於足部蹐下引毛詩，又於此趚下引齊詩，凡許書一詩兩引，從毛而並存三家者，則必因毛與三家，皆非假借字。許書本宗毛，唯若毛爲假借，三家爲本字，則引三家，三家經字亦非假借，則每並引以存三家。如側行卽小步也，許以蹐爲小步，與累足之義相近，側行累足之義可以從走，可以從足，均非假借，故許兩引之，此許書引詩之又一例也。

又又部安、滑也。詩云：安兮達兮。从又屮，一曰取也。土刀切 考鄭風子衿毛傳云：「挑達、往來相見貌。」此毛傳有誤，當作「佻達，往來貌。」說詳達下引詩條。馬宗霍曰：「此作安者，從三家也。」三家作安達者，王先謙曰：「說文：安、滑也。達、行不相遇也。並引說文滑與行不相遇兩義，皆孔疏獨往獨來之義。」是安達亦卽毛傳佻達往來之義，而安爲滑利疾忽，是孔疏所謂「乍往乍來」之本字。然毛詩作佻達，胡承珙曰：「小徐本說文引作佻兮，初學記十八引詩亦作佻，大東：佻佻公子。釋文引韓詩作嬥嬥往來貌。毛彼傳作佻佻獨行貌。並謂其避人游蕩、獨往獨來，二義相足也。」是毛傳之所謂往來貌，亦卽避人游蕩、獨往獨來之意，而佻意爲愉薄俗作偷薄輕佻，亦可形容往來疾忽之貌，可見作佻字亦非假借，故許兩引之。若如大徐引詩作挑達，挑者撓也，非往來貌之本字，依許君之例，當引三家而不引毛詩矣，是許君所見古本毛詩，必如小徐所引作佻，初學記引作佻不誤，許書之例密如網罟，綱條具在，不容率爾竄易也。

又雈部雚、小爵也。从雈、吅聲。詩曰：雚鳴于垤。工奐切 考豳風東山毛傳云：「垤，蟻冢也。將陰雨則穴處先知之矣。鸛好水，長鳴而喜也。」毛詩作鸛，而說鸛之性，與韓說同，韓說曰：「鸛、水鳥。巢居知風，穴居知雨，天將雨而蟻出壅土，鸛鳥見之，長鳴而喜。」文選張茂先情詩李注引薛君章句 則作雚當非韓毛之文。許訓爲小爵者，陳喬樅曰：「小字蓋水之譌，據韓詩章句，以鸛爲水鳥，是其確證。」韓詩遺說考六 今案毛傳亦云鸛好水，鄭箋云鸛爲水鳥，玉篇亦訓藋爲水鳥。是小爵本當作水雀也。藋鸛俱爲鳥名，釋文云：「鸛本又作藋。」許書於垤下引毛詩作鸛，於此引三家文作藋，兩引之者，以藋鸛皆非假借字也。然說文雚下不訓水鳥，不引詩者，蓋許書雚專，鬲蹂、連文作訓，用爾雅鸛鷒、鶝鶔連文之義，廣韻又作鸛鷒，與毛傳單訓鸛字者不同，蓋非一鳥，固不得謂作鸛爲假借字也。

又鼓部鼞、鼓聲也。从鼓、堂聲。詩曰：擊鼓其鼞。土郎切 考邶風擊鼓毛傳云：「鏜然、擊鼓聲也。」毛詩作鏜，王先謙曰：「齊韓鏜作鼞」，又曰：「用兵時或專擊鼓，或金鼓兼，鼞鏜字並通。」王說是也，說文鏜訓金鼓之聲，下引毛詩；而鼞訓鼓聲，下引三家詩，蓋擊鼓有金鼓並作者，故鏜从金、鼞从鼓，俱非假借，許君兩引之者，職是之故也。

又林部檾、枲屬。从𣏟、熒省聲。詩曰：衣錦檾衣。去穎切 考衛風碩人，鄭風丰並有此文，碩人毛傳云：「嫁則錦衣加褧襜。」毛詩檾作褧、王先謙曰：「韓作檾。」說文於褧下引毛詩，訓褧爲檾也已詳褧下條。檾下引韓詩，曰枲屬，皆就衣之質料言，毛訓爲褧襜，就衣名而言，亦謂織麻爲襌衣，而加諸錦衣之上者也，其義實同。褧從衣名言故字形从衣；檾從衣材言故字形从林，皆非假借字，故許兩引之。

又宀部疚，貧病也。从宀、久聲。詩曰：煢煢在疚。居又切 考周頌閔予小子毛傳云：「疚、病也。」毛詩㝌作疚，煢煢作嬛嬛，王先謙曰：「魯作煢、疚作㝌。」是許引爲魯詩文。毛訓疚爲病，許訓爲貧病者，蓋以字形从宀，段玉裁所謂取「室如縣磬之意」是也。从宀久聲，久卽舊也，室無長物，貧之太甚，故謂之㝌，引申卽貧病無依之意。毛於嬛嬛下無傳，鄭箋申之曰：「嬛嬛然孤特。」而唐風杕杜篇「獨行睘睘」，毛傳云：「睘睘，無所依也。」睘睘本亦作煢煢，是睘睘卽嬛嬛也。說文於嬛訓材緊也，下引春秋傳曰：嬛嬛在疚。蓋爲哀公十六年傳載哀公誄孔子之文，周禮春官大祝鄭司農解誥引春秋傳，亦作嬛嬛在疚，是周禮家、左傳家，毛詩家其家法一致者。許旣於彼引左氏傳，亦卽引毛詩，而於此復引三家魯詩者，蓋嬛爲材緊，引申有緊急義（參見春秋學第五），煢爲回飛疾，引申亦有緊急義。哀公自謂緊急無依，若在貧病中耳。煢字从凡，有迅急義，嬛字从睘聲，有嬛繞材緊意，而睘又爲目驚視，引申皆有緊急義，不分正借字，故許君兩引之。

又穴部窒、空也。从穴、巠聲。詩曰：瓶之窒矣。（去徑切）考小雅蓼莪毛傳云：「罄盡也。」毛詩窒作罄，瓶作缾。王先謙曰：「三家缾作瓶，罄作窒。」說文瓶爲缾之重文，故不分正借，罄下亦引詩曰：「缾之罄矣。」彼引毛詩，此引爲三家詩。說文罄、器中空也。从缶。窒、空也、从穴，亦謂中空也，經文云缾之罄矣，罄作空義解已足，从缶、从穴，俱非假借，故許兩引之。

又疒部瘏、馬病也。从疒、多聲。詩曰：「瘏瘏駱馬。」丁可切 考小雅四牡毛傳云：「嘽嘽、喘息之貌。馬勞則喘息。」毛詩瘏瘏作嘽嘽。王先謙曰：「三家嘽作瘏。」說文嘽訓喘息，下引毛詩，此訓馬病，而引三家詩。毛詩自喘息言，故嘽从口爲本字；三家詩自馬勞病言，故瘏从疒爲本字，字異而義亦異，俱非假借，故許兩引之。

又人部僔、聚也。从人、尊聲。詩曰：僔沓背憎。慈損切 考小雅十月之交毛傳云：「噂猶噂噂。」毛詩作噂。王先謙曰：「三家噂作僔。」說文噂訓聚語也，下引毛詩，此訓聚也，而引三家詩。毛詩自噂噂言之，鄭箋謂噂噂沓沓相對談話，故噂从口爲本字；三家自衆聚言之廣雅廣韻並訓爲衆，故僔从人爲本字，字雖異而俱非假借，故許兩引之。

又衣部褻、私服。从衣、埶聲。詩曰：是褻袢也。私列切 考鄘風君子偕老篇，毛詩：「是紲袢也。」傳云：「是當暑袢延之服也。」毛詩褻作紲，王先謙曰：「三家紲作褻。」說文袢訓衣無色也，下引毛詩；此訓私服，而引三家詩。毛詩自衣色言之，三家自衣名言之，所指同物，而字皆从衣，俱非假借，陳奐、王先謙等以紲爲褻之假借者，非也。三家與毛俱非假借者，許每兩引之以兼存三家。

又衣部袾、好佳也。从衣、朱聲。詩曰：靜女其袾。昌朱切 女部㚾、好也。从女、殳聲。詩曰：靜女其㚾。昌朱切 考邶風靜女毛傳云：「袾，美色也。」毛詩作姝，王先謙曰：「韓說曰：姝姝然美也。魯齊姝作妭，亦作袾。」說文姝訓好也，妭訓好也，袾訓好佳也，與毛傳姝美色也義通。然說文妭下引詩，袾下引詩，姝下則不引詩，姝爲毛詩，美色又非假借，於例當引，許反兩引三家之文，諸家頗以爲疑，段玉裁於妭下注曰：「豈許所見毛詩異與？抑取諸三家與？」未能檢審其故，朱駿聲曰：「妭當爲姝之或體。」宛然適發其端，然猶未詳許君引詩之故。雷浚曰：「姝妭音義並同，疑本一字，二篆相連，如闢下出重文閞，引書閞四門，撻下出重文𢷎，引書𢷎以記之之例，今本有轉寫之譌。」按雷說是也，說文妭當是姝之重文，玉篇本於說文，彼以妭爲姝之重文，是其證。許以妭姝爲重文，許例重文則不別正借，引詩作妭，猶引詩作姝也。妭姝爲好，與毛訓美色義同，字从女非假借，故許引之；袾謂衣服都麗（集韻訓爲衣好），與毛訓美色義亦可通，美色可自人言，可自衣言，袾从衣亦非假借，故許兩引之。

又火部𤆄、小熱也。从火、干聲。詩曰：「憂心𤆄𤆄。」直廉切 考小雅節南山篇，毛詩「憂心如惔。」釋文云：「惔、說文作𤆄字，小熱也。」孔疏亦云：「如惔之字，說文作𤆄，訓爲小熱也。」是說文所引，當卽此句。毛傳云：「惔、燔也。」王先謙曰：「韓惔作炎。」又曰：「齊毛文同。」則說文引作如𤆄（鈕樹玉說文校錄苗夔說文繫傳校勘記並謂陸氏釋文所見當是憂心如𤆄）當是魯詩之文，訓爲小熱，與燔義相通，說文燔訓爇、釋名曰：熱、爇也。是𤆄惔義通而字異者也。說文惔下引毛詩，訓爲憂也，一曰燎也（據釋文引補說在惔條下），𤆄下引魯詩，訓爲小熱。夫心憂甚則俗言如焚如煎。故自內熱言，則字可以从火，自心憂言，則字可以從心，惔炎俱非假借，故許兩引之。

又心部忱、誠也。从心、冘聲。詩曰：天命匪忱。氏任切 考大雅蕩篇：「天生烝民，其命匪諶。」許蓋隱栝二句爲一句，亦東方昌矣之類也。毛傳云：「諶、誠也。」是毛詩忱作諶，陳喬樅曰：「許所引詩據三家今文也。」案韓詩外傳引作訦，則作忱是齊魯之文，毛許並訓爲誠，而字從三家。又考大明篇「天難忱斯」，毛傳云：「忱、信也。」毛作忱，許引詩則從三家作諶，明三家與毛，並有作諶作忱之句，諶忱字可兩作，从言从心於誠信之義，俱非假借，許雖兩引並爲三家之文，亦卽交互以見毛義，與一詩兩引以兼存三家之例相似，故附載於此。

又水部洍、水也。从水、𦣝聲。詩曰：江有洍。詳里切 考召南江有汜毛傳云：「決復入爲汜。」毛詩作汜，王先謙曰：「魯韓汜作洍。」又曰：「據易林，江水沱汜，是齊詩作汜，與毛同。作洍者，爲魯韓文。」許引三家之文，訓爲水名，與毛傳不同，然考小徐本說文、及廣韻六止引說文，並云：「一曰詩曰江有洍。」切韻殘卷七之亦於詩曰上有「一曰」二字，小徐本是也，許引詩證別義，非證水名也，許於汜下引毛詩，訓爲水別復入水也，與毛同；於此下引三家詩，出一曰二字，明非水名，一曰之別義，當爲水決復入、洍汜俱詳里切，玉篇以爲重文者是也。汜洍並从水，於水決復入之義俱非假借，故許兩引之。

又水部濊、礙流也。从水、薉聲。詩曰：施罟濊濊。呼括切 考衛風碩人毛傳云：「罛、魚罟。濊濊，施之水中。」毛詩罟作罛，𣿉作濊。王先謙曰：「魯罛亦作罟，齊作𣿉𣿉。」又曰：「魯韓並作濊，與毛同，則作𣿉𣿉者，爲齊文矣。說文薉、蕪也。𣿉注礙流之訓，自蕪薉義引申而出，罛罟多若礙流然，𣿉是形聲兼會意字，蓋齊義如此。」是許引殆爲齊詩之文，許訓礙流，與毛訓施罛水中，其義實相通。許作罟毛作罛，而許毛並訓罛爲魚罟，字既雙聲，義亦同也。許於罛下引詩作施罛濊濊，與毛同；於此引詩與齊詩同，蓋以罟罛並从网，於魚网義俱非假借。而𣿉濊並从水，今說文訓濊爲水多皃，段玉裁謂後人所增而刪去，段說固是，然段氏猶未知濊實爲𣿉之重文，後人分列之部末，非許書之次，玉篇瀏濊二字相連，是說文古本濊爲𣿉重文之證，而集韵𣿉下引說文，云「或作濊」，又其證也。廣韻云「濊、水聲。𣿉、上同。」又其證。知說文本當云：「𣿉、礙流也，从水、薉聲。詩曰：施罟𣿉𣿉。濊、或從薉省聲，一曰水多也。」𣿉濊本爲重文，而後人分列二篆，李注文選長笛賦引說文訓水多，水多蓋與韓詩𣿉𣿉訓流貌，廣韻泧泧訓流也之義合。許以𣿉濊爲重文，故不別正借而兩引之。乃知苟明許書引經之例，若網在綱，諸家謬悠之說，古本竄奪之迹，端緒紛亂，並得繹解矣。

又永部羕、水長也。从永、羊聲。詩曰：江之羕矣。余亮切 考周南漢廣毛傳云：「永、長也。」毛詩作永，王先謙曰：「魯永作羕。」蓋爾雅釋詁云：「羕，長也。」與毛傳正合，許必曰水長者，以字形从永也。永，大徐本訓長也，小徐本及韵會引亦訓水長。許於永下引毛詩，於羕下引三家詩，蓋永兼於水長之義俱非假借，故兩引之。

又女部姕、婦人小物也。从女此聲。詩曰：屢舞姕姕。（即移切）考小雅賓之初筵毛傳云：「傞傞、不止也。」毛詩作傞傞，王先謙曰：「三家傞作姕。」毛訓不止，許訓婦人小物者，嚴可均曰：「物當作弱，形近而誤。上文姑、小弱也。此洪氏頤煊說。」案姑說文訓小弱，又一曰女輕薄善走也，又一日多技藝也。小弱爲柔弱少好之意，故與多技藝善走舞之義相通。說文妓亦訓婦人小物，小物亦小弱之誤。洪頤煊謂「古人妓取歌舞，故以俏弱爲能，方言釥好也，與此小字義同。」（讀書叢錄論說文）錢坫謂「埤倉以妓爲美女，而詩傞傞傚傚，傳並云舞不止，則又卽妓藝之妓矣。」（說文解字斠詮），據此則毛許之訓實通，許於傞下引毛詩，於此引三家詩，蓋傞字从人、姕字从女，於俏弱屢舞之義俱非假借，故兩引之。

又土部㙪、天陰塵也。詩曰：㙪㙪其陰，从土、壹聲。（於計切）考邶風終風毛傳云：「如常陰曀曀然。」又曰：「陰而風曰曀。」毛詩作曀，王先謙曰：「韓曀作㙪。」又曰：「呂祖謙讀詩記引韓詩章句曰：㙪㙪其陰，天陰塵也。詩攷引董逌詩跋云：韓詩章句曰：㙪㙪、天陰塵也。是說文㙪字注正用韓詩。」許書字義並從韓詩，而義亦與毛相近。許於曀下引毛詩，㙪下引韓詩，毛義偏重在陰，故字从日；韓義偏重在塵，故字从土，曀㙪俱非假借字，故許兩引之。

若三家與毛有異文，說文列以爲重文者，則不別字之正借，許君雖引三家之文，亦不以毛詩爲假借。

案如說文示部鬃、門內祭先祖所以徬徨。从示、彭聲。詩曰：祝祭于鬃。祊、鬃或从方。補盲切 考小雅楚茨毛傳云：「祊、門內也。」毛詩作祊，王先謙曰：「齊韓祊作鬃。」詩三家義集疏 詩云祝祭于祊，毛曰門內者，蓋亦門內之祭也。毛許之義本同，而許君引詩字從三家者，多以毛詩爲假借字，然若許君引爲重文者，則不別字之正借，許書之通例如此。說文此訓較毛傳爲詳者，蓋以「徬徨」聲訓鬃、祊之故，徬徨鬃古音同屬唐部，疊韻。徬鬃又爲雙聲。徬鬃祊古音本同。

又蓐部薅、拔去田艸也。从蓐、好省聲。𦵯、籀文薅省。茠、薅或从休，詩曰：既茠荼蓼。呼毛切 考周頌良耜篇，毛詩「以薅荼蓼」，作薅字，許引詩在茠下作茠，王先謙曰：「魯薅作茠。」毛於薅字無訓，鄭箋申之曰：「薅、去荼蓼之事。」是鄭箋與許義合。說文薅茠爲重文，凡許君引爲重文者，則不別字之正借。然茠从休聲，與去義較近。

又肉部膫、牛腸脂也。从肉、尞聲。詩曰：取其血膫。膋、膫或从勞省聲。洛蕭切 考小雅信南山毛傳云：「膋、脂膏也。」毛詩作膋，王先謙曰：「毛作膋，知三家作膫。」毛訓脂膏者，上文已有「執其鸞刀，以啓其毛」句，即祭義所謂「毛牛尚耳鸞刀以封之」也。上文已言牲牛，故毛但訓爲脂膏，即許訓之牛腸脂也。毛訓之義本同，膫膋並从肉，於脂膏之義皆合，音又相同，故是重文。凡二字重文，而許引三家之文，則不以毛詩爲假借字。

又食部饎、酒食也。从食、喜聲。詩曰：可以饙饎。䭇、饎或从配。糦、饎或从米。昌志切 考大雅洞酌毛傳云：「餴餾也。饎、酒食也。」饎字字義皆同。而饙字毛作餴，馬宗霍曰：「爾雅釋言亦作饙，蓋三家本也。」是說文引三家之文，然說文饙餴皆𩞁之重文，則不別字之正借。毛以餴爲餴餾，許以𩞁爲滫飯，實即一義，胡承珙曰：「說文以餴爲滫飯者，即今人蒸飯熱時，以水淋之，謂撥饙，此俗語之近古者。傳：『餴、餾也。』當作：『餴、餴餾也。』說文：餾、飯氣流也。即謂撥饙之時，飯氣流布耳，是饙餾本一事，故爾雅並以稔釋之，傳以饙餾連言，亦謂行潦之水，可以沃飯使熟，而爲酒食耳。」胡說是也，許與毛訓義本同。

又疒部瘇、脛气、足腫。从疒、童聲。詩曰：既微且瘇。𤸊、籀文从尣。時重切 考小雅巧言毛傳云：「腫足爲尰。」毛詩作尰、尰即𤸊之隸變。王先謙曰：「魯說曰：既微且尰，腫足爲尰。」是許引爲魯詩文，馬宗霍曰：「脛气蓋俗所謂腳气病，許意脛气即足腫也。」據是則毛許之訓本同，而尰爲瘇之重文，重文不別正借，許雖引魯詩之文，亦不以毛詩作尰爲假借。

又欠部歗、吟也。从欠、肅聲。詩曰：其歗也謌。穌弔切 考召南江有汜篇，毛詩「其嘯也歌」歗作嘯，謌作歌。毛於此句下不訓嘯字，陳奐曰：「其歗也歌，謂媵備數，能與君子歗歌也。」

陳氏此說，與小序「適亦自悔」之義合，當是毛義，則毛義亦當訓歗爲吟，與鄭箋所謂「蹙口而出聲」不同。王先謙曰：「許引詩歗謌字與毛異，蓋出三家。」是許字從三家，而義猶守毛恉者，說文欠部以謌爲歌之重文，口部又以歗爲籀文嘯，凡許書列以爲重文，卽不別字之正借，引三家與引毛詩同，故亦不必兩引。說文口部嘯又別出「吹聲也。」一義，與鄭箋合，然許以毛義非吹聲，故引詩在歗吟之下。

又火部𤈦、火也。从火、尾聲。詩曰：王室如𤈦。許偉切 考周南汝墳毛傳云：「燬、火也。」毛詩作燬，王先謙曰：「韓燬作𤈦。韓說曰：𤈦、烈火也。」又曰：「說文作𤈦者爲韓詩文。」是許引韓詩，與毛義同而字異，然毛作燬訓火，字非假借，韓作𤈦訓火，亦非假借，講家於此，說各紛紜，唯陳瑑之說近之，彼云：「案說文𤈦下卽次燬字，亦訓火，與𤈦同義同聲，引春秋傳衞侯燬，今春秋傳無異文，疑燬爲𤈦之重文，許君兩引經，𤈦燬通用，知毛公作𤈦，左傳作燬，今說文分𤈦燬兩字，非許君原本也。」按陳氏疑𤈦燬爲重文，後人分立兩篆，其說近是，不然，依許例當於燬下復引毛詩，以明皆非假借。若𤈦燬本爲重文，自不分字之正借，許雖引三家，亦不以毛爲假借也。唯陳氏不明許君於重文下引經之例，誤謂毛公作𤈦，不知許於重文字下引詩，或稱三家，而以毛爲重文；或稱毛，而以三家爲重文，重文之字，俱非假借，許引不必專舉毛詩也。

又赤部經、赤色也。从赤、巠聲。詩曰：魴魚經尾。䞓、經或从貞。敕貞切 考周南汝墳毛傳云：「䞓、赤色。」毛詩作䞓，王先謙曰：「齊䞓作經。」又曰：「列女傳、韓詩俱作䞓，與毛同。則魴魚經尾爲齊詩文。」是許引爲齊詩之文，然毛許之訓本同，䞓經並从赤，於赤色之義皆合，䞓經爲重文，不別正借字，許引三家之文，亦猶引毛詩也。

又仌部滕、仌出也。从仌、朕聲。詩曰：納于滕陰。凌、滕或从夌。力膺切 考豳風七月毛傳云：「凌陰、冰室也。」毛詩作凌，王先謙曰：「魯齊毛三家作凌，說文：滕、仌出也。引詩曰：納于滕陰，知韓詩作滕也。」是許引爲韓詩之文，訓爲仌出，承培元云：「仌出，如雪花六出之出，謂仌之稜角也。」段玉裁亦云：「仌出者，謂仌之出水文稜稜然。」皆謂六出爲狀冰之形體者。而毛訓凌陰爲冰室，孔疏申其意曰：「納于凌陰，是藏冰之處，故知爲冰室也。單言凌者，止得爲冰體，不得爲冰室也。」是毛訓陰爲窨之義，謂地室也，藏冰之室，故曰滕窨承培元語，是亦訓凌爲冰體，與許義實同。毛作凌，韓作滕，凌滕俱从仌而爲重文，於仌出之義俱非假借，許於重文之字，不必皆引毛詩。

又女部㜻、順也。从女、𤔔聲。詩曰：婉兮㜻兮。孌、籀文㜻。力沇切 考齊風甫田毛傳云：「婉孌、少好貌。」又曹風侯人毛傳：「婉、少貌。孌、好貌。」毛詩㜻作孌，王先謙曰：「三家孌作㜻。」是許引爲三家之文，許訓爲順，毛訓爲好，段玉裁謂「傳義與許互相足」，吳雲蒸以爲「好皃，少好皃，皆與順義合」（說文引經異字），毛就經義爲解，主於人言，故云少好，許就字義爲說，主於字言，故婉孌並謂之順，義非有異也。作嫡作孌於順好之義俱非假借，許君列爲重文，雖引三家，亦不以毛爲假借。

又糸部綥、帛蒼艾色、从糸、畀聲。詩曰：縞衣綥巾。未嫁女所服。一曰不借綥。綦、綥或从其。（渠之切）考鄭風出其東門毛傳云：「綦巾蒼艾色，女服也。」毛詩作綦，馬宗霍曰：「許用本篆，蓋從三家。」謂許引爲三家之文，然所訓實本毛恉，綥綦並从糸，於女服綦巾之義皆合，許君列爲重文，則不別正借。段玉裁曰：「綦，大徐所補，攷玉部有璂，艸部有綦，則當依大徐補也。」段說是也，設大徐不補綦字爲重文，則殆將以毛詩作綦爲假借字，全書之例，說且不通矣，故大徐於此校補一字，許書之脈理乃貫通，功不可沒，嚴可均嚴章福以鼎臣補篆爲非，固不識許君引詩之微恉也。

又虫部蜾、蜾蠃、蒲盧、細要土蠭也。天地之性，細要純雄無子。詩曰：螟蠕有子，蜾蠃負之。从虫、𦏧聲。蜾、蜾或从果。（古火切）考小雅小宛毛傳云：「蜾蠃，蒲盧也。」毛詩蜾作蜾，王先謙曰：「三家蜾作蜾。」又曰：「魯齊皆作蜾，則作蜾者蓋韓詩文也。」許引雖作蜾，訓義仍與毛同，而蜾蜾爲重文，許於重文字或引三家，或引毛詩，以在上之篆爲主，二字固不別正借也。然此條許共引詩二句，上句云：「螟蠕有子」，今毛詩蠕作蛉，蛉說文訓爲蜻蛉，非螟蠕之正字，而蠕說文訓蝒蠕，爲正字，故許引之。許君引詩，非僅所證之字，求其爲本字，於其餘各字，亦求其爲本字者也。

又有許君引詩本爲讀若，用以取證字音，後世傳寫有誤，遂致紛紜難解者，非許書自亂其例也。

案如說文言部詵、致言也。从言、从先，先亦聲。詩曰：螽斯羽詵詵兮。所臻切 考周南螽斯毛傳云：「詵詵、衆多也。」毛許之訓不同，段玉裁曰：「按以衆多釋詵詵，謂卽𡖶𡖶之假借。」段說固是，然毛既用假借字，許書例不當引，許君全書通例不引毛詩而爲假借字者，且詩釋文云：「詵詵、說文作𡖶，音同。」陳喬樅曰：「𡖶字爲三家今文」，是陸氏所見說文本係引三家之正字者。沈濤云：「元朗所據本多部有𡖶篆，今本奪此字，淺人強以引詩語竄入詵下，皆非也。玉篇引作致言也，無詩曰八字，可證六朝及唐時本如此。」桂馥亦云：「釋文云說文作𡖶，本書無𡖶字，傳寫脫漏。玉篇𡖶、多也。然則本書引詩當在𡖶下，此所引後人加之。」沈桂二氏並疑此條引詩爲後人所竄亂，可謂卓見，然謂引詩當在𡖶下，而竄入此間，則又未可臆必，嚴可均謂「蓋六朝舊本作讀若詩曰螽斯羽𡖶𡖶兮，今多部脫𡖶篆。」嚴說是也，許君引詩本爲讀若，用以取證字音，謂詵讀若𡖶，傳寫奪去「讀若」二字，後人以爲引在詵下，當作詵詵，遂改易之。故知許君於毛詩爲假借字者，無一稱引之者，玉篇詵下不引詩，釋文云詵說文作𡖶，並其證也。

又目部矈、目相戲也。从目、晏聲。詩曰：矈婉之求。於殄切 考邶風新臺毛傳云：「燕、安也。婉、順也。」毛詩今作燕，段玉裁氏疑作矈爲三家之文，王先謙曰：「魯韓燕作嬿，韓說曰：嬿婉、好貌、齊作矈。」王氏謂作矈爲齊詩，然所據亦僅說文矈下引詩之孤證而已，今考諸書皆無矈婉連文者，而玉篇廣韵矈下皆云目相戲也，然均不引詩，疑說文於矈下本作「讀若詩曰嬿婉之求」，徐鍇曰：今詩作嬿疑彼所見經字作嬿 傳寫舛奪「讀若」二字，後人以爲引詩在矈下，當作矈婉，遂改成矈婉耳。未必三家原有作矈之本也。玉篇廣韵諸書，多本說文。然彼自具音切，於許書讀若之文，則不採引，此可案驗者一也。又矈若爲三家之文，許君必當以矈爲正字。毛爲假借，始得稱引，此許君全書稱詩之通例，今矈訓目相戲，於經義不合，許君焉得而引之，此可案驗者二也。

又角部觲、用角低仰便也。从羊牛角。詩曰：觲觲角弓。息營切 考小雅角弓毛傳云：「騂騂、調利也。」毛詩作騂，許與毛字別義異。然釋文云：「騂、說文作弲。」嚴可均曰：「小徐詩曰上有讀若二字，角弓釋文騂引說文作弲，則六朝舊本作『讀若詩曰弲弲角弓』。」今按嚴說近是，許書實引三家經字以明讀若，非謂弲爲用角低仰便也。說文弲、角弓也。承培元曰：「今弓部弲、角弓也，也當爲皃。」角弓皃與調利之訓不悖，今說文挩去讀若，後人遂改弲弲爲觲觲，故使許書觲字之義與毛傳不同。

又日部晤、明也。从日、吾聲。詩曰：晤辟有摽。五故切 考邶風柏舟毛詩：「寤辟有摽」，晤作寤，此句毛無傳，蓋寤字已訓於周南關雎「寤寐求之」下，彼傳云：「寤、覺也。」孔穎達於「寤辟有摽」下疏云：「寤覺之中，拊心而摽然。」謂此句之寤亦當訓覺。柳榮宗疑作晤爲三家之文，王先謙曰：「魯齊寤作晤，云晤、明也。」王氏謂晤爲魯齊之文者，所據唯說文晤下引詩，及毛韓皆不作晤之孤證，今考諸書皆無晤辟連文者，釋文又不云說文有異文，而玉篇廣韻晤下所訓與說文同，然皆不引詩，嚴章福曰：「引詩疑校者依篆改，今詩作寤。」嚴氏所疑頗是，然於改竄之故，未能詳道，今謂毛傳訓寤爲覺，許君亦自言「寐覺而有言曰寤」寤篆下，是毛詩作寤爲正字，若異本作晤則爲假借，許君全書通例，皆無舍正字而引假借字者，疑許書本作「讀若寤辟有摽」，傳寫奪去「讀若」二字，後人以爲引詩在晤下，依篆改爲晤辟有摽耳，未必三家原有作晤之本也。不然許書既引之，釋文亦當舉述之矣。

又人部侗、大皃。从人、同聲。詩曰：神罔時侗。他紅切 考大雅思齊毛傳云：「恫、痛也。」毛詩作恫、說文恫亦訓痛，與毛傳合，是恫以痛爲本義。段玉裁曰：「痛者恫之本義，許所據本作侗，偁之以見毛詩假侗爲恫也。」痛既爲恫之本義，許若見毛詩本作侗，則爲假借，許書通例爲引經以證字，不得稱引假借字，段說非也。凡段氏所云「引詩說假借」，「引詩說會意」「引詩但證字形」皆非許君之意，苟明其例，不必如此紛紛也。馬宗霍氏疑作侗爲三家之本，且曰：「三家詩則假侗爲恫，許偁之所以說假借也。」今按三家作侗之說，除說文之孤證外，不見於他書，且「稱經以說假借」之誤，導源段氏，而馬氏猶踵其謬。許於毛本爲假借，始稱引三家，焉有毛爲本字，三家爲假借字，而反引三家之文哉？陳瑑曰：「疑是讀若詩神罔時恫之恫，後轉寫脫落讀若字，遂改恫爲侗耳。」按陳說是也，轉寫脫落讀若字，校者嫌與篆文違異而輒予改竄者，此其又一字也。顏師古匡謬正俗曰：「爾雅云：恫、痛也，字或作侗。」顏書蓋已承誤本說文之訛，非三家有作侗之本也

又火部熯、乾皃。从火、漢省聲。詩曰：我孔熯矣。人善切 考小雅楚茨毛傳云：「熯、敬也。」毛許之訓不同，段玉裁曰：「此偁詩說假借也。楚茨毛傳曰：熯、敬也。熯本不訓敬，而傳云爾者，謂熯即戁之假借字也。心部曰：戁、敬也。長發傳曰：戁、恐也，是其義也。」段氏謂熯之訓敬，爲戁之假借，其說固是，然毛詩之文既爲假借，許書何必稱引之哉？段氏謂「稱詩說假借」者，是曲說強通之詞，非達恉也。嚴可均曰：「今此引詩若非校者輒加，即詩曰上脫一曰，否則當言讀若詩曰我孔戁矣，疑莫能定。」今按本當言讀若我孔戁矣，許書本係引三家之正字者，迨後讀若二字脫落，校者依篆改戁爲熯矣。說文繫傳於戁篆下注曰：「今詩作熯，我孔戁矣。」今戁篆下未引詩，徐鍇何必言此？況戁字不見于他經，徐引詩云云，必說文原有「我孔戁矣」之文在熯篆下，徐作繫傳時猶及見之，然因引在熯下爲讀若，故玉篇廣韵諸書皆不

引之，此其證也。

又女部𡝐，巧也。一曰女子笑皃。詩曰：「桃之𡝐𡝐。从女、芺聲。於喬切 考周南桃夭毛傳：「桃有華之盛者，夭夭其少壯也。」毛詩作夭夭，許於木部枖下引詩作枖枖，蓋三家之文也。毛詩夭夭爲假借，許引枖枖爲正字，故引三家，此許書之例也見枖條下。此作𡝐𡝐，王先謙謂「魯韓夭夭作枖枖，又作𡝐𡝐。」唯王氏所據亦僅說文𡝐下引詩之孤證而已，鈕樹玉曰：「韻會引作巧也，一曰女子笑皃，不引詩。玉篇爲妖之重文，妖訓媚，亦不引詩。按木部枖引詩桃之枖枖，不應又引作𡝐，疑後人增。」王筠亦曰：「木部枖下引詩桃之枖枖，廣韻引之，此所引詩，廣韻則不引，疑此引詩爲後人加也。」按枖下已引詩，𡝐下非不可再引詩，若作𡝐亦非假借字，按之許例，每可兩引。然𡝐下所引詩，韻會玉篇廣韻皆不引，殊屬可疑。而𡝐又非經義之正字，許例於𡝐下不當引詩，況九經字樣木部出枖夭二字，引詩謂「上說文，下經典相承隸省。」王先謙引 彼曰說文作枖，女部不云說文作𡝐。枖夭並音妖，與𡝐同音，疑說文於𡝐下本作「讀若詩曰桃之枖枖。」傳寫舛奪「讀若」二字，後人以爲引詩在𡝐下，當作𡝐𡝐，遂改成𡝐𡝐，未必三家有作𡝐之本也。玉篇韻會廣韻等書於說文引詩，例當轉引，唯其自有音切，故不引讀若之文，是其證也。

又女部嬒，女黑色也。从女，會聲。詩曰：嬒兮蔚兮。古外切 考曹風候人毛傳：「薈蔚、雲興貌。」毛詩作薈，許於薈下引毛詩，此下所引似爲三家詩，王先謙以齊韓毛並作薈，雖謂作嬒爲魯詩。唯王氏所據亦僅說文嬒下引詩之孤證而已。段玉裁曰：「此或爲三家詩，或本作『讀若詩曰薈兮蔚兮』，今有舛奪，皆未可定。」胡承珙王筠皆從其說，以爲本當作「讀若詩曰薈兮蔚兮」，今按此說是也，嬒訓女黑色，於雲興之義殊遠，不當牽合爲說，是作嬒爲假借字，按之許例，全書引三家之文，皆必爲本字本義，說較毛爲長者始引之，此許君詩稱毛氏之微恉。嬒爲假借，例不當引，此必許君引爲讀若薈兮，傳寫舛奪「讀若」二字，後人以爲引詩在嬒下，字當作嬒，遂改作嬒，未必三家有作嬒之本。鈕樹玉曰：「玉篇止引女黑色也。」以爲引詩爲後人所增，實則玉篇止引女黑色者，或即說文本作讀若之證也。

然許君引詩，亦有字義並從三家者，蓋許以三家之說，爲本字本義，較諸毛詩爲長。而毛詩之字，必非本字本義。由是以知，許書雖詩稱毛氏，而實亦兼采三家，其取舍之道，則以本字本義爲依歸者也。

案如說文口部呬、東夷謂息爲呬。从口、四聲。詩曰：犬夷呬矣。虛器切 考錢繹曰：「今詩作昆夷駾矣，唯其喙矣，蓋合二句引之耳。混作犬，喙作呬，或用三家詩也。」方言箋疏卷二 胡承珙亦云：「古人引書自有此徑省之法，段注謂合兩句，與日部東方昌矣相似。」皆謂犬夷呬矣，爲毛詩「混夷喙矣」之異文。毛傳云：「喙、困也。」孔疏曰：「喙之爲困，則未詳」。王先謙曰：「三家喙作呬。」又曰：「尙書大傳：文王受命四年伐犬夷。鄭注：犬夷、混夷也。知三家有作犬夷者。喙呬方音之轉。方言：餯、喙、呬、息也。自關而西，秦晉之間或曰喙，或曰餯，東齊曰呬。知說文東夷爲東齊之誤，而呬字乃齊詩異文也。」是許引爲齊詩之文，齊詩訓呬爲息，毛詩訓喙爲困，字義皆異。說文云：「喙、口也。」是喙訓爲困劇鄭箋、短氣貌國語韋注、極也廣雅皆非喙之本義。漢書匈奴傳：「跂行喙息」，師古注：「喙息，凡以口出氣者。」仍謂喙爲口，非訓喙爲息也。許以呬息爲本字本義，故引齊詩。困極短氣之義與喘息休息之義，引申雖亦可通，唯毛詩作喙爲假借字，故不引。

又目部矉、恨張目也。从目、賓聲。詩曰：國步斯矉。符眞切考大雅桑柔毛傳云：「頻、急也。」毛詩作頻，王先謙曰：「三家頻作矉。」許引三家文，而訓爲恨張目者，蓋詩上文云：「民靡有黎，具禍以燼，於乎有哀，國步斯矉。」謂民悉被兵寇之災，假有存者，俱是遭禍災以爲餘滅燼耳，於是乎有此哀痛、念國步於斯，能不張目恨恨哉？毛詩作頻訓爲急，鄭箋申之曰：「頻猶比也，哀哉國家之政，行此禍害比比然。」孔疏曰：「事有頻頻而爲者，皆急速，故爲急也。頻頻正是次比之義。」是毛傳訓爲急，乃頻數急促之意。馬瑞辰曰：「說文頻、水厓也。人所賓附，頻蹙不前而止，頻義又近顰，說文顰、涉水顰蹙也。詩云國步之難，猶頻爲水涯盡處頻蹙不前，故傳訓頻爲急，急猶蹙也。」毛詩傳箋通釋馬氏之說，頗爲精美，然爲馬氏之發明，恐非毛之本恉也。毛意本爲頻數急促，而急又爲頻之引申義，非本義。許以瞚爲本義本字，說較毛氏爲長，故引三家之文。

又夊部夃、秦以市買多得爲夃，从了，从夊。益至也。詩曰：我夃酌彼金罍。古乎切 考周南卷耳毛傳云：「姑、且也。」毛詩作姑，王先謙曰：三家姑作夃。」是許引爲三家之文，而訓爲市買多得，訓爲益至，與毛傳作語詞解，字義均不同。王氏又曰：「夃卽沽正字，作姑又沽之借字，詩字作姑，義仍爲沽，毛傳：姑、且也。以故爲語詞，望文生訓，失古義矣。」按王氏謂夃爲本字，姑爲借字，則誠然矣：然謂姑爲沽之借字，又失之迂曲。馬宗霍曰：「從夃之字有盈，說文皿部云：『盈、滿器也。』皿之義爲器，是夃又兼有滿義，然則夃酌猶滿酌矣。夃酌金罍，卽滿酌大器，蓋所以勸酒慰勞有加之意，疑三家詩義或當如是，故許偁之以證字說耳。」按馬說近是，許所稱引字義均從三家者，以三家較毛爲長，而毛爲假借字也。

又禾部穎、禾末也。从禾，頃聲。詩曰：禾穎穟穟。余頃切 考大雅生民毛傳云：「役、列也。穟穟、苗好美也。」毛詩穎作役。王先謙曰：「三家役作穎。」是許引爲三家之文，字與義均不同。段玉裁曰：「役者穎之假借字，古支耕合韵之理也。列者栵之假借，禾穰也。此穎通穰言之。」段氏欲牽合毛許之說，謂役卽穎之入聲，然毛傳當云役、穎也，何必訓爲列，而列又爲栵之假借，栵爲黍穰，始與穎義相近，展轉迂曲，說恐非是，而下章「實穎實栗」，毛又訓穎爲垂穎也，不言同列或同役，若穎卽役，傳例何必分訓，龔自珍曰：「穎與役大異，足見詩不專稱毛，凡同義異文，可云假借，此實異義，非假借，乃經師各家耳。」說文段注札記 按龔說是也，此乃字義皆從三家之例。然段既疑役爲穎之假借，程瑤田又疑役爲服之假借九穀考，說雖未確，謂役字爲假借字則一也。許於此及穟下兩引三家之文者，以字義並三家爲長也。

又穴部䆟、地室也。从穴、復聲。詩曰：陶䆟陶穴。芳福切 考大雅緜毛傳云：「陶其土而復之，陶其壤而穴之。」毛詩作復。王先謙曰：「三家復作䆟。」是許引爲三家之文，而訓爲地室，淮南子氾論篇云：「古者民澤處復穴。」高誘注曰：「復穴、重窟也。」而孔疏亦申明許意，謂䆟與穴，許皆指土室。是許以䆟爲名詞，字从穴，地室爲其本義也。毛字作復，謂陶其土而復之者，讀陶爲掏段玉裁陳奐皆主此義，掏土而復於土室之上用鄭箋意，掏壤而爲之穴耳。復、自室上掩土言之；壤、自室內實中者言之焦循易餘籥錄謂字從襄聲具以有物實其中爲義，若是則毛傳之意，訓復爲複疊、覆蓋，乃取動詞之義，與許訓字義並異，然此乃據鄭箋之說，毛之本意猶未晰也。許以字義均三家爲長，此重窟之義，䆟穴爲本字，復穴爲借字，故引三家之文。

又网部冞、周行也。从网米聲。詩曰：冞入其阻。𡧌、冞或从㐆。武移切 考商頌殷武毛傳云：「罙、深也。」毛詩作罙，陳奐曰：「罙卽突之隸變，說文穴部突深也，本毛；网部冞下引詩：冞入其阻。本三家。」謂毛本作罙，許引三家作冞，字異而義亦異。然周行也之訓，小徐本則作周也。詩釋文引說文作冒也。戴侗六書故所見說文亦訓冒。而鄭箋亦云：「罙、冒也。冒入其險阻。」疑許鄭所見三家本作罙，訓爲冒，後人誤冒爲周，大徐本因其單文不成義，又增作周行，見徐灝說文解字注箋，鄭箋本之罙，今亦譌作罙罙隸省作罙，許鄭訓罙爲冒者，以罙字从网，猶言觸网，亦冒義也見張文虎舒藝室隨筆。許以三家之說爲長，毛詩作罙爲罙之譌字，故引三家之文，而不兩引之也。

又人部俟、大也。从人、矣聲。詩曰：伾伾俟俟。牀史切 考小雅吉日毛傳云：「趨則儦儦，行則俟俟。」毛詩伾伾作儦儦，王先謙曰：「韓詩曰：駓駓俟俟，或羣或友。韓說曰：趨曰駓，行曰騃。」又曰：「張衡西京賦：羣獸駓騃。薛綜曰：皆鳥獸之形貌也。衡用魯詩。據此，魯詩文與韓同。廣韻駓騃、獸形貌，即本此文。說文：俟、大也。从人、矣聲。詩曰：伾伾俟俟。與魯韓及毛文皆異，蓋本齊詩。」王說近是，許引蓋齊詩之文，許以經文下句「或羣或友」爲言獸之詞毛傳曰獸三曰羣，二曰友 故若作趨行解，自宜以韓詩作駓或作駓，玉篇云駓騃同字 騃爲正字，毛詩儦俟俱非正字，毛詩既非正字，故許不引毛詩，然許亦不從趨行之義，故亦不引韓詩。許見齊詩作伾伾俟俟，以爲伾伾者有力也駉毛傳許從之，俟俟者大也，謂獸大而有力，故經下文云：「殪此大兕」是也。有力與大，爲伾俟之本義，故許引之。

又人部僾、彷彿也。从人、愛聲。詩曰：僾而不見。烏代切 考毛詩邶風靜女作「愛而不見」，作愛字，傳但云：「言志往而行正。」未釋愛字。鄭箋申之曰：「志往謂踟躕，行正謂愛之而不往見。」鄭以愛爲愛悅之義，未必即是毛恉。王先謙曰：「魯愛作薆。齊作僾。」又曰：「魯作薆，毛作愛渻借字。戴震云：愛而猶隱然。陳喬樅曰：離騷衆薆然而蔽之。薆而猶薆然也。齊愛作僾者，陳喬樅云：禮祭義：僾然必有見乎其位。孔疏引詩云：僾而不見。與說文合。蓋禮記舊說有據齊詩以證祭義者，故孔沿用其說，然則許引齊詩文也。」是作隱蔽之義解，字當作薆然；作彷彿之義解，字當作僾然。作愛而（而然古雙聲）則爲假借。陳奐曰：「今詩作愛者，古文假借字。」陳說是也。許以齊詩字義均較毛詩爲長，故不引毛詩。

又豸部豻、胡地野狗。从豸、干聲。犴、豻或从犬。詩曰：宜犴宜獄。（五盰切）考小雅小宛毛傳云：「岸、訟也。」毛詩作岸，王先謙曰：「韓岸作犴。云：鄉亭之繫曰犴、朝廷曰獄。」韓詩之說見於釋文及初學記二十所引，毛詩作岸訓爲訟，說文岸訓水厓洒而高者，是作岸爲假借字。但訓爲訟，亦不及韓說之詳。王氏又疏證韓詩之義曰：「漢書刑法志：犴獄不平。顏注引服虔云：鄉亭之獄曰犴。荀子宥坐篇：獄犴不治。楊倞注引詩：宜犴宜獄。御覽六百四十三引應劭風俗通云：『宜犴宜獄。犴司空也。周官凡萬民有罪離于法者，役諸司空，令平易道路也。』是犴者訟繫之地，有罪令服此役也。獄則讞成而入，故韓以鄉亭朝廷分屬之。」按王說是也，犴獄連文，是犴者鄉亭之獄，由犴司空論罪之地，罪訟未定讞則繫諸犴，犴獄並取犬守之義，犴本義爲野狗，引申有入犬守之義。許以犴字用爲犴獄之義，既非假借字，而韓說與野狗之義引申亦可通，故引韓詩。

又馬部駉、牧馬苑也。从馬、冋聲。詩曰：在駉之野。古熒切 考魯頌駉毛傳云：「坰、遠野也。邑外曰郊，郊外曰野，野外曰林，林外曰坰。」毛詩駉作坰，王先謙曰：「三家坰作駉。」是許引爲三家之文，而訓作牧馬苑也。馬苑字从馬，駉當爲正字；然毛訓林外遠野爲坰，坰从土亦爲正字，於許例則當兩引者，然坰下不引詩者，許蓋以經文云「在坰之野」，既是郊外曰野，又謂林外曰坰，坰在野之外，在坰之野，文義不順，訓駉爲牧馬苑，文義始暢。段玉裁曰：「許意言在駉之野，即在野之駉，倒句以就韵。」段說近是，在野之駉，猶言在野之牧馬苑耳（馬宗霍語）。故黃山謂段說「其義塙不可易」（詩三家義集疏引），是字義並以三家爲長，故許引三家之文。

又犬部獜、健也。从犬、粦聲。詩曰：盧獜獜。力珍切 考齊風盧令毛傳云：「令令、纓環聲。」毛詩作令令，王先謙曰：「三家令作鏻，一作獜，又作泠。」又曰：「呂氏讀詩記引董逌曰：韓詩作盧泠泠。王應麟詩考同。」則作鏻、作獜當爲齊魯之文。毛詩令令訓纓環聲，孔疏申毛曰：「此言鈴鈴，下言環鋂，鈴鈴即是環鋂聲之狀。」是毛詩所訓，與下章盧重環、盧重鋂通貫而言者，唯令令則作鈴鈴，亦即謂令令爲鈴鈴之假借字也。許以四家詩中，毛作令爲假借（令者長也），三家中作鏻雖爲正字（陳喬樅曰鏻與鈴同），但許書不錄鏻字，或以爲俗體，而韓詩作泠，亦爲假借（泠者水名），唯作獜訓健爲形義相應之正字，故許引之，許君於四家詩異文之中，審擇之功，可詳辨於此條矣。毛詩訓爲纓環聲，三章可以通貫（見孔疏），然三家訓爲健，三章亦相通貫，如二章鄭箋訓鬈爲攉，攉者勇壯也。三章說文訓偲爲彊（釋文所引），陳奐以爲偲卽武是也。

又心部愃、寬嫺心腹皃。从心、宣聲。詩曰：赫兮愃兮。（況晚切）考衞風淇奧毛傳云：「赫、有明德赫赫然。咺、威儀容止宣箸也。」毛詩作咺，陳奐曰：「說文引詩作愃，本三家詩也。」王先謙亦云：「魯咺作烜，齊作喧，韓作宣，云顯也，亦作愃。」是許引爲三家韓詩，毛訓威儀容止宣箸也，似就「形諸外」者而言，許訓寬嫺心腹皃，似就「有諸內」者而言，字異而義亦別，孔穎達欲會通其恉，疏曰：「瑟是外貌莊嚴，僩是內心寬裕，赫、有明德赫然，是內有其德，故發見於外也。咺、威儀宣著，言外有其儀，明內有其德。」孔疏連上句「瑟兮僩兮」而共釋之，則瑟但言外貌，僩但言內心，赫則由內而及外，咺則由外而及內，據此則毛許之義亦互相足。韓說訓恒爲顯，義亦同於毛，王先謙曰：「心體寬廣發見於儀容，故宣訓爲顯，許韓義不異也。咺恒烜皆借字。」王氏謂韓毛之義亦相成，然許必訓爲寬嫺心腹者，以字从心故也。咺說文云：朝鮮謂兒泣不止曰咺。許以咺爲假借字，愃爲正字，而毛訓爲威儀容止宣箸，於愃字从心之義亦未晰，故字義皆不從毛。

又水部砅、履石渡水也。从水、从石。詩曰：深則砅。濿，砅或从厲。（力制切）考邶風匏有苦葉毛傳云：「以衣涉水爲厲，謂由帶以上也。」毛詩作厲，王先謙曰：「魯說曰：絲帶以上爲厲。韓說曰：至心曰厲。三家亦作砅，又作濿。」陳喬樅曰：「說文引詩深則砅，此齊詩之文。重文作濿者，魯詩也。劉向楚詞九歎離世云：擢舟航以横濿兮。王逸注：濿、渡也。由帶以上爲濿。向逸用魯詩，字同作濿，是本魯詩深則濿之語，毛韓同作厲，則砅爲齊詩無疑。」是許引爲齊詩之文，而重文濿爲魯詩。毛意謂水深至帶以上，則揭衣亦徒然，馬瑞辰所謂「淺處揭衣，可免濡濕，深至心及由帶以上，則褰衣無益，故必須以衣涉水，左傳正義引李巡曰：不解衣而渡水曰厲是也。」毛意與許訓不同，許以厲之本義爲旱石，毛詩作厲非正字，厲乃濿之省借，而濿又爲砅之重文，砅从水从石會意，義見於形，謂水之深者，涉者當擇水中有石處履渡之也，字義並與毛詩不同，而砅爲正字，義亦較長也。故許君從齊詩。

又水部瀑、疾雨也。一曰沫也。一曰瀑、霣也。从水，曓聲。詩曰：終風且瀑。平到切 考邶風終風毛傳云：「暴、疾也。」毛詩作暴暴即曓之隸省，王先謙曰：「魯說曰：日出而風爲暴，齊暴亦作瀑。」是許引爲齊詩之文，訓爲疾雨。王先謙曰：沫霣二義，與詩無涉，是說文引詩作疾雨解。王說是也。則是許君所引，字義均與毛不同。蓋以毛詩作暴，說文暴訓晞也，無疾義，而爾雅釋天云：日出而風爲暴。則作暴義或相近，毛旣訓爲疾，則作暴必假借字也。廣韻三十七號暴下云：「說文作曓，疾有所趣也。又作曓，晞也。今通作暴。」據是，則毛詩作暴，蓋以曓爲正字，作暴非正字也。許以毛非正字，而齊詩𣹢爲疾雨之正字玉篇零卷亦作疾雨，終日風而且疾雨，說亦可通，義較毛詩假借字爲長，故許君引之。

又黽部⿱爾黽、⿰酋黽⿱爾黽、詹諸也。詩曰：得此⿰酋黽⿱爾黽。言其行⿱爾黽⿱爾黽。从黽、爾聲。式支切 考邶風新臺毛傳云：「戚施、不能仰者。」毛詩⿰酋黽⿱爾黽作戚施，陳喬樅曰：「毛詩得此戚施，魯韓同文，魯訓面柔，與毛同義；韓訓蟾蜍，與毛異解。說文所稱，當據齊詩之文。」齊詩遺說考 是許引齊詩，而訓爲物名，與毛詩字義皆異。考御覽卷九百四十九引韓詩曰：「得此戚施。」薛君云：「戚施、蟾蜍、僤蛸、喻醜惡。」是戚施本爲蟾蜍之異名，而說文以⿰酋黽⿱爾黽爲詹諸，詹諸卽蟾蜍，亦卽戚施也。戴震曰：「戚施本物名，因以爲疾名，又因疾名而爲面柔之義。」詩考正 王先謙亦曰：「蟾蠩之爲物，亦不能使仰者，是齊韓與魯毛訓異，而義未嘗不通矣。」按戴王二氏之說並是，戚施本是蟾蠩，蟾蠩不能仰，引申爲不能仰之病國語晉語以爲八病之一，又引申爲面柔下人以色，故不能仰鄭玄箋，毛詩之指雖可通，許以齊詩之訓爲得其本柢，而字亦爲正字，故字義並從齊詩也。毛詩作戚施，戚爲戉也，其字蓋⿰酋黽字之假借，馬瑞辰云：「爾雅釋文：⿰酋黽音秋，秋戚一聲之轉。」按⿰酋黽七宿切，淸母、段三部、黃先生蕭部，戚、倉歷切，淸母，段三部，黃先生蕭部，戚⿰酋黽聲韻全同 薛君或作⿰虫就，秋酋就戚同聲通轉，⿰虫就亦爲⿰酋黽之或體、⿰虫就屬從母韻亦蕭部 而施爲旗旖施也，其字蓋⿱爾黽字之假借施⿱爾黽皆式支切 淮南原道訓高注曰：蟾蠩、⿰虫就也。⿰虫就亦當爲⿱爾黽之或體，⿰虫就⿰虫施二字說文皆不收，以⿰酋黽⿱爾黽爲正字，故許君引之。

又土部坺、治也。一日臿土謂之坺。詩曰：武王載坺。一日塵皃。从土、犮聲。蒲撥切 考商頌長發毛傳云：「旆、旗也。」毛詩作旆，馬宗霍曰：「許引作坺、蓋據三家。」王先謙據荀子議兵篇引詩及韓詩外傳三引詩皆作發，以爲魯韓皆作發，則許引作坺是齊詩之文。馬瑞辰云：「王氏引之言『發正字，旆坺皆借字，發謂興師伐桀』是也。」謂韓詩作發爲正字，今按發者䠶發也，引申始爲凡作起之稱段注，而坺爲臿土治田，引申亦有起發鋤惡之義，興師伐桀，發可爲正字，坺亦非假借也。玉篇引此詩，又列墢爲坺之重文，是坺有起發義之證。毛詩作旆，訓爲旗也，段玉裁陳奐等均疑係後人誤竄，小徐本說文坺下云：「案今詩作伐字」，王先謙云「伐即茷字，與今旆同，六月篇白茷央央。釋文本又作旆，一日旆與茷古今字殊臧鏞陳喬樅說並同，疑毛詩本作伐，而毛傳則作「伐，旆也。」以伐爲茷之假借字，故鄭箋申之曰：「建旆興師出伐」，孔疏亦云：「載其旌旗以出征伐」，鄭箋孔疏皆不明毛傳訓伐爲旆，爲茷之假借，誤將「伐旆也」三字連讀，故其箋疏如此，後人又以爲旆可訓伐旆，伐不可訓伐旆，遂改經文伐字爲旆字，小徐所見毛傳猶作伐不誤也。毛詩伐字既爲假借字，故許於此篆下文義並從三家。

又田部畻、殘田也。詩曰：天方薦畻。从田、差聲。昨何切 考小雅節南山毛傳云：「瘥、病。」毛詩作瘥。王先謙曰：「三家瘥作畻。」是許引爲三家之文，而訓爲殘田，殘田者本當云殘薉田也集韵、類篇、韻會畻下引，及切韵殘卷、廣韵畻下並引殘薉田，與毛字作瘥，而訓爲病不同，鄭箋申毛義云：「天、氣。

方今又重以疫病。」釋天爲氣，釋病爲疫病。王先謙曰：「說文：瘥、瘉也。無疫義，三家瘥作嗟，說文本三家文。言天降凶荒、人民流散，田蕪不治，故云天方薦嗟，義較毛作瘥爲長。」王說是也，毛訓瘥爲病，於字形从疒言之，似爲正字，然瘥字許訓爲病瘉，毛訓蓋以田薉不治之病，引申爲病也。毛詩瘥字，其實爲嗟之假借，鄭箋不諳其本，乃申之曰「疫病」，於字義乖戾矣。許以經言天降凶荒，饑饉連年，因蕪薉不治，故以从田之嗟爲正字，並從三家之訓義。

又斤部所、伐木聲也。从斤、戶聲。詩曰：伐木所所。（疏舉切）考小雅伐木毛傳云：「許許、柹貌。」毛詩作許許，王先謙曰：「三家許作所。」是許引爲三家之文，訓爲伐木聲，與毛詩字義皆異。嚴章福曰：「傳柹貌。按柹誤，當作杮，杮者削木札樸也。」（說文校議議）嚴說是也，五經文字柹正作柿，芳吠反，顏氏家訓書證篇亦訓爲柿貌，柿者杮之隸變，毛傳之柹貌，即謂削木札樸也。樸者木皮，即謂削木皮也（王先謙說），許以爲伐木聲者，段玉裁謂卽鋸木聲也。所所許許，各自成文，各自爲義，然說文許訓聽，毛作許當非正字；而所字从斤，許愼以爲是伐木聲之正字，故字義並從三家。